Internationale Wirtschaftsbeziehungen I

Eckart Koch

Internationale Wirtschaftsbeziehungen I

Internationaler Handel zwischen
Freihandel und Protektionismus

4., vollständig überarbeitete und aktualisierte Auflage

Eckart Koch
München, Deutschland

ISBN 978-3-658-40068-2   ISBN 978-3-658-40069-9 (eBook)
https://doi.org/10.1007/978-3-658-40069-9

Die Deutsche Nationalbibliothek verzeichnet diese Publikation in der Deutschen Nationalbibliografie; detaillierte bibliografische Daten sind im Internet über http://dnb.d-nb.de abrufbar.

Springer Gabler

Planung/Lektorat: Margit Schlomski
Springer Gabler ist ein Imprint der eingetragenen Gesellschaft Springer Fachmedien Wiesbaden GmbH und ist ein Teil von Springer Nature.
Die Anschrift der Gesellschaft ist: Abraham-Lincoln-Str. 46, 65189 Wiesbaden, Germany

Vorwort zur 4. Auflage

Seit dem Erscheinen der dritten Auflage, seinerzeit noch im Vahlen Verlag, sind viele Jahre vergangen. In dieser Zeit hat sich die Weltwirtschaft nicht nur rasant weiter entwickelt, sie hat sich auch dramatisch verändert und gleichzeitig die wirtschaftliche und politische Verflechtung der Volkswirtschaften weiter vorangetrieben. Die Europäische Union ist gewachsen, sie hat sich in eine Wirtschafts- und Währungsunion verwandelt und den Euro fest im internationalen Währungsgefüge verankert. Währungs- und Finanzkrisen, aber auch politische Krisen und Terroranschläge haben die Weltwirtschaft erschüttert. Von der früheren „New Economy" spricht keiner mehr und auch die Globalisierung hat ihre frühere Dynamik verloren. Die Rahmenbedingungen für alle Akteure der internationalen Wirtschaftsbeziehungen ändern sich laufend, mit unterschiedlichen Folgen für alle Beteiligten, die hierauf mit neuen Kooperationen und Strategien reagieren, um wirtschaftliche und politische Risiken zu begrenzen und ihre ökonomischen Möglichkeiten zu erweitern.

Das theoretische und praktische Interesse an der Entwicklung der internationalen Wirtschaftsbeziehungen lässt sich an der Vielzahl von Fachveröffentlichungen und der nicht mehr zu überblickenden Fülle von Informationen zu aktuellen Ereignissen und Entwicklungen erkennen, die sich u. a. in Jahresberichten und Publikationen internationaler Organisationen, wie Weltbank, WTO oder OECD, aber auch in der Wirtschafts- und der Tagespresse finden. Für die Beobachter des weltwirtschaftlichen Geschehens besteht also in der Regel kein Mangel an Informationen oder an qualifizierter Berichterstattung. Im Gegenteil. Das Problem besteht vielmehr darin, sich bei der Fülle und Vielfalt der Ereignisse und der ungeheuren Dynamik der Entwicklung einen Überblick zu verschaffen und dabei gleichzeitig strukturelle Zusammenhänge zu erkennen und zu verstehen. Nur dann ist es auch möglich, sinnvolle Erkenntnisse, Urteile und Schlussfolgerungen abzuleiten.

Dieser erste Band der *Internationalen Wirtschaftsbeziehungen* will hierzu einen Beitrag leisten. Er möchte die faszinierende Thematik der *internationalen Handelsbeziehungen* für alle Interessierten überschaubarer, verständlicher und damit auch interessanter machen. Zentrale Aufgabe ist es daher, diese vielfältigen Beziehungen zu strukturieren, um Zusammenhänge aufzeigen und Beziehungen erklären und transparenter machen zu kön-

nen. Welthandelsbezogene Entwicklungen werden analysiert, Bedeutungszusammen-
hänge sichtbar gemacht und aktuelle Daten und Informationen sinnvoll zugeordnet.

Die Rolle der Entwicklungsländer in der Weltwirtschaft wird ebenfalls erörtert, ein
Thema, das dem Autor, der seit vielen Jahren neben seiner Lehrtätigkeit an der Hoch-
schule München auch als entwicklungspolitischer Gutachter und Berater vor allem in
Asien und Afrika tätig ist, besonders am Herzen liegt. Auf modelltheoretische Erklärungen
wird weitestgehend verzichtet und einer erklärend exemplarischen Darstellungsweise der
Vorzug gegeben. Auf diese Weise konkurriert dieses Buch auch nicht mit einschlägigen
Standardlehrbüchern zur Außenhandelstheorie und -politik, sondern möchte den theoretischen Lehrstoff durch praxisbezogene und aktuelle Überlegungen und Beispiele sowie
einen historischen Blickwinkel ergänzen und erweitern. Damit eignet sich das Buch nicht
nur als erste Orientierung und Einführung in das komplexe Themengebiet, sondern auch
als Handbuch und Nachschlagewerk.

Der zweite Band der Internationalen Wirtschaftsbeziehungen wird derzeit vorbereitet
und etwa ein Jahr später ebenfalls im *Springer Verlag* erscheinen. *Internationale Wirtschaftsbeziehungen Band 2* wird sich mit den *internationalen Finanzbeziehungen* be-
schäftigen und schwerpunktmäßig die nominale Seite der Wirtschaftsbeziehungen, also
u. a. Währungssysteme, globale Finanzmärkte und Finanzkrisen, behandeln.

Vor allem zwei Gruppen von Lesern sollen sich von dieser Thematik angesprochen
fühlen: Zum einen Studierende an Hochschulen, Berufsakademien und Universitäten, die
sich einen aktuellen Überblick über das Fachgebiet verschaffen und ihr theoretisches Wissen praxisorientiert ergänzen möchten. Zum anderen jeder, der aus privatem oder beruf-
lichem Interesse an weltwirtschaftlichen Fragen interessiert ist und sich Hintergrund-
wissen für das Verständnis dieser Zusammenhänge aneignen möchte.

Die einzelnen Kapitel bauen grundsätzlich aufeinander auf. Sie können aber auch
ohne Weiteres als jeweils abgeschlossene Einheiten zu den einzelnen Themengebieten
unabhängig voneinander mit Gewinn gelesen und bearbeitet werden. Der Text wird
durch zahlreiche Abbildungen veranschaulicht, die die Aktualität hervorheben, Zusatz-
informationen liefern oder die verbalen Erläuterungen zusammenfassen. Für weitergehende Informationen sei auf die Literaturangaben und Links am Ende der Kapitel
verwiesen, auf die sich auch die Hinweise im Text beziehen. Bei der Zusammenstellung
der Literatur wurde zugunsten von leicht zugänglicher Überblicksliteratur und Internetquellen weitestgehend auf Spezialaufsätze sowie auf nicht deutschsprachige Quellen
verzichtet.

Die internationalen Wirtschaftsbeziehungen entwickeln sich dynamisch, sie reagieren
auf welt- und geopolitische Ereignisse und nationale Entscheidungen und prägen diese
mit. Trotz des Bemühens um Aktualität kann dieses Buch daher nur den Stand der internationalen Handelsbeziehungen zum Zeitpunkt der Fertigstellung des Manuskripts
wiedergeben. Der Autor bittet dies zu berücksichtigen und hofft mit dem vorliegenden

Buch eine Struktur geschaffen zu haben, in die der Leser auch neuere Entwicklungen leicht integrieren kann. Ein besonderer Dank gilt meinem Kollegen Prof. Dr. Günther Abstein für die kritische Durchsicht des Manuskripts sowie für viele Anregungen und konstruktive Hinweise.

München, Deutschland   Eckart Koch
Herbst 2022

Inhaltsverzeichnis

Abkürzungsverzeichnis

AA	Auswärtiges Amt
AdA	Acuerdo de Asociación entre Centroamérica y la Unión Europea
AEC	ASEAN Economic Community
AfCFTA	African Continental Free Trade Area
AFTA	ASEAN Free Trade Association
AGA	Auslandsgeschäftsabsicherung
AHK	Auslandshandelskammer
AKA	Ausfuhrkreditanstalt
APA	Asien-Pazifik-Ausschuss der deutschen Wirtschaft
AKP	Afrika-Karibik-Pazifik-Staaten
APA	Asien-Pazifik-Ausschuss der deutschen Wirtschaft
APEC	Asian Pacific Economic Cooperation
APS	Allgemeines Zollpräferenzsystem
ASEAN	Association of South-East Asian Nations
ASEM	Asia-Europe Meeting
AUMA	Ausstellungs- und Messeausschuss der deutschen Wirtschaft
ATC	Agreement on Textiles and Clothing
AU	African Union
AV	Afrika-Verein der deutschen Wirtschaft
AWG	Außenwirtschaftsgesetz
BAFA	Bundesausfuhramt
BDEx	Bundesverband des deutschen Exporthandels
BDI	Bundesverband der Deutschen Industrie
BEPS	Base Erosion and Profit Shifting
BGA	Bundesverband Großhandel, Außenhandel, Dienstleistungen
BIP	Bruttoinlandsprodukt
BMF	Bundesministerium der Finanzen
BMLE	Bundesministerium für Ernährung und Landwirtschaft
BMWK	Bundesministerium für Wirtschaft und Klimaschutz

BMZ	Bundesministerium für wirtschaftliche Zusammenarbeit und Entwicklung
BSP	Bruttosozialprodukt
CAFTA	Central American Free Trade Agreement
CARICOM	Caribbean Community and Common Market
CARIFORUM	Forum der karibischen AKP-Staaten
CEFTA	Central European Free Trade Agreement
CEN	Comité Européen de Normalisation
cif	cost, insurance, freight
CIRR	Commercial Interest Reference Rate
CIS	Commonwealth of Independent States (GUS)
CKD	completely knocked down
CMA	Centrale Marketinggesellschaft der deutschen Agrarwirtschaft
Cocom	Coordinating Committee on Multilateral Export Controls
CPTPP	Comprehensive and Progressive Agreement for Trans-Pacific Partnership
CRB	Commodity Research Bureau (USA)
CSR	Corporate Social Responsibility
CTE	WTO Committee on Trade and Environment
CwA	Compact with Africa
DAC	Development Assistance Committee (OECD-Ausschuss)
DIHK	Deutscher Industrie- und Handelskammertag
DIHZ	Deutsche Industrie- und Handelszentren
DIN	Deutsches Institut für Normung
DIW	Deutsches Institut für Wirtschaft
DLB	Dienstleistungsbilanz
DSB	Dispute Settlement Body
EAEG	East Asia Economic Group
EBA	everything but arms
ECA	Export Credit Agency
ECOWAS	Economic Community of West African States
EFTA	European Free Trade Association
EG	Europäische Gemeinschaft
EGA	Environmental Goods Agreement
EGKS	Europäische Gemeinschaft für Kohle und Stahl
EIF	Enhanced Integrated Framework
ENP	Europäische Nachbarschaftspolitik
EPZ	*export processing zone*
EU	Europäische Union
EUIPO	Amt der EU für geistiges Eigentum
EVI	Economic Vulnerability Index
EWG	Europäische Wirtschaftsgemeinschaft

EWR	Europäischer Wirtschaftsraum
EWWU	Europäische Wirtschafts- und Währungsunion
EZ	Entwicklungspolitische Zusammenarbeit
EZB	Europäische Zentralbank
FDI	Foreign Direct Investment
fob	free on board
FRA	Forward Rate Agreement
FSC	Foreign Sales Corporations
FTA	Free Trade Arrangement
FTAA	Free Trade Area of the Americas
FTC	Federal Trade Commission
F&E	Forschung und Entwicklung
G20	Group of Twenty
GATT	General Agreement on Tariffs and Trade
GATS	General Agreement on Trade in Services
GB	Großbritannien
GDP	Gross Domestic Product (BIP)
GFC	Global Forum on Competition (OECD)
GSP	General System of Preferences
GTAI	Germany Trade & Invest
GUS	Gemeinschaft unabhängiger Staaten
GWB	Gesetz gegen Wettbewerbsbeschränkungen
GZT	Gemeinsamer Außenzolltarif
HAI	Human Assets Index
HB	Handelsblatt, Handelsbilanz
HIC	High Income Country
HWWI	Hamburgisches Weltwirtschaftsinstitut
i. e. S.	im engeren Sinn
i. w. S.	im weiteren Sinn
ICC	International Chamber of Commerce
ICE	Intercontinental Exchange
ICN	International Competition Network
i. d. R.	in der Regel
IdW	Institut der deutschen Wirtschaft
IEC	International Electrotechnical Commission
IfW	Institut für Weltwirtschaft
IHK	Industrie- und Handelskammer
ILO	International Labor Organization
IMA	Interministerieller Ausschuss
IMF	International Monetary Fund (IWF)
INISA	Initiative Südliches Afrika
IPE	International Petroleum Exchange

IRTA	International Reciprocal Trade Association
ISO	International Organization for Standardization
IWF	Internationaler Währungsfonds (IMF)
ITA	Information Technology Agreement
ITO	International Trade Organization
ITU	International Telecommunication Union
KfW	Kreditanstalt für Wiederaufbau
KMU	kleinere und mittlere Unternehmen
LAI	Lateinamerikainitiative der Deutschen Wirtschaft
LB	Leistungsbilanz
LIC	Low Income Country
LIFFE	London International Financial Futures and Options Exchange
LDC	Least Developed Country
LME	London Metal Exchange
MAI	Multilateral Agreement on Investment
MDGs	Millennium Development Goals
Mercosur	Mercado Común del Sur
MFA	Multifibre Arrangement (Welttextilabkommen)
MFN	Most favoured nation
MIC	Middle Income Country
MITI	Ministry of International Trade and Industry (Japan)
MOE	Mittel- und osteuropäische Staaten
M&A	Mergers and Acquisitions
NAFTA	North American Free Trade Agreement
NAMA	Non-Agricultural Market Access
NIC	Newly Industrialized Country (NIE)
NGO	Non-Governmental Organization
NIE	Newly Industrializing Economy (Schwellenländer)
NMI	Nordafrika Mittelost Initiative der Deutschen Wirtschaft
NTH	Nicht-tarifäre Handelshemmnisse
NWWO	Neue Weltwirtschaftsordnung
OAKPS	Organisation afrikanischer, karibischer und pazifischer Staaten
OAU	Organisation für Afrikanische Einheit
ODA	Official Development Assistance
OECD	Organization for Economic Cooperation and Development
OEEC	Organization for European Economic Cooperation
OPEC	Organization of Petrol Exporting Countries
p.a.	pro anno, per annum (pro Jahr)
PRoO	Preferential Rules of Origin
PTA	Prefential Trading Arrangement
RGF	Really Good Friends of Liberalization of Trade in Services
RGW	Rat für Gegenseitige Wirtschaftshilfe

SAARC	South Asian Association for Regional Cooperation
SADC	Southern African Development Community
SADCC	Southern African Development and Coordination Conference
SAFRI	Subsahara-Afrika Initiative der deutschen Wirtschaft
SAFTA	South Asian Free Trade Area
SDR	Special Drawing Rights
SEZ	Special Economic Zone
SPS	sanitäre und phytosanitäre Maßnahmen
SSM	Special SafeGuard Mechanism
STC	specific trade concerns
SBA	Selbstbeschränkungsabkommen
SDGs	Sustainable Development Goals
STABEX	System zur Stabilisierung der Exporterlöse
SWZ	Sonderwirtschaftszone
SYSMIN	System für Mineralien
SZ	Süddeutsche Zeitung
TABD	Transatlantic Business Dialogue
TAFTA	Transatlantic Free Trade Area
TBT	Technical Barriers to Trade
TiSA	Trade in Services Agreement
TNC	Transnational Corporation
ToT	Terms of Trade (Reales Austauschverhältnis)
TPP	Trans-Pacific Partnership
TPR	Trade Policy Review Body (WTO)
TRIMS	Trade Related Investment Measures
TRIPS	Trade-related Intellectual Property Rights
TSD	Trade and Sustainable Development chapters in EU Free Trade Agreements
TTC	Trade and Technology Council
TTIP	Transatlantic Trade and Investment Partnership Abkommen
UN	United Nations
UNASUR	South American Community of Nations
UNCTAD	United Nations Conference on Trade and Development
UNDP	United Nations Development Program
UNESCO	United Nations Educational, Scientific and Cultural Organization
UNODC	United Nations Office on Drugs and Crime
UNSD	United Nations Statistics Division
UNWTO	World Tourism Organization
USMCA	USA, Mexico, Canada (NAFTA Nachfolgeorganisation)
u. U.	unter Umständen
WAEMU	Westafrikanischen Wirtschafts- und Währungsunion
WEB	Weltentwicklungsbericht (Weltbank)

WIPO	World Intellectual Property Organization
WIR	World Investment Report
WiSt	Wirtschaft und Studium (Zeitschrift)
WISU	Das Wirtschaftsstudium (Zeitschrift)
WPA	Wirtschaftspartnerschaftsabkommen
WTO	World Trade Organization
WWF	World Wide Fund for Nature
ZOPFAN	Zone des Friedens, der Freiheit und der Neutralität

Abbildungsverzeichnis

Teil I

Welthandel und Welthandelsregionen

Die Entwicklung des Welthandels

Durch die Globalisierung der Wirtschaft lassen sich Produkte und Leistungen und deren Herstellung kaum noch einzelnen Unternehmen, Ländern oder gar Herstellungsorten zuordnen. Die nationale Verankerung von Unternehmen und Produkten hat sich weitgehend gelöst. Unternehmensbereiche tauschen mit anderen Unternehmensbereichen ihres eigenen Unternehmens oder anderer Unternehmen, die irgendwo auf dem Globus in anderen Ländern angesiedelt sind, Teilprodukte oder spezialisierte Dienstleistungen aus. Auch diese wurden meist nicht vollständig in einem Land hergestellt, sondern haben selbst wieder im Rahmen der internationalen Handelsbeziehungen Grenzen überschritten.

Diese Prozesse entwickeln sich keineswegs reibungslos. Immer wieder gibt es Probleme und Störungen, die die weitere Entwicklung massiv behindern können und auch tatsächlich behindern. Verteilungsprobleme, Lieferkettenprobleme, nationalistische Politiken, Geopolitik, Völkerrechtsverletzungen, unzureichende Regelungen und Sanktionsmechanismen sind nur eine Auswahl von Ursachen für Rückschläge, Strukturanpassungen und notwendige Neujustierungen. Politische Akteure und Transnationale Unternehmen beeinflussen die Bedingungen für den internationalen Handel. Nationale politische Entscheidungen erhalten globale Bedeutung, während Unternehmen gegenüber den Entscheidungen der Nationalstaaten unempfindlicher werden, Ausweichmöglichkeiten finden und Staaten auch erpressen können. Unternehmen und Staaten erhalten dadurch immer neue Chancen, sind aber auch immer wieder neuen Risiken ausgesetzt.

Wenn Menschen nicht mehr alle Dinge, die sie zum Leben benötigen, entweder selbst oder innerhalb einer kleinen begrenzten Gemeinschaft herstellen können, sind sie gezwungen, die Ergebnisse ihrer Arbeit gegen Produkte oder Leistungen, die von anderen Personen produziert oder bereitgestellt werden können, zu tauschen. *Arbeits-*

E. Koch, *Internationale Wirtschaftsbeziehungen I*,
https://doi.org/10.1007/978-3-658-40069-9_1

teilung wiederum führt zu *Spezialisierung* und damit auch zu höherer *Produktivität*, Arbeit kann damit effizienter eingesetzt werden. Durch den Tausch von Waren und Dienstleistungen erweitern Menschen also laufend ihre Konsum- und Produktionsmöglichkeiten.

Handelsbeziehungen fanden daher zunächst auf lokaler Ebene statt und weiteten sich mit zunehmender Mobilität sehr rasch auf überregionale, nationale und internationale Handelsbeziehungen aus. Findet Handel zwischen Anbietern und Nachfragern eines Landes statt, spricht man von *Binnenhandel*, findet er grenzüberschreitend statt, handelt es sich um *Außenhandel*. Durch Außenhandel werden die Beschränkungen des Binnenmarktes aufgehoben und die wirtschaftlichen Möglichkeiten der Menschen erweitert: Binnenhandel wird Teil des Welthandels und der Binnenmarkt Teil des Weltmarkts.

Im Vergleich zum Binnenhandel setzt Außenhandel eine höhere Bereitschaft voraus, Risiken einzugehen, neue Informationen zu sammeln, zu verarbeiten und zu bewerten und für eigene Entscheidungen zu nutzen. Gleichzeitig sind Flexibilität und Anpassungsbereitschaft gefragt. Unterschiedliche Sprachen, Kulturen und Rechtsnormen müssen erkannt und berücksichtigt werden, Entfernungen müssen kostengünstig überbrückt und es muss in unterschiedlichen Währungen kalkuliert werden. Schließlich spielt auch der Einfluss der Nationalstaaten auf die Austauschbedingungen etwa in Form der politischen Gestaltung der Rahmenbedingungen oder eventueller protektionistischer Abschottungsmaßnahmen eine nicht unerhebliche Rolle. Abb. 1.1 fasst die Formen, Vorteile und Risiken von Handelsbeziehungen zusammen.

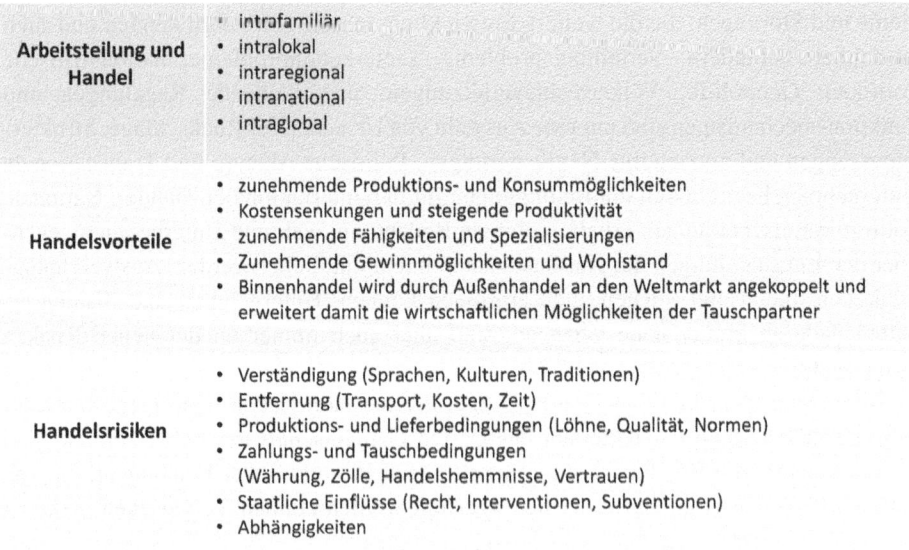

Arbeitsteilung und Handel	• intrafamiliär • intralokal • intraregional • intranational • intraglobal
Handelsvorteile	• zunehmende Produktions- und Konsummöglichkeiten • Kostensenkungen und steigende Produktivität • zunehmende Fähigkeiten und Spezialisierungen • Zunehmende Gewinnmöglichkeiten und Wohlstand • Binnenhandel wird durch Außenhandel an den Weltmarkt angekoppelt und erweitert damit die wirtschaftlichen Möglichkeiten der Tauschpartner
Handelsrisiken	• Verständigung (Sprachen, Kulturen, Traditionen) • Entfernung (Transport, Kosten, Zeit) • Produktions- und Lieferbedingungen (Löhne, Qualität, Normen) • Zahlungs- und Tauschbedingungen (Währung, Zölle, Handelshemmnisse, Vertrauen) • Staatliche Einflüsse (Recht, Interventionen, Subventionen) • Abhängigkeiten

Abb. 1.1 Handelsvorteile und Handelsrisiken

1.1   Historische Anmerkungen

Handelsbeziehungen zwischen verschiedenen Völkern und Kulturen sind uns seit der Antike bekannt. Ob es sich hierbei um Handelsbeziehungen im Mittelmeerraum zwischen Griechen und Phöniziern, zwischen Europa und Ostasien über die (später so bezeichnete) *Seidenstraße* (vgl. Abb. 1.2) oder zwischen Arabien und Indien und später mit den Bewohnern der malaiischen Inselwelt über *die Seidenstraße des Meeres* handelte, immer wurden durch den Tausch von Waren mit anderen Ländern die Grenzen der eigenen Ökonomien überwunden. Charakteristisch für diese Handelsbeziehungen war, dass sie, bezogen auf die Region, die Handelsgegenstände und die Handelspartner, aufgrund der begrenzten Transportkapazitäten und der Transportrisiken selektiv sein mussten und überwiegend die freiwillige Bereitschaft der Handelspartner am Handel teilzunehmen voraussetzten.

In der Kolonialphase, etwa die Periode zwischen dem Ende des 15. und der Mitte des 20. Jahrhunderts, wurden die Handelsbeziehungen, vielfach unter Zwang, wesentlich erweitert. Durch die Kolonisierung Lateinamerikas und Afrikas und die zum Teil gewaltsame Öffnung der asiatischen Märkte, vorwiegend durch England, die Niederlande, Spanien und Portugal, wurden die Kolonien zu Handelsbeziehungen gezwungen. Beispiele hierfür sind der China von England aufgezwungene Handel mit Opium oder der Sklavenhandel zwischen Afrika und Amerika. Die häufig eher einseitigen Handelsbeziehungen wurden intensiviert, wobei die billige Versorgung Europas mit Rohstoffen, meist im Tausch gegen billige Fertigwaren, im Zentrum des Handels stand.

Mit dem Ende des Zweiten Weltkriegs und der zügigen Dekolonisierung begann eine Phase eines grundsätzlich freien, aber durch unterschiedliche wirtschaftliche und politische Interessen in weiten Bereichen protektionistisch eingeschränkten Welthandels. Ob-

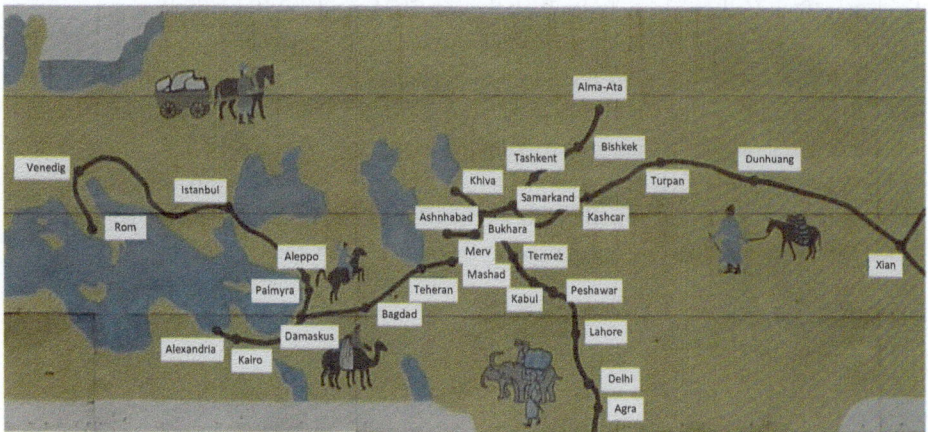

Abb. 1.2 Die Seidenstraße. (Die Abbildung zeigt ein Plakat, mit dem in Usbekistan (Zentralasien), hier in Khiva, auf die Bedeutung der Städte an der historischen Seidenstraße aufmerksam gemacht wird. Die Städtenamen wurden für die Lesbarkeit in diesem Werk nachgebildet.)

wohl Rohstoffe nach wie vor eine wichtige Rolle spielten, nahm die Bedeutung der Fertigwaren im Welthandel rasch zu und damit auch die weltwirtschaftliche Bedeutung der Fertigwarenproduzenten in den Industrie- und später auch den Schwellenländern.

Das Geflecht bilateraler und multilateraler Verträge und Abkommen, von auf Traditionen und Erfahrungen basierenden Regelungen, das im Zuge dieser Entwicklung entstand, bildet unsere heutige Welthandels- und Weltwirtschaftsordnung. Eine wesentliche Rolle spielen hierbei die nach dem Zweiten Weltkrieg gegründeten *internationalen Organisationen* (IOs), wie die *Welthandelsorganisation* WTO oder der *Internationale Währungsfonds* (IWF).

1.2   Umfang und Entwicklung des Welthandels mit Sachgütern

Nach einer Phase der Desintegration in der ersten Hälfte des 20. Jahrhunderts stieg der Welthandel nach dem Zweiten Weltkrieg stark an. Im Schnitt war die jährliche Wachstumsrate des Welthandelsvolumens pro Jahr fast doppelt so hoch wie die des realen Weltsozialprodukts (*World Gross Domestic Product, World GDP*), der Gesamtmenge aller auf der Welt erzeugten Güter und Dienstleistungen. So wurden 2021 weltweit Güter und Dienstleistungen im Wert von (umgerechnet) etwa 96 Bio US$ hergestellt, während sich der gesamte internationale Handel (Sachgüter und Dienstleistungen) auf 28 Bio US$ belief – nach 15 Bio US$ (2010) und 19 Bio US$ (2019). Davon entfielen 22 Bio US$ auf Sachgüter und 6 Bio US$ auf Dienstleistungen.

Damit wurden 2021 fast 30 % der weltweit erzeugten Güter und Dienstleistungen grenzüberschreitend gehandelt. Diese Quote schwankte in den Jahren zuvor meist um die 25 %, 1950 betrug sie jedoch nur etwa 7 %. (vgl. Abb. 1.3). Umgekehrt bedeutet dies allerdings auch, dass über 70 % der weltweit erzeugten Güter und Dienstleistungen nur national gehandelt werden. (Zum Vergleich: Das Bruttoinlandsprodukt (BIP) Deutschlands, der drittgrößten Volkswirtschaft der Welt, betrug 2021 rund 4,2 Bio US$.[1])

Verständlicherweise beinhalten die internationalen Handelsstatistiken nur den legalen Handel. *Illegaler Warenverkehr* mit geschmuggelten Gütern, Drogen- oder Waffenhandel, Autoschieberei u. ä. wird nicht erfasst. Allerdings ist das Volumen des illegalen Handelsverkehrs beträchtlich. Schätzungen zum Umsatz der internationalen organisierten Kriminalität bewegen sich zwischen über 800 und 2000 Mrd US$ pro Jahr (vgl. hierzu auch Abschn. 5.2.2.2.) **Kriminelle Netzwerke** (Syndikate) betätigen sich dabei vor allem in den Bereichen, in denen besonders hohe Gewinnspannen zu erwarten sind, wie

- Menschenhandel
- Drogenhandel

---

[1]Quellen: Welt BIP, Deutsches BIP: World Bank Data. https://data.worldbank.org/indicator/NY.GDP.MKTP.CD; Welthandelsdaten: https://knoema.de/atlas/Welt/G%C3%BCterexporte.

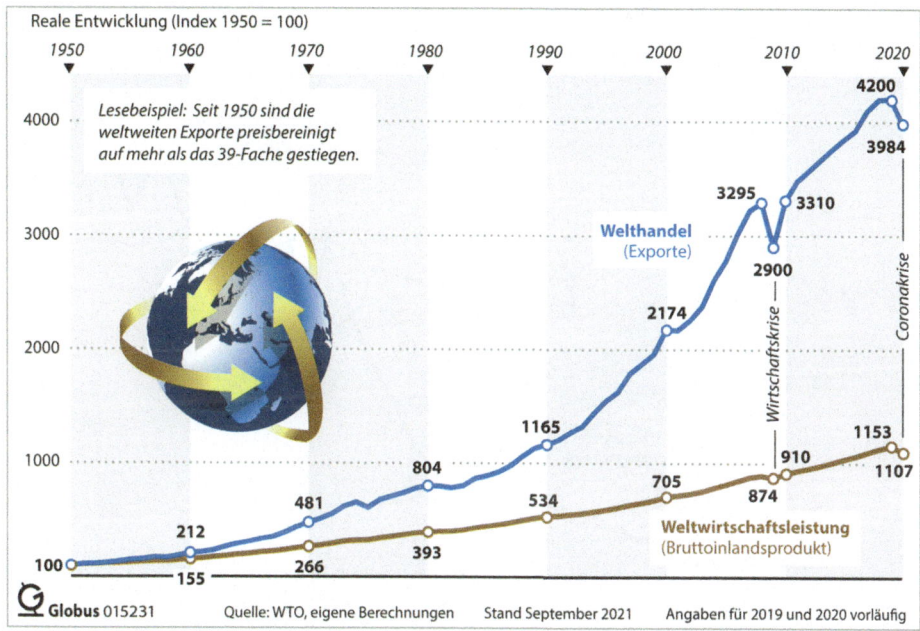

Abb. 1.3 Weltproduktion und Welthandel. (Quelle: WTO)

- Handel mit geschützten Tieren und Tierprodukten
- illegaler Handel mit Waffen und Rüstungsgütern
- Handel mit gestohlenen Fahrzeugen, gefälschten Pharmaprodukten, nicht verzollten Tabakprodukten, Antiquitäten und anderen Kulturgütern und dem illegalen Handel mit Tropenhölzern.

Erfassungs- und Abgrenzungsprobleme bestehen auch generell bei der Erfassung der Produktion bzw. Bereitstellung der Sachgüter und Dienstleistungen selbst. Grundsätzlich können Statistiken, die das nationale BIP oder das Welt GDP messen, nur die Daten widerspiegeln, die auch formal durch die nationalen statistischen Systeme erfasst werden. Damit bleiben beispielsweise die durch den *informellen Sektor* erbrachten Leistungen oder solche Leistungen, die nicht über den Markt abgewickelt werden, unberücksichtigt oder werden allenfalls geschätzt. Dies gilt etwa für Nachbarschaftshilfe, *Schwarzarbeit* oder Eigenleistungen in westlichen Ländern genauso wie für die Leistungen von Kleinproduzenten, Kleinhändlern oder von vorwiegend für den Eigenbedarf produzierenden Kleinbauern in Entwicklungsländern (*Subsistenzwirtschaft*). Da die meisten Produkte auch gehandelt werden und ein großer Teil zumindest der Sachgüter auch grenzüberschreitend gehandelt wird, ist anzunehmen, dass der tatsächliche Welthandel erheblich größer ist als der in den nationalen Außenhandelsstatistiken ausgewiesene.

Die Entwicklung des Welthandels ist abhängig von der Weltwirtschaftsentwicklung. Insbesondere Weltwirtschaftskrisen wirken sich gleich in mehrfacher Hinsicht negativ auf

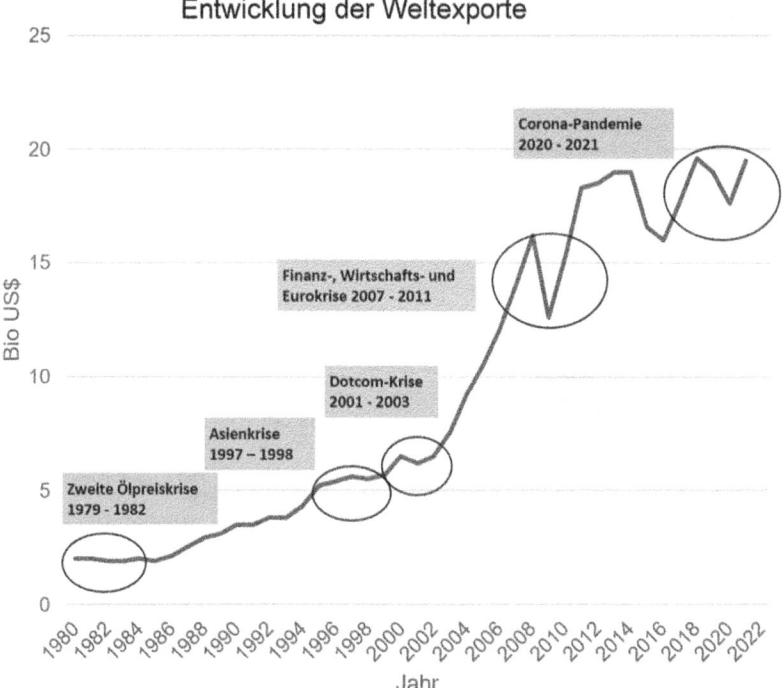

Abb. 1.4 Entwicklung des Weltexporte. (Quelle: WTO Time Series on International Trade, eigene Ergänzungen)

die Welthandelsbeziehungen aus: Nachlassende Wirtschaftskraft führt zu einem Rückgang der Importe, etwa von Rohstoffen oder Produktionsgutern, so dass die Exporteinnahmen anderer Länder sinken und infolge Devisenmangels auch deren Importfähigkeit zurückgeht. Zudem werden zur Sicherung der einheimischen Beschäftigung von den Regierungen regelmäßig Schutzmaßnahmen (Protektionismus) ergriffen, die die Importe weiter reduzieren. Umgekehrt begünstigen Konjunkturaufschwung und Wirtschaftswachstum die Nachfrage nach ausländischen Produkten. So ging der Welthandel im Verlauf der weltweiten Wirtschaftskrisen Anfang der 1980er (Ölpreiskrise), der 1990er (Asienkrise) und der 2000er (Dotcom-Krise) Jahre, vor allem aber in den Jahren 2008/2010 (Finanz-, Wirtschafts- und Eurokrise) und während der Corona-Pandemie 2020/2021 erheblich zurück, stieg aber in den Folgejahren schnell wieder an (vgl. Abb. 1.4).

1.3   Regionale Anteile am Welthandel

Lange Zeit dominierten die Industrieländer Europas und Nordamerikas sowie Japan den Welthandel. 2003 entfielen 25 % des Welthandels auf die drei Länder Deutschland, Japan und die USA. Inzwischen ist China die wichtigste Exportnation und dominiert mit 15 %

aller Exporte den Welthandel. Zusammengenommen entfallen auf Europa, Asien und Nordamerika 85 % aller Weltexporte. Diese Länder exportieren vor allem Fertigwaren. Trotz der gestiegenen Bedeutung der Energierohstoffe (Öl, Gas, Kohle, Uran) sind die Energie exportierenden Länder nach wie vor unterproportional am Welthandel beteiligt. 2020 lag der Anteil Russlands und der Erdöl exportierenden Staaten des Nahen Ostens bei unter 7 % des gesamten Welthandels. Auch Afrika, das vorwiegend Rohstoffe exportiert, spielt mit nur gut 2 % des gesamten Welthandels eine geringe Rolle im Welthandel. Im Gegensatz dazu konnten die Schwellenländer Ost- und Südostasiens ihre Position laufend verbessern. Alle verdanken ihren Aufstieg in die Liga der Top-Welthandelsländer ihrer Strategie, sich zunächst auf die Produktion von zunächst einfachen und dann zunehmend komplexeren Fertigwaren und technologieintensiven Gütern zu konzentrieren. Abb. 1.5 gibt einen punktuellen Überblick über die nach wie vor große Bedeutung Europas im Welthandel, den steilen Anstieg der asiatischen Schwellen- und Industrieländer, insbesondere seit den 1980er-Jahren, dem Beginn der Globalisierung, und den relativen Bedeutungsverlust Nordamerikas. (Vgl. hierzu auch Kap. 10).

Die dominierende Position der **Industrieländer** hat vor allem folgende Ursachen: Diese Länder besitzen diversifizierte Produktionsstrukturen, die sie in die Lage versetzen, die Möglichkeiten der internationalen Arbeitsteilung überproportional zu nutzen. Der überwiegende Teil ihres Handelsvolumens besteht aus Fertigwaren, deren Exportpreise

	1948	1953	1963	1973	1983	1993	2003	2020
	Value							
World	59	84	157	579	1838	3688	7382	17070
	Share							
World	100.0	100.0	100.0	100.0	100.0	100.0	100.0	100.0
North America	28.1	24.8	19.9	17.3	16.8	17.9	15.8	13.1
United States of America	21.6	14.6	14.3	12.2	11.2	12.6	9.8	8.4
Mexico	0.9	0.7	0.6	0.4	1.4	1.4	2.2	2.4
Canada	5.5	5.2	4.3	4.6	4.2	3.9	3.7	2.3
South and Central America and the Caribbean	11.3	9.7	6.4	4.3	4.5	3.0	3.1	3.1
Brazil	2.0	1.8	0.9	1.1	1.2	1.0	1.0	1.2
Chile	0.6	0.5	0.3	0.2	0.2	0.2	0.3	0.4
Europe	35.1	39.4	47.8	50.9	43.5	45.3	46.2	38.2
Germany (1)	1.4	5.3	9.3	11.7	9.2	10.3	10.2	8.1
Netherlands	2.0	3.0	3.6	4.7	3.5	3.8	4.0	4.0
France	3.4	4.8	5.2	6.3	5.2	6.0	5.3	2.9
United Kingdom	11.3	9.0	7.8	5.1	5.0	4.9	4.2	2.4
Commonwealth of Independent States (CIS), including certain associate and former member States (2)	.	.	.	.	.	1.7	2.3	2.7
Africa	7.3	6.5	5.7	4.8	4.5	2.5	2.4	2.2
South Africa (3)	2.0	1.6	1.5	1.0	1.0	0.7	0.5	0.5
Middle East	2.0	2.7	3.2	4.1	6.7	3.5	4.1	4.5
Asia	14.0	13.4	12.5	14.9	19.1	26.0	26.1	36.1
China	0.9	1.2	1.3	1.0	1.2	2.5	5.9	15.2
Japan	0.4	1.5	3.5	6.4	8.0	9.8	6.4	3.8
India	2.2	1.3	1.0	0.5	0.5	0.6	0.8	1.6
Australia and New Zealand	3.7	3.2	2.4	2.1	1.4	1.4	1.2	1.7
Six East Asian traders	3.4	3.0	2.5	3.6	5.8	9.6	9.6	10.1

Abb. 1.5 Entwicklung der regionalen Anteile an den Weltexporten (Sachgüter, Prozentanteile, verschiedene Jahre). (Quelle: WTO, World Trade Statistical Review 2021, Table A4)

i. d. R. schneller steigen als die Rohstoffpreise, so dass der Gesamtwert ihres Handelsvolumens ebenfalls überproportional zunimmt. Da das Importvolumen abhängig vom Wohlstand und Produktionsvermögen eines Landes ist, steigt der Grad der weltwirtschaftlichen Verflechtung der Industrieländer relativ an. Schließlich wirken sich Regionalintegrationen, wie das Beispiel EU zeigt, handelsfördernd aus. Dominiert wird der Welthandel von wenigen großen Außenhandelsnationen. Die drei größten Handelsnationen (China, USA, Deutschland) bestreiten gemeinsam allein etwa 30 % des gesamten Welthandels, während 50 % der weltweiten Sachgüterex- und -importe auf nur 10 Länder entfallen (vgl. Abb. 1.6).

Der Anteil der **Entwicklungsländer** an den weltweiten Exporten stieg in den 1970er-Jahren aufgrund des zweimaligen Anstiegs des Rohölpreises (1973/1974 und 1979/1980) zunächst bis auf knapp 30 % (1980), fiel dann wieder zurück, um dann in den Jahren ab 2000 auf über 30 % anzusteigen. Hiervon entfiel allerdings der größte Teil der Exporte auch nur auf sehr wenige Länder: In den 1970er-Jahren kam die Exportausweitung praktisch ausschließlich den *Ölexportländern* zugute. Seit dem Beginn der Globalisierung Mitte der 1980er-Jahre ist dagegen der Bedeutungszuwachs der Entwicklungsländer im Welthandel praktisch ausschließlich der kleinen Gruppe ost- und südostasiatischer Schwellenländer, seit Ende der 1990er-Jahre vor allem China, zuzurechnen.

Der Anteil des Handels zwischen den Industrieländern, der *Nord-Nord-Handel*, liegt bei etwa 50 % des gesamten Welthandels, während der *Süd-Süd-Handel* nur einen geringen Teil des Welthandels ausmacht (vgl. Abb. 1.7). Ursachen hierfür sind u. a. ähnliche

Rank	Exporters	Value	Share	Annual percentage change	Rank	Importers	Value	Share	Annual percentage change
1	China	2591	14.7	4	1	United States of America	2408	13.3	6
2	United States of America	1432	8.1	-13	2	China	2056	11.5	-1
3	Germany	1380	7.8	-7	3	Germany	1171	6.6	-5
4	Netherlands	674	3.8	-5	4	United Kingdom	635	3.6	-9
5	Japan	641	3.6	-9	5	Japan	635	3.6	-12
6	Hong Kong, China	549	3.1	3	6	Netherlands	597	3.4	-6
	Domestic exports	35	0.2	131					
	Re-exports	513	2.9	-1					
7	Korea, Republic of	512	2.9	-5	7	France	582	3.3	-11
8	Italy	496	2.8	-8	8	Hong Kong, China	570	3.2	-1
						Retained imports (1)	133	0.7	-2
9	France	488	2.8	-14	9	Korea, Republic of	468	2.6	-7
10	Belgium	419	2.4	-6	10	Italy	423	2.4	-11
11	Mexico	418	2.4	-9	11	Canada	414	2.3	-11
12	United Kingdom	403	2.3	-14	12	Belgium	395	2.2	-8
13	Canada	391	2.2	-13	13	Mexico	393	2.2	-16
14	Singapore	363	2.1	-7	14	India	372	2.1	-23
	Domestic exports	158	0.9	-14					
	Re-exports	204	1.2	-1					
15	Chinese Taipei	347	2.0	5	15	Singapore	330	1.9	-8
						Retained imports (1)	125	0.7	-18
16	Russian Federation	332	1.9	-21	16	Spain	325	1.8	-13
17	Switzerland	319	1.8	2	17	Switzerland	291	1.6	5
18	Spain	307	1.7	-8	18	Chinese Taipei	288	1.6	0
19	United Arab Emirates (1)	306	1.7	-21	19	Viet Nam	263	1.5	4
20	Viet Nam	283	1.6	7	20	Poland	257	1.4	-3

Abb. 1.6 Die größten Sachgüterexporteure und -importeure 2021 (Mrd. US$ und %). (Quelle: WTO, World Trade Statistical Review 2021, Table A4)

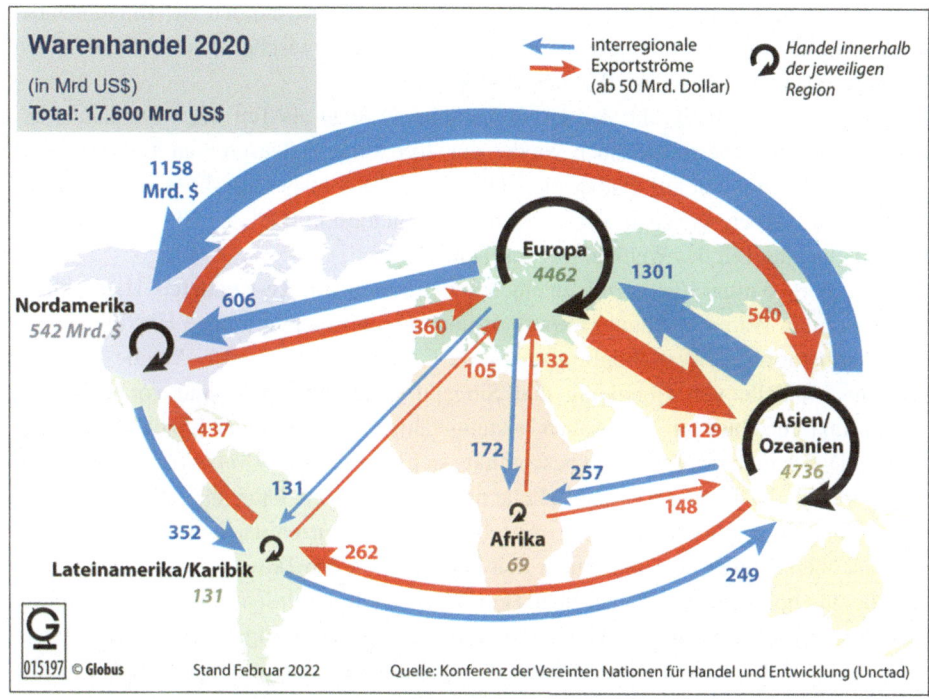

Abb. 1.7 Globale Handelsströme. (Quelle: UNCTAD, WTO 2022)

Produktionsstrukturen in vielen Entwicklungsländern, Monokulturen und die Konzentration auf Rohstoffe, die wiederum in Industrieländern nachgefragt werden. Bedürfnisse der Nachbarländer in Afrika oder Südasien werden hierdurch kaum befriedigt und die Möglichkeiten einer arbeitsteiligen Produktion noch zu wenig genutzt. Erfolgversprechende Ansätze gibt es jedoch in den sich immer mehr entwickelnden *Regionalintegrationen*, Zusammenschlüsse von Staaten nach dem Vorbild der Europäischen Union (siehe hierzu Kap. 3).

Die internationalen Statistiken berücksichtigen den Handel zwischen selbstständigen Staaten. Zerfallen Staaten in mehrere Einzelstaaten, wie dies beispielsweise im Fall der früheren UdSSR oder in Jugoslawien geschehen ist oder bei der Abspaltung des Süd-Sudan, so zählt der Handel mit diesen „neuen" Staaten zum Welthandel. Schließen sich Staaten zu einem gemeinsamen Markt (Binnenmarkt) zusammen, so wird derzeit unterschiedlich verfahren. Die Vereinigten Staaten von Amerika, die USA, sind natürlich *ein* Land, der US-Binnenhandel ist daher nicht Teil des Welthandels, dies gilt auch für den Handel zwischen deutschen Bundesländern. Formal ist auch der Handel zwischen den EU-Mitgliedsstaaten seit 1993 EU-Intra-Handel, also beispielsweise der Handel zwischen Deutschland und Frankreich, **EU-Binnenhandel**. Dieser hat derzeit ein Volumen von knapp 4 Bio US$, dies sind etwa 20 % des gesamten Welthandels, einschließlich des EU-Binnenhandels. Tatsächlich werden international jedoch zwei unterschiedliche Statistiken geführt: eine, allerdings derzeit weniger gebräuchliche, die den EU-Binnenhandel aus dem Welthandel ausklammert und eine, die den Handel zwischen den EU-Staaten, den EU-Binnenhandel, als Teil des Welthandels sieht.

Legt man die Statistik, die den EU-Binnenhandel *nicht* als Teil des Welthandels betrachtet, zugrunde, bestreiten auch wieder nur drei Akteure den größten Teil des Welthandels: 2020 entfielen auf China, die EU und die USA insgesamt 42 % der gesamten Weltexporte. – Aber, wie auch Abb. 1.6 zeigt, wird in diesem Buch der EU-Binnenhandel grundsätzlich als Teil des Welthandels gesehen.

Die Exporte einiger Länder zeigen einen hohen Anteil von **Re-Exporten**. Hierbei handelt es sich um Waren, die zuvor importiert und dann unverändert, ohne Hinzufügen zusätzlicher nationaler Wertschöpfung, exportiert wurden. Die großen Anteile von Re-Exporten im Falle von Hongkong und Singapur (vgl. Abb. 1.6) sind vor allem auf Standortfaktoren, hier auf die großen leistungsfähigen Häfen beider Länder, zurück zu führen. Die nationale Leistung beschränkt sich bei dieser *Transitware* häufig auf Transportdienstleistungen. Die zusätzliche nationale Leistung kann aber auch völlig entfallen, wenn die exportierten Waren nur scheinbar die Grenzen des betreffenden Landes physisch überschreiten, wie dies lange Zeit bei Exporten von Taiwan nach China der Fall war, die aus politischen Gründen über Hongkong getätigt werden mussten. Re-Exporte können, wie etwa im Fall von Hongkong, ein Vielfaches der Eigenexporte ausmachen. Typische Handelsnationen wie Deutschland können Güter auch re-exportieren, weil die Länder, aus denen die Importware stammt, nicht über die notwendigen Kontakte oder das Export-Knowhow für die Endabnehmerländer verfügen (vgl. hierzu Abschn. 1.7). Außerdem können durch Re-Exporte Exportverbote *(Embargos)*, die in andern Ländern gelten, illegal umgangen werden.

1.4   Internationaler Dienstleistungshandel

Die traditionellen Statistiken und die darauf aufbauenden internationalen Vergleiche konzentrieren sich nach wie vor meist auf den Handel mit Sachgütern, also den Warenhandel. Begründet wird dies vor allem damit, dass der Außenhandel mit Dienstleistungen, sog. unsichtbaren Gütern, schwerer statistisch zu erfassen ist und die entsprechenden Daten in vielen Ländern nur unvollständig erhoben und aufgezeichnet werden.

Schließt ein inländisches Unternehmen mit einem ausländischen Versicherungsunternehmen eine Versicherung ab, kann der Vertragsschluss zustande kommen durch das Zuschicken bzw. die elektronische Übermittlung eines Vertragsformulars (und die entsprechende Rücksendung), durch den Besuch des Kunden am ausländischen Sitz des Unternehmens oder durch den Besuch eines Agenten bei dem inländischen Unternehmen. In allen Fällen wird von einem inländischen Unternehmen eine ausländische Dienstleistung in Anspruch genommen. Aus der Sicht des Inlands findet damit ein Dienstleistungsimport statt. Während Warenhandel dadurch definiert ist, dass ein physisch greifbares Produkt eine nationale Grenze überschreitet, findet der Austausch von Dienstleistungen also in unterschiedlichen Formen statt.

Das bereits 1994 in Kraft getretene internationale Abkommen über Dienstleistungen, das *General Agreement on Trade in Services* (GATS), mit dem erstmals auf multilateraler Ebene Vereinbarungen über eine weltweite Liberalisierung des Dienstleistungshandels getroffen wurden, unterscheidet daher auch folgende **Arten des internationalen Dienstleistungshandels**:

- *Cross border supply*: Nur die Dienstleistung überschreitet die Grenze, Erbringer und Empfänger bleiben in ihren jeweiligen Ländern (z. B. Gütertransporte, Versicherungsleistungen, Beratung eines ausländischen Klienten per Telefon oder online)
- *Consumption abroad*: Inländer nehmen Dienstleistungen im Ausland in Anspruch (z. B. Auslandstourismus: Inanspruchnahme von Hotel-, Verpflegungs- oder Transportleistungen, Behandlung eines deutschen Patienten in Tschechien)
- *Commercial presence* oder *Presence of natural persons*: Die Dienstleistung wird entweder durch juristische Personen (Repräsentanzen oder Tochterfirmen) im Empfängerland oder durch natürliche Personen (Berater, Vermittler oder Agenten) erbracht.[2]

Grenzüberschreitende Dienstleistungsbeziehungen umfassen eine große Spannbreite von Transaktionen, die – von dem Dienstleistungsexportland aus betrachtet – sowohl im eigenen Land für das Ausland bereitgestellt werden, aber auch im Ausland für die Dienstleistungsimporteure direkt angeboten und wahrgenommen werden können. Sie werden evtl. nur fallweise angeboten und auch in Anspruch genommen oder können über Repräsentanzen und Agenturen dauerhaft angeboten werden. Für die Entwicklung des internationalen Dienstleistungsaustausches sind insbesondere *unternehmensbezogene Dienstleistungen* von Bedeutung. Dies können Dienstleistungen sein, die im direkten Zusammenhang mit Handelsbeziehungen stehen, wie etwa Transporte und Versicherungen, oder für Investitionsvorhaben im Ausland benötigt werden. Es sind Hotels, Fluggesellschaften oder sonstige Unternehmen, die im internationalen Tourismus eine Rolle spielen oder Finanzinstitute, die im Ausland Bankdienstleistungen anbieten. Viele Dienstleistungen basieren auf einem direkten persönlichen Kontakt zum Kunden. Um zusätzliche Marktchancen im Ausland wahrnehmen zu können, setzt dies daher entweder eine intensive Reisetätigkeit oder Investitionen im Ausland voraus.

Beispiele für internationalen Dienstleistungshandel

- *Eng mit dem Warenhandel verknüpfte Dienstleistungen*
  Die Nutzung ausländischer Exportkredit- oder Exportversicherungsanbieter, die Inanspruchnahme von Beratungs-, Montage-, Wartungs-, Reparatur- oder Serviceleistungen, wie Messebauern oder Werbeagenturen, die Nutzung der Transportmittel ausländischer Transporteure, wie Schiffe, Flugzeuge oder LKWs
- *Den Warenhandel ersetzende Dienstleistungen*

---

[2] Quelle: https://www.wto.org/english/tratop_e/serv_e/cbt_course_e/c1s3p1_e.htm.

Nutzung von ausländischen Leasing- oder Lizenzverträgen, Patenten oder sonstigem geistigem Eigentum
- *Unabhängig vom Warenhandel erbrachten Dienstleistungen*
Inanspruchnahme ausländischer Hotels, Airlines oder Reiseanbieter, Nutzung von ausländischen Finanzdienstleistern, von Telefongesellschaften oder Immobilienmaklern
- *Haushaltsbezogene Dienstleistungen*
Haus- und Wohnungsservice (Reparaturen, Catering, Putzen, Gartenbau), Personenservice (Friseur, Kosmetik, Schneider, Ernährungsberatung) – hierbei sind Doppelfunktionen und Überlappungen die Regel ◄

2021 betrugen die internationalen **Dienstleistungsexporte** etwa 6 Bio US\$, dies entsprach einem knappem Viertel des gesamten internationalen Handels mit Gütern und Dienstleistungen. 2010 lag der Wert noch bei knapp 4 Bio US\$, 2019 etwa auf der gleichen Höhe wie 2021. Die tatsächlichen Werte liegen jedoch vermutlich erheblich über diesen Zahlen, da – wie erwähnt – eine exakte Erfassung dieses immateriellen Leistungsaustausches schwieriger ist, als bei Gütern, die physisch eine Grenze passieren. So werden Dienstleistungen häufig im Inland abgegeben und dort von Ausländern in Anspruch genommen und damit nicht zwangsläufig als Dienstleistungsexport erfasst. Hinzu kommt, dass ein erheblicher Teil der Wertschöpfung des verarbeitenden Sektors, des sekundären Sektors, aus Dienstleistungen, wie Administration, Planung, Beratung, Konstruktion oder Marketing, besteht. Diese sind zwar Voraussetzung für den Warenhandel, werden aber meist nicht separat dem Dienstleistungshandel zugeordnet.

Die Industrieländer haben traditionell einen Anteil von über 80 % an den Dienstleistungsexporten, wobei die 10 größten Handelsländer über die Hälfte des gesamten internationalen Dienstleistungshandels (Exporte und Importe) abwickeln (vgl. Abb. 1.8)

Der Umfang und die Wachstumsraten des internationalen Dienstleistungshandels entsprechen nicht der Bedeutung der Dienstleistungen in der Weltwirtschaft. So steigt der Anteil der Dienstleistungen *(tertiärer Sektor)* am Weltsozialprodukt laufend an und liegt bei den großen Industrieländern deutlich über 60 %, meist über 70 % (Deutschland: ca. 70 %). Das bedeutet, dass Dienstleistungen einen überproportionalen Anteil am jeweiligen BIP haben. Hiervon wird ein wachsender Anteil infolge liberalisierter Handelsbedingungen und grenzüberschreitender Investitionstätigkeit wohl auch international ausgetauscht, wie die Beispiele des Finanz- und Versicherungssektors, der Telekommunikationsleistungen oder des Transportbereichs zeigen. Die steigende Mobilität äußert sich in einer wachsenden grenzüberschreitenden Inanspruchnahme von jeweils ausländischen Transportmitteln, Übernachtungs- und Bewirtungsleistungen. Beispielsweise stiegen die internationalen Ankünfte von Touristen nach Angaben der *Weltorganisation für Tourismus (UNWTO)* im Zeitraum 2010 bis 2019 um 50 % von knapp 1,0 auf 1,5 Mrd Personen.[3]

---

[3] https://www.statista.com/statistics/209334/total-number-of-international-tourist-arrivals/.

Rank	Exporters	Value	Share	Rank	Importers	Value	Share
1	United States of America	684	13.9	1	United States of America	436	9.5
2	United Kingdom	339	6.9	2	China	378	8.2
3	Germany	305	6.2	3	Germany	307	6.7
4	China	278	5.7	4	Ireland	296	6.4
5	Ireland	262	5.3	5	France	232	5.0
6	France	245	5.0	6	United Kingdom	201	4.4
7	India	203	4.1	7	Japan	183	4.0
8	Singapore	187	3.8	8	Singapore	172	3.8
9	Netherlands	186	3.8	9	Netherlands	169	3.7
10	Japan	156	3.2	10	India	153	3.3
11	Belgium	113	2.3	11	Belgium	115	2.5
12	Switzerland	113	2.3	12	Switzerland	114	2.5
13	Luxembourg	110	2.2	13	Korea, Republic of	102	2.2
14	Spain	90	1.8	14	Italy	92	2.0
15	Italy	87	1.8	15	Canada	90	2.0
16	Korea, Republic of	86	1.8	16	Luxembourg	86	1.9
17	Canada	84	1.7	17	Denmark	69	1.5
18	Denmark	74	1.5	18	Sweden	68	1.5
19	Sweden	69	1.4	19	Russian Federation	63	1.4
20	Poland	67	1.4	20	Spain	60	1.3

Abb. 1.8   Die größten Dienstleistungssex- und -importeure 2020 (Mrd US$ und Prozentanteile). (Quelle: WTO, World Trade Statistical Review 2021, Table A8)

1.5   Zahlungsbilanz und Leistungsbilanz

Internationaler Handel umfasst also den Handel mit Sachgütern und mit Dienstleistungen. Zusammen mit weiteren ökonomische Aktivitäten, wie grenzüberschreitenden Arbeitsleistungen und Finanztransfers und den entsprechenden Gegenleistungen wie Lohnzahlungen und Finanzerträgen sowie von sonstigen grenzüberschreitenden Übertragungen, werden diese in jedem Land (mehr oder weniger) systematisch erfasst. Sie werden in einzelnen Teilbilanzen aufgezeichnet und schließlich in der *Zahlungsbilanz (balance of payments)* zusammengefasst: Die Zahlungsbilanz erfasst also systematisch *sämtliche wirtschaftlichen Transaktionen zwischen Inländern und Ausländern in einer bestimmten Periode.*[4]

Güterexporte und Güterimporte werden in der **Handelsbilanz** und Dienstleistungen in der **Dienstleistungsbilanz**, zwei Teilbilanzen der Zahlungsbilanz, erfasst. Je nach Betrachtungszeitraum, i. d. R. ein Monat oder ein Jahr, ergeben sich für das betreffende Land daher Handelsbilanzüberschüsse oder Handelsbilanzdefizite bzw. Überschüsse oder Defizite in der Dienstleistungsbilanz. Handels- und die Dienstleistungsbilanz werden zusammen mit zwei weiteren Teilbilanzen, der *Bilanz der Primäreinkommen* und der *Bilanz*

---

[4] Dies wird im Band „Internationale Wirtschaftsbeziehungen 2", der voraussichtlich Ende 2023 erscheinen wird, ausführlich behandelt.

der Sekundäreinkommen, zur **Leistungsbilanz** *(current account)* eines Landes zusammengefasst, einer weiteren Teilbilanz der *Zahlungsbilanz* eines Landes.

Während die Handelsbilanz nicht weiter untergliedert wird, wird die **Dienstleistungsbilanz** nochmals nach Ausgaben und Einnahmen für internationalen Reiseverkehr, für grenzüberschreitende Transport-, Versicherungs-, Telekommunikations- und Finanzdienstleistungen untergliedert sowie für die Inanspruchnahme und Bereitstellung weiterer ausländischer Dienstleistungen gegen die Zahlung von Provisionen, Lizenz- oder Patentgebühren. In der **Bilanz der Primäreinkommen** (früher: Bilanz der Erwerbs- und Vermögenseinkommen) werden grenzüberschreitend gezahlte Arbeitsentgelte sowie grenzüberschreitend erwirtschaftete Kapitalerträge (aus Wertpapieranlagen oder Direktinvestitionen) zusammengefasst. In der **Bilanz der Sekundäreinkommen** (früher: Bilanz der laufenden Übertragungen) werden regelmäßige Zahlungen vom Ausland an das Inland und vom Inland an das Ausland erfasst, denen keine *direkten* Gegenleistungen des anderen Landes gegenüberstehen, wie beispielsweise Beiträge an internationale Organisationen oder *regelmäßige* nicht rückzahlbare Leistungen an Entwicklungsländer. Sie wird daher auch als „Schenkungsbilanz" bezeichnet.

Defizite in Teilbilanzen der Leistungsbilanz müssen auf Dauer durch *Überschüsse* in anderen Teilbilanzen ausgeglichen werden, wenn kein permanenter Abfluss von Devisen erfolgen soll bzw. eine laufende Aufnahme von Devisenkrediten im Ausland (Netto-Kapitalimporte, Auslandsverschuldung) notwendig werden soll. Die Leistungsbilanz stellt damit verhältnismäßig aussagefähige Informationen über die außenwirtschaftliche Leistungsfähigkeit einer Volkswirtschaft bereit. Da Leistungsbilanzen von allen Ländern erstellt werden, können so auch außenwirtschaftliche Aktivitäten und Ergebnisse verglichen werden. Abb. 1.9 gibt einen Überblick über die Zahlungsbilanz und ihre Teilbilanzen.

		(1) Handelsbilanz *Grenzüberschreitender Warenhandel*
	Leistungs- bilanz	(2) Dienstleistungsbilanz *Grenzüberschreitender Handel mit Dienstleistungen*
Zahlungs- bilanz		(3) Bilanz der Primäreinkommen *Grenzüberschreitende Einkommen aus Arbeit und Vermögensanlagen*
		(4) Bilanz der Sekundäreinkommen *Regelmäßige grenzüberschreitende unentgeltliche Leistungen*
	(5) Vermögensänderungsbilanz *(einmalige Übertragungen vom und an das Ausland)* (6) Kapitalbilanz *(Forderungen und Verbindlichkeiten gegenüber dem Ausland)* (7) Statistisch nicht aufgliederbare Transaktionen *(Restposten)*	

Abb. 1.9 Die Zahlungsbilanz

1.6   Exkurs: Terms of Trade

Die Ex- und Importwerte eines Landes (nominale Werte) ergeben sich aus den jeweiligen realen Gütermengen multipliziert mit ihren jeweiligen Preisen. Will man aus den nominalen Werten die realen Mengenänderungen ermitteln, müssen Preissteigerungsraten berücksichtigt und die nominalen Werte entsprechend korrigiert werden.

Nehmen wir an, in einem bestimmten Jahr signalisiere der Anstieg der Exportwerte um 10 % und der Importwerte um 5 % (jeweils in Euro) eine höhere Wettbewerbsfähigkeit des betreffenden Landes, da die Exporte stärker als die Importe zugenommen haben. Bei einer zusätzlichen Betrachtung der Preisentwicklung relativiert sich dieses Ergebnis jedoch, wenn wir annehmen, dass im gleichen Zeitraum die Exportpreise um 10 %, die Importpreise dagegen nur um 2 % gestiegen seien. Subtrahiert man die Preissteigerungsraten von den Außenhandelswerten, so erhält man die reinen Mengenzuwächse: Während die realen Exportmengen in unserem Beispiel gleich blieben (10 % Wertzuwachs ./. 10 % Preissteigerung = 0 %), stiegen die Importmengen (5 % Wertzuwachs ./. 2 % Preissteigerung = 3 %) um 3 %.

Hieraus lassen sich u. a. folgende Aussagen ableiten:

* Einerseits stagnieren die Exportvolumina, während gleichzeitig die importierten Gütermengen steigen.
* Andererseits steigt bei dieser Konstellation der Handelsbilanzüberschuss. Dies wurde offensichtlich durch die Fähigkeit des Landes, höhere Preise für seine Exportprodukte auf dem Weltmarkt durchzusetzen, erreicht. Dabei bleibt offen, ob hierfür die Wechselkurs- oder die Marktentwicklung verantwortlich ist.
* Zudem war das Land in der Lage, mit der gleichen Exportgütermenge eine größere Gütermenge zu importieren – und damit die Versorgungssituation zu verbessern – sowie zusätzlich noch einen wertmäßigen Exportüberschuss zu erzielen.

Damit lassen sich aus der Analyse der Export- und Importpreisentwicklungen, insbesondere aus dem Verhältnis der Preisentwicklungen zueinander, Aufschlüsse über die Bewertung von Außenhandelsentwicklungen gewinnen. Das Verhältnis der Export- und Importpreisentwicklungen zueinander wird als **Terms of Trade** (ToT) oder *reales Austauschverhältnis* bezeichnet. In ihrer am häufigsten gebrauchten Variante werden die ToT durch das Verhältnis von Exportpreisindex zu Importpreisindex, jeweils in der Währung des betreffenden Landes, ausgedrückt: Exportpreisindex dividiert durch Importpreisindex.

Preisindex
Durch einen Preisindex werden die Preisänderungen ausgewählter Gütermengen (hier der Export- und Importgüter) zwischen einer Basisperiode und einer zeitlich nachfolgenden Vergleichsperiode erfasst. Die Preisänderungen der zu erfassenden Gütergruppe werden dabei mit der relativen Teilmenge dieser Gütergruppe an dem gesamten Export- bzw. Importvolumen gewichtet. Exportiert ein Land beispielsweise nur zwei Gütergruppen, etwa Textilien (20 %) und Kaffee (80 %), steigt der Exportpreisindex bei einer Preissteigerung der Textilien um 10 % und einer Stagnation der Kaffeepreise lediglich um 2 %, also 20 % von 10 %.

Die Terms of Trade geben damit auch an, wie viele Einheiten eines Importgutes ein Land für eine Einheit seines Exportgutes erhält. Generell *verbessern* sich die ToT eines Landes, wenn die (positive) Veränderung der Exportpreise größer ist als die entsprechende Änderung der Importpreise, bzw. bei fallenden Preisen, wenn die relativen Preisrückgänge bei den Exportpreisen geringer sind als diejenigen der Importpreise. Eine solche Entwicklung signalisiert die gestiegene „Wertschätzung" des Auslands für die Exportgüter des betreffenden Landes. Damit steigt einerseits der Außenhandelswert der Exportgüter, so dass das Land in der Lage ist, mit einer gegenüber der Vorperiode unveränderten Exportmenge mehr Güter zu importieren, gleichzeitig wird durch die steigenden Gewinnerwartungen die Exportproduktion angekurbelt, so dass der Wohlstand des Landes steigt. Andererseits kann eine durch steigende Exportpreise hervorgerufene Verbesserung der ToT eine tendenzielle Verringerung der Nachfrage nach den (teurer gewordenen) Exportgütern des betreffenden Landes durch das Ausland bewirken und eine sinkende Wettbewerbsfähigkeit signalisieren.

Beispiel

Während des Russland-Ukraine-Krieges 2022/23 stiegen die Weltmarktpreise u. a. für Öl und Gas stark an. Dies führte zu einem Anstieg der russischen ToT. Die Exporteinnahmen Russlands, einem der größten Exporteure fossiler Energierohstoffe, stiegen, obwohl internationale Sanktionsmaßnahmen eine Reduzierung der russischen Exporte bewirken sollten. Die Blockade ukrainischer Häfen durch Russland führte gleichzeitig dazu, dass die Ukraine, einer der weltweit wichtigsten Weizenexporteure, vorübergehend ihre Weizenexporte reduzieren musste. Die Importpreise für Weizen stiegen dadurch zeitweise steil an, so dass die ToT der Länder, die mangels eigener Produktionsmöglichkeiten auf Nahrungsmittelimporte angewiesen waren, vor allem Staaten in im Nahen Osten und Ostafrika, sanken und sie ihre Importe reduzieren mussten. ◀

Bei diesen ToT handelt es sich um **Commodity Terms of Trade** oder *Warenaustauschverhältnissen*. Durch sie lässt sich ermitteln, in welchem Umfang die Menge von Importgütern, die gegen eine bestimmte Menge von Exportgütern ausgetauscht werden kann, innerhalb eines Jahres zu- oder abnimmt. Die Commodity ToT geben allerdings keine Auskunft darüber, ob sich die tatsächlichen Möglichkeiten eines Landes, seine Importe aufrechtzuerhalten oder sogar zu erhöhen, verändert haben. Sinken die Exportpreise, so kann dieser Effekt durch evtl. noch stärker sinkende Importpreise aufgefangen werden. Eine andere Möglichkeit besteht in der Steigerung der Exportmengen. Beides bewirkt, dass sich die Importfähigkeit eines Landes auch bei sinkenden Exportpreisen verbessert. Der Effekt steigender Exportmengen wird in den die **Income Terms of Trade** (Einkommensaustauschverhältnisse) berücksichtigt, bei denen die Commodity ToT mit dem Exportmengenindex multipliziert werden (Commodity ToT x Exportmengenindex).

Beispiel

Im Vergleich zu 2020 sanken die Exportpreise von Land A 2021 um 5 %, der Export-preisindex liegt also bei 95 %. Gleichzeitig fielen die Importpreise um 12 % (Import-preisindex: 88). Die *Commodity ToT* steigen damit im Jahr 2021 auf 1,08 (95 : 88). Damit steigt bei gleicher Exportmenge die importierbare Gütermenge („Importfähig-keit") von Land A um 8 %.

Tatsächlich sank 2021 der Gesamtwert der exportierten Güter von Land A um 2 %. Da der Exportpreisindex jedoch um 5 % zurückging, war die reale Exportgütermenge 3 % höher, der Exportmengenindex stieg also von 100 auf 103. Die *Income ToT*, die reale Importfähigkeit, stiegen damit sogar um 11 % (1,08 x 1,03). ◀

Beide oben angesprochenen Konzepte beziehen sich ausschließlich auf den Warenaus-tausch, ohne mögliche Produktivitätsänderungen im inländischen oder ausländischen Export-sektor einzubeziehen. Steigt aber die Produktivität im inländischen Exportsektor, so steigt auch die Menge an Importgütern, die mit einer im Exportsektor geleisteten Arbeitsstunde er-worben werden kann. Produktivitätsverbesserungen in der Exportgüterindustrie können also eine Verringerung der Commodity ToT kompensieren. Produktivitätsänderungen im in-ländischen Exportsektor werden in den **Single Factoral Terms of Trade** (Einfache Faktor-austauschverhältnisse) berücksichtigt. Bei diesem Konzept, das allerdings nur geringe prakti-sche Relevanz hat, werden die Commodity ToT mit dem Produktivitätsindex der Exportgüterindustrie multipliziert (Commodity ToT x Produktivitätsindex Exportsektor). Abb. 1.10 zeigt die (positive) Entwicklung der deutschen ToT in den letzten 10 Jahren.

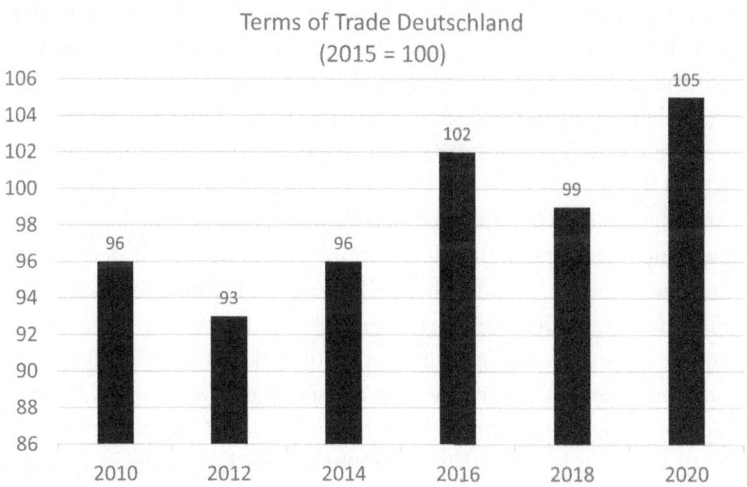

Abb. 1.10 Die Entwicklung der Terms of Trade Deutschlands 2015: 100, Zahlen gerundet. (Quelle: Statistisches Bundesamt Destatis (2022))

1.7 Internationaler Tauschhandel

Beispiel Tauschhandel

Ein argentinischer Lederfabrikant benötigt dringend zwei neue Lederverarbeitungs-maschinen, die u. a. von einem österreichischen Produzenten angeboten werden. Die (wieder einmal) angespannte Devisenlage des Landes sowie zahlreiche Import-beschränkungen machen ein reguläres Geschäft jedoch kaum möglich. Stattdessen ver-ständigen sich beide Parteien auf einen **Tauschhandel**. Das argentinische Unternehmen liefert Lederwaren im Handelswert von 1 Mio US$ an die österreichische Maschinen-fabrik, während diese Maschinen in etwa gleichem Wert nach Argentinien liefert. Eine darauf spezialisierte professionelle Vermittlungsagentur wird damit beauftragt, einen Endabnehmer für die Lederwaren zu suchen. Dieser findet sich relativ schnell in einem italienischen Lederbekleidungsproduzenten. Die hierfür erzielten Erlöse, abzüglich einer vereinbarten Vermittlungsprovision überweist die Agentur an die österreichische Maschinenfabrik. ◄

Geld als allgemein anerkanntes Tausch- und Wertaufbewahrungsmittel vereinfacht Tauschvorgänge durch die Auflösung des einfachen Tausches (Ware gegen Ware) in zwei getrennte Vorgänge, bei denen jeweils Ware gegen Geld getauscht wird. Bei einem einfachen Tausch muss der Tauschwillige (A) einen Tauschpartner (B) finden, der über die von ihm benötigten Güter verfügt und gleichzeitig die von ihm angebotene Ware im Gegenzug, als Kompensation, akzeptiert. Im Außenhandel wird diese Transaktion nun dadurch erschwert, dass A für Waren, die er im Ausland erwerben möchte, im Regelfall Devisen, also ausländisches Geld, benötigt, wenn beide Länder nicht Mitglieder des gleichen Währungsraums, wie etwa dem „Euroraum", sind. Kann der Importeur sich keine Devisen beschaffen, wird er auch keine Waren importieren können. Tausch-partner B wird nach dem Tauschvorgang versuchen, die Kompensationsware zu ver-kaufen. Damit übernimmt B für A praktisch eine Dienstleistung, den Verkauf seiner Handelsware, für die er eine Gebühr, etwa in Form einer Mehrlieferung, verlangen wird (vgl. Abb. 1.11).

Tauschhandelsgeschäfte werden von devisenschwachen Ländern nachgefragt. Da Ver-schuldungsprobleme Länder zumindest zeitweise vom Zugang zu den internationalen Finanzmärkten ausschließen, wie dies beispielsweise bei mehreren Entwicklungsländern seit der *Schuldenkrise der Entwicklungsländer* 1982 der Fall war, können diese dringend benötigte Importe wegen des Mangels an international akzeptierten Zahlungsmitteln, wie US$ oder Euro, nicht tätigen. **Internationale Tauschgeschäfte**, auch als *Kompensations-geschäfte* oder *Gegengeschäfte (barter trade)* bezeichnet, sind hier ein Ausweg. Um keine Marktanteile zu verlieren bieten daher Unternehmen aus Industrieländern auch Tausch-geschäfte an. In den meisten Fällen wird das Unternehmen des Industrielandes die Kompensationsware später über spezialisierte Vermittlungsagenturen bzw. Handelsunter-

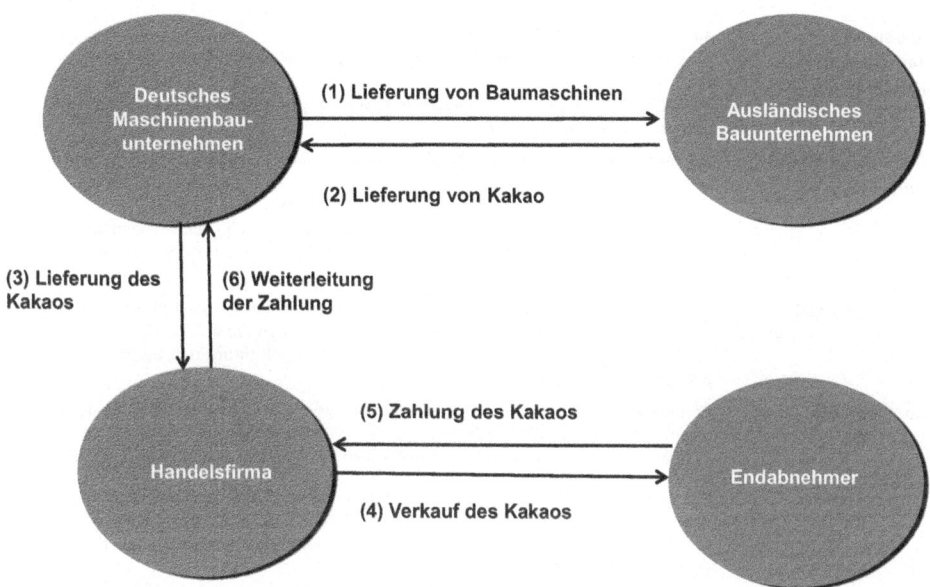

Abb. 1.11 Beispiel für ein internationales Tauschgeschäft: Baumaschinen gegen Kakao

nehmen oder sogar eigene Gesellschaften bzw. Abteilungen weiter veräußern. Wird mit der Kompensationsware nicht der geplante Preis erzielt, so hat dies zunächst der Exporteur auszugleichen (Stützung). Er wird aber den Mehrpreis seinem Lieferanten in Rechnung stellen.

Tauschhandel kann als *Handelsbehinderung* gesehen werden, da er im Widerspruch zu internationalen Handelsgrundsätzen steht und als Rückfall in eine mittelalterliche nicht-monetäre Handelsform mit erheblichen Transaktionskosten erscheint. Da Kompensationsware auf dem Weltmarkt häufig nur zu Niedrigpreisen abgesetzt werden kann, muss diese durch eine Verteuerung der aus den Industrieländern importierten Ware in dem betreffenden Land subventioniert werden. Dies schmälert aber die Absatzmöglichkeiten vergleichbarer Waren aus anderen Ländern. Damit können Kompensationsgeschäfte Preis- und Wirtschaftsstrukturen verzerren.

Andererseits käme ein beträchtlicher Teil des Welthandels ohne diese Handelsform kaum zustande: Für Industrielandunternehmen ist diese Handelsform oftmals die einzige Möglichkeit, auf dem betreffenden Markt präsent zu bleiben und für deren Handelspartner im Entwicklungsland oftmals die einzige Möglichkeit, benötigte Waren zu erhalten. Damit können Kompensationsgeschäfte auch als *Handelsschaffung* angesehen werden, als „kreative Handelsform" mit angepasster Finanzierung und einem speziellen Distributionsservice für ansonsten auf dem Weltmarkt nur schwer verkäufliche Waren. Betrachtet man Tauschhandel als besondere Finanzierungsform internationalen Handels, so stellt das Gegengeschäft offensichtlich die Kreditsicherheit dar, die üblicherweise durch Bank-

Klassisches Tauschgeschäft (barter trade)	auch: Gegengeschäft oder Kompensationsgeschäft. Tausch von Ware gegen Ware, i.d.R. über die Einschaltung von Vermittlungsfirmen.
	Beispiele: Die USA und Jamaika tauschten Milchprodukte gegen Bauxit und Neuseeland und der Iran Schafe gegen Erdöl.
Rückkaufgeschäft (buy-back)	Das devisenschwache Land bezahlt die Importe ganz oder teilweise mit Erzeugnissen der gelieferten Anlagen.
	Beispiel: Ein Entwicklungsland kauft eine Chemieanlage in einem Industrieland und „bezahlt" diese mit der Lieferung von Kunstdünger und anderen in diesen Werken hergestellten Produkten.
Parallelgeschäft (counter purchase)	Hier werden zwei voneinander unabhängige Kaufverträge mit getrennten Liefer- und Zahlungsverpflichtungen geschlossen, die im Gegenwert und zeitlich aufeinander abgestimmt sind sowie durch einen Vertrag über die Verpflichtung zum Gegengeschäft miteinander verknüpft sind.
Kontokorrent- geschäft	Ex- und Importe werden ohne individuelle Zahlungsverpflichtung über ein laufendes Konto abgerechnet, das nach Ablauf einer vereinbarten Frist ausgeglichen sein muss. Evtl. Differenzen müssen durch Zahlungen in konvertibler Währung ausgeglichen werden.
Offsetgeschäft	Hier verpflichtet sich das Industrielandunternehmen zu zusätzlichen Leistungen, wie Technologie- und Know-how-Transfer, der Vermittlung von Abnehmern, der Vergabe von Unteraufträgen an Unternehmen des Importlandes oder Gemeinschaftsproduktionen mit einheimischen Firmen (joint-ventures).
	Beispiel: Der Exporteur eines Kraftwerks verpflichtet sich dem öffentlichen Auftraggeber gegenüber Unteraufträge an Lieferanten des Importlandes zu erteilen.

Abb. 1.12 **Arten internationaler Tauschgeschäfte**

garantien oder die Bonität des Schuldners gewährleistet wird, aber in diesem Fall nicht erbracht werden kann. In der Praxis unterscheidet man verschiedene Arten des internationalen Tauschhandels (vgl. Abb. 1.12).

Da bei Kompensationsgeschäften für Lieferung und Gegengeschäft i. d. R. zwei getrennte Verträge abgeschlossen werden, sind diese vielfach nicht als solche erkennbar. Darüber hinaus werden unterschiedliche Abgrenzungen verwendet und verständlicherweise legen devisenschwache Länder keinen Wert darauf, Kompensationsgeschäfte publik zu machen. In vielen Entwicklungsländern scheinen Tauschgeschäfte dennoch zu Lasten des traditionellen Handels zugenommen zu haben. Auch wenn Kompensationsgeschäfte lange Zeit eher als Übergangs- und Krisenform des internationalen Handels angesehen wurden, so haben sie sich inzwischen als internationale Handelsform fest etabliert. Die *International Reciprocal Trade Association* (IRTA) schätzt, dass es weltweit etwa 400 auf Tauschgeschäfte spezialisierte kommerzielle Unternehmen und Online-Plattformen gibt, die mit etwa 400.000 Unternehmen einen Gesamtumsatz von bis zu 14 Mrd US$ p.a. tätigen. Das jährliche Wachstum wird auf 5 bis 10 % geschätzt.[5]

---

[5] https://www.irta.com/about/the-barter-and-trade-industry.

Literatur[6]

Koch, E. (2022) *Globalisierung: Wirtschaft und Politik. Chancen – Risiken – Antworten*; 3. vollstä-endig überarbeitete Aufl., Wiesbaden: Springer Gabler

Tofall, N. (2019) *De-Globalisierung und neue Bipolarität?* https://www.flossbachvonstorch-researchinstitute.com/de/studien/de-globalisierung-und-neue-bipolaritaet/.

UNODC (2018) *Annual Report 2018.*

WTO (2021) *World Trade Statistics Review 2021* https://www.wto.org/english/res_e/statis_e/wts2021_e/wts21_toc_e.htm

Links

Dienstleistungshandel: https://www.wto.org/english/tratop_e/serv_e/cbt_course_e/c1s3p1_e.htm

Internationaler Tauschhandel: https://www.irta.com/about/the-barter-and-trade-industry

World Bank Data: https://data.worldbank.org/indicator/NY.GDP.MKTP.CD;

World Bank Statistics: http://knoema.de/mhrzolg/gdp-by-country-statistics-from-the-world-bank-1 960-2015?country=World

Welthandelsdaten: https://knoema.de/atlas/Welt/G%C3%BCterexporte

---

[6]Letzter Zugriff auf die im Literaturverzeichnis genannten Internetquellen und die Links jeweils 05/2022.

Der deutsche Außenhandel

2

Deutschland ist eine der erfolgreichsten Exportnationen der Welt. Seit fast 50 Jahren liegt sie in der internationalen Rangliste der Exporteure auf einem der ersten Ränge. In den letzten Jahren belegte sie einen stabilen dritten Platz nach China und den USA mit großem Abstand vor Japan. Der Weltmarktanteil der deutschen Exporte schwankte in den vergangenen Jahren meist um 8 %.

2.1 „Made in Germany"

Ein wichtiges Instrument im internationalen Wettbewerb ist hierbei die Herkunftsbezeichnung *Made in Germany*. Diese britische Erfindung, die 1887 mit dem *Merchandise Marks Act* festlegte, dass alle ausländischen Produkte mit einer Herkunftsbezeichnung versehen sein müssten, war mit dem Ziel erlassen worden, die eigene Position als weltweit größte Handelsnation zu erhalten und ausländische Produkte gegenüber britischen *(buy british!)* zu diskriminieren. Ausgelöst wurde das neue Gesetz dadurch, dass sich die deutschen Konkurrenten zunehmend unlauterer Mittel bedienten. Diese stanzten beispielsweise das Wort „Sheffield", ein anerkanntes Synonym für hochwertige britische Stahlwaren, auf deutsche Messer und Scheren. Die britischen Produzenten von Stahlerzeugnissen forderten daher von ihrer Regierung entsprechende Gegenmaßnahmen. Das Gesetz war also vor allem gegen die immer stärker werdenden deutschen Konkurrenten gerichtet, die mit ihren relativ niedrigen Preisen, allerdings auch bei schlechterer Qualität, den englischen Waren, die seinerzeit noch den Weltmarkt beherrschten, Konkurrenz machten.

Die deutschen Produzenten passten sich jedoch schnell an. Die Einführung der Herkunftsbezeichnung sorgte daher – bei rasch ansteigendem Qualitätsniveau – für einen zunehmenden Bekanntheitsgrad deutscher Produkte im Ausland, so dass sich die Herkunfts-

E. Koch, *Internationale Wirtschaftsbeziehungen I*,
https://doi.org/10.1007/978-3-658-40069-9_2

bezeichnung nicht zu dem gewünschten „Makelzeichen", sondern vielmehr zu einem **Markenzeichen** entwickelte. Insbesondere die britischen Konsumenten merkten nun, dass sie auch bisher schon viele deutsche Waren gekauft hatten, auch solche, die durchaus einen guten Ruf genossen, u. a. Maschinen, Instrumente und Pharmazeutika. Viele ausländische Kunden, die ihre Waren bisher über englische Händler bezogen, gingen nun dazu über, diese direkt in Deutschland zu bestellen und lernten somit auch zunehmend technische und preisliche Vorzüge anderer deutscher Waren kennen (s. a. Link: Made in Germany).

Angesichts der nun in unerwünschter Weise zunehmenden deutschen Konkurrenz, die sich beispielsweise darin zeigte, dass allein von 1883 bis 1893 die deutschen Exporte nach England um 30 % zunahmen und der abnehmenden englischen Wettbewerbsfähigkeit bei technischen Gütern wurde der *Merchandise Marks Act* 1898 vorübergehend wieder aufgehoben, was allerdings ohne Wirkung blieb. Die durch die beiden Weltkriege bedingten Einbrüche im Exportbereich und die sich daran anschließenden Aufschwünge sowie die derzeitige Exportstärke demonstrieren die hohe internationale Wettbewerbsfähigkeit deutscher Waren im Ausland, vgl. Abb. 2.1.[1]

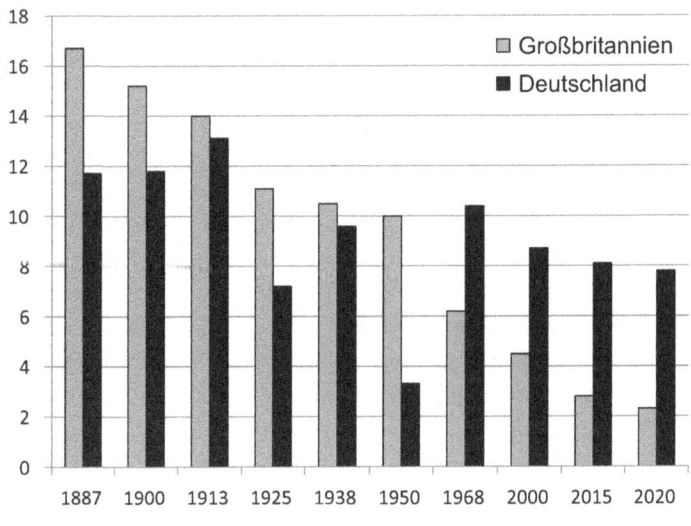

Quelle: World Trade Statistical Review , div. Jahrgänge (https://www.wto.org)

Abb. 2.1 **Entwicklung der prozentualen Anteile Großbritanniens und Deutschlands am Weltgüterexport**. (Quelle: World Trade Statistical Review, div. Jahrgänge, https://www.wto.org)

---

[1] Allerdings wird das Vertrauen in das Gütesiegel der deutschen Industrie immer wieder beschädigt. So geschah dies beispielsweise durch die 2016/2017 aufgedeckten gesetzeswidrigen Aktivitäten der deutschen Automobilindustrie, die betrügerische Einrichtung von Abschalteinrichtungen für die Abgasreinigung von Dieselfahrzeugen sowie wettbewerbsverhindernde Kartellvereinbarungen und 2022 durch die langjährigen Manipulationen von Continental bei Autoschläuchen für Klimaanlagen und Spezialschläuchen für industrielle Zwecke, s. a. Remsky (2017).

An diesem Beispiel wird deutlich, dass Länder dazu tendieren, meist initiiert von den betroffenen Industriezweigen, bei sinkender Wettbewerbsfähigkeit Instrumente einzusetzen, die dazu dienen sollen, die eigene Wirtschaft zu schützen, also *protektionistisch* wirken. Dies insbesondere dann, wenn die Konkurrenz mit unlauteren Mitteln oder auch mit eindeutigen Produkt- oder Servicevorteilen arbeitet. Allerdings sind die Instrumente häufig unscharf und können ihre Schutzwirkung nur anfangs entfalten, vielfach werden sie unterlaufen oder auf „kreative" Weise umgangen, so dass das betreffende Land, das sich hinter der protektionistischen Schutzmauer (zu) sicher fühlt und i. d. R. geringe Anstrengungen zur Wiederherstellung der Wettbewerbsfähigkeit unternimmt, sich in einer objektiv schlechteren Wettbewerbsposition wiederfindet (s. hierzu insbesondere Kap. 6).

Auch die Herkunftsbezeichnung *Made in Germany* garantiert allerdings keineswegs, dass die Produkte vollständig in Deutschland hergestellt wurden. Tatsächlich erfolgt die Verwendung von *Made in Germany* in Deutschland auf eigene Verantwortung des Herstellers, in Deutschland gibt es keine Institution, die die Richtigkeit der Warenmarkierung bestätigt. Gegen eine als unrechtmäßig empfundene Verwendung dieser Herkunftsbezeichnung kann jedoch geklagt werden. In anderen Staaten ist eine Herkunftsbezeichnung allerdings erforderlich. Heute dominiert die Auffassung, dass die Produkte schwerpunktmäßig im Inland gefertigt sein müssen, dort also der größte Teil der Wertschöpfung (mindestens 50 %) stattfinden muss. Zudem müssen diejenigen Leistungen in Deutschland erbracht worden sein, „durch die das Produkt seine wichtigsten Bestandteile oder Eigenschaften erhält".[2]

Eine bereits 2004 gestartete EU-Initiative, die nationalen Herkunftsbezeichnungen durch eine europäische Herkunftsbezeichnung „Made in EU" zu ersetzen oder zumindest zu ergänzen, wurde bisher noch nicht umgesetzt. Zumindest für kleine und mittlere deutsche Unternehmen ist *Made in Germany* nach wie vor ein wichtiges Marketinginstrument, eine Abschaffung wäre für sie problematisch. Für große Unternehmen verlieren nationale Gütesiegel durch die Globalisierung dagegen an Bedeutung. Globalisierungsbedingt lassen diese Unternehmen an den weltweit günstigsten Standorten – zu vorab definierten Qualitätsstandards – produzieren, so dass nur noch ein kleiner Teil des Endprodukts, das gegebenenfalls im eigenen Land endproduziert wird, tatsächlich aus dem betreffenden Land stammt. Damit tritt für diese Unternehmen an die Stelle des *„made in"* das *„made by"*, also das durch das Unternehmen – oder die Marke – garantierte Qualitätsniveau, etwa *Made by Bosch*, *Made by Siemens* etc.

---

[2] Vgl. BGH (2014), s. a. Seifried, T. (o.J.), IHK Schwerin (o.J.).

2.2   Die Entwicklung des Außenhandels

Die deutschen **Güterexporte** steigen mit wenigen Ausnahmen, die fast ausschließlich durch Weltwirtschaftskrisen verursacht wurden, mehr oder weniger kontinuierlich an. 2021 lagen die gesamten Exporte nach einem vorwiegend Pandemie bedingten Einbruch bereits bei über 1,4 Bio Euro, nachdem sie 2011 zum ersten Mal die 1-Bio-Euro Schwelle übersprungen hatten (vgl. Abb. 2.2). Auch die *Exportquote* (Güterexporte bezogen auf das BIP) steigt laufend an. 2021 erreichte sie mit 38 % (BIP: 3,6 Bio Euro) einen vorläufigen Höchststand. Betrachtet man Güterexporte und Dienstleistungen zusammen, lag die gesamte Exportquote 2021 sogar bei über 47 %.

Die große Bedeutung der Exporte ist einerseits ein Beleg für die Leistungs- und *Wettbewerbsfähigkeit* der deutschen Wirtschaft, bedeutet aber andererseits auch eine extrem hohe *Abhängigkeit* vom Ausland, insbesondere von der politischen und wirtschaftlichen Entwicklung der Haupthandelsländer. Die Exportquote liegt einerseits weit über der anderer großer Industrienationen, wie etwa derjenigen der USA, Japans, Frankreichs oder Großbritanniens. Andererseits ist sie aber niedriger als die Exportquoten vieler kleinerer

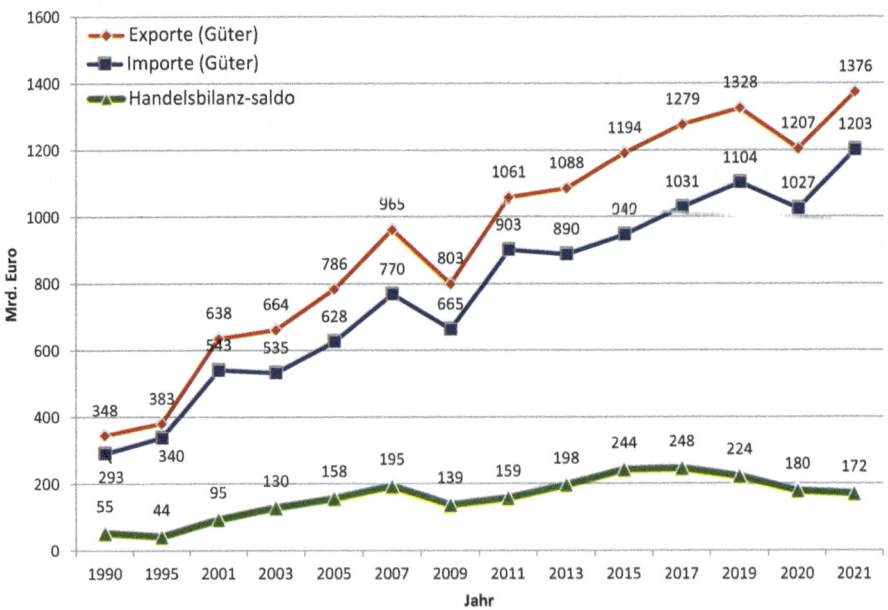

Abb. 2.2 Die Entwicklung der deutschen Exporte, Importe und des Handelsbilanzsaldos. (Quelle: Statistisches Bundesamt: Gesamtentwicklung des deutschen Außenhandels. https://www. destatis.de/DE/Themen/Wirtschaft/Aussenhandel/Tabellen/gesamtentwicklung-aussenhandel. pdf?__blob=publicationFile)

Industrie- und Handelsnationen, wie beispielsweise Belgien, Irland oder den baltischen Staaten. Hier liegen die Warenexportquoten z. T. deutlich über 50, zum Teil über 60 %.[3]

Diese hohe Abhängigkeit schlägt sich u. a. auch nieder in der der wachsenden Anzahl der vom *Export abhängigen Beschäftigten*. Etwa ein Viertel aller Arbeitnehmer in Deutschland ist direkt oder indirekt vom Export abhängig. Unter indirekter Tätigkeit für den Export versteht man dabei die Produktion von Gütern, die in späteren Exportprodukten verwendet werden. Im gesamten verarbeitenden Gewerbe betrug der Anteil fast 60 % (vgl. Abb. 2.3) und in einzelnen Wirtschaftssektoren, u. a. in den Bereichen Chemie, Metalle, Kraftfahrzeuge, Textilien und Maschinen, sind z. T. sogar mehr als zwei Drittel aller Beschäftigten entweder direkt und indirekt für die Exportproduktion tätig.

Außenhandel ist keine Einbahnstraße. Mit einem Anstieg der Exporte geht i. d. R. auch ein Anstieg der **Importe** einher. Hierbei handelt es sich um Güter, die im Inland verbraucht, bearbeitet oder verarbeitet oder auch wieder exportiert (Re-Exporte) werden. Im-

Abb. 2.3 Vom Export abhängige Arbeitsplätze in Deutschland. (Quellen: Globus, IW, iwd, Eurostat, Statistisches Bundesamt)

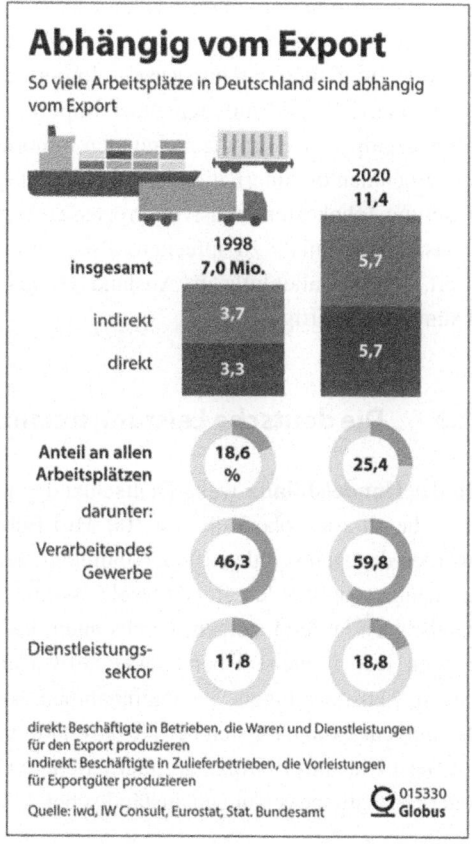

[3] Exportquoten: http://wko.at/statistik/eu/europa-exportquoten.pdf. Vgl. zum Thema Abhängigkeit Kap. 5.

portgüter, etwa Rohstoffe, Energieträger oder preiswertere bzw. bessere ausländische Produktionsgüter, werden ebenso für die Produktion von Exportgütern eingesetzt. Exportgüter weisen demnach einen unterschiedlichen nationalen Eigenanteil *(local content)* auf. Dieser kann zwischen 0 % (Re-Exporte) und 100 % (ausschließlich einheimische Bestandteile) aufweisen, wobei mit steigendem *local content* die Importabhängigkeit sinkt. Zusätzlich werden auch ausländische Dienstleistungen, etwa in Form von Lizenzen für die Produktion oder in Form von ausländischen Schiffen oder Flugzeugen für den Transport von Inlandsgütern, benötigt.

Mit zunehmendem Wohlstand, zu dem auch die Exportfähigkeit beiträgt, wächst auch der Bedarf an ausländischen Konsumgütern, die entweder einen höheren Nutz- oder Prestigewert versprechen. Alle Faktoren zusammengenommen bewirken einen mehr oder weniger direkten Zusammenhang zwischen dem Wachstum von Ex- und Importen (vgl. Abb. 2.2). Auch das deutsche **Importvolumen** stieg daher mit wenigen Ausnahmen kontinuierlich an und lag 2021 bei 1,2 Bio Euro, nachdem im Jahre 2017 erstmals der Wert von einer Billion Euro überschritten wurde. Die (Güter-) *Importquote* stieg daher 2021 auf den neuen Höchststand von 33 %. Betrachtet man Güterimporte und Dienstleistungsimporte zusammen, lag die gesamte Importquote 2021 sogar bei knapp 42 %.

Tendenziell sinkt mit steigender Importquote auch der *local content* der Exportgüter. Gleichzeitig verweisen die steigenden Importanteile aber auch darauf, dass die deutschen Unternehmen die internationale Arbeitsteilung effizient nutzen, u. a. auch durch die Auslagerung lohnkostenintensiver Prozesse. Angesichts dieser Zusammenhänge von einer „Basar-Ökonomie"[4] zu sprechen, also von einer Volkswirtschaft, die nicht mehr produziert, sondern allenfalls im Ausland produzierte Teile zusammenbaut, erscheint daher kaum gerechtfertigt.

2.3   Die deutsche Leistungsbilanz[5]

In der **Handelsbilanz** weist Deutschland seit den 1950er-Jahren konstante Überschüsse auf, die ab 2002 oberhalb von 100 Mrd Euro p.a. liegen. In der **Dienstleistungsbilanz** werden dagegen seit den 1980er-Jahren Defizite verzeichnet, wobei das größte Defizit im grenzüberschreitenden Reiseverkehr anfällt. Da die Ausgaben der Deutschen für Auslandsreisen laufend steigen, wuchs auch das Defizit in diesem Bereich. Da die anderen Posten jedoch meist Überschüsse aufweisen, wie beispielsweise Versicherungen und Finanzdienstleistungen, Patenteinnahmen sowie Telekommunikations- und IT-Dienstleistungen, reduzierte sich der Negativsaldo in den letzten Jahren.[6]

Beispiele sind Beiträge an internationale Organisationen, wie die Europäische Union, oder Heimatüberweisungen ausländischer Arbeitnehmer in ihr Heimatland *(Remittances)*.

---

[4] Vgl. Sinn 2005; Müller/Sundmacher 2006; Horn/Behacke 2004.
[5] Vgl. hierzu Abschn. 1.5 und Abb. 1.9.
[6] Vgl. Deutsche Bundesbank, Zahlungsbilanzstatistik, div. Monate.

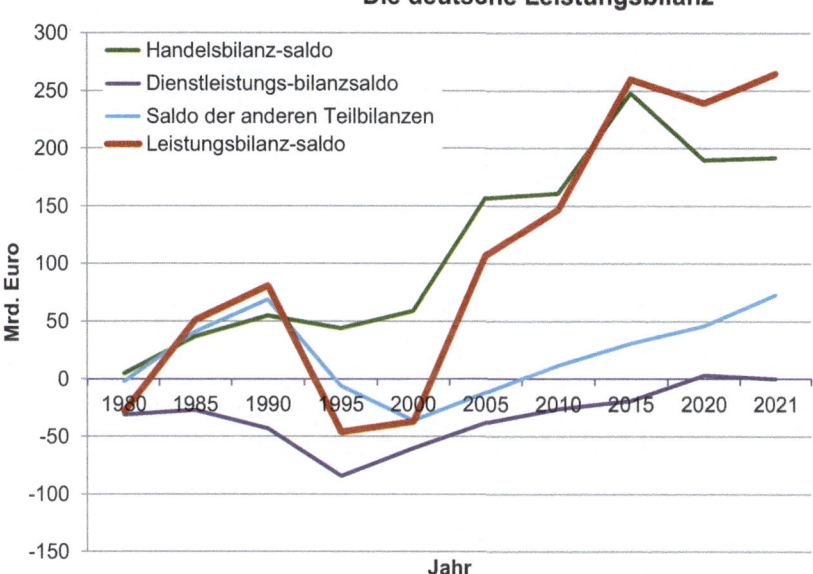

Abb. 2.4   Die Entwicklung der deutschen Leistungsbilanz (Salden in Mrd Euro; Daten jeweils in 5-Jahres-Abständen, keine kontinuierliche Darstellung). (Quelle: Deutsche Bundesbank, Zahlungsbilanzstatistik, div. Monate)

Abb. 2.4 zeigt die Entwicklung der deutschen *Leistungsbilanz*. Getragen von den enormen Überschüssen der *Handelsbilanz* erreicht sie mit wenigen Ausnahmen in den letzten 20 Jahren laufend neue Rekordhöhen.

Die hohen Überschüsse der Leistungsbilanz ab der Jahrtausendwende – nach der Einführung des Euro – werden von verschiedenen Seiten, u. a. von Partnerländern der EU, den USA, internationalen Organisationen und der Wirtschaftswissenschaft, zum Teil scharf kritisiert. Tatsächlich widersprechen die hohen Salden nicht nur den Zielsetzungen des deutschen Stabilitätsgesetzes, das ein *außenwirtschaftliches Gleichgewicht* postuliert, sondern auch Forderungen der Europäischen Union, die bereits 2011 ein Frühwarnsystem für makroökonomische Ungleichgewichte in den Mitgliedsländern eingeführt hat. Kritisch sind demnach u. a. Leistungsbilanzüberschüsse, die drei Jahre in Folge den Schwellenwert von im Mittel 6 % des BIP überschreiten. Dies trifft für Deutschland seit Mitte der 2000er-Jahre zu, vgl. Abb. 2.5.

Kritisch sind längerfristige hohe Leistungsbilanzüberschüsse u. a. im Hinblick auf die Außenhandelspartner zu bewerten, die im Regelfall Leistungsbilanzdefizite und damit

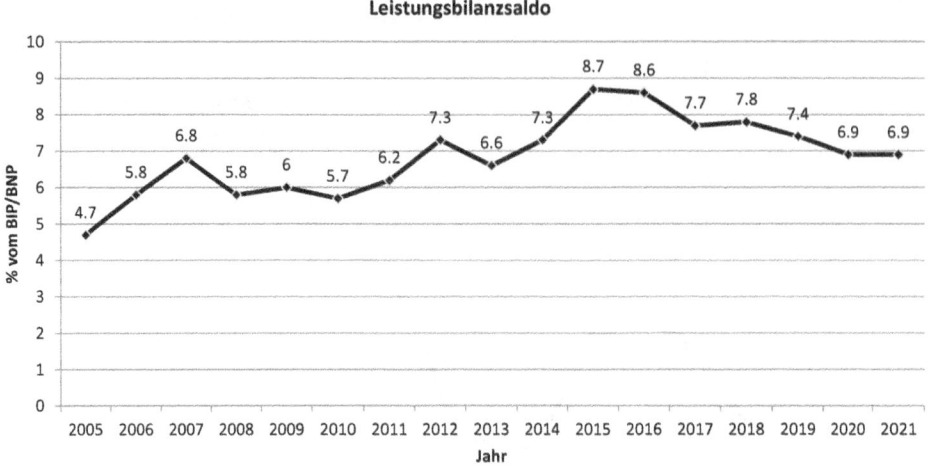

Abb. 2.5 Deutscher Leistungsbilanzsaldo in % vom BIP bzw. BNP (Eigene Berechnungen)

unter Umständen Arbeitsplatzverluste hinnehmen müssen.[7] Da mit Leistungsbilanzüber-
schüssen auch Kapitalanlagen des betreffenden Landes im Ausland zunehmen, können
diese infolge von Änderungen der Währungsrelationen Bewertungsverluste erleiden.
Daher wird von Deutschland auch gefordert die Binnennachfrage stärker zu fördern, beispielsweise durch eine Senkung der Mehrwertsteuer, und die staatlichen Investitionen in
größerem Umfang zu erhöhen. Beide Maßnahmen sollen zu einer Erhöhung der Importe
führen und so zu einer Senkung des Leistungsbilanzüberschusses beitragen.[8]

2.4 Die Warenstruktur des Außenhandels

Das deutsche **Exportwarensortiment** umfasst fast alle 200 Produktgruppen der Außen-
handelsstatistik, wobei der Schwerpunkt naturgemäß auf industriellen Fertigwaren liegt.
Bei den meisten bedeutenden Fertigwarengruppen gehört Deutschland zu den größten Exporteuren, wobei die Weltmarktposition bei Investitionsgütern, vor allem bei Maschinen,
besonders stark ist. So ist Deutschland bei einer Vielzahl von Spezialmaschinen weltgrößter Exporteur und in den vergangenen 40 Jahren nahm Deutschland immer einer der
ersten drei Plätze als weltgrößter Maschinenexporteur ein. Die Exportquoten der einzelnen Maschinenbausektoren liegen zum Teil über 90 %. Insgesamt führt die Ausrichtung

---

[7] So begründete beispielsweise auch der frühere US-Präsident Donald Trump seine Forderung an
Deutschland den deutschen Leistungsbilanzüberschuss zu reduzieren.
[8] Vgl. Weber/Wölfel 2014; Joebges 2014.

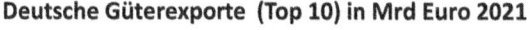

Deutsche Güterexporte (Top 10) in Mrd Euro 2021

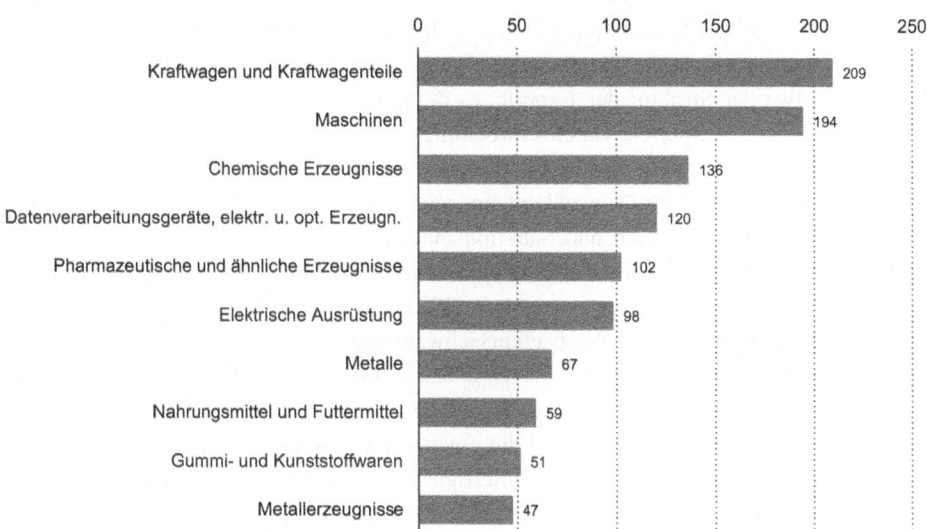

Abb. 2.6 Die deutsche Exportpalette. (Quelle: Statistisches Bundesamt; ID 151019. https://de. statista.com/statistik/daten/studie/151019/umfrage/exportgueter-aus-deutschland/)

der deutschen Industrie auf den Weltmarkt dazu, dass heute 1/3 bis 2/3 der Produktion in den wichtigsten Industriesektoren exportiert wird. Rechnet man die *indirekten Exporte* hinzu, also diejenigen Produkte, die als Roh- oder Halbfertigprodukte in die Produktion von Exportgütern eingehen, so liegen die Anteile noch erheblich darüber. Allein vier industrielle Sektoren: Autos, Maschinen (ohne Büromaschinen), chemische Erzeugnisse sowie – zusammengefasst – nachrichtentechnische und elektrotechnische Erzeugnisse, die *big four*, vereinigten in den letzten Jahrzehnten regelmäßig mehr als die Hälfte der gesamten Warenexporte auf sich (vgl. Abb. 2.6).

Ein wichtiger Grund für die starke Stellung der deutschen Fertigwaren im internationalen Handel ist u. a. die Tatsache, dass die Bedeutung des produzierenden Gewerbes in Deutschland traditionell größer als in den anderen großen Volkswirtschaften der EU.

2017 erwirtschaftete die Industrie, der sekundäre Sektor (ohne Baugewerbe) rund 30 % der Bruttowertschöpfung der deutschen Wirtschaft. Zum Vergleich: Italien: 24 %, Spanien 23 %, Frankreich: 20 % und Großbritannien: 13 %.[9]

Ein Anstieg der Exporte führt auch zu einem Anstieg der **Importe**. Rohstoffe, Energieträger sowie sonstige Vorleistungs- oder Halbfertigwaren werden zu Investitions- und Konsumgütern verarbeitet und im Inland entweder gebraucht oder exportiert. In praktisch

---

[9] https://www.destatis.de/Europa/DE/Thema/UnternehmenProduktion/Industrie.html.

allen Warengruppen werden Importe getätigt, wobei der Schwerpunkt auch hier auf *Fertigwarenimporten* liegt. 2021 lag der Anteil der Investitionsgüter bei 29 %, der Vorleistungsgüter bei 32 % und der Konsumgüter bei 22 %. Im Vergleich etwa mit dem Jahr 2000 gab es hier nur unwesentliche Verschiebungen.[10] Interessanterweise entspricht die Struktur der Importe in etwa der Struktur der Exporte, es dominieren in etwa die gleichen Produktgruppen wie bei den Exporten: Datenverarbeitungsgeräte, Kraftfahrzeuge, chemische Produkte und Maschinen. Diese vier Produktgruppen machen etwa 35 % aller Importe aus.[11] Energierohstoffe spielen für Deutschland eine wichtige Rolle, wie die Diskussion um den Ausbau erneuerbarer Energien und Sanktionsmaßnahmen gegen Russland 2022 zeigen. Die Bedeutung spiegelt sich allerdings in dem verhältnismäßig geringen Anteil von Erdöl und Erdgas an den Gesamtimporten von 6 % (2021) nicht wieder.

Um näher am Markt zu sein, Wechselkursschwankungen zu umgehen oder ausländische Produktionsbedingungen zu nutzen, nutzen deutsche Produzenten die Möglichkeit, durch Produktion im Ausland Kosten zu sparen. Solche **Direktinvestitionen** führen zu einem Kapitalabfluss ins Ausland, verringern die eigenen Exporte und vergrößern das Importvolumen, etwa dann, wenn im Ausland gefertigte Produkte wieder für die Inlandsnutzung importiert werden, haben also einen direkten Einfluss auf die Export- und Importströme.

2.5   Die Handelspartner

Obwohl Deutschland ein rohstoffarmes Land ist, zeigen die Außenhandelsstrukturen, dass deutsche Unternehmen überwiegend mit Unternehmen aus Ländern Waren austauschen, die ähnliche Produktionsstrukturen aufweisen: Das differenzierte Produktions- und Leistungsprofil von hoch entwickelten Industrieländern passt besser zu Ländern mit ähnlichen Strukturen. Es dominiert daher der Austausch von substitutiven oder komplementären Waren und Dienstleistungen, die aufgrund bestimmter wirtschaftlicher Vorteile, etwa infolge von Spezialisierungen, günstiger in Ländern mit ähnlicher Wirtschaftsstruktur hergestellt werden können. So gingen 2021 54 % der deutschen Exporte in die anderen 26 EU-Mitgliedsländer. Rechnet man die beiden wichtigsten Handelspartner USA und China dazu, erhöht sich der Anteil auf 70 %, wobei die die EU-Anteile in den letzten Jahren leicht zurückgingen. Dennoch spielen die Vorteile relativ kurzer Transportwege innerhalb Europas, die geringe Bedeutung nationaler Grenzen für die Güterflüsse sowie – neben den wirtschaftlichen Gründen – politische, kulturelle und mentale Affinitäten und Konsumentenpräferenzen für die Wahl der Handelspartner eine wichtige Rolle. Die USA bleiben der wichtigste Abnehmer deutscher Exportprodukte, deren Bedeutung in den 2020er-Jahren noch weiter anstieg (knapp 10 % im ersten Halbjahr 2022), während die Bedeutung Chinas leicht auf 7 % zurückging. Die Gründe hierfür dürften in der Schwäche des Euro

---

[10] Deutsche Bundesbank, Zahlungsbilanzstatistik, Mai 2022.

[11] https://de.statista.com/statistik/daten/studie/164506/umfrage/deutscher-export-und-import-im-1-halbjahr-2010-nach-gueterabteilungen//.

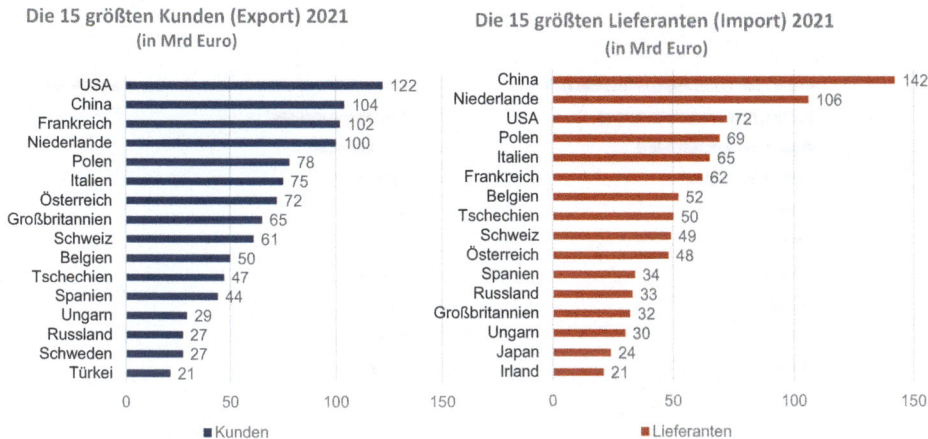

Die 15 größten Kunden (Export) 2021 (in Mrd Euro)

Die 15 größten Lieferanten (Import) 2021 (in Mrd Euro)

Abb. 2.7 Deutschlands wichtigste Handelspartner. (Quelle: Statistisches Bundesamt Februar 2022)

und der Verbesserung der handelspolitischen Beziehungen zwischen Deutschland und den USA unter der Regierung Biden einerseits und der wirtschaftlichen Probleme Chinas als Folge der restriktiven nationalen Coronapolitik andererseits liegen (vgl. Müller 2022). Abb. 2.7 gibt eine Übersicht über die wichtigsten Export- und Importländer Deutschlands.

Bildet man den Saldo aus Ex- und Importen bei dem deutschen Außenhandel mit einzelnen anderen Ländern, so erkennt man erhebliche **Ungleichgewichte** im bilateralen Handel. Die höchsten bilateralen Überschüsse erzielte Deutschland beim Außenhandel mit den USA, Frankreich und Großbritannien. Hier wurden wachsende Überschüsse zwischen 33 und 50 Mrd Euro p.a. erzielt, auch bei Österreich, der Schweiz und Italien lagen die Handelsbilanzüberschüsse noch bei jeweils über 10 Mrd Euro. Nur mit wenigen Ländern, vor allem mit China, wurden nennenswerte Handelsbilanzdefizite erwirtschaftet (vgl. Abb. 2.8).

Der Außenhandel spielt für Deutschland eine wichtige Rolle, vielleicht sogar eine zu wichtige Rolle. Wettbewerbsfähige Unternehmen, eine exzellente differenzierte Produktionspalette mit einem Schwerpunkt auf Investitionsgütern, die Einbindung in die EU und ein stabiler Euro sowie die erfolgreiche Nutzung der durch die Globalisierung ermöglichten Vorteile der internationalen Arbeitsteilung sind hierfür maßgebliche Ursachen. Die internationale Wettbewerbsfähigkeit Deutschlands ist nach wie vor hoch. Dies gilt für alle wichtigen Branchen, wie den Automobilbau, die Pharmaindustrie, die Elektro- und Digitalindustrie oder den Chemiesektor. Allerdings gingen in einigen Bereichen, wie dem Maschinen- und Anlagenbau, geringe Marktanteile an konkurrierende Länder, vor allem an China und südostasiatische Staaten verloren.[12] Auf der anderen Seite sind zu große ein-

---

[12] Vgl. hierzu eine neue GTAI-Studie: Hernig et al. 2022.

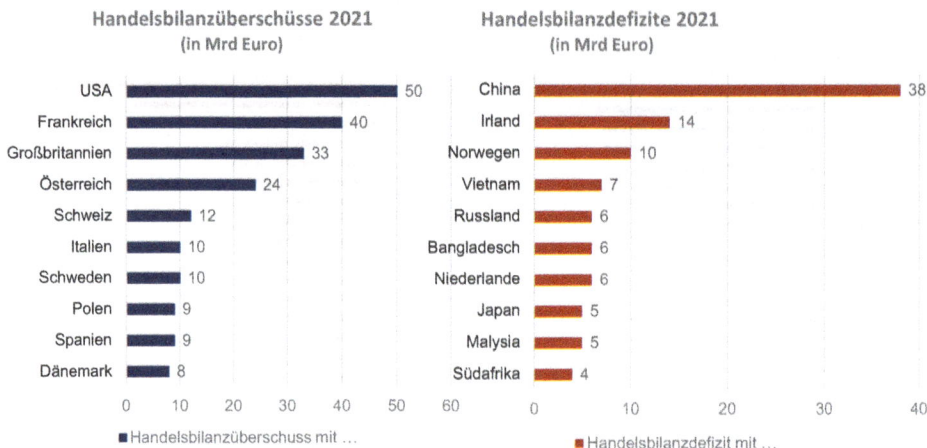

Abb. 2.8 Deutsche Handelsbilanzüberschüsse und -defizite. (Quelle: Statistisches Bundesamt Februar 2022)

seitige Abhängigkeiten bei den Importen, vor allem bei Energieträgern und strategisch wichtigen mineralischen Rohstoffen, aber auch bei Halbleitern oder E-Fahrzeug-Batterien und Batterie-Systemkomponenten Zeichen dafür, dass u. a. den Folgen möglicher geopolitischer Probleme oder Störungen der Lieferketten zu wenig Beachtung geschenkt wurde. Strategische Überlegungen wurden lange Zeit zugunsten einer nachträglich kaum nachvollziehbaren politischen „Blauäugigkeit", gepaart mit einem *business-as-usual*-Verhalten und kurzfristigen Gewinnüberlegungen, vernachlässigt.

Strategische Überlegungen spielen insbesondere bei der Beeinflussung und Mitgestaltung internationaler Normen und Standards wichtige Rolle. Schon seit einigen Jahren ist China erfolgreich dabei, seine Rolle im Bereich *internationaler Normensetzung* zu intensivieren. Zwar stammten 2021 noch 55 % der technischen Standards von europäischen Ländern, doch bei der Setzung von Normen für Schlüssel- und Zukunftstechnologien wird China immer erfolgreicher. Mit dem 2015 aufgelegten chinesischen Masterplan „*Made in China 2025*" plant China den Inlandsanteil der Produktion in den 10 wichtigsten Branchen bis 2025 auf 70 % auszubauen. In diesem Zusammenhang wird in mehreren Bereichen versucht, nationale Standards, etwa für Telekommunikation oder künstliche Intelligenz, zu Globalstandards entwickeln. So gibt es beispielsweise im Bereich der künstlichen Intelligenz für die meisten nationalen chinesischen Standards noch keine internationalen Normen. Chinesische Vorschläge für die Internationale Fernmeldeunion (ITU), eine UN Sonderorganisation, werden daher schnell über internationale und nationale Standardisierungsorganisationen, wie die Internationale Organisation für Standardisierung (ISO) und die Internationale Kommission für Elektrotechnik (IEC) zu bindenden Normen auch für andere Länder, etwa für die deutsche Bundesnetzagentur (vgl. Hernig et al. 2022). Europäische Produzenten sind dann gezwungen entsprechend dieser Normen zu produzieren.

Literatur[13]

BGH (2014) *Kondome Made in Germany,* Beschluss vom 27.11.2014 – I ZR 16/14

Deutsche Bundesbank (2022) *Zahlungsbilanzstatistik,* Mai 2022 https://de.statista.com/statistik/daten/studie/164506/umfrage/deutscher-export-und-import-im-1-halbjahr-2010-nach-gueterabteilungen//

Deutsche Bundesbank: *Monatsberichte,* diverse Ausgaben

Deutsche Bundesbank: *Zahlungsbilanz nach Regionen,* diverse Ausgaben

Hernig, M. et al. (2022) *Globaler Wettbewerb: Kräfte messen*; in: GTAI International Markets, Oktober 2022

Horn, G./Behacke, S. (2004) *Deutschland ist keine Basarökonomie,* in: DIW-Wochenbericht 40/2004

IHK Schwerin (o.J.) *Warenmarkierung „Made in…"* https://www.ihk.de/schwerin/international/export-und-import/erste-schritte/warenmarkierung-made-in-3032972

Joebges, H. (2014) *Zur Problematik der deutschen Leistungsbilanzüberschüsse*; in: Wiso direkt – Analysen und Konzepte zur Wirtschafts- und Sozialpolitik, Juni 2014, http://library.fes.de/pdf-files/wiso/10823.pdf

Müller, C./Sundmacher, T. (2006) *Basar-Ökonomie*; in: WiSt, April 2006, S. 217–220

Müller, F. (2022) *Gute Geschäfte mit Amerika*; in: SZ vom 01.10.2022

Remsky, S. (2017) *Eine Belastung für das Label „made in Germany"*, Zeit online vom 30.07.2017 http://www.zeit.de/wirtschaft/unternehmen/2017-07/abgasskandal-deutsche-wirtschaft-krise-volkswagen-daimler-porsche-automobilindustrie

Seifried, T. (o.J.) *„Made in Germany"*, https://gewerblicherrechtsschutz.pro/made-in-germany

Sinn, H.-W (2005) *Die Basar-Ökonomie,* Berlin

Weber, C./Wölfel, K. (2014) *Deutsche Leistungsbilanzüberschüsse in der Kritik;* in: Wirtschaftsdienst, 2014, Heft 7, S. 500–507 http://archiv.wirtschaftsdienst.eu/jahr/2014/7/deutsche-leistungsbilanzueberschuesse-in-der-kritik/

WTO *World Trade Statistical Review, div. Jahrgänge.* https://www.wto.org

WTO *World Trade Report,* diverse Jahrgänge

Links

Made in Germany: https://www.br.de/wissen/geschichte/kulturgeschichte/made-in-germany-wie-aus-einam-warnzeichen-ein-qualitaetssiegel-wurde-100.html

Exportquoten: http://wko.at/statistik/eu/europa-exportquoten.pdf

Daten zur Zahlungsbilanz: https://www.destatis.de/Europa/DE/Thema/UnternehmenProduktion/Industrie.html

Deutsche Außenhandelsdaten: https://www.destatis.de/DE/Themen/Wirtschaft/Aussenhandel/Tabellen/gesamtentwicklung-aussenhandel.pdf?__blob=publicationFile

---

[13] Letzter Zugriff auf die im Literaturverzeichnis genannten Internetquellen und die Links jeweils 06/2022.

Regionale Schwerpunkte des Welthandels 3

Die internationale Arbeitsteilung vollzieht sich auf zwei Ebenen: Auf der einen Seite führt die Globalisierung bereits zu einer intensiven wirtschaftlichen Verflechtung einer wachsenden Anzahl von Ländern. Unabhängig hiervon intensivieren sich regionale Wirtschaftsbeziehungen durch den Zusammenschluss von Staaten meist einer Region zu einer größeren Staatengemeinschaft, die verschiedene Stadien einer *Regionalintegration* annehmen kann. Hierbei handelte es sich in erster Linie um solche Staatengruppen, die aufgrund ihrer Wirtschaftsstruktur durch Spezialisierung oder Nutzung von (Massen-) Produktionsvorteilen aus größeren Absatzmärkten auch größeren Nutzen ziehen können.

3.1 Internationale Integration und Regionalisierung

Regionalintegration

Eine **Regionalintegration** bezeichnet einerseits den *Prozess* der Integration (*dynamischer Aspekt*), mit dem mindestens zwei Nationalstaaten in einem bestimmten geografischen Raum ihre Zusammenarbeit, die in schriftlichen Abkommen näher beschrieben wird, intensivieren möchten. Durch die regionale Integration wollen die Länder den wechselseitigen Austausch von Waren, Dienstleistungen, Kapital, Menschen und Ideen und damit ihre Entwicklungsmöglichkeiten verbessern. Andererseits bezeichnet eine Regionalintegration auch den vollzogenen, auf Dauer angelegten institutionalisierten Zusammenschluss von Staaten zu einem Wirtschaftsgebiet, einschließlich ihrer gemeinsamen Institutionen und Regelungen, also einen bestimmten *Zustand* der Integration (*statischer Aspekt*), der auch in einer neuen politischen Struktur münden kann.

Der weltweiten Verflechtung der Volkswirtschaften, der **Globalisierung**, steht damit seit Ende der 1980er-Jahre eine Tendenz zur regionalen Verdichtung internationaler Wirtschaftsbeziehungen, zur **Regionalisierung**, gegenüber. Regionalisierung kann sowohl als Reaktion auf die Globalisierung, als auch als mögliche Voraussetzung für eine Verstärkung

E. Koch, *Internationale Wirtschaftsbeziehungen I*, https://doi.org/10.1007/978-3-658-40069-9_3

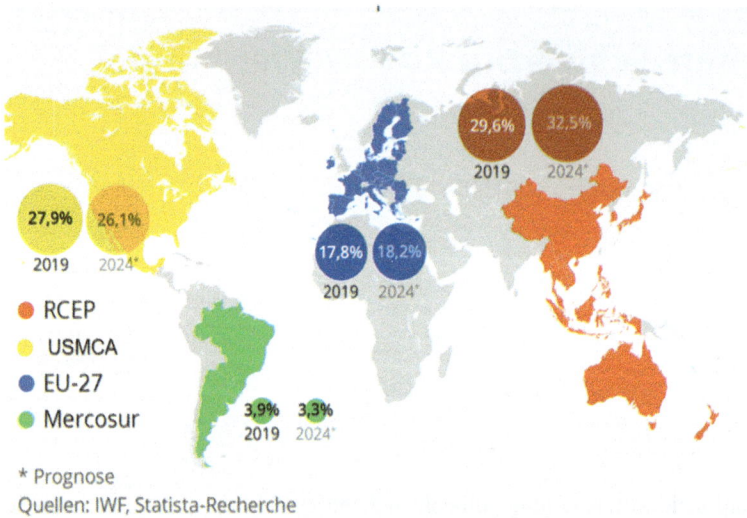

Abb. 3.1 Beispiele für Regionalintegrationen jeweiliger Anteil am Welt-GDP. (Quelle: https://de.statista.com/infografik/23526/ausgewaehlte-freihandelszonen-und-ihr-anteil-am-weltweiten-bruttoinlandsprodukt/ Creative Commons-Lizenz CC BY-ND 3.0) (RCEP: Regional Comprehensive Economic Partnership; USMCA: USA, Mexico, Canada; Mercosur: Gemeinsamer Markt des Südens)

der Globalisierung gesehen werden. Einerseits möchten integrationsbereite Länder den mit der Globalisierung verbundenen ökonomischen Gefahren durch Kooperation oder Integration, also durch eine gemeinsame Bündelung ihrer Kräfte begegnen, mit der möglichen Folge regionaler *Abschottungstendenzen*. Andererseits können durch geschickte Nutzung regionaler Stärken auch *Synergieeffekte* mobilisiert werden: Mit der Steigerung der regionalen Leistungsfähigkeit nimmt meist auch das Volumen der ökonomischen Außenbeziehungen zu und damit ebenfalls die Chance für einen Ausbau der globalen Wirtschaftsbeziehungen. Abb. 3.1 gibt einen Überblick über einige der wichtigsten Regionalintegrationen.

3.1.1 Integrationsformen

Üblicherweise intensiviert eine kleinere Gruppe von Ländern mit meist ähnlichen Wirtschaftsstrukturen ihre ökonomischen Beziehungen, indem sie gegenseitige Handelsbeschränkungen abbaut, um so ihre Handelsbeziehungen auszuweiten (Handelsschaffung). Ziel ist zunächst meist die Einrichtung einer *Freihandelszone (Free Trade Arrangement, FTA)*, aber auch weitergehende Integrationsabkommen sind möglich und werden vereinbart.

Im Gegensatz zu Regionalintegrationen beschränken sich Kooperations-, Präferenz- und Assoziierungsabkommen eher auf einzelne Sektoren, Projekte oder Maßnahmen.

Kooperationsabkommen umfassen unterschiedlichste ökonomische Vereinbarungen, wie die gemeinsame Erschließung von Rohstofflagern, die Nutzung von Energiequellen oder die Errichtung gemeinsamer Einrichtungen (Forschung, Kommunikation, Transport). Zusätzlich können sie auch Zusagen über technische und finanzielle Hilfen umfassen. Durch *Präferenzabkommen* werden üblicherweise erleichterte Zugangsbedingungen zu einzelnen Märkten gewährt, etwa durch eine wechselseitige Zollfreiheit für einzelne Produktgruppen (vgl. hierzu Abschn. 10.2). *Assoziierungsabkommen* erstrecken sich darüber hinaus meist auch auf nicht-wirtschaftliche Bereiche und binden die Vertragspartner stärker aneinander. Der Übergang zu *Integrationsabkommen* ist fließend. So können Assoziierungsabkommen auch schon weitreichende Freihandelsvereinbarungen beinhalten, wie dies etwa bei den von der EU in den 1990er-Jahren abgeschlossenen *Europaabkommen* mit den späteren neuen Mitgliedsländern in Mitteleuropa der Fall war.

Wirtschaftliche Integration geht über diese Formen hinaus. Allgemein zielt sie – wie erwähnt – auf eine vertiefte Zusammenarbeit, die durch die Reduzierung der wirtschaftlichen Bedeutung nationaler Grenzen zwischen den vertragsschließenden Ländern erreicht wird. Im Kern geht es um den Abbau von Behinderungen für grenzüberschreitende Wirtschaftsbeziehungen, häufig einschließlich des grenzüberschreitenden Personenverkehrs. Zusätzlich können auch einzelne Politikbereiche und damit Entscheidungskompetenzen von nationalen auf überstaatliche (*supranationale*) Instanzen übertragen werden. Man unterscheidet hierbei **funktionelle** und **institutionelle** Integrationsmaßnahmen. Werden lediglich Integrationshindernisse, wie beispielsweise Handelsschranken, abgebaut, so dass die Integration durch die Marktteilnehmer selbst erfolgt (*Marktintegration*), spricht man von *funktioneller Integration*. Findet der Integrationsprozess primär durch die Übertragung von Kompetenzen auf gemeinsame supranationale Institutionen, wie etwa Behörden oder Gerichte, statt, wird dies als *institutionelle Integration* bezeichnet. Allerdings sind beide Ansätze nicht unabhängig voneinander, da auch bei der funktionellen Integration eine begrenzte Übertragung von Souveränitätsrechten, etwa im Bereich der Handelspolitik, auf eine supranationale Entscheidungsebene möglich ist. Die Entwicklung der Europäischen Union (EU) hat zudem gezeigt, dass erfolgreiche Integration beide Formen zugleich benötigt.

Integrationen unterscheiden sich durch ihre unterschiedliche Intensität:

- Die einfachste Form ist die **Freihandelszone** (*FTA*). Hier soll durch die – meist schrittweise – Beseitigung von Zöllen und anderen Handelsbeschränkungen der freie Handel zwischen den Mitgliedsländern gefördert werden.
- Bei einer **Zollunion** werden die internen Freihandelsvereinbarungen durch einheitliche, gemeinsame nach außen gegenüber Drittländern wirkende Zolltarife und eine gemeinsame Handelspolitik ergänzt.
- Der **Gemeinsame Markt** (*Binnenmarkt*), als nächste Integrationsstufe, verbessert die Wirtschaftsbeziehungen zusätzlich durch die Herstellung von Wirtschaftsverhältnissen, die mit denen eines nationalen Marktes vergleichbar sind. Insbesondere wird der Abbau von Hindernissen für den grenzüberschreitenden Einsatz der *Produktionsfakto-*

Die 4 Grundfreiheiten des Europäischen Binnenmarktes seit 1. Januar 1993	
Freier Warenverkehr	Keine Zölle oder mengenmäßige Beschränkungen, keine Waren-Grenzkontrollen, Angleichung von nationalen Normen und Vorschriften, gemeinsame Qualitätsstandards
Freier Dienstleistungsverkehr	Grenzüberschreitendes freies Angebot von Dienstleistungen, wie Leistungen von Architekten, Gutachtern, Werbeagenturen, Transportunternehmen, Energieversorgern, Telekommunikationsanbietern, Versicherungen, Handwerkern
Freier Personenverkehr (Freizügigkeit)	Reise-, Lern- und Arbeitsfreiheit, keine Personen-Grenzkontrollen, Niederlassungsfreiheit, wechselseitige Anerkennung von Berufs- und Schulabschlüssen (in der EU durch das Schengen-Abkommen geregelt)
Freier Kapitalverkehr	Freier Geld- und Kapitalverkehr, keine Beschränkungen im Zahlungsverkehr und bei der Ein- und Ausfuhr von Währungen, keine Devisenkontrollen, gemeinsamer Markt für Finanzdienstleistungen / Banken und Unternehmensbeteiligungen, Harmonisierung der Bankenaufsicht

Abb. 3.2 Der Europäische Binnenmarkt

ren vereinbart: Arbeitnehmer, Freiberufler und Unternehmer sollten dann in allen Ländern der Gemeinschaft ohne Behinderungen tätig werden können. Es besteht freie Wahl des Arbeitsplatzes, Niederlassungsfreiheit und freier Kapitalverkehr, vgl. Abb. 3.2.

- Eine **Wirtschaftsunion** entsteht durch die Angleichung der Wirtschaftspolitiken der Unionsstaaten, idealerweise einschließlich der Steuersysteme, der wirtschaftspolitischen Vorgehensweisen und Steuerungsmechanismen. Hierdurch werden die bislang autonomen Gestaltungsmöglichkeiten der Mitgliedsländer in zentralen wirtschaftspolitischen Bereichen deutlich eingeschränkt.
- Unter einer **Währungsunion** versteht man den Zusammenschluss souveräner Staaten zu einem einheitlichen Währungsgebiet. Dies kann entweder durch eine unwiderrufliche Fixierung der Wechselkurse der nationalen Währungen oder durch die Einführung einer gemeinsamen Währung, wie etwa dem Euro, geschehen. Üblicherweise setzt dies eine Wirtschaftsunion voraus, wie dies auch in der Bezeichnung *Europäische Wirtschafts- und Währungsunion (EWWU)* zum Ausdruck kommt. In der EU wurde diese Voraussetzung allerdings nur unzureichend umgesetzt.
- Höchste Form der Integration ist die **Politische Union**. Hier entsteht durch die Zusammenlegung zentraler politischer Bereiche und einen weitergehenden politischen Souveränitätsverzicht ein neues staatliches Gebilde, etwa vergleichbar mit den Vereinigten Staaten von Amerika.

3.1.2 Integrationswirkungen

Internationale Integration sagt noch nichts darüber aus, ob sich die Mitgliedstaaten protektionistisch gegenüber dem „Rest der Welt" verhalten (wollen), oder ob sie Integration als

Chance nutzen, ihre Wirtschaftsstrukturen zu verbessern und zu liberalisieren, um so intensiver an den Globalisierungsprozessen partizipieren zu können. So betrachtet, ist Integration eine Strategie zur Strukturverbesserung, zur Modernisierung von Wirtschaft und Gesellschaft und meist auch zur Deregulierung der Wirtschaft.

Unabhängig von den politischen Intentionen beeinflusst das Integrationsvorhaben zunächst die *Handelsbeziehungen* zwischen den Mitgliedsländern (interne Beziehungen) und die Außenwirtschaftsbeziehungen zu Drittländern (externe Beziehungen). Mittelfristig ergeben sich Rückwirkungen auf die *Wirtschaftsstruktur* und die Produktionsbedingungen in den Mitgliedsländern und häufig auch in Nicht-Mitgliedsstaaten. Hierbei handelt es sich im Wesentlichen um Auswirkungen des zunehmenden Wettbewerbs, als Folge des Abbaus der Grenzschranken und der Öffnung der Märkte. Davon sind Unternehmen, Konsumenten, Arbeitnehmer und auch der Staat betroffen.

Primäres Ziel von Regionalintegrationen ist der Abbau von Handelsbeschränkungen zwischen den Mitgliedsstaaten, um den Warenaustausch zwischen den Mitgliedsländern auszuweiten (*Handelsschaffung*). Werden zuvor aus Drittländern bezogene Waren nun aus Mitgliedsländern importiert, kommt es zu einer *Handelsumlenkung*: das Handelsvolumen zwischen den Integrations- und Drittländern verringert sich. Dieser Effekt tritt auch dann auf, wenn Güter in Drittländern zwar billiger produziert werden, der Importpreis infolge eines möglichen höheren Zollniveaus des Integrationsraums aber über den Bezugspreisen von Integrationsländern liegt. Damit treten für die Mitgliedsländer die gewünschten *Wohlfahrtseffekte* auf: Durch die handelsschaffenden Effekte können Massenproduktions- und Spezialisierungsmöglichkeiten besser genutzt werden, so dass die vorhandenen Ressourcen effizienter eingesetzt werden können.

Drittländer werden dagegen vermutlich zunächst Marktanteile oder sogar komplette Märkte an die Mitglieder der Regionalintegration verlieren, mit negativen Folgen für Wachstum, Einkommen und Beschäftigung. Dies kann negative handelspolitische Reaktionen dieser Länder zur Folge haben, die die Wohlfahrtsgewinne im Integrationsraum reduzieren können. So bedeutete beispielsweise die Einführung des EU-Außenzollsystems und die damit verbundenen höheren Zölle sowie die Übernahme des EU-Agrarsystems durch die EU-Mitglieder Spanien und Portugal ab 1986 für die US-Farmer den Verlust von europäischen Absatzmärkten für ihre Agrarprodukte im Wert von rund 500 Mio US$ p.a. Gleichzeitig konnten die „alten" EU-Mitglieder ihre Exporte auf die iberische Halbinsel ausweiten.

Schon eine *Freihandelszone,* also eine relativ niedrige Stufe der Regionalintegration, wirkt sich günstig auf die Absatzbedingungen von Unternehmen aus. Dies gilt umso mehr bei der weitergehenden Integrationsform des *Gemeinsamen Marktes.* Durch das Entstehen größerer Märkte ohne Grenzen und den Abbau sonstiger Behinderungen verbessern sich mittelfristig die Wirtschaftsstrukturen der Mitgliedsstaaten. Durch die höheren Absatz- und Gewinnmöglichkeiten werden Prozesse in Gang gesetzt, die in den Mitgliedsländern zu sinkenden Kosten (durch höhere Produktion und Bürokratieabbau), steigendem Knowhow (durch Spezialisierungen) und effizienterer Produktion (durch steigenden

Wettbewerb) und so zu Produktivitätssteigerungen und tendenziellen Preissenkungen bei wachsendem Angebot führen werden. *Konsumenten* profitieren von einem vergrößerten Binnenmarkt durch sinkende Preise, evtl. auch zunehmende Produktqualität, in jedem Fall aber durch eine größere Produktauswahl. *Unternehmen* können durch höhere Umsätze, Kostensenkungen und gesteigerten Innovationsdruck ihre Gewinne steigern. Durch die erhöhte gesamtwirtschaftliche Leistungsfähigkeit und gestiegene internationale Wettbewerbsfähigkeit profitiert auch der *Staat* durch steigende Steuereinnahmen. Mittelfristig werden sich aber noch wichtigere zusätzliche Effekte ergeben: Die Unternehmen in den Integrationsländern werden motiviert mehr zu investieren, ihre Produktpalette an die Bedürfnisse der neuen Konsumenten anzupassen und insgesamt ihre Wettbewerbsfähigkeit zu steigern.

Beispiel

Im Juni 2022 vereinbarten Israel und die Vereinigten Arabischen Emirate (VAR) ein Freihandelsabkommen mit dem Ziel, den Handel zwischen den Kooperationspartnern innerhalb von 5 Jahren auf ca. 10 Mrd US$ zu verzwölffachen. Dafür sollen innerhalb dieser Zeitspanne die Zölle auf 96 % der Waren entfallen (Ramadan 2022). ◄

Folgeeffekte des gestiegenen Wohlstands sind dann steigende Importe auch aus Drittstaaten, so dass viele der zuvor festgestellten Handelsumlenkungseffekte mittelfristig überkompensiert werden dürften. Dies gilt allerdings nur dann, wenn seitens der Regionalintegration die Bereitschaft besteht, die Zollschranken nicht zu erhöhen und sich Drittländern gegenüber nicht verstärkt abzuschotten. Eine solche protektionistische Politik wäre angesichts der oft erheblichen anfänglichen Anpassungskosten einzelner Länder oder Wirtschaftssektoren durch die Integration gerade in der Anfangsphase durchaus denkbar. Tatsächlich zeigte sich in der jüngeren Vergangenheit aber die Bereitschaft mit dem Voranschreiten der Integration und der wirtschaftlichen Stärkung der Integrationsländer auch die externen Handelshemmnisse zu reduzieren und die Wirtschaftsbeziehungen mit Drittstaaten sogar auszuweiten, wie dies etwa bei der EU-Osterweiterung beobachtet werden konnte (vgl. Koch 2005). Eine Zusammenfassung der Integrationswirkungen findet sich in Abb. 3.3.

Für die Integrationsländer treten auch **Integrationskosten** auf. Erfolgt die Handelsschaffung auf Kosten tendenziell günstiger produzierender Drittländer, die nur durch die Außenzölle vom Export in den Integrationsraum abgehalten werden, erfolgt die Versorgung mit diesen Gütern und Dienstleistungen nur zu sub-optimalen Bedingungen. Damit können zumindest vorübergehend durch die Handelsumlenkung auch negative Wohlfahrtseffekte auftreten. Weitere Kosten können in Form höherer Umweltbelastung auftreten, etwa durch eine steigende Verkehrsbelastung oder durch die negativen Effekte des Produktionswachstums. Der intensivere Wettbewerb im Integrationsraum kann vorübergehend auch zu höherer Arbeitslosigkeit und zu einer Anpassung bestehender Verbraucherschutz- und Qualitätsnormen an ein möglicherweise niedrigeres Gemeinschaftsniveau führen. Die

Betroffene Art	Interne Wirkungen ➢ für Integrationsländer	Externe Wirkungen ➢ für Drittländer
kurzfristige Wirkungen *Handel*	**Handelsschaffung**, dadurch: • Massenproduktions- und Spezialisierungseffekte • Höhere Gewinne • Höhere Beschäftigung • bessere Versorgung, • Steigende Steuereinnahmen	**Handelsumlenkung**, dadurch • Sinkende Gewinne • Arbeitsplatzverluste • Verschlechterung der Versorgung, • Sinkende Steuereinnahmen • Handelspolitische Reaktionen
mittelfristige Wirkungen *Wirtschaftsstruktur*	• Verbesserte Wirtschaftsstruktur, verbesserte Wettbewerbsfähigkeit, zusätzliche Exportmöglichkeiten • Kostensenkungs- und Innovationseffekte, verbesserte Wettbewerbsfähigkeit • Sinkende Preise und größere Produktauswahl • Verlust von Privilegien für bisher Begünstigte	• Zusätzliche Handelsschaffung • Induzierte Kostensenkungs- und Innovationseffekte • Zusätzliche Exportmöglichkeiten

Abb. 3.3 Integrationswirkungen

regelmäßig mit dieser Entwicklung einhergehende weitere Spreizung der *Einkommen und Vermögen* belastet zudem den gesellschaftlichen Zusammenhalt und erfordert Maßnahmen zur Verringerung sozialer Ungleichheit.

Aus Freihandelssicht ist daher eine generelle Beurteilung von Regionalintegrationen schwierig: Grundsätzlich kann sie befürwortet werden, wenn die Summe der gesamten *Wohlstandssteigerungen größer ist, als die der Wohlstandsminderungen*. Praktisch ist eine solche Gegenüberstellung aufgrund des Fehlens einer Vergleichsbasis sowie der dynamischen Effekte jedoch kaum möglich.

3.2 Die Außenwirtschaftsbeziehungen der Europäischen Union (EU)

Regionalisierung begann zunächst in Westeuropa mit der Schaffung der *Europäischen Wirtschaftsgemeinschaft* (EWG). Ziel der EWG war es, freien Handel und wirtschaftliche Kooperation zwischen den Mitgliedsländern zu fördern und durch Integration zu institutionalisieren. Die EWG entwickelte sich über eine Zollunion (1968) zu einem Gemeinsamen Markt (1993) und dann weiter zu einer Wirtschafts- und Währungsunion (1999), der jedoch 2022 nur 20 der 27 Mitgliedsländer angehören. 2021 hatte die Europäische Union (EU-27) mit ihren 450 Mio Einwohnern einen Anteil von etwa 15 % an der gesamten Weltwirtschaftsleistung (World GDP), etwa so viel wie China, und ist der größte Handelsblock der Welt.

Der Anteil der EU-27 (nach dem Brexit, also ohne Großbritannien) am gesamten Welthandel mit Gütern und Dienstleistungen betrug 2020 32 % (einschließlich Deutschlands

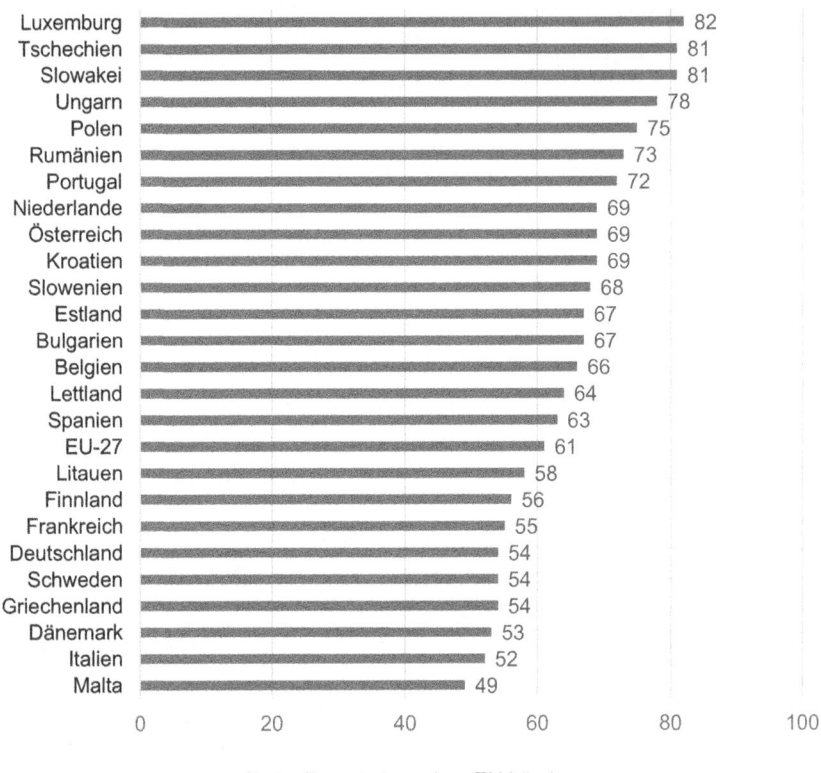

Prozent der Exporte in andere EU Länder (2021)

Luxemburg	82
Tschechien	81
Slowakei	81
Ungarn	78
Polen	75
Rumänien	73
Portugal	72
Niederlande	69
Österreich	69
Kroatien	69
Slowenien	68
Estland	67
Bulgarien	67
Belgien	66
Lettland	64
Spanien	63
EU-27	61
Litauen	58
Finnland	56
Frankreich	55
Deutschland	54
Schweden	54
Griechenland	54
Dänemark	53
Italien	52
Malta	49

■ % der Exporte in andere EU Länder

Abb. 3.4 **Bedeutung des Intra-EU-Handels für die EU-Mitglieder** (Quelle: Eurostat)

mit etwa 8 %) (vgl. WTO 2021). Von diesem Anteil entfallen wiederum etwa 60 % des Außenhandels auf den EU-Binnenhandel, also den Handel mit anderen EU-Mitgliedsländern. Die Handelsbeziehungen einzelner Nicht-EU-Länder mit der EU sind sehr intensiv. Für viele dieser Länder ist die EU der mit Abstand wichtigste Handelspartner, wie etwa für die meisten europäischen Nicht-EU-Staaten. Insgesamt stieg die Bedeutung der EU als Absatzmarkt im Laufe der letzten Jahre stetig an, wobei der Euro als gemeinsames Zahlungsmittel auch für die Länder, die den Euro noch nicht eingeführt haben, eine wichtige Rolle spielt. Abb. 3.4 zeigt den Anteil der Güterexporte der EU-Mitgliedsländer in jeweils andere EU-Länder.

Für die EU lässt sich folgende Entwicklung feststellen: In der Anfangsphase ließen die durch die Integration induzierten Wachstums- und Einkommenssteigerungen in den zunächst sechs EWG-Staaten einen Importsog entstehen, der der Handelsumlenkung entgegen wirkte und zu einer Handelsausweitung mit Drittländern führte. Ab Anfang der 1970er-Jahre ging der Anteil des externen Handels zurück, allerdings dürfte dies vor allem auch auf die zwei Weltrezessionen und die während dieser Phase stark gewachsene Rolle der Entwicklungsländer, insbesondere der ölexportierenden Länder, zurückzuführen sein. In den 1980er-Jahren verhinderte insbesondere die stark gewachsene weltwirtschaftliche Bedeutung der ost- und südostasiatischen Staaten, insbesondere der vier „kleinen Tiger" (Singapur, Hongkong, Taiwan und Südkorea), eine relative Ausweitung der externen EG-Handelsbeziehungen, so dass diese stagnierten. Die politischen Veränderungen in Europa und die Globalisierung führten ab Beginn der 1990er-Jahre wieder zu einer Ausweitung des EU-externen Handels. Die Wirtschaftsdynamik der europäischen Integration hatte damit insgesamt positive Auswirkungen auf die externen Handelspartner. Dies wird gestützt durch die überwiegend freihandelsorientierte Haltung, die die EU in internationalen Verhandlungen und Institutionen vertritt. Ausgenommen hiervon ist vor allem der Handel mit Agrarprodukten, den die EU nach wie vor durch protektionistische Maßnahmen schützt.

Auch deswegen sah und sieht sich die EU häufig mit generellen Protektionismus-Vorwürfen konfrontiert. Insbesondere in der zweiten Hälfte der 1980er-Jahre wurde befürchtet, dass sich die EU zu einer *Festung Europa* entwickeln würde. Diese Vorstellung bündelte Befürchtungen, dass die interne wirtschaftliche Liberalisierung, die mit der weiteren Integration der EU zu einem Binnenmarkt verbunden war, eine wachsende wirtschaftliche Abschottung nach außen nach sich ziehen und ein protektionistischer Handelsblock entstehen würde. Es wurde erwartet, dass durch die zunehmenden verteilungs- und strukturpolitischen Probleme die Neigung einzelner Mitgliedsstaaten, sich zumindest auf Zeit vor externer Konkurrenz zu schützen, eher ansteigen werde.

Die Vielzahl der *Integrationsvorhaben in anderen Weltregionen*, die ab der zweiten Hälfte der 1980er-Jahre weltweit registriert wurden, sind zu einem großen Teil als Reaktion auf diese Erwartungen zu verstehen. Wie weiter unten dargestellt, hatte die EU hierbei eine Vorbildfunktion. Dennoch blieben die neuen Integrationsansätze häufig in der ersten Phase, der Freihandelszone, stecken, schon der nächste Schritt, die Zollunion, wurde – wenn überhaupt – nur in Ansätzen realisiert. Dies ist u. a. auf das Fehlen eines begleitenden erfolgreichen Aufbaus von unterstützenden supranationalen Institutionen zurückzuführen. Hierauf kann an dieser Stelle allerdings nicht weiter eingegangen werden.

Die einen zunehmenden EU-Protektionismus befürchtenden Staaten übersahen allerdings, dass sich Europa durch die mangelhafte Nutzung der Möglichkeiten internationaler Arbeitsteilung vor allem selbst schaden würde. Nur offene Märkte, die der ständigen Konkurrenz durch Drittlandanbieter ausgesetzt sind, fördern durch ihre permanente Herausforderung die Innovationskraft und Wettbewerbsfähigkeit von Produzenten und Anbietern, wobei allerdings (strategische) Abhängigkeiten vermieden werden müssen. Eine protektionistische Abschottungspolitik führt dagegen eher zu Fehlallokationen volkswirtschaftlicher Ressourcen und damit zu sinkender Produktivität. Darüber hinaus würde Europa den Ländern schaden, die aufgrund von Handelsvorteilen nach Europa exportieren können und auf diese Exporte angewiesen sind, um für sie lebensnotwendige Importe bezahlen zu können. Dies gilt zwar im Wesentlichen für Entwicklungsländer, aber in verminderter Form auch für viele anderen Handelspartner. Zudem könnte eine solche den internationalen Handel behindernde Politik Gegenmaßnahmen der betroffenen Länder provozieren, die Glaubwürdigkeit von anderweitigen Hilfsmaßnahmen, wie *Entwicklungszusammenarbeit* oder *Schuldenerlasse*, zerstören und den Aufbau und Erhalt von europäischen Exportmärkten behindern. Eine *Festung Europa* würde damit also vor allem Europa selbst schaden.

Nach diesen mehr theoretischen Überlegungen soll nun darauf eingegangen werden, ob eine solche Tendenz zum Protektionismus auch feststellbar ist. Tatsächlich baut die EU das Netz ihrer internationalen Wirtschaftsbeziehungen durch unterschiedliche Abkommen mit einer Vielzahl von Ländern und Ländergruppen laufend aus. Die Vereinbarungen unterscheiden sich durch die Art der wechselseitig gewährten Handelserleichterungen und -zugeständnisse, sowie durch das angestrebte Verhältnis der Handelspartner zur EU.

In **regionaler Hinsicht** konzentrierten sich die Kooperationen zunächst auf Nachbarstaaten, in Westeuropa (EFTA-Staaten) und später auch in Mittel- und Ost-Europa (MOE-Staaten), auf die Mittelmeeranrainerstaaten, sowie auf die regionalen Zusammenschlüsse in Südostasien (ASEAN) und in Lateinamerika (Mercosur). Darüber hinaus bestehen langfristige Kooperationen mit einer großen Gruppe von in Entwicklungsländern, den früheren AKP-Staaten. Im April 2021 wurden die Verhandlungen für das sog. *Post-Cotonou-Abkommen* zwischen der EU und der *Organisation afrikanischer, karibischer und pazifischer Staaten (OAKPS)* (bis 2020: AKP-Staaten) abgeschlossen, das an die Stelle des früheren Partnerschaftsabkommens von Cotonou tritt, formell abgeschlossen.[1] Neuere bilaterale Abkommen mit großen Handelspartnern, wie Kanada, China, den USA und Japan wurden bereits abgeschlossen oder werden noch verhandelt (s. u.).

Mittel- und Osteuropa und der Mittelmeerraum

Am ausgeprägtesten waren die Bemühungen die spätere Integration mit den **mittel- und osteuropäischen Staaten** vertraglich vorzubereiten. Hierfür wurden mit diesen Staaten *Assoziierungsabkommen* abgeschlossen, die wegen ihrer besonderen Ausgestaltung als *Europaabkommen* bezeichnet werden. Ziel dieser Abkommen war vor allem eine Liberalisierung des Handels zwischen der EU und dem jeweiligen Staat. Neben umfangreichen finanziellen Unterstützungsleistungen sahen die Abkommen Vereinbarungen zur schrittweisen Einführung der zentralen Elemente des EU-Binnenmarktes vor (vgl. Abb. 3.2): Freiheit des Waren- und Dienstleistungsverkehrs, Niederlassungsfreiheit und Freiheit des Kapitalverkehrs sowie die Einführung vergleichbarer Wettbewerbsregeln. Nach Ablauf einer bestimmten Frist – etwa von sechs Jahren, wie im Fall Slowenien – war dann die Einrichtung einer Freihandelszone vorgesehen. Zusätzlich wurden auch Richtlinien für den politischen Dialog festgelegt und Kooperationen zum Beispiel im Bereich der Industrie, des Umweltschutzes und des Verkehrs vereinbart. Insbesondere sollte auf diese Weise der Reformprozess in diesen Ländern vorangetrieben und durch die Angleichung des nationalen Rechts an das EU-Recht die Annäherung an die EU vorbereitet werden.

---

[1] Unter *AKP-Ländern* wird eine Gruppe afrikanischer, karibischer und pazifischer Staaten verstanden. Eine ausführliche Darstellung der EU-Abkommen mit den AKP-Ländern findet sich in Kap. 10.

Mit den Europaabkommen wurde einerseits den künftigen Beitrittsstaaten eine explizite Perspektive für eine spätere EU-Mitgliedschaft gegeben, andererseits schufen sie geeignete Bedingungen für eine Ausweitung des Handels und ein optimistisches Investitionsverhalten, das vor allem von Investoren der EU-Staaten genutzt wurde. Zurzeit sind *Albanien, Montenegro, Nordmazedonien, Serbien* und die *Türkei* sowie seit Mitte 2022 auch die *Ukraine* und *Moldau* weitere EU-Beitrittskandidaten. *Bosnien-Herzegowina, Georgien* und der *Kosovo* haben den Status von potenziellen Beitrittskandidaten. Da eine EU-Erweiterung zum jetzigen Zeitpunkt von einigen Mitgliedern skeptisch gesehen wird, wird ein Zwischenschritt diskutiert. Dieser könnte darin bestehen, auf dem Balkan zwischen den Noch-nicht-EU-Mitgliedern einen gemeinsamen Wirtschaftsraum zu gründen. Mit diesem könnte die EU dann die Wirtschaftsbeziehungen intensivieren und beispielsweise eine gemeinsame Zollunion vereinbaren. Dies könnte auch für die neuen Beitrittskandidaten *Ukraine* und *Moldau* eine Möglichkeit sein, schneller von einer verstärkten Unterstützung durch die EU zu profitieren.

Parallel zu den Anfang der 1990er-Jahre vorwiegend nach Norden und Osten gerichteten Kooperationsstrategien verstärkte die EU auf Wunsch ihrer südeuropäischen Mitgliedsländer auch ihr Engagement im **Mittelmeerraum**. Zwar bestanden schon seit den 1970er-Jahren Kooperationsabkommen mit den meisten Mittelmeeranrainerstaaten, doch wurde diese Zusammenarbeit mit den nordafrikanischen und die Nahostländern durch die *Konferenz von Barcelona* 1995 auf eine neue Grundlage gestellt und erheblich ausgebaut. In der Deklaration von Barcelona bekannten sich die Konferenzteilnehmer, die EU und insgesamt 12 Mittelmeerländer, zu einer gemeinsamen Zone des Friedens, des Wohlstands und des Fortschritts im Mittelmeerraum. Zu den Mittelmeerländern gehören die afrikanischen und vorderasiatischen Anrainerstaaten, einschließlich der Türkei. Zur Umsetzung dieser Ziele wurden die bestehenden Kooperationsabkommen durch neue *Assoziierungsabkommen* mit den einzelnen Ländern abgelöst, die einen intensiven politischen Dialog und Finanzhilfen beinhalteten (*„Barcelona-Prozess"*). Als Fernziel wurde die Schaffung einer euro-mediterranen Freihandelszone für Industriegüter anvisiert, obwohl schon zuvor die meisten Industrieerzeugnisse, die von den Mittelmeerstaaten in die EU exportiert werden, keinen Handelsbeschränkungen mehr unterlagen.

Schon 1963 wurde auch zwischen der EU und der *Türkei* ein Assoziierungsabkommen („Abkommen von Ankara") geschlossen und mit der Errichtung einer Zollunion 1996 Voraussetzungen für eine spätere Mitgliedschaft geschaffen. Allerdings wurden erst 2005 Beitrittsverhandlungen begonnen. Weitere Zusatzvereinbarungen beinhalten u. a. eine stärkere Zusammenarbeit in den Bereichen transeuropäische Netzwerke, Energie, Transport, Telekommunikation, Landwirtschaft, Umwelt, Wissenschaft, Statistik sowie bei rechtlichen und innenpolitischen Angelegenheiten. Eine spätere Mitgliedschaft der Türkei war aus diesen Abkommen jedoch nicht zwingend ableitbar, zumal die Beitrittsverhandlungen nur sehr schleppend vorankamen. Mit dem Ausnahmezustand, den die türkische Regierung nach dem Putschversuch im Juli 2016 ausrief, kamen die Gespräche faktisch zum Stillstand. Die Beziehungen zwischen der EU und der Türkei verschlechterten sich anschließend weiter. Aufgrund der Tatsache, dass sich die Türkei zunehmend von den Werten und Standards der EU, insbesondere bei der Auffassung von Rechtsstaatlichkeit, entfernt, sind die Beitrittsverhandlungen derzeit ausgesetzt.

Durch den arabischen Frühling in den 2010er-Jahren mit seinen vielfältigen Umbrüchen in der arabischen Welt liefen die früheren Ansätze der Europäischen Union mit den autokratischen Regimen eine gemeinsame Mittelmeerpolitik zu implementieren ins Leere. Heute dominiert daher eine Kooperationspolitik, durch die die EU den Staaten Unterstützung in Abhängigkeit von deren reformpolitischen Erfolgen gewährt (*Konditionalitätsprinzip*). Grundlage sind die Prinzipien der *Europäischen Nachbarschaftspolitik* (ENP) vom 25. Mai 2011. Ziel der ENP ist es in diesen Ländern Wohlstand, Stabilität und Sicherheit zu stärken und Demokratie, Rechtsstaatlichkeit und die Achtung der Menschenrechte zu fördern. Partnerländer der ENP sind neben den Mittelmeerländern auch Länder der *„Östlichen Partnerschaft"*.

Die ENP

Die **ENP** umfasst neben den Mittelmeeranrainern Ägypten, Algerien, Israel, Jordanien, Libanon, Libyen, Marokko, Palästina, Syrien und Tunesien auch die früheren Sowjetrepubliken und nun unabhängigen Staaten Belarus, Moldau und die Ukraine im Rahmen der *Östlichen Partnerschaft* und Armenien, Aserbaidschan und Georgien im Rahmen der *Östlichen Partnerschaft im Südkaukasus* (vgl.: EU 2021/1, 2021/2, 2021/3, 2022/1).

Die EU unterstützt die Verwirklichung der ENP-Ziele durch finanzielle Zuwendungen sowie durch politische und technische Zusammenarbeit. Seit 2021 steht hierfür ein neues Instrument *„Europa in der Welt"* zur Verfügung. Hiermit sollen vor allem Initiativen und Programme in den Bereichen Menschenrechte, Demokratie und Zivilgesellschaft sowie nachhaltige Entwicklung, Anpassung an den Klimawandel, Migration, Frieden und Stabilität gefördert werden. Darüber hinaus wurden im Rahmen der ENP Instrumente entwickelt, um den Marktzugang insbesondere durch die Verhandlungen über umfassende *Freihandelszonen* zu erleichtern sowie die Mobilität und Steuerung der Migration zu verbessern. Dementsprechend wurden mit einigen Partnern bereits *Mobilitätspartnerschaften* sowie die Liberalisierung der Einreisemöglichkeiten in die EU vereinbart.

EFTA und EWR

Großbritannien konnte sich mit dem Plan, statt der EWG eine „Große Europäische Freihandelszone" ins Leben zu rufen, Mitte der 1950er-Jahre nicht durchsetzen. So wurde nach der Gründung der EWG zunächst versucht, weitere europäische Staaten mit der EWG zu assoziieren, um so noch indirekt die Große Europäische Freihandelszone durchzusetzen. Dieses Vorhaben scheiterte jedoch. Daraufhin beschlossen Großbritannien, Dänemark, Norwegen, Österreich, Portugal, Schweden und die Schweiz 1960 die Gründung einer „Kleinen Europäischen Freihandelszone", der European Free Trade Association (**EFTA**), um den Handel untereinander zu liberalisieren und zur Schaffung eines ganz Europa umfassenden gemeinsamen Marktes beizutragen. 1961 schlossen sich Finnland als assoziiertes Mitglied und Island als Vollmitglied an. Im Zuge der späteren EG-Erweiterung traten jedoch immer mehr ehemalige EFTA-Mitglieder der EG, später der EU, bei. Derzeit sind nur noch die Schweiz, Liechtenstein, Norwegen und Island EFTA-Mitglieder *(Mini-EFTA)*.

Der Außenhandel zwischen EFTA und EU war immer sehr intensiv. Abgesehen von den bestehenden traditionellen Handelsbeziehungen in Westeuropa wurden diese durch das 1972 geschlossene Freihandelsabkommen zwischen EG und EFTA, das ab 1977 praktisch Zollfreiheit für den Handel mit gewerblichen Gütern vorsah, weiter vertieft.

1994 trat nach längeren Verhandlungen der Vertrag über den Europäischen Wirtschaftsraum (**EWR**) in Kraft. Dem EWR gehören neben der EU die verbleibenden EFTA-Staaten bis auf die Schweiz, also Norwegen, Island und Liechtenstein, an (vgl. Abb. 3.5). Im EWR wurden die Zölle zwischen den Mitgliedstaaten abgeschafft und es gelten die meisten Binnenmarktvorschriften, Ausnahmeregelungen beschränken sich nur auf sehr wenige Sektoren. Allerdings fehlt beim EWR der gemeinsame Außenzoll, so dass es sich formal um eine Freihandelszone und keine Zollunion handelt. Die Länder des EWR könnten, wenn sie wollten, jederzeit der EU beitreten, und damit die Konstruktion des EWR obsolet werden lassen. Probleme bestanden in der Verhandlungsphase vor allem in dem Umfang der Mitspracherechte der EFTA-Länder, die in vollem Umfang an den Entscheidungsprozessen der EU beteiligt sein wollten, jedoch Ausnahmeregelungen für sich beanspruchten. Die Meinungsverschiedenheiten wurden später bei allen beitrittswilligen EFTA-Ländern bis auf die Schweiz gelöst. Die Ableh-

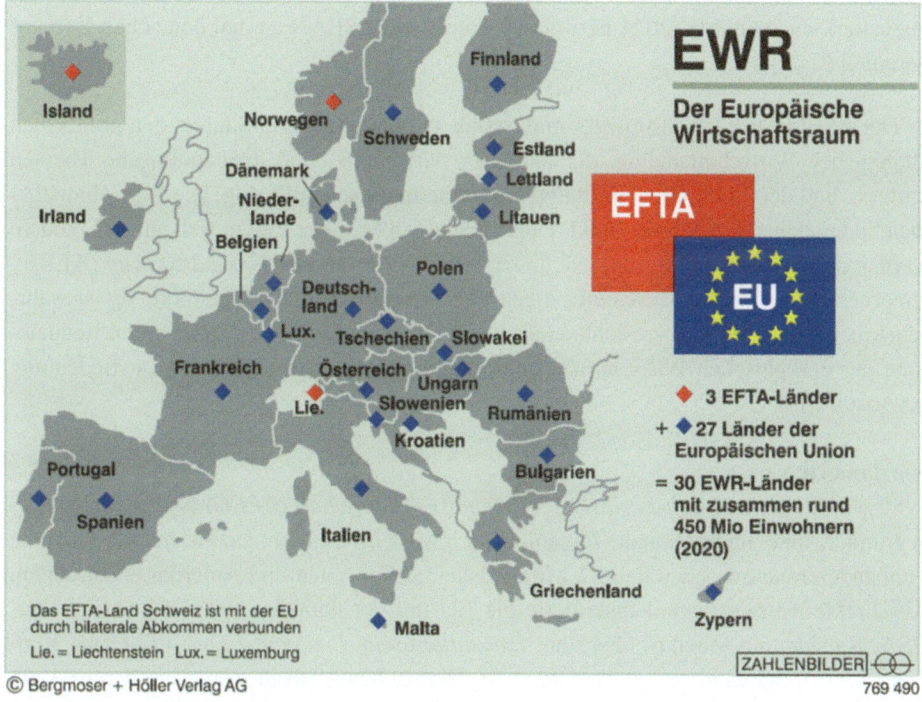

Abb. 3.5   Der Europäische Wirtschaftsraum (EWR)

nung der Freizügigkeit für Arbeitnehmer und von EU-Importen, die ihrem strengeren Umweltschutzrecht nicht genügen, die Liberalisierung der Verkehrspolitik und die Übernahme des EU-Agrarpreissystems wogen stärker als die Vorteile einer Mitgliedschaft, so dass die Schweizer Bürger in einem Volksentscheid einen EWR-Beitritt ablehnten. 2021 brach die Schweiz zudem die Verhandlungen über ein Rahmenabkommen mit der EU ab.

Südostasien

Mit zwei Ländern der südostasiatischen Ländergruppe *ASEAN* (*Association of South East Asian Nations*) (vgl. Abschn. 3.4.2) schloss die EU in den letzten Jahren Freihandelsabkommen ab und zwar mit Singapur (2019) und Vietnam (2020), mit mehreren anderen Mitgliedern wird derzeit verhandelt. Zwischen den 27 EU-Mitgliedsstaaten und drei weiteren europäische Ländern (Norwegen, Schweiz und Russland), den 10 ASEAN Mitgliedsstaaten sowie weiteren 10 asiatischen Staaten finden im zweijährigen Turnus informelle Koordinationsgespräche (*Asia-Europe Meeting, ASEM*) abwechselnd in Europa und Asien statt mit dem Ziel einer verstärkten Zusammenarbeit in den Bereichen Handel, Investitionen und Finanzen. Das letzte ASEM Gesprächsforum wurde 2021 von Kambodscha in Phnom Penh organisiert, fand aber Corona bedingt online als Videokonferenz statt. Der Handel zwischen Deutschland und der ASEAN ist noch stark ausbaufähig, 2021 betrug der Anteil von ASEAN an den deutschen Exporte gerade 2 %.

Der ASEM-Diskussionsprozess umfasst im Wesentlichen drei Säulen: den politischen Dialog, den Wirtschaftsdialog, der handels-, wirtschafts- und finanzpolitische Themen umfasst, und den kulturellen, bildungs- und sozialpolitischen Dialog. Die Wirtschaftsthemen bilden dabei den Schwerpunkt. Die zuständigen Minister treffen sich jährlich, zudem werden durch Wirtschaftsforen, wie das *Asiatisch-Europäische-Geschäftsforum* (AEBF), Unternehmen in den Prozess einbezogen und Geschäftskontakte verstärkt. Es ist wahrscheinlich, dass ASEM angesichts einer aus politischen Gründen gewünschten Reduzierung der europäischen Wirtschaftsbeziehungen mit China wieder stärker an Bedeutung gewinnen wird.

Nordamerika

1989 wurde die *Asiatisch-Pazifische Wirtschaftsgemeinschaft* (*APEC*) (vgl. Abschn. 3.4) gegründet, eine internationale Organisation mit dem Ziel im pazifischen Raum eine Freihandelszone zwischen den 21 Mitgliedsländern in Asien und Amerika einzurichten. Als direkte Antwort darauf diskutierte die EU mit der damaligen NAFTA (Mitglieder: USA, Kanada und Mexiko) über eine *Transatlantische Freihandelszone* (TAFTA). Konkrete Schritte wurden aber nicht vereinbart. Ein nächster Schritt waren die bereits 1995 initiierten halbjährlich stattfindenden Gesprächsrunden, der *Transatlantic Business Dialogue* (TABD). Der TABD ist das höchste Forum innerhalb des *Trans-Atlantic Business*

Council (TABC).[2] Im Rahmen des TABD diskutieren Führungskräfte amerikanischer und europäischer Unternehmen sowie Regierungsvertreter und EU-Vertreter über den Abbau von Handelshemmnissen auf dem transatlantischen Markt und weitere Integrationsmöglichkeiten mit dem Ziel der Erarbeitung von Empfehlungen zur Erleichterung des transatlantischen Handels.

Bereits in den 2010er-Jahren begannen die EU und die **USA** über ein neues weitreichenderes *Transatlantic Trade and Investment Partnership Abkommen* (TTIP) zu verhandeln. Die Verhandlungen wurden aber nach massiven öffentlichen Protesten abgebrochen und werden derzeit nicht weiterverfolgt. Wesentliche Gründe waren, dass die Verhandlungen geheim gehalten wurden und zunächst nur wenig an die Öffentlichkeit drang sowie das vorgesehene *Schiedsgerichtsverfahrens* für den Schutz von Investoren. Als „Ersatz" wurde im Juni 2021 ein Handels- und Technologierat (*Trade and Technology Council, TTC*) zur Intensivierung der Zusammenarbeit zwischen der EU und den USA ins Leben gerufen. Ziel ist es die Wettbewerbsfähigkeit der transatlantischen Wirtschaft bei der Entwicklung und dem Einsatz neuer Technologien zu steigern und vor allem die gemeinsame Führungsrolle bei der Festlegung globaler Normen für neue und andere kritische Technologien zu festigen.[3] Eine Wiederaufnahme der TTIP-Verhandlungen ist angesichts der bestehenden geopolitischen Spannungen allerdings nicht ausgeschlossen.

Bei den Verhandlungen zu TTIP stand vor allem die geplante Vereinbarung eines außerhalb der regulären Gerichtsbarkeit angesiedelten *Schiedsgerichtsverfahrens* für den Investorenschutz im Zentrum der Kritik. Während es früher bei derartigen Abkommen darum ging, Unternehmen in Ländern ohne rechtsstaatliche Prinzipien vor staatlicher Willkür, etwa vor Verstaatlichungen, durch die Anrufung eines vereinbarten Schiedsgerichts zu schützen, gingen die bei TTIP geplanten Möglichkeiten weit darüber hinaus. Spezialisierte Anwaltskanzleien sollten auch gegen Gesetze klagen können, die bei ihren Klienten, den Unternehmen, zu möglichen Gewinneinbußen führen könnten. Dies kann beispielsweise ein vom Gesetzgeber beschlossener Atomausstieg sein, der Energiekonzerne benachteiligt oder ein Beschluss, den Mindestlohn zu erhöhen, weil dieser zu höheren Lohnkosten führt. Nach breiten Protesten gegen diese Verfahren sollten die Schiedsgerichte dann durch ein neuartiges System von „Investitionsgerichten", das demokratischen Prinzipien und einer öffentlichen Kontrolle unterliegen sollte, ersetzt werden. Zudem sollten die Möglichkeiten, vor einem solchen Gericht zu klagen, eingeschränkt werden, um Missbrauch vorzubeugen. Auch sollte das Recht der Staaten auf Regulierung festgeschrieben werden, um ausländischen Unternehmen keine Möglichkeit mehr zu geben, gegen für sie ungünstige Gesetze zu klagen. Ferner sollte auch vereinbart werden, dass beide Vertragsparteien jeweils das Recht haben sollen, Umwelt- und Sozialschutzregeln nach ihren Vorstellungen und international anerkannten Grundsätzen festzulegen, um beispielsweise einen Unterbietungswettlauf zu verhindern.

Mit **Kanada** wurde ebenfalls nach langen Verhandlungen das *Comprehensive Economic and Trade Agreement (CETA)* abgeschlossen, das 2017 vorläufig in Kraft trat, aber noch nicht von allen EU-Staaten ratifiziert wurde. Hierbei handelt es sich um ein *Freihandelsabkommen*, durch das ca. 98 % aller Zölle abgeschafft werden und sich somit die bisher schon intensiven Handelsbeziehungen weiter verbessern sollen. CETA umfasst auch

---

[2] Vgl. https://transatlanticbusiness.org/.

[3] https://www.state.gov/u-s-eu-trade-and-technology-council-ttc/.

den Dienstleistungshandel, wie etwa den Post- und Telekommunikationsbereich. Die vereinbarten Standards sind hoch und werden als Maßstab für Handelsabkommen zwischen der EU und anderen Partnern gesehen. So werden vorhandene soziale und ökologische Standards sowie europäische und kanadische Besonderheiten, etwa in den Bereichen Bildung, Kultur und Medien, geschützt. Die vorläufige Anwendung gilt nur für bestimmte Bereiche. Damit es vollständig in Kraft treten kann, muss es jedoch noch von den Parlamenten aller 27 EU-Mitgliedstaaten ratifiziert werden.[4]

Lateinamerika
Zu keiner Weltregion außerhalb der Gruppe hoch entwickelter Industrieländer unterhält die EU vergleichbar enge Beziehungen wie zu den Staaten **Lateinamerikas** und der **Karibik**. Mit dieser Ländergruppe wurde bereits auf dem ersten Gipfeltreffen 1999 in Rio de Janeiro eine strategische Partnerschaft vereinbart und in zwei weiteren Gipfeltreffen, 2002 in Madrid und 2004 in Guadalajara in Mexiko, eine Vertiefung der Kooperation beschlossen. Mit Mexiko wurde 2000 zudem ein Freihandelsabkommen vereinbart und mit Chile 2002 ein sehr weitreichender Assoziierungsvertrag unterzeichnet (s. u.). Mit den Staaten des **Mercosur**, dem *Mercado Común del Sur* (Mitglieder: Brasilien, Argentinien, Uruguay, Paraguay) wird seit 1999 über einen Assoziierungsvertrag mit dem Ziel der Errichtung einer Freihandelszone verhandelt. 2019 einigte man sich grundsätzlich auf ein Abkommen, das für beide Seiten im Handelsbereich erhebliche Vorteile mit sich bringen würde. Allerdings ist derzeit noch umstritten, in welcher Form den Bedenken Rechnung getragen werden kann, dass durch eine Handelsausweitung die Abholzung des für das weltweite Klima wichtigen *Regenwaldes* in Brasilien noch beschleunigt würde. Ein weiteres kritisches Thema ist die Organisation von Kontrollen der südamerikanischen Fleischproduzenten, um den Verbraucherschutz für europäische Konsumenten sicherzustellen. Es ist daher derzeit noch nicht abzusehen, wann und in welcher Form das Abkommen unterschrieben werden wird.[5]

Mit der **Andengemeinschaft** (Bolivien, Ecuador, Kolumbien, Peru) wurde nach verschiedenen früheren Abkommen (1983 und 1998) EU-Kooperationsabkommen neuen Typs („Abkommen der vierten Generation") abgeschlossen und 2003 unterzeichnet. 2013 trat ein weiteres Abkommen zwischen der **Central American Free Trade Agreement (CAFTA)** (Panama, Nicaragua, El Salvador, Honduras, Guatemala und Costa Rica) und der EU in Kraft, der *Acuerdo de Asociación entre Centroamérica y la Unión Europea (AdA)*. Ziele der Abkommen sind u. a. die Intensivierung der Kooperation durch Abschaffung der meisten Einfuhrzölle, die Ausweitung der Entwicklungszusammenarbeit, die Schaffung eines verbesserten Zugangs zum öffentlichen Beschaffungswesen, zu Dienstleistungen und zu Investitionsmärkten, die Einführung eines Streitschlichtungsmechanismus und einen verbesserten Schutz geistigen Eigentums.

---

[4] https://www.bmwk.de/Redaktion/DE/Dossier/ceta.html.
[5] Vgl. Hagelücken et al. (2017)

Das Assoziierungsabkommen mit Chile.
Kernbestandteil des *Assoziierungsabkommens* mit **Chile** war die Errichtung einer Freihandelszone EU – Chile innerhalb von 10 Jahren nach dem Inkrafttreten des Abkommens 2003. Tatsächlich können inzwischen die meisten Produkte aus der EU zollfrei nach Chile eingeführt werden. Darüber hinaus wurden weitere Handelsschranken abgebaut und der Schutz geistigen Eigentums garantiert. Neben der Liberalisierung des Austausches von Waren und Dienstleistungen sollte der politische und kulturelle Dialog sowie alle anderen Bereiche der wirtschaftlichen und wissenschaftlichen Zusammenarbeit intensiviert werden. 2021 wurde eine „modernisierte" Fassung des Assoziierungsabkommens verhandelt, die 2022 noch nicht in Kraft getreten war.

Weitere Abkommen
Wie Abb. 3.6 zeigt, gibt es noch mit einer größeren Anzahl weiterer Länder gültige Handelsabkommen. Wichtige bilaterale Abkommen wurden 2019 mit **Japan** und **Singapur** geschlossen, 2020 folgten Vereinbarungen mit **Vietnam**, 2021 mit **Großbritannien** (TCA) und 2022 mit **Neuseeland**. Ein Abkommen mit **Australien** wird derzeit noch verhandelt.

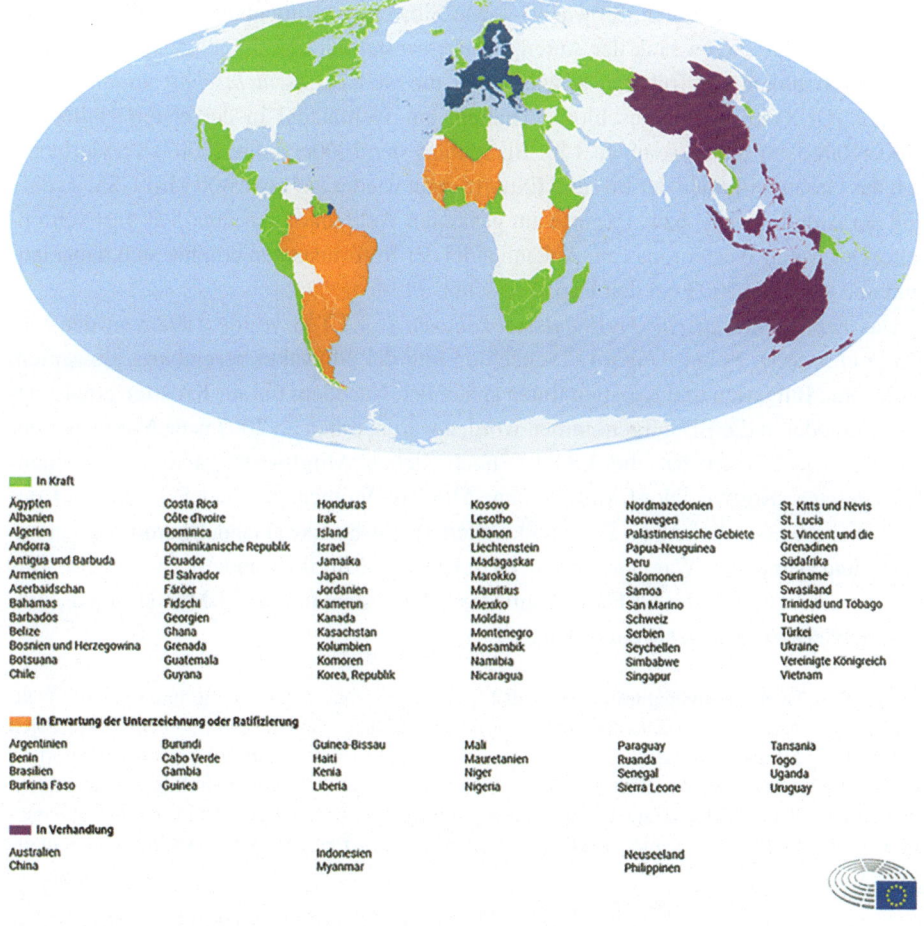

🟩 In Kraft

Ägypten	Costa Rica	Honduras	Kosovo	Nordmazedonien	St. Kitts und Nevis
Albanien	Côte d'Ivoire	Irak	Lesotho	Norwegen	St. Lucia
Algerien	Dominica	Island	Libanon	Palästinensische Gebiete	St. Vincent und die
Andorra	Dominikanische Republik	Israel	Liechtenstein	Papua-Neuguinea	Grenadinen
Antigua und Barbuda	Ecuador	Jamaika	Madagaskar	Peru	Südafrika
Armenien	El Salvador	Japan	Marokko	Salomonen	Suriname
Aserbaidschan	Färöer	Jordanien	Mauritius	Samoa	Swasiland
Bahamas	Fidschi	Kamerun	Mexiko	San Marino	Trinidad und Tobago
Barbados	Georgien	Kanada	Moldau	Schweiz	Tunesien
Belize	Ghana	Kasachstan	Montenegro	Serbien	Türkei
Bosnien und Herzegowina	Grenada	Kolumbien	Mosambik	Seychellen	Ukraine
Botsuana	Guatemala	Komoren	Namibia	Simbabwe	Vereinigtes Königreich
Chile	Guyana	Korea, Republik	Nicaragua	Singapur	Vietnam

🟧 In Erwartung der Unterzeichnung oder Ratifizierung

Argentinien	Burundi	Guinea-Bissau	Mali	Paraguay	Tansania
Benin	Cabo Verde	Haiti	Mauretanien	Ruanda	Togo
Brasilien	Gambia	Kenia	Niger	Senegal	Uganda
Burkina Faso	Guinea	Liberia	Nigeria	Sierra Leone	Uruguay

🟪 In Verhandlung

Australien		Indonesien	Neuseeland
China		Myanmar	Philippinen

Abb. 3.6 EU – Handelsabkommen (Stand: 2021) (Quelle: EU 2021)

3.3   Mittel- und Ost-Europa

Nach dem Zusammenbruch des sozialistischen Systems 1989 und dem darauffolgenden wirtschaftlichen Niedergang waren die mittel- und osteuropäischen Reformstaaten bemüht, ihre wirtschaftlichen und politischen Strukturen mit unterschiedlicher Geschwindigkeit und unterschiedlichem Erfolg umzustellen. Die damit einhergehende Notwendigkeit der politischen Umstrukturierungen, des Neuaufbaus der wirtschaftlichen Institutionen, des Umbaus der Wirtschaft und der Produktionspalette sowie der Neuausrichtung der internationalen Handelsbeziehungen führte in allen Ländern zunächst zu dramatischen Wachstumsrückgängen, hohen Inflationsraten, einer Verarmung breiter Schichten der Bevölkerung und einem erheblichen Rückgang des Außenhandels.

Der Handel zwischen den mittel- und osteuropäischen Staaten war nach dem Ende des RGW *(Rat für Gegenseitige Wirtschaftshilfe)* 1990 zusammengebrochen, so dass sich in den Folgejahren das Handelsvolumen zwischen diesen Ländern, den *Visegrad-Staaten* (Polen, Ungarn, Tschechien, Slowakei) sowie Slowenien, Rumänien und Bulgarien halbierte. Als Folge davon sank der Anteil der *Reformstaaten* einschließlich Russlands und der Teilrepubliken der früheren Sowjetunion, die sich zur *Gemeinschaft unabhängiger Staaten* (GUS) zusammengeschlossen hatten, am Welthandel in der ersten Hälfte der 1990er-Jahre auf teilweise unter 3 %. Bis Anfang der 2000er-Jahre (2003) vervierfachte sich das Gesamtvolumen der Im- und Exporte dann wieder auf etwa 400 Mrd US$, so dass sich der Anteil der Im- bzw. Exporte am gesamten Welthandel auf über 5 % fast verdoppelte. Der Anteil Westeuropas am Außenhandel der Reformstaaten erhöhte sich dabei laufend und erreichte 2003 bei den Exporten schon 74 %.

Das *Zentraleuropäische Freihandelsabkommen* (**CEFTA**) wurde 1992 von den vier *Visegrad-Staaten* Polen, Ungarn, Tschechien und der Slowakei vereinbart. Slowenien, Rumänien, Bulgarien und Kroatien traten später bei. Nachdem bis auf Kroatien alle früheren Mitglieder in die EU aufgenommen worden waren, traten ab 2007 neue Mitglieder der CEFTA bei. Derzeit hat die CEFTA noch sieben Mitglieder: Albanien, Bosnien-Herzegowina, Kosovo, Nord-Mazedonien, Moldau, Montenegro und Serbien. Ziel der CEFTA war es von Anfang an Zölle und weitere (nicht-tarifäre) Handelshemmnisse abzubauen und damit den Warenaustausch zwischen den Mitgliedsländern zu steigern. Das Volumen der Exporte der CEFTA Mitglieder beläuft sich auf ca. 52 Mrd US$ p.a., dies entspricht etwa 0,3 % der Weltexporte.[6]

Russland ist das flächenmäßig größte und mit 145 Mio Einwohnern das neuntgrößte Land der Welt. Das BIP ist mit ca. 1,8 Bio US$ knapp halb so groß wie das deutsche BIP. Das Land entwickelte sich in den letzten Jahren zum weltweit größten Exporteur von Erdgas und zum zweitgrößten Exporteur von Erdöl. Der Anteil an den Weltexporten beträgt knapp 2 %, wird aber zukünftig wahrscheinlich eher zurückgehen. Das Land ist extrem abhängig von fossilen Rohstoffen, von Preisschwankungen auf dem Weltmarkt und, wie die Reaktionen auf den Angriffskrieg gegen die Ukraine zeigen, in er-

---

[6]Vgl. https://www.laenderdaten.info/handelsabkommen/cefta-freihandelsabkommen.php; https://cefta.int/.

heblichem Umfang von den Sanktionen der westlichen Staaten betroffen. Die schnellen Bemühungen der EU ihre Abhängigkeit von fossilen Rohstoffen einerseits und von Russland andererseits zu reduzieren, gekoppelt mit dem gegen Russland verhängten Embargo westlicher Technologie, wird sich nachhaltig negativ auf die russische Wirtschaft und auswirken.

3.4 Asien

In praktisch allen Ländern ist das Binnenhandelsvolumen größer als das Außenhandelsvolumen. Auch in Deutschland wird beispielsweise rund 75 % des Handels innerhalb der deutschen Grenzen abgewickelt. Der grenzüberschreitende Handel, also der Außenhandel, lässt sich dann grob in *intra-kontinentalen* und *inter-kontinentalen* Handel aufteilen, also in Handel, der innerhalb eines Kontinents (intra) und zwischen den Kontinenten (inter) stattfindet. Bis Mitte der 2010er-Jahre lag der Anteil des intra-kontinentalen Handels relativ konstant bei etwa 75 %, während etwa 25 % des Welthandels auf den inter-kontinentalen Handel entfielen. Diese Konstanz ist bemerkenswert. Denn in diesem Zeitraum stieg das weltweite Handelsvolumen stark an, insbesondere nahm der Nord-Nord-Handel, also der Handel zwischen den Industrieländern stark zu und es wurden weltweit Handelsbarrieren, gerade auch für den inter-kontinentalen Handel, abgebaut.

3.4.1 Verschiebung der interkontinentalen Handelsströme

Innerhalb des inter-kontinentalen Handels kam es jedoch bereits in den 1980er-Jahren zu erheblichen Verschiebungen. Seit Beginn der Globalisierung, etwa Mitte bis Ende der 1980er-Jahre,[7] geht die Bedeutung des Transatlantikhandels zurück, während diejenige des Transpazifikhandels zunimmt. Bei einem starken Wachstum des internationalen Handels insgesamt, wuchs der *Transpazifikhandel* stärker als der *Transatlantikhandel* und übertraf 1984 zum ersten Mal dessen Volumen. Noch bedeutsamer aber ist, dass inzwischen der Europa-Asien-Handel den größten Anteil am interkontinentalen Handel einnimmt (vgl. Abb. 3.7). Für diese weltweite **Verschiebung der Handelsströme** gibt es verschiedene miteinander verzahnte Ursachen:

- Asien ist die dynamischste Wachstumsregion der Welt. Zunächst war Japan der Wachstumsmotor. Japans Strategie richtete sich wegen des vorhandenen Kaufkraftpotentials von vornherein auf eine wirtschaftliche Eroberung des nordamerikanischen Marktes, also auf den Transpazifikhandel. Nach OECD-Angaben nahm der Anteil des Asien-Handels am Außenhandel der USA von 1965 bis 1985 um die Hälfte auf 36 % zu, während der USA-Europa Handel von 36 % auf 29 % zurückging. Japans Rolle wurde

---

[7] Vgl. zum Beginn der Globalisierung und den entsprechenden Indikatoren Koch 2022, Kap. 3 und 4.

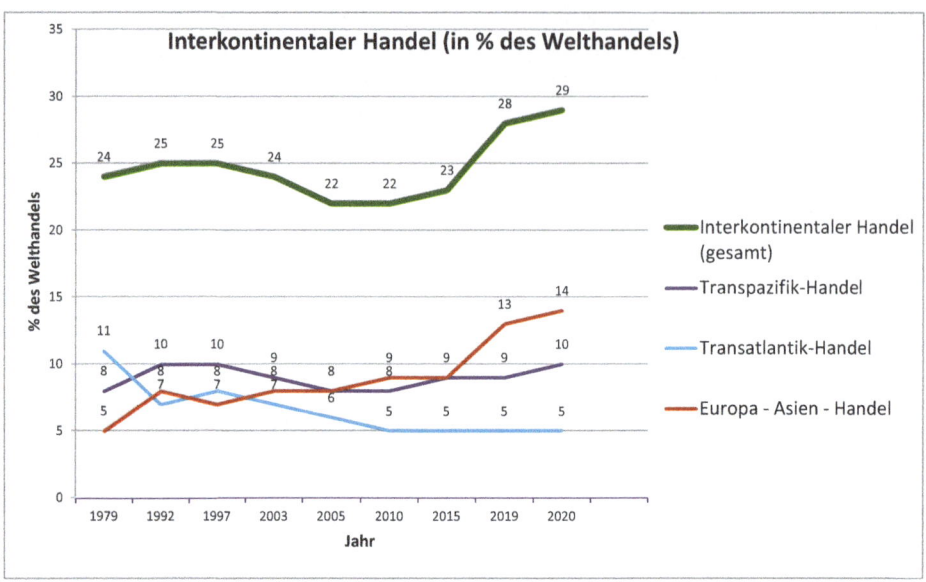

Abb. 3.7 Entwicklung des interkontinentalen Handels (Quelle: WTO World Statistical Review/ International Trade, div. Jahrgänge, eigene Berechnungen)

dann durch die vier „kleinen Tiger", die wachstums- und außenhandelsstarken Länder Hongkong, Singapur, Taiwan und Südkorea, verstärkt. Einige Jahre später wurden die vier Staaten um die neuen Tigerstaaten Malaysia und Thailand und später auch Indonesien ergänzt. Ab Ende der 1990er-Jahre wurde dann China zum wichtigsten Wachstumsfaktor in Asien.

- Die Exporte dieser Länder insgesamt und zunächst vor allem nach Nordamerika nahmen laufend zu. So stieg der relative Anteil Asiens am Welthandel ab 1990 stetig an, insbesondere bei Knowhow-intensiven Gütern und bei insgesamt absolut wachsenden Märkten. Bei High-Tech-Gütern (*office machines and telecom equipment*) lag er Anfang der 2000er-Jahre bereits bei 55 %. Diese Entwicklung, die vorwiegend auf Chinas angestiegene Bedeutung im Welthandel zurückzuführen ist, ging am stärksten zu Lasten der weltwirtschaftlichen Bedeutung von Nordamerika, während Europa geringere Einbußen zu verzeichnen hatte.

- Die Verlagerung des wirtschaftlichen Gravitationszentrums der USA von der traditionell europaorientierten Ostküste zur Westküste, etwa seit den 1970er-Jahren, begünstigt durch die geographische und – durch die asiatischen Einwanderungsströme – auch kulturelle Affinität zu Asien führte zu einer „pazifischen Orientierung". Zudem bietet die US-amerikanische Konsumorientierung mit einer weit unter der in anderen wichtigen Industrieländern üblichen Sparquote hervorragende Möglichkeiten für die Aufnahme asiatischer Konsumprodukte, die zumindest in der Anfangsphase wesentlicher Bestandteil der asiatischen Exportpalette waren.

Seit Mitte der 1980er-Jahre ist Ost- und Südostasien also die wirtschaftlich dynamischste Region der Welt mit durchschnittlichen Wachstumsraten, die mindestens doppelt so hoch sind wie diejenigen der OECD-Länder. Die *Asienkrise* Ende der 1990er-Jahre konnte diese Rolle nur vorübergehend abschwächen. Der Anstieg des inter-kontinentalen Handels mit Asien in den letzten Jahren sowie die stark gewachsene Bedeutung des Intra-Asien-Handels, dieser nimmt inzwischen etwa 25 % des gesamten Welthandels ein, ist damit auf die stark gewachsene ökonomische Bedeutung der ost- und südostasiatischen Länder und vor allem von China zurückzuführen, das damit die früher führende Rolle Japans übernahm: Der Anteil Asiens an den weltweiten Exporten stieg nach etwa 18 % Anfang der 1980er-Jahre auf rund 26 % um die Jahrtausendwende und verdoppelte sich dann ab Mitte der 1980er-Jahre auf etwa 36 % (2020). Damit liegt Asien auf Augenhöhe mit Europa, dessen Anteil am Welthandel von 46 % (2003) auf 38 % (2020) zurückging. Der Anteil Chinas an den Weltexporten lag 1993 noch bei gut 2 %, stieg 2003 auf knapp 6 % und lag 2020 bereits über 15 % (vgl. hierzu Abb. 1.5 und 3.8).

3.4.2 Regionalintegrationen in Asien

Die dynamische Entwicklung vor allem Ost- und Südostasiens zeigt sich auch in der zum Teil verwirrenden Vielfalt von sich neu bildenden *Regionalintegrationen*. Alle spielen eine

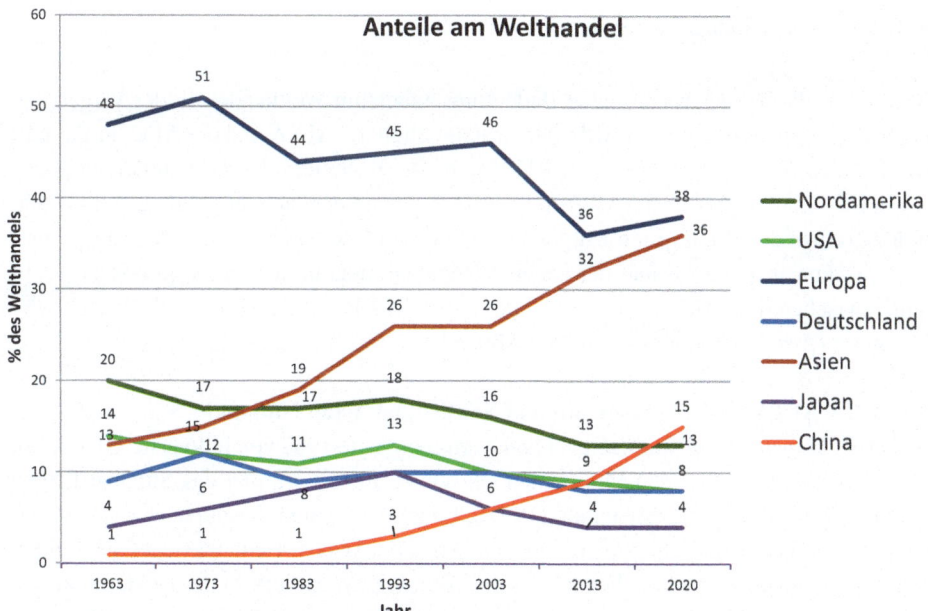

Abb. 3.8 Die zunehmende Bedeutung Asiens im Welthandel (Quellen: WTO World Statistical Review/International Trade, div. Jahrgänge, eigene Berechnungen)

Regionalintegration (Gründung)	Ziele	Mitglieder
ASEAN (1967) Association of South East Asian Nations	Zunächst sicherheitspolitisches Bündnis, ab 1971: Schaffung einer "Zone des Friedens, der Freiheit und der Neutralität" (ZOPFAN), später engere wirtschaftliche Kooperation	**10 Mitglieder** Brunei Darussalam, Kambodscha, Indonesien, Laos, Malaysia, Myanmar, die Philippinen, Singapur, Thailand, Vietnam
AFTA (1992) ASEAN Free Trade Area	Aufbau einer Freihandelszone, insbesondere Absenkung der Zölle zwischen den Mitgliedern	
AEC (2015) ASEAN Economic Community (2015)	Schaffung eines gemeinsamen Marktes, bessere Abstimmung der Wirtschaftspolitik, Beseitigung der Barrieren für grenzüberschreitende Investitionen	
RCEP (2020) Regional Comprehensive Economic Partnership	Schaffung einer Freihandelszone	**15 Mitglieder**: ASEAN + 5 Australien, China, Neuseeland, Japan, Süd-Korea
APEC (1989) Asia-Pacific Economic Cooperation	Regionales Forum mit dem Ziel der Verbesserung der wirtschaftlichen Kooperation in der Pazifik-Region, langfristiges Ziel ist die Schaffung einer Freihandelszone	**21 Mitglieder** Australien, Brunei, Chile, China, Indonesien, Japan, Hongkong, Kanada, Malaysia, Mexiko, Neuseeland, Papua-Neuguinea, Peru, Philippinen, Russische Föderation, Singapur, Südkorea, Taiwan, Thailand, USA, Vietnam
CPTPP (2018) Comprehensive and Progressive Agreement for Trans-Pacific Partnership	Nach dem Rückzug der USA aus dem Vorläuferabkommen (TPP), das bereits 2016 unterzeichnet wurde, wurde das TPP unter dem Namen CPTPP fortgeführt mit dem Ziel der Schaffung einer Freihandelszone und entsprechendem Zollabbau. Zudem gibt es Regelungen zum Abbau von weiteren Handelshemmnissen, zum Schutz des geistigen Eigentums und zum Investitionsschutz.	**11 Mitglieder** Australien, Brunei, Kanada, Chile, Japan, Malaysia, Mexiko, Neuseeland, Peru, Singapur, Vietnam
SAARC (1985) South Asian Association for Regional Cooperation	Förderung der wirtschaftlichen Entwicklung und der kulturellen, wirtschaftlichen und sozialen Beziehungen	**7 Mitglieder** Bangladesch, Bhutan, India, Malediven, Nepal, Pakistan, Sri Lanka (zusätzlich 10 Staaten und die EU mit Beobachterstatus)
SAFTA (2006) South Asian Free Trade Area	Schaffung einer Freihandelszone durch eine schrittweise Reduzierung von Zöllen zwischen den Mitgliedern	

Abb. 3.9   Regionalintegrationen in Asien (Überblick)

wichtige Rolle bei der wachsenden Bedeutung Asiens im Welthandel. In der Vergangenheit galt dies insbesondere für ASEAN, einschließlich der AFTA und der AEC, in Zukunft werden dies eher noch RCEP und CPTPP sein. Die Rolle und der Ausbau der südasiatischen Regionalintegration SAARC und der SAFTA sind dagegen durch die Konfliktsituation zwischen den wichtigsten Mitglieder Indien und Pakistan blockiert. Allerdings wird auch der konstruktive Ausbau der anderen Regionalintegrationen durch politische Probleme zwischen den Mitgliedern, etwa mit China (RCEP, APEC), Russland (APEC) oder Myanmar (AEC) gehemmt (vgl. hierzu Abb. 3.9).

ASEAN – AFTA – AEC (Association of South-East Asian Nations)

ASEAN *(Association of South-East Asian Nations)* wurde 1967 von Indonesien, Thailand, Malaysia, Singapur und den Philippinen gegründet. Später wurden das Sultanat Brunei (1984), Vietnam (1995), Myanmar (1997), Laos (1997) und Kambodscha (1999) als weitere Mitglieder aufgenommen. Auf dem Höhepunkt des Vietnamkrieges gegründet, war ASEAN primär als sicherheitspolitisches Bündnis konzipiert. In der Deklaration von Kuala Lumpur 1971 wurde dann auch konsequenterweise die Schaffung einer „Zone des Friedens, der Freiheit und der Neutralität" *(ZOPFAN)* als Ziel festgeschrieben. Obwohl schon mit der Gründung das ökonomische Ziel einer stärkeren wirtschaftspolitischen Zu-

Abb. 3.10 Association of South-East Asian Nations (ASEAN)

sammenarbeit formuliert wurde, spielte dieser Aspekt wegen der bis in die 1990er-Jahre dauernden politischen Differenzen zwischen einzelnen Mitgliedsländern eine eher untergeordnete Rolle. 1977 wurde zwar ein Handelspräferenzabkommen (*Preferential Trading Arrangement, PTA*) verabschiedet, das Ziel, den Intra-ASEAN Handel auszubauen, wurde aber nur langsam realisiert (vgl. Abb. 3.10).

Die ASEAN hatte 2021 670 Mio Einwohner und ein Bruttoinlandsprodukt in Höhe von 3,4 Bio US$, dies entspricht etwa 20 % des BIPs der EU.

AFTA (ASEAN Free Trade Area). Einen Aufschwung nahm der Gedanke der ökonomischen Zusammenarbeit mit dem vierten ASEAN-Gipfel 1992 in Singapur, auf dem – auch angesichts des Eindrucks der fortschreitenden Integration in Europa – der Beschluss gefasst wurde, die internen Zölle zu senken und andere protektionistische Maßnahmen abzubauen. Ziel war es bis 2008 eine Freihandelszone, die AFTA, zu schaffen. Tatsächlich wurde das Ziel für die Gründungsmitglieder bereits 2003 erreicht und der gesamte Prozess – nach längeren Übergangsfristen für die neuen Mitglieder – 2010 abgeschlossen.

AEC (ASEAN Economic Community). Nach der AFTA sollte die wirtschaftliche Integration weiter vertieft werden. Ziel der 2015 beschlossenen AEC ist die Errichtung eines gemeinsamen Marktes mit den vier Freiheiten für Waren und Dienstleistungen, Investitionen, Fachkräften und Kapital bis 2025 („AEC2025"). Hierzu soll die Wirtschaftspolitik besser abgestimmt und Barrieren für grenzüberschreitende Investitionen beseitigt werden. Zunächst wurde die Abschaffung von Zöllen fortgesetzt, 2019 waren über 98 % aller Zölle beseitigt, die restlichen Zölle betrugen im gewichteten Durchschnitt nur 1,4 %, allerdings existieren immer noch fast 6.000 nichttarifäre Maßnahmen (vgl. Ishikawa 2021).

Die Ausgangslage in den 10 ASEAN-Ländern ist nach wie vor sehr unterschiedlich. Brunei und Singapur gehören zu den reichsten Ländern der Welt, Thailand, Malaysia, Indonesien und Vietnam sind aufstrebende Schwellenländer, Myanmar hat sich durch den Militärputsch 2021 von weiteren Entwicklungsfortschritten abgekoppelt und Kambodscha und Laos haben noch erheblichen Entwicklungsbedarf. Trotzdem wird die wirtschaftliche Integration der ASEAN bislang positiv bewertet und kann möglicherweise als Beispiel für die wirtschaftliche Integration von Entwicklungsländern gelten. Insgesamt entwickelte sich der ASEAN-Handel aber vergleichsweise langsam. Die Intra-ASEAN-Exporte stiegen von 17 % (1990) auf 24 % (2018), der Wert des Intra-ASEAN-Handels verdreifachte sich dabei von 260 Mrd US$ (2004) auf 650 Mrd US$ (2018). Im Vergleich dazu vervierfachte sich der Extra-ASEAN Handel mit China, dem inzwischen zweitgrößten ASEAN-Handelspartner, im gleichen Zeitraum auf ca. 390 Mrd US$ (ASEAN Secretariat 2019).

RCEP (Regional Comprehensive Economic Partnership)
Die integrationspolitischen Erfolge motivierten ASEAN dazu den innerasiatischen Handel durch institutionalisierte Kooperation weiter voranzutreiben. Bereits 1990 schlug der damalige Ministerpräsident Malaysias Mahatir eine ostasiatische Wirtschaftsgruppe, die *East Asia Economic Group (EAEG)* vor. Dieser Vorschlag war eine Reaktion auf die sich seinerzeit abzeichnende Bildung von Wirtschaftsblöcken (u. a. „Festung Europa"). Diese Idee wurde in abgewandelter Form 1997 während der Asienkrise durch die Gründung des Forums *ASEAN+3* wieder aufgegriffen. Auf dem vierten ASEAN+3 Gipfeltreffen im November 2000 wurde dann eine *East Asia Study Group (EASG)* ins Leben gerufen, die einen Aktionsplan für eine weitere Kooperation im wirtschaftlichen, ökologischen, politischen und kulturellen Bereich formulierte.

Die 2020 nach achtjährigen Verhandlungen gegründete *Regional Comprehensive Economic Partnership (RCEP)* baut auf diesen Erfahrungen auf. Mitglieder von RCEP sind ASEAN + 5, also die ASEAN Staaten sowie fünf weitere Länder: China, Japan, Südkorea, Australien und Neuseeland. Damit umfasst RCEP etwa 2,2 Mrd Menschen und fast ein Drittel der weltweiten Wirtschaftsleistung. Das Abkommen zielt auf Zollabbau, die Festlegung gemeinsamer Handelsregeln und soll, wie alle anderen Handelsabkommen, die Voraussetzungen für einen zunehmenden Austausch von Waren und Dienstleistungen verbessern. Zusätzlich sollen Investitionen gefördert und Urheberrechte besser geschützt werden (vgl. Abb. 3.11).

Die Auswirkungen von RCEP können wie folgt eingeschätzt werden (vgl. Matthes/ Kolev 2020; Frenkel/Ngo 2021):

- Rund fünf Sechstel des Handels zwischen den RCEP Partnern fand schon bislang im Rahmen von bilateralen Freihandelsabkommen statt, sodass der Raum für weiterer Zollabbau insgesamt gering ist. Noch bestehende Zölle werden nur mit langen Übergangsfristen abgebaut.

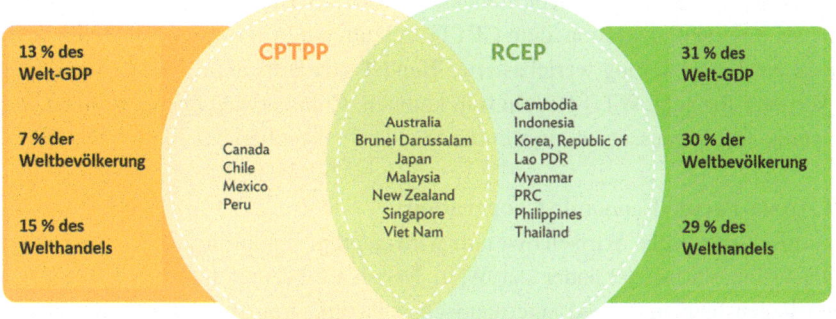

CPTPP= Comprehensive and Progressive Agreement for Trans-Pacific Partnership, GDP = gross domestic product, Lao PDR = Lao People's Democratic Republic, PRC = People's Republic of China, RCEP = Regional Comprehensive Economic Partnership.

Sources: ADB calculations using data from International Monetary Fund (IMF). Direction of Trade Statistics. https://www.imf.org/dot (accessed July 2021); IMF. World Economic Outlook April 2021 Database. https://www.imf.org/en/Publications/WEO/weo-database/2021/April (accessed October 2021); and United Nations downloaded from CEIC Data Company.

Abb. 3.11   RCEP und CPTPP. (Quelle: ADB 2022)

- Sehr relevant ist die Vereinheitlichung der bestehenden sich überschneidenden Freihandelsabkommen sowie die Vereinfachung von Ursprungsregeln, die grenzüberschreitende Wertschöpfungsketten in der Region stärken werden.
- Ökonomische Effekte auf Europa dürften gering sein, wobei negative Handelsablenkungseffekte durch positive Wachstumseffekte der RCEP-Region überkompensiert werden könnten.
- China wird in der Region mehr investieren und seine Bedeutung in den regionalen Wertschöpfungsketten weiter ausbauen. Dabei könnten einige ASEAN-Länder wie Vietnam als Exportplattform genutzt werden, um mögliche, derzeitige und zukünftige, Handelsbarrieren der EU und der USA gegenüber China zu umgehen.

CPTPP (Comprehensive and Progressive Agreement for Trans-Pacific Partnership)
Auch das CPTPP hat eine lange Vorgeschichte. Die Verhandlungen zur Bildung einer *Trans-Pacific Partnership (TPP)* wurden schon 2008 mit dem Ziel aufgenommen, einen umfassenden Handelsvertrag zwischen den 12 Pazifik-Anrainerstaaten Australien, Brunei, Chile, Japan, Kanada, Malaysia, Mexiko, Neuseeland, Peru, Singapur, den USA und Vietnam zu vereinbaren. 2016 wurde der TPP Vertrag dann unterzeichnet. Unter Ex-US-Präsident Trump zogen sich die USA jedoch aus dem Abkommen zurück. Im März 2018 unterzeichneten dann die verbliebenden 11 Staaten das zwischenzeitlich *in Comprehensive and Progressive Agreement for Trans-Pacific Partnership (CPTPP)* umgetaufte und in seinen Ambitionen reduzierte Abkommen. Das Abkommen ist kein spezielles Freihandelsabkommen, sondern regelt vor allem den **Schutz geistigen Eigentums**, insbesondere den Patentschutz. Zudem enthält es Vereinbarungen in den Bereichen Arbeits- und Menschenrechte, Korruptionsbekämpfung und Umweltschutz. Damit ist es kein Konkurrenzabkommen zu RCEP. Wie Abb. 3.11 zeigt, sind mehrere Staaten demnach auch Mitglieder in beiden Regionalintegrationen.

Derzeit überlegen verschiedene Länder, wie die USA und Großbritannien, aber auch die EU als Regionalintegration, dem CPTTP beizutreten. Auf diese Weise könnten sie die Prozesse zur Formulierung wertebasierter Handelsstandards aktiv mitgestalten, die dann evtl. Vorreiter für neue WTO-Regeln sein könnten. China erwägt ebenfalls einen Beitritt. Dies würde aber voraussetzen, dass es die Standards akzeptiert.

APEC (Asia-Pacific Economic Cooperation)
Der asiatisch-pazifische Wirtschaftsraum wird geprägt durch die bevölkerungsreichsten und wachstumsstärksten Länder der Welt. Neben China und Japan und den ASEAN-Staaten liegen hier auch nord-amerikanischen Pazifikanrainer USA und Kanada sowie Australien und Neuseeland. Schon in den 1960er-Jahren tauchte in Reden japanischer Politiker die Idee einer transpazifischen Wirtschaftsgemeinschaft auf. 1989 wurde dann aufgrund einer australischen Initiative in *Canberra* die *Asia-Pacific Economic Coopera-tion (APEC)* als Plattform zur Behandlung von Fragen asiatisch-pazifischer Zusammenar-beit gegründet. 1993 nahm das APEC-Sekretariat in Singapur seine Arbeit auf. Es hatte zunächst die Aufgabe die Zoll- und Investitionsbedingungen der Mitgliedsstaaten zu ver-gleichen und transparent zu machen. 1994 auf der Gipfelkonferenz in Bogor (Indonesien) wurde beschlossen bis zum Jahr 2020 alle Handelsschranken zwischen den Mitgliedslän-dern zu beseitigen und eine Freihandelszone zu errichten. Dies wurde allerdings nicht er-reicht. Tatsächlich überwogen in den Jahren 2019 bis 2021 sogar die ca. 300 protek-tionistischen zahlenmäßig die 230 handelserleichternden Maßnahmen zwischen den APEC-Mitgliedsstaaten (vgl. APEC 2022).

Seit 1998 besteht die APEC aus 21 Mitgliedstaaten: Von Anfang an dabei waren damals sechs ASEAN-Staaten (Brunei, Indonesien, Malaysia, Philippinen, Singapur und Thai-land), die USA, Kanada, Australien, Neuseeland, Japan und Südkorea, später kamen China, Hongkong, Taiwan, Papua-Neuguinea, Mexiko und Chile und schließlich Russ-land, Peru und Vietnam hinzu. Die weltwirtschaftliche Bedeutung der APEC zeigt sich darin, dass in den APEC-Ländern etwa 40 % der Weltbevölkerung leben, die knapp 60 % des Weltsozialprodukts erwirtschaften und etwa 50 % des Welthandels (jeweils Ex- und Importe) bestreiten (vgl. Abb. 3.12).

Dass sich die APEC langfristig tatsächlich zu einer überregionalen Wirtschaftsgemein-schaft entwickeln wird, ist angesichts massiver Interessendivergenzen zwischen den Mit-gliedern – Stichworte: USA, Russland, China, Taiwan, Hongkong – eher unwahrschein-lich. Hinzu kommt, dass die beiden neueren Regionalintegrationen, RCEP und CPTPP, insbesondere dann, wenn diese sich noch um andere Staaten erweitern, die Bedeutung von APEC schwächen werden. Alternativ wäre denkbar, dass APEC im Rahmen einer weiter ausgebauten Forumsfunktion, angesichts der neueren politischen Entwicklungen und Konflikte die Möglichkeit nutzt, Fragen der zukünftigen ökonomischen und evtl. auch politischen Zusammenarbeit zwischen amerikanischen und asiatischen Ländern zu dis-kutieren.

Abb. 3.12 Asia-Pacific Economic Cooperation (APEC)

SAARC – SAFTA (South Asian Association for Regional Cooperation)
Die *South Asian Association for Regional Cooperation* (SAARC) wurde 1985 in *Dhaka* (Bangladesch) mit Sitz in *Kathmandu* (Nepal) gegründet. Mitglieder sind die südasiatischen Staaten Indien, Pakistan, Bangladesch, Nepal, Sri Lanka, Bhutan und die Malediven. 2007 trat Afghanistan der Organisation bei. Mehrere Staaten (China, Japan, die USA und der Iran) sowie die EU haben Beobachterstatus.

Auch SAARC möchte die Kooperation zwischen den Mitgliedern in wirtschaftlichen und technischen Angelegenheiten stärken. Im Mittelpunkt steht dabei die Verbesserung des gegenseitigen Handels und die wirtschaftliche regionale Zusammenarbeit durch die Beseitigung von Handelshemmnissen und die Erleichterung des grenzüberschreitenden Warenverkehrs. Dies sollte zunächst durch eine Vorzugshandelsvereinbarung der Partnerstaaten (*South Asian Preferential Trade Arrangement, SAPTA*) erreicht werden. 2004 wurde folgerichtig die Schaffung einer südasiatischen Freihandelszone (*South Asian Free Trade Area, SAFTA*) vereinbart.

3.5   Nordamerika und Lateinamerika

USMCA (USA-Mexico-Canada)
Die Nordamerikanische Freihandelszone *(North American Free Trade Agreement, NAFTA)*, der die USA, Kanada und Mexiko angehörten, wurde 1994 gegründet mit dem Ziel Handel und Investitionen zwischen diesen drei Staaten zu intensivieren. Sie ist Nachfolger eines 1989 abgeschlossenen bilateralen Freihandelsabkommen zwischen den USA und Kanada. Folge dieser Entwicklung war eine erhebliche Intensivierung der wechselseitigen Handelsbeziehungen. Das Abkommen wurde von dem früheren US-Präsidenten Trump, der die USA durch das bisherige Abkommen benachteiligt sah, gekündigt und 2020 durch ein neues Abkommen *USA-Mexico-Canada (USMCA)* ersetzt.

USMCA verbessert die Wettbewerbsbedingungen vor allem für US-amerikanische Arbeitnehmer, Farmer und Agrarunternehmer sowie die Voraussetzungen für den Dienstleistungshandel. Ferner enthält es neue Regelungen für den digitalen Handel und für Korruptionsbekämpfung und den Schutz geistigen Eigentums. Zudem wurde beispielsweise festgelegt, dass Kfz-Hersteller künftig mindestens 40 % der Wertschöpfung von Arbeitern herstellen lassen müssen, die einen Mindestlohn von 16 US$ erhalten (vgl. Office of the US Trade Representative o.J., Scholl 2021).

Mercosur (Gemeinsamer Markt Südamerikas)
Der Vertrag zur Schaffung eines *Gemeinsamen Markt Südamerikas*, den *Mercosur*, wurde 1991 von Brasilien, Argentinien, Uruguay und Paraguay unterzeichnet. Chile, Bolivien, Peru und Venezuela (seit 2004) sind assoziierte Mitglieder. Allerdings besitzen die assoziierten Mitglieder keinen Einfluss auf Entscheidungen und Beschlüsse sind für sie nicht

bindend. Auch bei Mercosur steht die Intensivierung des innergemeinschaftlichen Handels durch den Abbau der vorhandenen Zölle und sonstiger Handelsrestriktionen im Mittelpunkt. Später sollen eine gemeinsame Wettbewerbspolitik formuliert und gemeinsame Außenzölle eingeführt werden.

Auch wenn wichtige Ziele bislang noch nicht erreicht wurden und der Mercosur eher durch interne Konflikte als durch funktionierende stabile interne Handelsbeziehungen bekannt geworden ist, so bleibt er schon allein durch die Tatsache, dass mit Brasilien das mit Abstand größte und wichtigste Land Südamerikas Mitglied ist, die Keimzelle für alle derzeitigen und künftigen Integrationsprozesse Lateinamerikas. Zudem einigten sich EU und Mercosur 2019 auf ein Freihandelsabkommen, das Teil eines umfassenderen Assoziationsabkommens ist, über das aber derzeit noch verhandelt wird (s. o.).

Andean Community
Die Andengemeinschaft *(Andean Community)* ist Nachfolgerin des schon 1969 gegründeten *Andenpakts* mit den Mitgliedern Bolivien, Ecuador, Kolumbien und Peru. Assoziierte Mitglieder sind Argentinien, Brasilien, Chile, Paraguay und Uruguay. Die Andengemeinschaft ist der drittgrößte Integrationsraum Amerikas nach der USMCA und dem Mercosur. Ihre handelspolitische Bedeutung ist vergleichsweise gering. Die Exporte bestehen größtenteils aus Rohstoffen und Agrarprodukten, wie Kohle, Erdöl, Mineralien, Kaffee und Bananen. Ziel war auch hier Handelsbeschränkungen zwischen den Mitgliedsländern abzubauen und einen gemeinsamen Außenzoll einzuführen. Da die Ziele zunächst nicht erreicht wurden, wurde Mitte der 1990er-Jahre ein neuer Integrationsanlauf unternommen. Zwischen einigen Mitgliedstaaten besteht inzwischen eine unvollkommene Zollunion. 1996 vereinbarten Kolumbien, Ecuador und Venezuela die Schaffung eines gemeinsamen Marktes und ein Vertrag zwischen Kolumbien, Venezuela und Mexiko ermöglichte zumindest den beiden Andenstaaten den Zugang zur früheren NAFTA. Andere Mitglieder wiederum bevorzugten bilaterale Freihandelsabkommen mit den USA. Als Reaktion auf diese bilateralen Bestrebungen trat 2011 das frühere Mitglied Venezuela aus der Gemeinschaft aus.

Weitere Integrationsinitiativen
Mit der Ausrufung einer „Südamerikanischen Gemeinschaft der Nationen" (**South American Community of Nations, UNASUR**) im Dezember 2004 wollen die beiden großen Freihandelszonen Südamerikas, der Mercosur und die Andengemeinschaft sowie Chile und Bolivien und zukünftig auch Surinam und Guyana enger zusammenarbeiten. Wichtigstes Ziel der neuen Gemeinschaft war wiederum die Förderung des Handels zwischen den Ländern Südamerikas, einer relativ homogenen kulturellen Region, deren handelspolitische Zusammenarbeit trotz vieler Gemeinsamkeiten und Integrationsansätzen nie richtig in Gang gekommen ist. Erreicht werden sollte dies wiederum durch den Abbau von Zöllen und anderen Handelsschranken sowie durch grenzüberschreitende Kooperationsprojekte vor allem im Infrastrukturbereich. Angesichts der Schwierigkeiten auch nur

innerhalb des Mercosur stärker zu kooperieren und der geringen Bereitschaft einzelner Länder sich für die neue Gemeinschaft zu engagieren blieb diese Initiative bis heute erfolglos. Allerdings gibt es nach wie vor Versuche, die Union wieder zu beleben.

Schritte zur Bildung einer panamerikanischen Freihandelszone von Alaska bis Feuerland, der **Free Trade Area of the Americas (FTAA)**, wurden 1998 vereinbart. 2001 bei einem Gipfeltreffen in Quebec erklärten die dort versammelten Staats- und Regierungschefs ihre Absicht die Verhandlungen über die Verwirklichung des freien Marktzugangs auf dem gesamten amerikanischen Kontinent abzuschließen. An dem Projekt beteiligen sich 34 Staaten in Nord- und Südamerika sowie der Karibik (außer Kuba) mit ca. 800 Millionen Einwohnern. Die FTAA war als Freihandelsabkommen geplant, das neben Zollabbau auch die Beseitigung nichttarifärer Handelshemmnisse, den Abbau von Beschränkungen des grenzüberschreitenden Dienstleistungshandels und die Liberalisierung von grenzüberschreitenden Investitionen beinhalten sollte.

Eine Realisierung in der geplanten Form ist allerdings unwahrscheinlich: Die schon innerhalb des Mercosur schwierigen Verhandlungen über einen Zollabbau zeigen, dass ähnliche Verhandlungen auf FTAA-Ebene auf noch größere Schwierigkeiten stoßen würden. Offensichtlich wollen viele Länder gar keine konkreten Liberalisierungsschritte unternehmen, zumal die Staaten sehr unterschiedliche politische und ökonomische Voraussetzungen aufweisen. So stehen wenige große Ökonomien vielen kleinen kaum wettbewerbsfähigen Ländern gegenüber. Übereinstimmung in Grundsatzfragen war daher kaum zu erwarten. Erwartungen an handelspolitische Zugeständnisse der USA, etwa im Agrarbereich, wurden nicht erfüllt. Und schließlich führten bilaterale Handelsverträge einiger Länder mit den USA ebenfalls zu stark divergierenden Interessen.

2004 einigten sich die USA zunächst mit vier kleineren Staaten Mittelamerikas – Nicaragua, El Salvador, Honduras und Guatemala – auf die Einrichtung einer Freihandelszone, der **Central American Free Trade Agreement (CAFTA)**, die einen schrittweisen Abbau von Zöllen und Handelsschranken für Waren und Dienstleistungen sowie von Investitionsbeschränkungen vorsieht. Seit dem Beitritt der Dominikanischen Republik (2007) wird das Abkommen offiziell als *CAFTA-DR* bezeichnet, 2009 trat auch Costa Rica dem Abkommen bei. CAFTA wird als Schritt zu einer möglichen späteren Realisierung des bisher gescheiterten FTAA gesehen.

3.6   Afrika

SADC (Southern African Development Community)

Das Konzept des SADC wurde zum ersten Mal 1979 bei einem Treffen der Außenminister im südlichen Afrika diskutiert. Die Organisation sollte als Gegengewicht der Frontlinienstaaten zur wirtschaftlichen Vormachtstellung des damaligen Apartheid-Staates Südafrikas gegründet werden. Zunächst wurde 1980 eine Vorläuferorganisation Southern African Development and Coordination Conference (SADCC) gegründet, die 1992 in *Southern*

African Development Community (SADC) umbenannt wurde. Mitglieder sind die 15 Staaten Angola, Botswana, DR Congo, Lesotho, Madagaskar, Malawi, Mauritius, Mosambik, Namibia, Sambia, Seychellen, Simbabwe, Südafrika, Swasiland und Tansania. Ziel ist eine Kooperation in den Bereichen Wirtschaft, Politik, Sicherheit, Kultur und Sozialwesen. Dies sollte erreicht werden durch eine Gemeinsame Freihandelszone (2008), eine Zollunion (2010), einen Gemeinsamen Markt (2015) und schließlich eine Gemeinsame Währung (2018). Nach vielen Vorgesprächen trat 2000 ein Handelsprotokoll in Kraft. 2008 wurde formal auch eine Freihandelszone gegründet, die weiteren Ziele wurden bislang noch nicht erreicht.

AU – AfCFTA (Afrikanische Union – Panafrikanische Freihandelszone)
Die *African Union (AU)* wurde 2002 als internationale Organisation und Nachfolgerin der *Organisation für Afrikanische Einheit (OAU)* gegründet. Sitz ist in Addis Abeba (Äthiopien), Mitglieder sind alle 55 afrikanischen Staaten. Die AU will die wirtschaftlichen, sozialen und gesundheitlichen Probleme in Afrika bekämpfen und vor allem die immer wieder neu entstehenden Konflikte als Haupthindernis für Entwicklung und Integration bekämpfen. Als Internationale Organisation orientiert sie sich in Struktur und Aufbau an der EU.

2019 trat das Abkommen über die Panafrikanische Freihandelszone, die *African Continental Free Trade Area (AfCFTA)*, in Kraft. Mitglieder sind alle Mitgliedstaaten der AU. Primäre Ziele sind wiederum die Liberalisierung des grenzüberschreitenden Waren- und Dienstleistungsverkehrs durch einen mittelfristig umfassenden Abbau der nationalen Zölle sowie die Schaffung von Mechanismen der Streitbeilegung. Weitere Themen sind Investitionen, Wettbewerbspolitik und die Sicherung der Rechte geistigen Eigentums. Eine Zollunion ist nicht geplant. (Siehe hierzu auch Schmieg 2020).

Damit sollen vergleichbare Marktbedingungen für die derzeit fast 1,3 Mrd Menschen in Afrika entstehen, die ein gemeinsames BIP von knapp 3 Bio US-Dollar erwirtschaften. Da viele der Ziele aber erst noch konkretisiert, ausgehandelt und dann auch umgesetzt werden müssen, dürften auch hier schnelle ökonomische Folgen kaum zu erwarten sein. Insbesondere auch deswegen nicht, weil die zu vereinbarenden Zollsenkungen nur über längere Zeiträume umgesetzt werden dürften. Ein Problem bleiben die gegensätzlichen Interessen zwischen kleinen wettbewerbsschwachen Ländern und größeren, exportstarken Ländern, wie Südafrika, Kenia, der Elfenbeinküste und dem Senegal. Des Weiteren sind Zollsenkungen nur ein Baustein der Handelsliberalisierung. Bestehende nationale Quoten, Lizenzen sowie unterschiedliche Anforderungen des Gesundheits- und Pflanzenschutzes, technische Standards und bürokratische Verfahren behindern den Handel ebenfalls.

Insgesamt beträgt der Anteil Afrikas am Welthandel weniger als 3 %. Bei den Exporten in nichtafrikanische Länder dominieren Rohstoffe mit ca. 75 %. Nur ein marginaler Teil des Handels entfällt auf grenzüberschreitenden innerafrikanischen Handel. Bei diesem dominieren mit etwa 40 % Produkte höherer Wertschöpfung, wie Fahrzeuge oder Kosmetika. Der weitere Ausbau des innerafrikanischen Handels könnte daher zu größerer

Wertschöpfung in Afrika und zur Schaffung von höherwertigen Arbeitsplätzen beitragen. Die EU kann diese Prozesse durch verstärkte Investitionen unterstützen und die Privatwirtschaft durch eine Stärkung der Wettbewerbsfähigkeit in die Lage versetzen, neu entstehende Marktchancen zu nutzen. Hierzu müssten die afrikanischen Länder die Rahmenbedingungen

weiter verbessern. Insbesondere der 2017 von den G20 initiierte *Compact with Africa* (CwA) kann hierzu beitragen.[8]

3.7   Zusammenfassung und Ausblick

Ab Mitte der 1980er-Jahre wurden zunehmend regionale Integrationsvorhaben begonnen bzw. wiederbelebt, in die alle wichtigen Akteure des Welthandels einbezogen sind. Neben plurilateralen Abkommen setzen viele Staaten und Staatengruppen auf den Abschluss von regionalen bzw. bilateralen Handelsabkommen mit ihren wichtigsten Handelspartnern. Meistens handelt es sich hierbei um regionale Freihandelsvereinbarungen *(Free Trade Arrangements,* FTA) oder um Abkommen, in denen sich die Vertragspartner gegenseitig Handelspräferenzen einzuräumen. Einige Verträge zielen darüber hinaus auf den Abbau von Beschränkungen des Dienstleistungsverkehrs oder des Kapitalverkehrs.

Diese Entwicklung trägt einerseits dazu bei den Welthandel, insbesondere auch für die Unternehmen, unübersichtlicher zu machen und die durch die WTO gesetzte globale Welthandelsordnung schleichend zu unterlaufen. 2021 waren bereits 335 regionale und bilaterale Abkommen bei der WTO registriert. Andererseits können diese neuen Freihandelszonen handelsschaffend wirken. Außenstehenden Staaten bietet sich die Möglichkeit einer einheitlicheren Exportstrategie und die Aussicht auf einen verringerten bürokratischen Aufwand und somit auf größere Märkte und neue Exportmöglichkeiten. Dies setzt aber voraus, dass die Abkommen auch umgesetzt werden und die Mitglieder der Freihandelszonen sich nicht protektionistisch verhalten.

Betrachtet man die tatsächlichen Entwicklungen der letzten Dekade, so zeigen sich allerdings regional große Unterschiede (vgl. hierzu Abb. 3.13):

- Europa ist nach wie vor mit 37 % der weltweit größte Export-Kontinent, verliert allerdings laufend Anteile an Asien, das Europa als größtes Welthandelszentrum in den nächsten Jahren überholen wird. Die EU spielt hier die wichtigste Rolle, ihr Anteil am

---

[8] Der *Compact with Africa* mit zwölf reformorientierten Staaten Afrikas: Ägypten, Äthiopien, Benin, Burkina Faso, Elfenbeinküste, Ghana, Guinea, Marokko, Ruanda, Senegal, Togo und Tunesien ist ein zentrales Element der G20-Afrika-Partnerschaft. Ziel ist es, die Rahmenbedingungen für nachhaltige Privatinvestitionen sowie Investitionen in die Infrastruktur zu stärken und dadurch zu mehr privaten Investitionen beizutragen. Der Fokus der Unterstützung liegt dabei auf kleinen und mittleren Unternehmen (KMU).

Anteil der Exporte an den weltweiten Exporten (in %)			
Jahr	**2010**	**2015**	**2019**
Europa	37 %	36 %	37 %
EU	31 %	30 %	31 %
EFTA	2 %	2 %	2 %
Intra-Europa-Handel	**26 %**	**25 %**	**26 %**
Asien	33 %	36 %	36 %
ASEAN / AFTA / AEC	7 %	7 %	7 %
SAARC / SAFTA	2 %	2 %	2 %
Intra-Asien-Handel	**16 %**	**17 %**	**20 %**
NAFTA / USMCA	13 %	14 %	13 %
Intra-Nordamerika-Handel	**6 %**	**7 %**	**7 %**
Lateinamerika	4 %	3 %	3 %
Mercosur	2 %	2 %	2 %
Andean Community	1 %	0,5 %	1 %
Intra-Lateinamerika-Handel	**1 %**	**1 %**	**1 %**
Afrika	3 %	2 %	3 %
SADC	2 %	1 %	1 %
AU / AfCFTA	3 %	2 %	2 %
Intra-Afrika-Handel	**0,5 %**	**0,5 %**	**0,5 %**
Weltexporte in Mrd US$	**15.304**	**16.558**	**19.015**

Abb. 3.13 Welthandelsanteile ausgewählter Regionen und Regionalintegrationen. (Quellen: Eigene Berechnungen auf der Grundlage von: WTO 2017, 2021, https://wits.worldbank.org/)

Welthandel liegt seit 10 Jahren kaum verändert bei etwa 30 % des Welthandels. Der Binnenhandel der EU beträgt rund 60 % (vgl. Abb. 3.4). Die Rest-EFTA spielt nur eine kleine Rolle. Bezogen auf den gesamten Welthandel liegt der innereuropäische Handel stabil bei etwa einem Viertel des gesamten Welthandels. Bezogen auf Europa werden rund 70 % der europäischen Exporte mit anderen Staaten Europas abgewickelt. Der Fortfall von Zöllen (bzw. niedrige Zölle) und anderen Handelsschranken, die Möglichkeiten von geringeren Produktionskosten jenseits der eigenen Grenzen, aber innerhalb Europas, zu profitieren, die guten Infrastrukturnetze und geringe kulturelle Schranken tragen hierzu bei. Zudem kann davon ausgegangen werden, dass sich der Trend, die intraeuropäischen Wirtschaftsbeziehungen noch weiter auszubauen, durch Globalisierungsprobleme und *near shoring* noch weiter verstärken wird.

Near Shoring

Unter *near shoring* werden die schon längere Zeit beobachteten Rückverlagerungen von Produktionsstätten meist von Asien nach Osteuropa, z. T. aber auch nach Westeuropa, verstanden. Gründe hierfür sind steigende Lohnkosten in den früheren Billiglohnländern, vergleichsweise zeitintensive und störungsanfällige Transportwege, Lieferkettenprobleme, die im Vergleich zu den Industriestaaten geringere Bedeutung des *rule of law*, also die zunehmende negative Auswirkung von Rechtsunsicherheit, und die Möglichkeit schneller auf Kundenwünsche zu reagieren.

- Der Welthandelsanteil Asiens steigt laufend und liegt derzeit bei ca. 36 % des Welthandels. Damit entfallen auf Asien und Europa zusammen über 70 % des gesamten Welthandels. Haupttreiber ist China, das als weltweit größte Exportnation hierzu 2019 allein 13 % beitrug, während der Anteil der 10 ASEAN-Staaten stabil bei etwa 7 % liegt. Südasien mit Indien als dem zweitgrößten Land der Erde und der mit Abstand größten Wirtschaftsnation Südasiens konnte die SAFTA noch nicht für eine Ausweitung der relativen Bedeutung nutzen. So beträgt das Exportvolumen nur 12 % der chinesischen Exporte. SAARC/SAFTA liegt stabil bei nur 2 % der Welthandelsanteile. Eine immer wichtigere Rolle spielt der innerasiatische grenzüberschreitende Warenaustausch. Mit über 50 % des gesamten asiatischen Handels trägt er entscheidend zu der wichtigen Rolle bei, die Asien im internationalen Handel spielt und zeigt deutlich die Möglichkeiten, die eine immer bessere Abstimmung der Produktionsstrukturen auf die Bedarfe der Nachbarländer mit sich bringt. Insbesondere durch RCEP wird sich diese Vernetzung zukünftig noch weiter verstärken.
- Nordamerikas Welthandelsanteil ist zurückgegangen und stagniert derzeit bei etwa 13 %, ein weiterer Rückgang ist zu erwarten. Neue bilaterale Handelsabkommen mit Europa oder Asien könnten den relativen Bedeutungsrückgang allerdings bremsen. Der Binnenhandel zwischen den drei USMCA-Staaten liegt stabil bei 50 %. Es wäre nicht überraschend, wenn die neuen USMCA-Handelsregeln dem Binnenhandel neue Impulse geben könnten.
- Die Bedeutung Lateinamerikas für den Welthandel ist verhältnismäßig gering. Der Welthandelsanteil ging in den vergangenen 10 Jahren auf 3 % leicht zurück. Zwei Drittel hiervon entfallen auf die nur vier Länder des Mercosur (Brasilien, Argentinien, Paraguay und Uruguay). Auch ein wahrscheinlich in nächster Zeit unterzeichnetes bilaterales Abkommen zwischen dem Mercosur und der EU wird quantitativ hieran kaum etwas ändern. Der Binnenhandel Lateinamerikas beträgt nur ein Viertel des gesamten Handels der mittel- und südamerikanischen Staaten, trotz Mercosur, Andenpakt und CAFTA. Nach wie vor sind die Wirtschaftsstrukturen an den Bedürfnissen der „nördlichen" Industrieländer ausgerichtet.
- Der Anteil des Kontinents Afrikas mit seinen 55 Staaten am Welthandel liegt nach wie vor bei nur 2,5 %, hiervon entfällt rund ein Drittel auf die 15 Länder der *Southern African Development Community (SADC)*. Der afrikanische Binnenhandel ist in den letzten Jahren kaum gestiegen und ist derzeit mit 16 % (bezogen auf das gesamte afrikanische Handelsvolumen) im Vergleich mit den anderen Kontinenten am niedrigsten. Dies ist

ein deutlicher Hinweis darauf, dass die im Aufbau befindliche AfCFTA dringend notwendig ist und dazu beitragen muss, die in vielen Ländern noch sehr ähnlichen Produktionsstrukturen zu diversifizieren und die Bedarfe der Nachbarländer stärker zu berücksichtigen.

Alle Entwicklungen und Prognosen hängen entscheidend von den weltwirtschaftlichen und weltpolitischen Entwicklungen ab. Eine De-Globalisierung ist zwar nicht zu erwarten, aber globale Entwicklungen, wie die Klimakrise, Pandemien oder irrationale und nationalistisch geprägte Entscheidungen einzelner politischer Akteure, wie z. B. der russische Angriff auf die Ukraine, die „America-first"-Ideologie oder eineanaloge „China No. 1"-Politik, können das weltwirtschaftliche Geschehen nachhaltig beeinflussen. Als Reaktionen darauf wird es immer wieder Schwerpunktverlagerungen, near shoring-Strategien, Vermeidung von Abhängigkeiten, Diversifizierung von Lieferketten etc. geben. Dies wird das Volumen und die Richtung der internationalen Handelsströme beeinflussen. Letztlich werden die Unternehmen aber mit hoher Wahrscheinlichkeit stets versuchen, die in der Globalisierung liegenden Vorteile der internationalen Arbeitsteilung zu nutzen, jedoch diese mit einem stärkeren wirtschaftlichen Sicherheitsdenken zu verknüpfen suchen. Es könnte daher sein, dass dies zu einer Intensivierung intra-kontinentaler Handelsströme vor allem in Europa, Asien und Nordamerika führt (vgl. hierzu auch Koch 2022, Kap. 14).

Literatur[9]

ADB (2022) *Asian Economic Integration Report 2022* https://www.adb.org/sites/default/files/publication/770436/asian-economic-integration-report-2022.pdf

ASEAN Secretariat (2019) *ASEAN Integration Report 2019* https://asean.org/book/asean-integration-report-2019/

APEC (2022) *Asia-Pacific Economic Cooperation Policy Support Unit. Regional Trends Analysis,* Singapore 2022 https://www.apec.org/publications/2022/05/apec-regional-trends-analysis-may-2022-tackling-trade-costs-and-facilitating-supply-chain-networks-sustainable-recovery-amid-uncertainty

EU (2021/1) *Europäische Nachbarschaftspolitik. Kurzdarstellungen über die Europäische Union* https://www.europarl.europa.eu/factsheets/de/sheet/170/europaische-nachbarschaftspolitik

EU (2021/2) *Südliche Partnerländer.* https://www.europarl.europa.eu/ftu/pdf/de/FTU_5.5.7.pdf

EU (2021/3) *Drei Nachbarländer der östlichen Partnerschaft: Ukraine, Moldau und Belarus* https://www.europarl.europa.eu/ftu/pdf/de/FTU_5.5.5.pdf

EU (2022/1) *Drei Nachbarn der Östlichen Partnerschaft im Südkaukasus.* https://www.europarl.europa.eu/ftu/pdf/de/FTU_5.5.6.pdf

EU (2021) *An welchen Handelsabkommen arbeitet die EU?* https://www.europarl.europa.eu/news/de/headlines/world/20161014STO47381/an-welchen-handelsabkommen-arbeitet-die-eu

---

[9]Letzter Zugriff auf die im Literaturverzeichnis genannten Internetquellen und die Links jeweils 07/2022.

Europäische Zentralbank (2004) *Die Mittelmeerpartnerstaaten im Barcelona-Prozess und ihre Be-ziehungen mit dem Euro-Währungsgebiet*; in: EZB Monatsbericht, April 2004, S. 73–82 (EZB 2004/2)

Feske, S. (1999) *Der ASEAN-Staatenbund*; in: Dahm, B./Ptak, R. (Hrsg.) Südostasien-Handbuch; München 1999

Hellmann, R. (2002) *Asien/Europa-Treffen (ASEM)* – Annäherung; in EU-Magazin 11/2002, S. 22f

Frenkel, M./Ngo, T. (2021) *Das RCEP-Abkommen und dessen Bedeutung für die EU*; in: Wirt-schaftsdienst 101, Jahrgang, 2021, Heft 6, S. 432–438

Hagelücken, A. et al. (2017) *Das Fleisch ist schwach*; in: SZ vom 07.12.2017

Ishikawa, K. (2021) *The ASEAN Economic Community and ASEAN economic integration*; in: Jour-nal of Contemporary East Asia Studies, Volume 10, 2021 – Issue 1: ASEAN Economic Commu-nity (AEC) and East Asia in the Changing World Economy

Koch, E. (2005) *EU-Osterweiterung – eine ökonomische Herausforderung – für wen?* in: Koch, E. (ed.): EU-Osterweiterung – Neue Chancen für interkulturelle Kooperation München/Mering, S. 57–78

Koch, E. (2022) *Globalisierung: Wirtschaft und Politik. Chancen – Risiken – Antworten*; 3. vollstän-dig überarbeitete Aufl., Wiesbaden

Matthes, J./Kolev, G. (2020) *Eine Einordnung von RCEP*. IW-Policy Paper 28/20

Office of the US Trade Representative (o.J.) https://ustr.gov/trade-agreements/free-trade-agreements/united-states-mexico-canada-agreement

Ramadan, D. (2022) *Ein neues Paradigma. Israel und die Vereinigten Arabischen Emirate haben ein umfassendes Freihandelsabkommen unterzeichnet*; in: SZ vom 02.06.2022

Schmieg, E. (2020) *Die Afrikanische Freihandelszone. Perspektiven für Afrika und die europäische Politik*. SWP-Aktuell 2020/A 12 https://www.swp-berlin.org/publikation/die-afrikanische-freihandelszone

Scholl, S. (2021) *NAFTA-Nachfolgeabkommen United States-Mexico-Canada Agreement*, https://www.gtai.de/de/trade/kanada/zoll/nafta-nachfolgeabkommen-united-states-mexico-canada-agreement%2D%2D644682

WTO (2017) (2021) *International Trade Statistics 2017, 2021*, sowie frühere Jahrgänge

Links

EU: https://ec.europa.eu/info/index_de; https://european-union.europa.eu/index_de

AfCFTA : https://au-afcfta.org/

APEC : https://www.apec.org/

ASEAN: https://asean.org.

ASEM: https://www.consilium.europa.eu/de/meetings/international-summit/2021/11/25-26/

AU: https://au.int/en/

CEFTA: https://www.laenderdaten.info/handelsabkommen/cefta-freihandelsabkommen.php;   ht-tps://cefta.int/

CETA: https://www.bmwk.de/Redaktion/DE/Dossier/ceta.html

FTAA: www.ftaa-alca.org

Mercosur: https://www.mercosur.int/en/

NAFTA: https://can-mex-usa-sec.org/secretariat/index.aspx?lang=eng

PTPP: https://www.publiceye.ch/de/themen/handelspolitik/plurilaterale-handelspolitik/tpp-cptpp

SAARC: https://www.saarc-sec.org/

SAFTA: https://www.un.org/ldcportal/content/south-asian-free-trade-area-safta

TABD: https://transatlanticbusiness.org/

TTC: https://www.state.gov/u-s-eu-trade-and-technology-council-ttc/

USMCA: https://ustr.gov/trade-agreements/free-trade-agreements/united-states-mexico-canada-agreement; https://ustr.gov/usmca

WITS (World Integrated Trade Solutions): https://wits.worldbank.org/

Teil II

Begründung und Beurteilung von Außenhandelsbeziehungen

Gründe für Außenhandelsbeziehungen

4

Außenhandel umfasst Ex- und Importbeziehungen, die auf vielfältige Weise miteinander verknüpft sein können, deren *volkswirtschaftliche* Ursachen aber auch autonom betrachtet werden können. Grob gesagt, werden Güter importiert, um die Versorgung der Bevölkerung bzw. die Produktionsvoraussetzungen zu verbessern, da die betreffenden Waren im Inland nicht oder nur teuer produziert werden können. Dies gilt sinngemäß auch für Dienstleistungen, deren Betrachtung aber zunächst ausgeklammert wird. Im *Merkantilismus* des späten Mittelalters hatten Exporte vorwiegend die Funktion materielle Überschüsse, meist in Gold, zu erwirtschaften, um Kriege und andere im Interesse der Herrschenden liegende Vorlieben und Aktivitäten finanzieren zu können. Die mit den angestrebten Außenhandelsüberschüssen einhergehende Verarmung der breiten Bevölkerung wurde in Kauf genommen. Heute werden Exporte aus volkswirtschaftlicher Sicht eher getätigt, um Währungsreserven zu erwirtschaften und Importe finanzieren zu können. Im Folgenden werden zunächst verschiedene Importerklärungen diskutiert, anschließend wird auf die unterschiedlichen Gründe für Exporte eingegangen.

4.1 Nicht-Verfügbarkeiten von Gütern

Güter sind aus verschiedenen Gründen nicht verfügbar: Einheimische Produzenten können beispielsweise aufgrund klimatischer Gegebenheiten, aus technischen Gründen oder infolge staatlicher Einflussnahme (Verbote etwa aus verbraucherschutz- oder umweltpolitischen Gründen) von inländischen Nachfragern gewünschte Produkte entweder gar nicht oder nicht in genügendem Umfang, in der gewünschten Ausführung oder Qualität bereit stellen. Oder sie sind aufgrund ökonomischer Überlegungen, etwa wegen einer zu geringen Nachfrage bzw. zu geringer Gewinnaussichten, hierzu nicht bereit. Daneben führen Präferenzen der Nachfrager für ausländische Güter definitionsgemäß zur Nicht-Verfügbarkeit dieser Güter im Inland.

Eine *absolute Nicht-Verfügbarkeit* von Gütern liegt dann vor, wenn ein Land das benötigte Gut dauerhaft nicht bereitstellen kann und keine akzeptablen Substitutionsmöglichkeiten vorhanden sind. Bei der Frage der *Substituierbarkeit* spielen sowohl *objektive* Gesichtspunkte, etwa der Grad der Homogenität vergleichbarer Produkte, wie auch die *subjektive* Bereitschaft der Nachfrager auf Alternativprodukte auszuweichen, eine wesentliche Rolle. Absolute Nicht-Verfügbarkeit würde somit objektive und subjektive Nicht-Substituierbarkeit implizieren. In weiter entwickelten Ländern kann meist nur von einer *relativen Nicht-Verfügbarkeit* von Gütern ausgegangen werden, da diese i. d. R. entweder temporär nicht verfügbar sind oder eine Substitution zwar grundsätzlich möglich ist, aber aus den oben genannten Gründen nicht geschieht. Gehen wir nun der Frage nach, warum Güter nicht verfügbar sind.

4.1.1 Eingeschränkte Verfügbarkeit von Produktionsfaktoren

Die Bereitstellung von Gütern in einem Land wird maßgeblich von den volkswirtschaftlichen Produktionsmöglichkeiten sowie von den Fähigkeiten und der Bereitschaft der Produzenten bestimmt, diese Güter auch tatsächlich zu produzieren. Die Produktion von Gütern und Dienstleistungen erfolgt unter einem möglichst optimalen Einsatz der vorhandenen **Produktionsfaktoren**. Ein Gut ist also offensichtlich dann nicht oder nicht in ausreichender Menge oder Qualität verfügbar, wenn Produktionsfaktoren nicht oder nicht in ausreichender Menge bzw. Qualität vorhanden sind oder aus bestimmten Gründen nicht zur Produktion des benötigten Gutes eingesetzt werden (können). Unter Produktionsfaktoren im volkswirtschaftlichen Sinn werden üblicherweise Natur, Arbeit und Sachkapital verstanden:

- **Natur** ist die Summe aller von dieser bereitgestellten Einsatzgüter wie *Boden* als Produktionsstandort und landwirtschaftliche Produktionsquelle sowie dessen mineralische Beschaffenheit, die Möglichkeiten, Natur als *Primärenergieträger* für fossile und regenerative Energien zu nutzen (Erdöl, Gas, Sonne, Wind, Wasser) und die *klimatischen* Bedingungen;
- **Arbeit** umfasst die verschiedenen Arten wirtschaftlich nutzbarer Arbeitskraft, wie körperliche, planend-konzeptionelle, kommunikative, organisatorische oder forschend-kreative Tätigkeiten;
- **Sachkapital** wiederum beinhaltet alle produzierten Produktionsmittel wie Maschinen, Werkzeuge, Büro- und Fertigungsgebäude oder Informationstechnik.

Technischer Fortschritt und Knowhow, Planung und Organisation, Wissen und Erfahrung sind wichtige Qualifikationsmerkmale der Produktionsfaktoren Kapital und Arbeit. Dabei wird sich technischer Fortschritt und leistungsfähigere Produktionsverfahren vor allem in dem eingesetzten Sachkapital manifestieren, während Planung, Organisation, Wissen und Erfahrung die eingesetzte Arbeit qualifizierten.

Die Nicht-Verfügbarkeit von Gütern kann auf die eingeschränkte Verfügbarkeit des **Produktionsfaktors Natur** zurückzuführen sein: So führen unterschiedliche geologisch-geographische Gegebenheiten zu einer ungleichen Verteilung von *mineralischen Rohstoffen* (Abbauprodukte), einschließlich der immer wichtiger werdenden *seltenen Erden*, während unterschiedliche geographisch-klimatische Verhältnisse ungleiche Voraussetzungen für die Produktion *agrarischer Rohstoffe* (Anbauprodukte), wie tropische Früchte oder Genussmittel, nach sich ziehen. Häufig besteht zwar die Möglichkeit, zu hohen, evtl. unökonomischen Produktionskosten trotzdem Rohstoffe zu fördern bzw. Agrarprodukte anzubauen (z. B. Ölförderung aus Ölsand oder Produktion von tropischen Früchten in Treibhäusern), aufgrund der knappen vorhandenen Ressourcen, werden solche Möglichkeiten jedoch nur in Ausnahmesituationen erwogen. Trotzdem wird an diesen Beispielen deutlich, dass die Grenzen zwischen *absoluten* und *relativen* Nicht-Verfügbarkeiten fließend sind. Absolute Nicht-Verfügbarkeit kann daher auch als *Extremfall* absoluter Kostenunterschiede zwischen zwei oder mehreren Ländern aufgefasst werden.

Während sich die natürlichen Produktionsvoraussetzungen meist nur schwer und dann i. d. R. nur mit Hilfe des verstärkten Einsatzes von Kapital und/oder Arbeit (z. B. Vergrößerung der bebaubaren Landfläche durch Eindeichung oder den zusätzlichen Einsatz von Bewässerungsmethoden) beeinflussen lassen, können Qualitäts- und Quantitätsdefizite der **Produktionsfaktoren Arbeit und Kapital** grundsätzlich überwunden werden. Sie sind damit prinzipiell relativer Natur, auch wenn sich Defizite über längere Zeiträume erstrecken können.

Quantitätsdefizite, d. h. zu geringe Mengen an einsetzbarem Sachkapital oder Arbeitskräften, können entwicklungsbedingt (z. B. fehlendes Kapital) sein oder demographische, politische (Kriege, Binnenflüchtlinge) oder konjunkturelle Ursachen (zu geringes Arbeitskräfteangebot) haben. In allen Fällen fehlen die für die Produktion benötigten Voraussetzungen und somit die Möglichkeit, die für den Inlandsmarkt benötigten Güter zur Verfügung zu stellen. **Qualitätsdefizite** können sowohl beim Faktor Arbeit durch fehlendes Know-how oder mangelnde Erfahrung im Bereich der Produktion und Qualitätskontrolle oder zu niedriges Bildungs- und Ausbildungsniveau, als auch beim Faktor Kapital, etwa in Form veralteter Anlagen, fehlender Technologien oder ungeeigneter Produktionsverfahren auftreten. Sie können lang- oder kurzfristiger Natur sein *(technological gap)* und u. a. zurückzuführen sein auf unterschiedliche historische oder kulturelle Bedingungen, unzureichende Rahmenbedingungen, wie eine ungeeignete Wirtschafts- und Rechtsordnung, ein mangelhaftes Bildungs- und Gesundheitssystem oder problematische Verhaltensweisen von Unternehmern und/oder Arbeitnehmern, wie Inflexibilität, zu langsame Lern- und Umsetzungsprozesse etc.

Zur Wahrung ihrer Absatzchancen sind die Produzenten ständig bemüht, ihre Produkte anzupassen und gegebenenfalls zu verbessern. Auf diese Weise entstehen neue Produkte, neue Modelle oder Modellvarianten, die sich von ähnlichen Produkten durch

Nicht-Verfügbarkeit von Gütern im Inland					
Eingeschränkte Verfügbarkeit von Produktionsfaktoren		Gestörter oder anderweitiger Einsatz von Produktionsfaktoren			Subjektive Nicht-Verfügbarkeiten
Immobiler Produktionsfaktor Natur	Mobile Produktionsfaktoren Arbeit und Kapital	Staat	Unternehmen	Externe Faktoren/ Höhere Gewalt	• Bestimmte subjektive Erwartungen werden durch Inlandsprodukte nur unzureichend erfüllt
• Fehlende mineralische Rohstoffe z. B. Erdöl, Kupfer, Lithium, Kobalt • Fehlende agrarische Rohstoffe z. B. trop. Früchte, Weizen, Kaffee	• Qualitätsdefizite, z. B. fehlende Ausbildung und Erfahrung; veraltete Produktionsverfahren und Techniken • Quantitätsdefizite, z. B. Mangel an geeigneten Arbeitskräften; zu geringe/veraltete Sachkapital-ausstattung	• falsche Anreize und Steuerung • Exportzwang zur Devisen-beschaffung • Bürokratische Genehmigungs-prozesse • Umleitung von Ressourcen (Kriege)	• Priorität für gewinnträchtigere Produkte • Fehlplanungen bzw. Fehlent-scheidungen • Engpässe (Konjunktur, Lieferketten) • Streiks/ Aussperrungen	• Naturkata-strophen • Missernten • Flüchtlings-probleme • Kriege und Unruhen	• Positive Länder- und Produktimages ausländischer Produkte • Einfluss von Produktdifferen-zierung und Marktsegmentierung

Abb. 4.1   Nicht-Verfügbarkeiten

Qualitätsdifferenzen oder durch Unterschiede in anderen für den Kunden wichtigen Parametern, wie Lieferbedingungen, Service, Design oder Image abheben. Werden diese
   Produktvarianten nur von ausländischen Produzenten angeboten, werden sie importiert, sofern auch die übrigen Entscheidungsparameter akzeptabel sind. In einigen Fällen weisen Länder insgesamt Produktionsvorteile auf, etwa aufgrund von langjährigen Produktions- oder Materialerfahrungen, von technischen Fertigkeiten, speziellen Konsumentenerwartungen, Spezialisierungen oder besonders günstigen klimatischen Bedingungen, so dass im Zweifel auf das ausländische Gut zurückgegriffen wird, vgl. Abb. 4.1.

4.1.2   Gestörter oder alternativer Einsatz von Produktionsfaktoren

Sind Produktionsfaktoren in ausreichender Anzahl und Qualität vorhanden, können trotzdem Umstände vorliegen, die den Einsatz oder die notwendige Kombination der Faktoren so beeinflussen, dass die Produktion der benötigten Güter verhindert wird. Ursachen hierfür können politische oder unternehmerische Entscheidungen sein, aber auch im Bereich der „höheren Gewalt" angesiedelt sein.

Staat   Beispiele für staatlich verursachte Änderungen des Einsatzes von Produktionsfaktoren sind *Produktionsbeschränkungen oder -verbote*, etwa aus verbraucher-, gesundheits- oder umweltpolitischen Gründen, zeitraubende und gegebenenfalls teure bürokratische *Entscheidungsstrukturen und Genehmigungsprozeduren* sowie politisch gewünschte *Um- oder Fehlleitung von Ressourcen*, etwa im Falle von Kriegsvorbereitungen oder staatlichen Prestigeobjekten. Schließlich reduzierten vor allem in der Vergangenheit *ungeeignete volkswirtschaftliche Koordinations- und Organisationsformen* mit zentralen

Lenkungssystemen und zentraler Abwicklung des Außenhandels durch staatliche Handelsorganisationen (*Zentralverwaltungswirtschaften*) die Fähigkeit einer Volkswirtschaft, benötigte Produkte bereitzustellen.

Beispiel Deutschland

Deutschland wäre in der Lage über einen begrenzten Zeitraum einen großen Teil des Eigenbedarfs an Erdgas durch den Einsatz von Fracking sicher zu stellen. Da diese Methode jedoch im eigenen Land aus politischen Gründen seit 2017 verboten ist, muss Erdgas, das im Ausland auch unter Nutzung der Fracking-Technologie gefördert wird, importiert werden. Eine alternative Möglichkeit zur Sicherstellung der Energieversorgung wäre der Einsatz von regenerativen Energien. Die hierfür notwendigen politischen Weichenstellungen erfolgten jedoch nicht frühzeitig genug und wurden nicht mit dem nötigen Nachdruck umgesetzt. Hinzu kommen umständliche, zeitverzögernde bürokratische und gerichtliche Prozeduren und Genehmigungsprozesse, kontraproduktive politische Entscheidungen auf regionaler Ebene und möglicherweise zu wenig strategisches Handlungs- und Durchsetzungsvermögen. ◄

Unternehmen Je nach Unternehmensstrategie werden für die Bereitstellung von Gütern und Dienstleistungen die Erhöhung des Marktanteils, höhere Gewinne oder andere strategische Überlegungen im Vordergrund stehen. Da die zur Verfügung stehenden Ressourcen begrenzt sind, bedeutet jede Entscheidung einen *Verzicht auf die Produktion* möglicher alternativer, aber aus unternehmenspolitischen Gründen nicht sinnvoller Produkte. In diesen Fällen werden also Güter trotz grundsätzlich vorhandener Produktionsmöglichkeiten aufgrund der bestehenden *Unternehmensprioritäten* im Inland nicht zur Verfügung gestellt. Auch *Fehlplanungen* reduzieren das Zur-Verfügung-Stellen von Gütern und Dienstleistungen oder führen zu einer konjunkturell oder strukturell bedingten Unterauslastung der Produktionskapazitäten.

Externe Ursachen, wie kriegsbedingte Ressourcenzerstörung, grenzüberschreitende Flüchtlingsströme, Naturkatastrophen oder Missernten haben vergleichbare Folgen.

4.1.3 Subjektive Nicht-Verfügbarkeiten

Eine andere Situation liegt dann vor, wenn sich bei hoher Produktähnlichkeit von einheimischen und ausländischen Produkten objektive Unterschiede nicht oder kaum feststellen lassen, inländische Nachfrager aber trotzdem die ausländische Produktvariante vorziehen. Damit ist das entsprechende Gut aus *subjektiver Sicht* im Inland nicht verfügbar. Ursachen sind i. d. R. mit dem ausländischen Produkt verknüpfte Imagefaktoren, durch die dieses eine künstliche *Produktdifferenzierung* erfährt, die bestimmten *Konsumentenpräferenzen* entgegen kommt, bzw. diese beeinflusst.

Die ausländischen Produzenten versuchen somit, funktional weitgehend homogenen Produkten durch Marketingstrategien, etwa durch die Hervorhebung oder Schaffung von bestimmten ästhetischen Produkteigenschaften, ein bestimmtes Image zu verschaffen, um sie auf diese Weise von inländischen Konkurrenzprodukten zu differenzieren. Die Produkte werden damit in einem anderen oder neuen Marktsegment positioniert, so dass die Substitutionswahrscheinlichkeit mit inländischen Produkten reduziert wird. Eine solche Strategie der *Marktsegmentierung durch Produktdifferenzierung* findet nicht nur auf regionalen oder nationalen Märkten Anwendung, sondern wird auch im *internationalen Marketing* eingesetzt und fördert so die subjektive Nicht-Verfügbarkeit der betreffenden Waren auf dem Inlandsmarkt. Diese Strategie wird auf vielen Teilmärkten, meist für Konsumgüter, eingesetzt: Sie gilt für Autos oder Smartphones ebenso wie für Zitrusfrüchte, Designmöbel oder Ferienpauschalreisen.

Auch hier können nur identische Angebote für die gleiche Hotelanlage als homogene Produkte angesehen werden, und dies auch nur dann, wenn das Image des Reiseveranstalters für den Konsumenten keine Rolle spielt. Homogene und objektiv substituierbare Produkte sind in entwickelten Märkten nur wirklich identische Modelle derselben Marke, da der Konsument immer weniger bereit ist, nicht nur geringe funktionale Unterschiede, sondern auch Unterschiede in Design und Image zu ignorieren.

Die Ausbildung der gewünschten *Konsumentenpräferenzen* für bestimmte Importprodukte wird durch warenästhetische Maßnahmen, also etwa Werbung, Design, Verpackung, initiiert und unterstützt, so dass sich bestimmte gewünschte *Produkt- oder Markenimages* von Importprodukten herausbilden. Besonders günstig für die Anbieter von Importprodukten ist die Entwicklung positiver Länderimages, die naturgemäß einheimische Produkte nicht besitzen. Die mit einem *Länderimage* verbundene Produkterwartung gründet sich häufig auf traditionelle Spezialisierungen in den betreffenden Ländern (s. o.), die zu tatsächlichen oder angenommenen Qualitätsvorteilen für die ausländischen Produkte führen können. Da die betreffenden Waren jedoch aufgrund ihres an die Herkunft gekoppelten Images definitionsgemäß in anderen Ländern nicht herstellbar sind, sind sie im Inland nur durch Importe verfügbar.

Es mag chic oder „in" sein, einen *Burberry*-Mantel zu tragen, einen *Jaguar* zu fahren oder in der *Toskana* Urlaub zu machen. In vielen Fällen bedarf es dabei einer künstlichen Differenzierung gar nicht, weil die Herkunftsbezeichnung in Verbindung mit dem speziellen Produkt schon das Image begründet, wie etwa bei französischem Cognac, belgischen Pralinen, schottischem Tweed, deutschem Bier, italienischen Schuhen, Bordeaux-Weinen oder Schweizer Käse. Grundsätzlich gilt dies ebenso für Waren mit bestimmten Herkunftsbezeichnungen, wie „Made in Germany" und für ortsgebundene Dienstleistungsangebote: Ein Feriendomizil an einem südländischen Meer ist in Deutschland aus geographischen Gründen nicht erhältlich – deutsche „Badeparadiese" oder Thermen können trotz eines Namens wie *Tropical Islands* diese Produkte nur sehr begrenzt substituieren.

Es bleibt also festzuhalten, dass bestimmte Güter oder Dienstleistungen im Inland nicht verfügbar sind, wobei die Nicht-Verfügbarkeit von der Produzentenseite durch *Marketingstrategien* ganz wesentlich mit beeinflusst werden kann und vom Konsumenten letztendlich durch den Grad seiner *Substitutionstoleranz* entschieden wird. Da das weltweite Angebot an Gütern und Dienstleistungen sich durch die internationale Arbeitsteilung, neue Anbieter, Produktinnovationen, den Einsatz von warenästhetischen Maßnahmen und durch Konsumentenpräferenzen laufend ändert, wird das Volumen im Inland nicht verfügbarer und damit importierter Güter tendenziell zunehmen.

4.2 Kosten- und Preisunterschiede

Produktionsbedingte Nicht-Verfügbarkeiten können als *Extremfall* von Kostendifferenzen zwischen dem In- und Ausland interpretiert werden. Allgemein gilt, dass ausländische Produkte *absolute Kostenvorteile* aufweisen, wenn die Kosten im Inland höher sind als die entsprechenden Kosten im Ausland. Das Inland könnte dann auf die Produktion dieses Gutes verzichten und seinen Bedarf durch Importe decken, vorausgesetzt, es ist in der Lage, sich die entsprechende Menge der für die Bezahlung der ausländischen Güter benötigten *Devisen* zu verschaffen. Weist umgekehrt ein Land bei der Produktion von Gütern absolute Kostenvorteile auf, kann es die Produktion dieser Güter forcieren und die im Inland nicht benötigten Mengen exportieren. Absolute Kostennachteile können somit Importe, absolute Kostenvorteile Exporte erklären. Schon *Adam Smith* (1723-1790) begründete Außenhandel mit absoluten Kostenunterschieden.

4.2.1 Absolute Kostenvorteile

Beispiel

Nehmen wir an, die Herstellungskosten für maschinengefertigte Teppiche in Land A wären niedriger als in Land B. Land B wiederum wäre in der Lage, Motorräder kostengünstiger anzubieten als Land A. Beide Länder hätten damit absolute Kostenvorteile bei der Produktion bestimmter Güter. Unter wirtschaftlichen Gesichtspunkten ist es offensichtlich für beide Teile günstiger, wenn sie das in ihrem Land teurere Produkt im Tausch gegen das billigere Produkt erwerben. In einer sich nicht dynamisch weiterentwickelnden, also *statischen* Weltwirtschaft würde sich theoretisch eine optimale Situation dann ergeben, wenn sich jedes Land auf die Produktion der Güter spezialisieren würde, die im eigenen Land kostengünstiger hergestellt werden können. ◄

Die Vorteilhaftigkeit eines solchen Handelns hängt allerdings von verschiedenen Faktoren ab: Offensichtlich ist die Art der hergestellten Produkte von Bedeutung. Spezialisierung kann zu einer Festlegung auf Produktionsstrukturen führen, die nur wenig Entwicklungspotenzial beinhalten und die aufgrund sich sehr unterschiedlich entwickelnder *Terms of Trade* (vgl. Abschn. 1.6) in eine entwicklungspolitische Sackgasse führen. So muss beispielsweise gewährleistet sein, dass die Deviseneinnahmen und -ausgaben nicht allzu sehr auseinander klaffen, um eine wachsende Auslandsverschuldung zu vermeiden. Zudem darf die Spezialisierung nicht zu einem Verlust an Flexibilität, spezifischem Know-how oder zu nur schwer reversiblen Produktionsstrukturen und Abhängigkeiten von den Weltmarktbedingungen führen. Die für diese Entscheidung maßgebenden Weltmarkt-preise sind wiederum von verschiedenen Faktoren abhängig, u. a. von den bestehenden (Markt-)Machtverhältnissen auf dem Weltmarkt, den Währungsrelationen, also den Wechselkursen, von bestehenden Handelsbeschränkungen, wie u. a. von Zöllen, und nicht zuletzt von den Transportkosten. Es wäre daher ökonomisch kaum sinnvoll, wenn sich Land A in unserem Beispiel tatsächlich auf die Fertigung von Teppichen konzentrieren würde und die Kapazitäten zur Herstellung von Motorrädern stilllegen würde, da somit weitere wirtschaftliche Entwicklungsmöglichkeiten erschwert würden.

4.2.2 Komparative Kostenvorteile

Würden wir uns auf diesen Erklärungsansatz beschränken, würde daraus folgen, dass Län-der, die keine absoluten Vorteile gegenüber dem Ausland besitzen, wohl keine Abnehmer für ihre Waren im Ausland finden werden. Ebenso bietet dieser Ansatz keine Erklärung für Importe aus Ländern, die keine absoluten Kostennachteile im Vergleich mit dem Ausland aufweisen. Jedoch gelang es *David Ricardo* (1772–1823) mit seiner **Theorie komparati-ver Kostenvorteile** nachzuweisen, dass ein Land selbst dann ökonomische Vorteile aus Importen ziehen kann, wenn es bei allen Produkten absolute Kostenvorteile gegenüber dem Ausland hat. Umgekehrt bedeutet dies, dass Länder, die nur absolute Kostennachteile aufweisen, ebenfalls Außenhandel betreiben können. Da die Produktionsmöglichkeiten jedes Landes aufgrund seiner beschränkten Ressourcen begrenzt sind, müsse es sich, nach Ricardo, auf die Produktion der Güter *spezialisieren*, bei denen die komparativen Vorteile im Vergleich zu anderen Ländern am höchsten sind und dieses Produkt verstärkt ex-portieren. Umgekehrt müsse es die Produktion der Güter, die im Vergleich mit dem Aus-land komparative Nachteile haben, einschränken und diese verstärkt importieren. Außen-handel lässt sich somit als strategische Nutzung komparativer Vorteile interpretieren.

Beispiel

Ricardo verdeutlicht diese Situation mit einem anschaulichen Beispiel: „Zwei Men-schen können sowohl Schuhe als auch Hüte herstellen, und doch ist der eine dem ande-ren in beiden Beschäftigungen überlegen. Aber in der Herstellung von Hüten kann er seinen Konkurrenten nur um 20 % übertreffen und in der von Schuhen um 33 %. Würde es dann nicht im Interesse beider liegen, dass der Überlegene sich ausschließlich auf die Schuhmacherei und der darin weniger Geschickte auf die Hutmacherei verlegen sollte?" (D. Ricardo, zit. nach Birnstiel 1982, S. 34). ◄

Mit den Erlösen aus dem Export der komparativ vorteilhaften Güter können aus dem Ausland mehr Einheiten von den kostenbenachteiligten Produkten erworben werden als dies durch inländische Produktion möglich gewesen wäre. Damit verbessert sich die Versorgung im Inland, der Wohlstand nimmt zu. Gleichzeitig erhalten beide Länder durch die verstärkte Spezialisierung die Möglichkeit, (mehr) zu exportieren und so ihre Versorgungssituation insgesamt zu verbessern. Jedes Land kann sich auf die wirtschaftlichen Aktivitäten konzentrieren, bei denen weniger Ressourcen eingesetzt werden müssen, um das gleiche Niveau an Güterversorgung der Bevölkerung zu erreichen. Für alle beteiligten Länder entstehen durch *Spezialisierung* und verstärkte Nutzung der *internationalen Arbeitsteilung* ökonomische Vorteile.

Praktisch bedeutet dies, dass sich Länder auf die Produkte spezialisieren, bei denen ihre Vorteile am größten bzw. ihre Nachteile am geringsten sind. Mit den für die Exporte erworbenen Devisen können dann die Produkte importiert werden, die im Inland zu vergleichsweise noch ungünstigeren Bedingungen produziert werden könnten.

Komparative Kostenvorteile: Zahlenbeispiel

Die Kosten für eine Einheit Wein betragen in Land A 2 Geldeinheiten (GE) und für eine Einheit Käse eine GE. In Land B kostet eine Einheit Wein 6 GE, Käse dagegen 1,5 GE. Das feste Wechselkursverhältnis zwischen beiden Ländern betrage 1 : 1. In Land A können offensichtlich beide Produkte günstiger hergestellt werden, gleichzeitig bestehen jedoch Unterschiede in den Kostenverhältnissen. Während die Kostenrelation Wein zu Käse in Land A 2 : 1 und für Käse zu Wein 1 : 2 beträgt, betragen die entsprechenden Relationen in Land B 4 : 1 bzw. 1 : 4. Damit hat Land A einen komparativen Kostenvorteil bei Wein: Wein ist in Land A nur doppelt so teuer in der Produktion wie Käse, in Land B hingegen viermal so teuer. B hat dagegen einen komparativen Kostenvorteil bei der Produktion von Käse: Eine Einheit Käse „kostet" nur ¼ Einheit Wein, während in Land A bei der Produktion einer Einheit Käse auf ½ Einheit Wein verzichtet werden muss. Der komparative Kostenvorteil kann nun das insgesamt billigere Land A dazu veranlassen, sich auf die Weinproduktion zu konzentrieren, um mit dem Erlös aus den Weinexporten Käse zu importieren, bei dem es einen komparativen Nachteil hat. Mit den Deviseneinnahmen aus dem Weinhandel erhält A nun absolut mehr (!) Käse, als es beim Tausch im eigenen Land erhalten würde: Für eine Einheit Wein erhält man in Land A 2 Einheiten Käse, exportiert man dagegen den Wein nach B, erhält man im Tausch 4 Einheiten Käse. Spezialisiert sich A nun auf die Weinproduktion – exportiert die Weinüberschüsse und importiert Käse – wird sich die Versorgung im eigenen Land mit beiden Gütern verbessern. Damit erhält das insgesamt teurere Land B die Chance, sich seinerseits auf die Käseproduktion zu spezialisieren, bei der es ja einen komparativen Kostenvorteil besitzt, und Wein zu importieren. Mit seinen Einnahmen aus den Käseexporten kann es mehr Wein importieren, als wenn es diesen im eigenen Land herstellen würde (vgl. Abb. 4.2). ◄

Produktion	Land A		Land B	
	Kosten	Kostenrelation	Kosten	Kostenrelation
1 Einheit Wein	2 Geld-einheiten (GE)	2 : 1 1 Einheit Wein „kostet" 2 Einheiten Käse	6 GE	4 : 1 1 Einheit Wein „kostet" 4 Einheiten Käse
1 Einheit Käse	1 GE	1 : 2 1 Einheit Käse „kostet" 1/2 Einheit Wein	1,5 GE	1 : 4 1 Einheit Käse „kostet" 1/4 Einheit Wein

Abb. 4.2 Komparative Kostenvorteile

Ob für beide Länder eine *Spezialisierung* auf die Güter mit komparativen Vorteilen tatsächlich ökonomisch so interessant ist, dass die mit der Spezialisierung und den damit verbundenen Strukturänderungen einhergehenden Nachteile überkompensiert werden können, hängt in der Praxis von einer Reihe von **Voraussetzungen** ab:

- Zunächst setzt eine Erfolg versprechende Spezialisierungsstrategie **freien Warenaustausch**, zumindest aber langfristig stabile Regelungen im internationalen Warenverkehr voraus, da sonst einseitige Spezialisierungen zu riskant wären. Protektionismus auf Seiten der Abnehmerländer würde beispielsweise kalkulierte Spezialisierungsvorteile verhindern.
- Der **Weltmarktpreis** eines Gutes wird sich zwischen den nationalen Preisen einpendeln. Hierbei sind nicht nur die Produktions- und sämtliche *Transaktionskosten*, wie Transport- und Versicherungskosten, zu berücksichtigen, sondern zusätzlich die *Wechselkurse* sowie die *Angebots- und Nachfrageverhältnisse* auf dem Weltmarkt. Letztere sind maßgeblich von den Weltmarktstrukturen und den daraus resultierenden Marktmachtverhältnissen abhängig.
- In der Praxis ist auch keine vollständige Spezialisierung möglich und erstrebenswert. Durch die Reduzierung der Produktion des mit den geringsten komparativen Vorteilen bzw. mit den höchsten komparativen Nachteilen versehenen Gutes werden sich aber dessen Produktionskosten aufgrund der geringeren produzierten Stückzahlen tendenziell erhöhen, so dass sich der bestehende Vorteil weiter verringert bzw. der Nachteil vergrößert. Dadurch erhöht sich die Marktmacht des ausländischen Anbieters dieses Gutes, der nun die Möglichkeit hat, höhere Preise auf seinen Exportmärkten durchzusetzen. Dieser eingebaute **„Marktmachteffekt"** wird den durch die Spezialisierung erreichten Kostensenkungseffekt reduzieren.
- Spezialisierungen sind nur dann sinnvoll, wenn die Produktionswerte und Marktverhältnisse beider Güter bzw. Gütergruppen ähnlich sind, so dass keine längerfristigen erheblichen **Leistungsbilanzdefizite** entstehen. Dies ist dann der Fall, wenn die mit den eigenen Exportgütern erzielten Deviseneinnahmen wesentlich geringer ausfallen,

als die für die Importe aufzuwendenden Devisenausgaben. (Dies wäre etwa bei dem Teppich – Motorradbeispiel der Fall.) Das Defizitland könnte dann allenfalls versuchen, durch gezielte Produktdifferenzierung und Strategien, den *Zusatznutzen* des Produkts über Qualität, Service, Haltbarkeit oder eine bessere Anpassung an die Verbrauchsgewohnheiten zu erhöhen, um so höhere Weltmarktpreise durchzusetzen.

• Da sich die Weltmarktbedingungen schnell ändern können, sind Länder im Vorteil, deren Produkte eine **flexible Anpassung** ihrer Ex- und Importpalette an die sich verändernden Weltmarktbedingungen erlauben. Dies gilt eher für Produzenten industrieller Fertigwaren mit einer breiten Produktpalette. Umgekehrt sind diejenigen Länder benachteiligt, die sich auf Produkte spezialisieren, die eine Umstellung oder Anpassung weniger schnell erlauben. Dies gilt vor allem für die Güter des primären Sektors, also mineralische und landwirtschaftliche Produkte.

• Ferner müssen die **dynamischen Effekte** von Spezialisierungen berücksichtigt werden, da die Gefahr besteht, dass bestehende Entwicklungsdifferenzen bei den sich auf unterschiedliche Güter und Wirtschaftssektoren spezialisierenden Ländern festgeschrieben werden. Im Allgemeinen werden hier ebenfalls eher *die* Länder von Spezialisierungen profitieren, also weitere Entwicklungsimpulse erhalten, die sich auf die Produktion von technologie- und wissensintensiven Produkten konzentrieren. Dies kann zu einer „*Zementierung asymmetrischer Produktionsstrukturen*" führen: Während die eine Ländergruppe sich auf zukunftsträchtige Produkte spezialisiert, werden sich andere Länder auf die Produktion und den Export weniger entwicklungsrelevanter Produkte spezialisieren, die wegen ihrer Homogenität und Austauschbarkeit intensiver Konkurrenz auf dem Weltmarkt ausgesetzt sind.

Viele Länder, häufig Entwicklungsländer, erzielen ihre Deviseneinnahmen nach wie vor vorwiegend aus dem Export agrarischer oder mineralischer zumeist unverarbeiteter Rohstoffe. Um die Exporterlöse zu steigern wird die Spezialisierung zugunsten von Exportprodukten, wie z. B. Baumwolle, Kaffee, Kakao oder tropische Früchte vorangetrieben und der Anbau von für die Bevölkerung lebensnotwendigen Subsistenzprodukten reduziert. Die für die Selbstversorgung mit Nahrungsmitteln, wie beispielsweise Getreide, benötigte Anbaufläche sinkt, bei meist wachsender Bevölkerung. Die Folge ist, dass der Import von Weizen oder Mais für die Herstellung von Grundnahrungsmitteln zunimmt. Damit sinkt die Selbstversorgungskapazität dieser Länder, so dass sie mehr und mehr Grundnahrungsmittel einführen müssen und vom Weltmarkt mit seinen kaum prognostizierbaren, aber häufig stark schwankenden Preisen abhängig werden. So führte die Blockade ukrainischer Weizenexporte während des russischen Angriffskriegs 2022 zu massiven Versorgungsproblemen vor allem in ost- und nordafrikanischen Ländern. Auch Länder, die sich auf den Export fossiler Energieträger, wie Erdgas oder Erdöl, spezialisiert haben, werden bei nachlassender Weltmarktnachfrage, infolge von klima- oder politisch bedingter Neuorientierung der Energiepolitik der Abnehmerländer, ihre Exportstrategie neu ausrichten müssen (s. a. Kap. 10).

• Eng damit verknüpft ist das Problem, dass eine weltweite Verbesserung der Versorgung durch Außenhandel keineswegs **gleich verteilte Wohlstandszuwächse** impliziert. Infolge unterschiedlicher *Terms of Trade* und unterschiedlicher Angebots- und Nachfrageverhältnisse profitieren keineswegs alle Länder und vor allem nicht alle gesellschaftlichen Gruppen in diesen Ländern im gleichen Umfang von Außenhandelsbeziehungen. Spezialisierungsprozesse werden immer diejenigen gesellschaftlichen Gruppen benachteiligen, die zuvor von der Produktion des Gutes, das nun nicht mehr hergestellt wird, profitiert haben. Verteilungsprobleme zwischen den Ländern wie auch innerhalb der Länder werden in vielen Fällen jedoch Handelsbeschränkungen auslösen, die den im Ricardo-Modell vorausgesetzten Freihandel verhindern.

Konzentriert sich ein Land auf die Produktion und den Export von Industriegütern, wird dies – wie in England im 19. Jahrhundert – zunächst zu sozialen und ökonomischen Problemen für die Landbevölkerung führen, während der Export dieser Industrieprodukte dazu führt, dass die Fertigwarenproduktion der importierenden Länder unter Wettbewerbsdruck gerät. Indien wies zu Beginn des 19. Jahrhunderts noch einen Exportüberschuss an Textilien auf, wenige Jahrzehnte später waren die Grundlagen der indischen Industrie durch die englischen Textilexporte jedoch zerstört.

Aufgrund der generellen Begrenztheit der Ressourcen und der dynamischen Entwicklung der Weltwirtschaft wird kaum ein Land in der Lage sein, in allen Bereichen preisgünstiger bzw. qualitativ besser als alle anderen Länder zu produzieren. Die Exportländer werden daher ständig versuchen ihre Ressourcen in jenen Bereichen einzusetzen, in denen ihre Wettbewerbsvorteile am größten sind. Da die Güter, die nicht produziert werden, importiert werden, wird es nur durch Außenhandel möglich sein, die negativen Folgen knapper und unterschiedlich verteilter Ressourcen sowie der unterschiedlichen Nutzung dieser Ressourcen zu begrenzen.

4.2.3 Ursachen für Kostenunterschiede

Absolute und komparative Kostenunterschiede und daraus resultierende Preisunterschiede sind von einer Vielzahl von Faktoren abhängig.

4.2.3.1 Überblick

Die **Inlandsfaktoren** bestehen im Wesentlichen aus den *Produktionskosten*, den *Marktverhältnissen* und der damit zusammenhängenden Preispolitik der Anbieter sowie möglichen Einflüssen des *Staates* auf Produktion und Preise.

- Die *Produktionskosten* setzen sich zusammen aus den Kosten für die einzelnen Produktionsfaktoren, also Arbeitskosten, Kapitalkosten und möglichen Kosten für Grund und Boden. Diese *Faktorkosten* werden beeinflusst von der Leistungsfähigkeit der Faktoren, den *Faktorproduktivitäten*, die ihrerseits von den verfügbaren absoluten Mengen und sowie den Qualitäten der Faktoren, also der *Faktorausstattung*, abhängen. Die verwendeten *Produktionsverfahren* und das Marktvolumen – mit wachsender Marktgröße werden Massenproduktionseffekte wirksam – haben ebenso Einfluss auf

Produktivität und Faktorkosten wie die Relationen der eingesetzten Faktoren zueinander, die sog. *Faktorproportionen.*

- *Marktstruktur* und Wettbewerbsverhältnisse, also Anzahl und Verhaltensweisen von
  Mit-Anbietern und Nachfragern, beeinflussen die Marktpreise: ein Nachfrageüberhang
  führt tendenziell zu steigenden Preisen, ein Angebotsüberhang zu Preissenkungen. Das
  Marktverhalten der Anbieter und Nachfrager auf den *Beschaffungsmärkten* hat Einfluss
  auf den Preis für Vorprodukte, während das Verhalten der Mitwettbewerber und der
  Nachfrager auf dem eigenen *Absatzmarkt* sowie das *Marktvolumen* das Preisniveau
  und die Preisreaktionen für die jeweiligen Güter mitbestimmen. Auch die Faktor-
  märkte, hier vor allem die Arbeitsmärkte, beeinflussen Kosten und Preise ganz entscheidend.
- Der *Staat* und damit die Politik haben ebenfalls einen Einfluss auf Kosten und Preise.
  Abgesehen davon, dass der Staat selbst Preise für von ihm angebotene Leistungen
  durch Gebühren festsetzt *(administrierte Preise)*, die Eingang in die unternehmerische
  Preiskalkulation finden können, wirken auch viele wirtschaftspolitische Maßnahmen
  direkt auf die Kosten- und Preisstrukturen. Dies gilt für die Bereitstellung von Infrastruktur, die Steuerbelastung und insbesondere das Protektionsniveau, also Handelsbeschränkungen, etwa durch Zölle, oder auch Handelserleichterungen. So verändert das
  Niveau der *Infrastrukturinvestitionen* (Bildung und Wissenschaft, Verkehr und Kommunikation, Umweltschutz etc.) die Voraussetzungen für die inländische Produktion
  und damit für die internationale Wettbewerbsfähigkeit einheimischer Produzenten. Indirekte Steuern, wie Umsatz- und Verbrauchssteuern finden unmittelbar in den Güterpreisen Berücksichtigung. Importzölle auf Roh- und Halbfertigprodukte verteuern die
  inländischen Fertigprodukte, während eine Belastung importierter Fertigwaren möglicherweise die Wettbewerbsfähigkeit und damit die Exportfähigkeit inländischer
  Fertigwarenproduzenten negativ beeinflussen. Dies wird zu einer Verteuerung oder
  auch Reduzierung der Importe führen. Subventionen und direkte oder indirekte *Exportförderungsmaßnahmen* begünstigen dagegen inländische Produzenten und führen zu
  Wettbewerbsvorteilen. Eine effektive *Geldpolitik*, ob national oder regional ver-
  antwortet, wird die inländische Inflationsrate niedrig halten.
- Unter den **Weltmarktfaktoren** können die Wettbewerbs- und Machtverhältnisse auf
  dem Weltmarkt und die damit verbundenen Einflüsse auf die Weltmarktpreise, die
  Transportkosten und die Entwicklung der Wechselkurse zusammengefasst werden.
  Hinzu kommen die spezifischen Außenwirtschaftspolitiken der potenziellen Importländer: Zölle und sonstige Handelshemmnisse sowie die Angebots- und Nachfrageverhältnisse auf deren Märkten. Abb. 4.3 fasst diese Faktoren noch einmal in einer Übersicht zusammen.

4.2.3.2 Produktionskosten und Produktivitäten

Zunächst hängen die Produktionskosten von Gütern im Wesentlichen von den Preisen für
den Einsatz der Produktionsfaktoren, den Faktorkosten, ab. Diese weisen international
große Unterschiede auf. So spielen in der öffentlichen Diskussion vor allem unterschied-

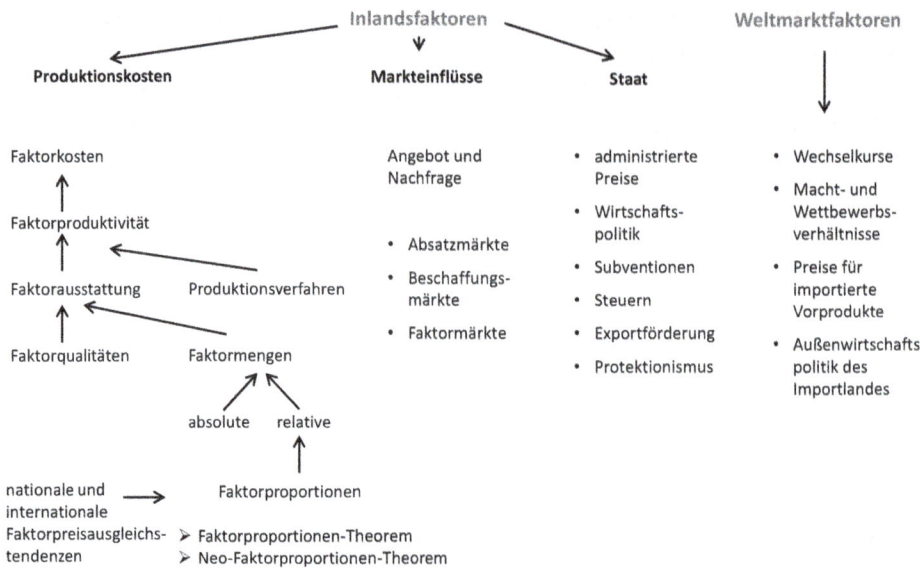

Abb. 4.3 Ursachen für Preisunterschiede

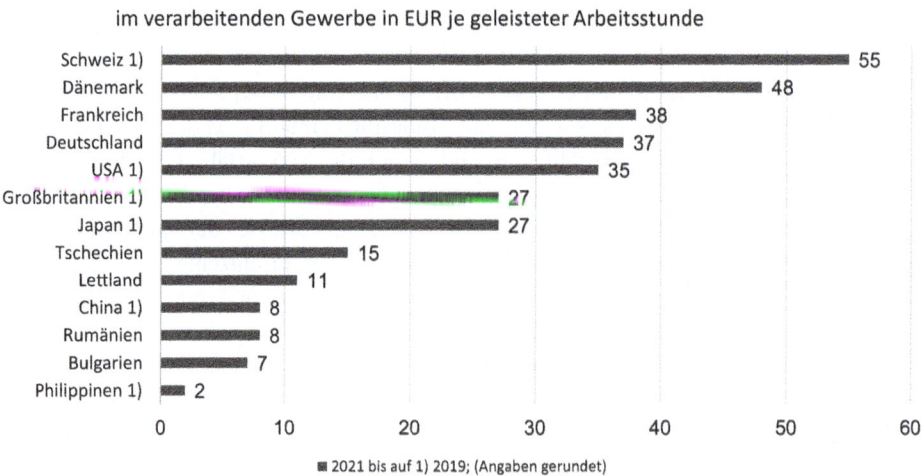

Abb. 4.4 Arbeitskosten je Arbeitsstunde im internationalen Vergleich. (Quellen: Deutsche Bundesbank, Eurostat, ILO, US Department of Labour, IdW)

liche **Arbeitskosten** als Ursache für Produktionskostenunterschiede eine Rolle. Nachdem Deutschland lange die internationale Vergleichstabelle angeführt hat, liegt es inzwischen (nur) im oberen Mittelfeld. Das Lohnkostenniveau in Ost- und Südostasien, aber auch in Osteuropa liegt erheblich unter dem deutschen Niveau (vgl. Abb. 4.4).

Tatsächlich ist der Anteil der **direkten Lohnkosten** an den Produktionskosten aber verhältnismäßig gering. In den 2010er-Jahren schwankte er in Deutschland um 15 % und liegt in vielen Sektoren erheblich darunter, vor allem aufgrund des zunehmenden Einsatzes des Faktors Kapital in Form von Maschinen, Industrierobotern und Digitalisierung. Die Produktionskosten, also die Kosten der eingesetzten Produktionsfaktoren, müssen zudem in Abhängigkeit von den mit ihrem Einsatz erzeugten Leistungen, ihren **Produktivitäten,** betrachtet werden.

Produktivität
Unter Produktivität versteht man die *technische Leistungsfähigkeit* einer Verursachungsgröße, wobei diese in technischen Einheiten und das Produktionsergebnis entweder ebenfalls in technischen Einheiten oder in Wertgrößen angegeben wird. So wird die *Arbeitsproduktivität* mit Hilfe des pro Arbeitsstunde erzeugten Produktionsergebnisses gemessen. Die *gesamtwirtschaftliche Arbeitsproduktivität* wird dagegen durch das Verhältnis der nationalen Wertschöpfung einer Periode, dem Bruttoinlandsprodukt (BIP), zur Menge der eingesetzten Arbeitseinheiten bzw. zur Anzahl aller Erwerbstätigen gemessen. Ferner können sektorale oder einzelwirtschaftliche Produktivitäten berechnet werden, wobei die Ergebnisse erst durch den Vergleich mit anderen Einheiten oder Zeitperioden interessant werden, also durch intrasektorale, periodische oder internationale Produktivitätsvergleiche.

Niedrige Faktorproduktivitäten führen i. d. R. zu niedrigen Faktorkosten, d. h. die Arbeitnehmer erhalten nur einen geringen Lohn. Bei höheren Faktorproduktivitäten können dagegen höhere Löhne durchgesetzt werden, die Faktorkosten steigen. Das Niveau der Faktorkosten wird also durch die jeweiligen Faktorproduktivitäten relativiert. Da höhere Faktorproduktivitäten in einzelnen Sektoren nicht unmittelbar höhere Faktorkosten zur Folge haben, sondern sich eher an der durchschnittlichen Produktivität orientieren, haben die Sektoren, die in der Lage sind, ihre Produktivität überproportional zu steigern, Kostenvorteile und sind in der Lage, ihre Wettbewerbsfähigkeit – auch auf dem Weltmarkt – zu erhöhen.

Die Produktionskosten lassen sich aus der reziproken Produktivitätsformel berechnen. Das Beispiel in Abb. 4.5 zeigt, wie durch eine Outputerhöhung bei gleichzeitiger Beschäftigungsreduzierung die Arbeitsproduktivität gesteigert wird. Wird nun der Input bewertet, hier mit dem Stundenlohn, ergibt sich unter Nichtberücksichtigung anderer Produktionsfaktoren eine Produktionskostensenkung. Da die Produktivitätserhöhung offensichtlich nicht zu einer Lohnerhöhung in gleichem Umfang geführt hat, steigt die Wettbewerbsfähigkeit dieses Unternehmens (bzw. dieser Branche oder des Sektors).

Bewertet man die Arbeitsstunde mit den durchschnittlichen Arbeitskosten und dividiert die so definierten *Arbeitskosten je Stunde* (Arbeitskosten) durch die *gesamtwirtschaftliche Produktion je Stunde* (Stundenproduktivität) erhält man die **Lohnstückkosten.** Diese geben die Arbeitskosten je geleistete Arbeitnehmerstunde in Relation zur Bruttowertschöpfung je geleisteter Arbeitsstunde an. Gesamtwirtschaftlich werden die Lohnstückkosten vereinfacht durch den Quotienten aus dem Bruttoeinkommen aus unselbstständiger Arbeit und dem realen, also inflationsbereinigten, BIP berechnet. Im internationalen Vergleich liegt Deutschland bei den Lohnstückkosten in der Spitzengruppe. Die internationale Vergleichbarkeit der Lohnstückkosten wird aber durch mehrere Einflussfaktoren erschwert. Neben der *Wechsel-*

	2021	2022
Arbeitsproduktivität: **Output ÷ Input**	50.000 Maschinen ÷ 10.000 Beschäftigte	58.500 Maschinen ÷ 9000 Beschäftigte
Produktivität pro Beschäftigten	= 5 Maschinen pro Beschäftigten	= 6,5 Maschinen pro Beschäftigten
Produktivitäts-steigerung		+ 30 %
Arbeitskosten	10.000 Beschäftigte x 1600 Stunden x 25 Euro ÷ 50.000 Maschinen	9000 Beschäftigte x 1600 Stunden x 26,25 Euro ÷ 58.500 Maschinen
Input ÷ Output	= 400.000.000 Euro ÷ 50.000 Maschinen	= 378.000.000 Euro ÷ 58.500 Maschinen
Arbeitskosten pro Stück	= 8000 Euro pro Maschine	= 6.461,50 Euro pro Maschine
Arbeitskosten-senkung		- 19 %

Abb. 4.5 Arbeitskosten und Arbeitsproduktivität

kursentwicklung beeinflussen nationale Besonderheiten und Unterschiede in den Standards der nationalen Statistiksysteme die Vergleichbarkeit, vgl. Abb. 4.6.

4.2.3.3 Unterschiedliche Faktorausstattung

Die Produktivitäten der Produktionsfaktoren Natur, Arbeit und Kapital (*Faktorproduktivitäten*) hängen von den zur Verfügung stehenden **Faktorqualitäten** und **Faktormengen** ab. Sind Produktionsfaktoren nicht in ausreichender Qualität und Quantität vorhanden, lassen sich bestimmte Produkte evtl. gar nicht oder nur mit höherem Kostenaufwand herstellen.

Produktionsfaktoren sind nicht homogen. Sie weisen unterschiedliche **Qualitäten** auf, die die Produktivität beeinflussen. Die Produktivität der *Arbeit* ist abhängig vom Ausbildungs- und Bildungsniveau, von einschlägigen Erfahrungen, dem kumulierten Wissen, der Organisation der Arbeit und der technischen Kapitalausstattung des Arbeitsplatzes. Damit hängt die Arbeitsproduktivität in besonderem Maße von der Leistungsfähigkeit des vorhandenen und eingesetzten *Sachkapitals* ab. Leistungsfähige Geräte, Werkzeuge und Maschinen, eng verknüpft mit dem Stand der Digitalisierung, erhöhen die Arbeitsproduktivität. *Boden* als Standortfaktor kann entscheidend sein für die Anbindung an Ver-

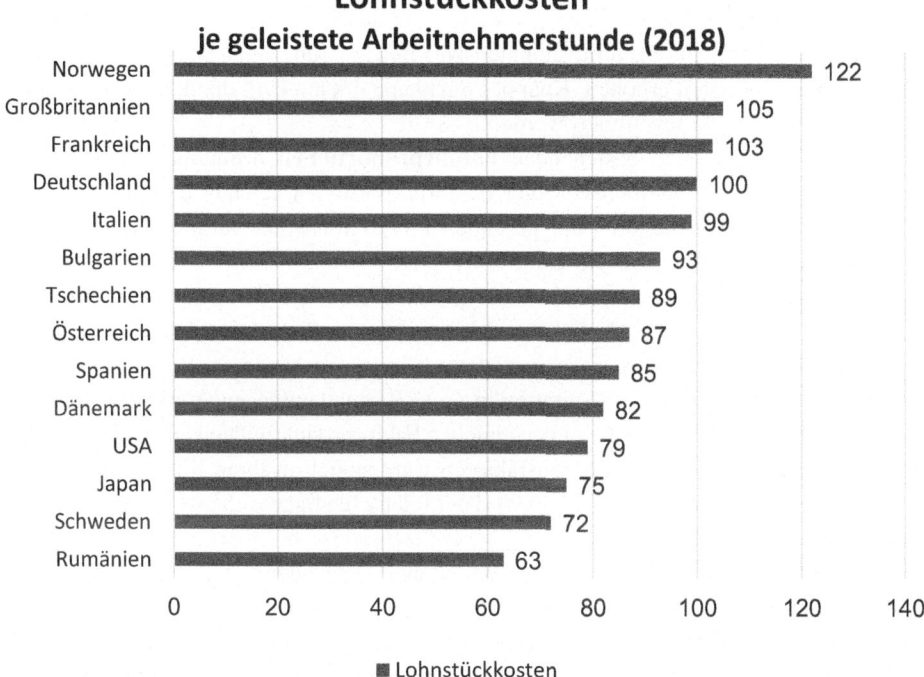

Abb. 4.6 **Lohnstückkosten im internationalen Vergleich** (Arbeitskosten je geleistete Arbeitnehmerstunde in Relation zur Bruttowertschöpfung je geleistete Stunde; Wechselkurse und Preise
2018. Eigene Darstellung auf der Basis von Schröder (2020), Abb. 1)

kehrsnetze und den problemlosen Zugang zu Infrastruktur, zu schnellen Internetver-
bindungen, zur Gewinnung neuer Arbeitskräfte und auch zu mit dem Standort verknüpften
staatlichen Leistungen. Im Agrarbereich ist die Qualität des *Bodens*, als Teilbereich der
Natur, u. a. abhängig von den enthaltenen Mineralstoffen, dem Mikroklima oder dem Einsatz von Düngemitteln.

Auch die absolut vorhandenen bzw. einsetzbaren **Faktormengen** haben einen Einfluss
auf die Faktorproduktivitäten: Eine zu geringe Verfügbarkeit von *Sachkapital*, etwa Maschinen oder auch Dünger, limitiert die Produktivität der Natur. Ein zu geringer Einsatz
von Arbeit sparenden Industrierobotern, von leistungsfähiger Software oder von Werk-
zeugen und Instrumenten verringert die Arbeitsproduktivität. Ausreichende Verfügbarkeit
von Sachkapital dagegen ermöglicht größere Produktionszahlen und kann zu Einsparungen
infolge von Massenproduktionseffekten (*Skaleneffekte*) führen. Eine zu geringe Anzahl
verfügbarer und geeigneter *Arbeitskräfte* oder Fachkräfte (!) bzw. eine zu geringe Gesamt-
arbeitszeit wird den Umfang der tatsächlich geleisteten Arbeitszeit verringern und die
Auslastung des Faktors Kapitals und dessen Produktivität negativ beeinflussen.

Fehlende Mengen eines Produktionsfaktors können u. U. durch zusätzliche Mengen
des anderen Produktionsfaktors kompensiert werden. Ist die Anzahl der Arbeitskräfte bzw.

die verfügbare Arbeitszeit zu gering, so kann Arbeit teilweise durch Maschinen substituiert werden, um den gewünschten Güteroutput zu erzielen. Ist die vorhandene bebaubare
Bodenfläche zu gering, können (kostenintensive) Bewässerungsanlagen und Düngemittel
deren Leistungsfähigkeit erhöhen. Knappes Sachkapital kann evtl. durch den Einsatz zusätzlicher Arbeitskräfte substituiert werden.

Auch die in dem Land bestehenden **Faktorproportionen** beeinflussen die Faktorkosten und damit die Güterpreise. Unter Faktorproportionen versteht man die relativen
Anteile der Produktionsfaktoren am gesamten Produktionspotenzial eines Landes. Auf
dieser Überlegung aufbauend entwickelten *Eli Heckscher* und *Bertil Ohlin* 1933 das
Faktorproportionen-Theorem *(Heckscher-Ohlin-Theorem)*. Ausgangspunkt ist ein
Zwei-Länder/Zwei-Faktoren-Modell. *Land A* ist mit einem Produktionsfaktor (z. B. Kapital) vergleichsweise reichlicher ausgestattet als mit dem anderen Produktionsfaktor
(z. B. Arbeit), während sich die Situation in *Land B* genau entgegengesetzt darstellt. Bei
der Betrachtung wird vereinfachend von gleichen Faktorproduktivitäten ausgegangen. Die
relativen *Knappheiten* der Produktionsfaktoren werden sich in ihren Einsatzkosten, den
Faktorentlohnungen, widerspiegeln. So wird der relativ häufiger vorhandene Produktionsfaktor, also der weniger knappe, auch der vergleichsweise billigere Faktor sein. Es ist
daher wahrscheinlich, dass der jeweils reichlicher vorhandene (billigere) Faktor aus
Kostengründen mehr zum Einsatz kommt: *Land A*, das ja über vergleichsweise viele Maschinen verfügt, wird pro Arbeitsplatz bzw. Arbeitskraft verhältnismäßig viel Sachkapital
einsetzen und eher *kapitalintensiv* produzieren, während *Land B*, das über vergleichsweise
viele Arbeitskräfte verfügt, eher *arbeitsintensiv* produzieren wird. Daraus folgt, dass Länder, die über relativ viele Arbeitskräfte verfügen, als *Niedriglohnländer* Preisvorteile im
internationalen Wettbewerb aufweisen, wenn sie sich auf die Produktion von arbeitsintensiv hergestellten Gütern spezialisieren. Entsprechendes gilt für relativ kapitalreiche
Länder, die sich als *Hochlohnländer* auf die Produktion und den Export kapitalintensiver
Produkte konzentrieren.

Es ist offensichtlich, dass die simplen Kategorien Arbeit und Kapital die Realität nur
unzureichend widerspiegeln. Erweiterte Versionen des Heckscher-Ohlin-Ansatzes, wie
das *Neo-Faktorproportionen-Theorem*, berücksichtigen daher auch unterschiedliche
Qualitäten der Produktionsfaktoren. Allgemeines Ergebnis dieser Überlegungen bleibt jedoch, dass tatsächlich unterschiedliche Faktorproportionen zu unterschiedlichen
Produktionskosten und so zu Preisunterschieden im internationalen Wettbewerb führen.
Damit kann dieser Ansatz einen Beitrag zur Erklärung des Austausches von *komplementären Gütern*, also von Gütern, die aus verschiedenen Sektoren oder Industrien stammen,
leisten, (vgl. auch Abb. 4.3)

Beispiel Entwicklungsländer

Viele Entwicklungsländer fragen gebrauchte Maschinen (Kräne, Textilmaschinen,
Traktoren etc.) nach. Einerseits sind diese schnell verfügbar und kosten nur einen
Bruchteil des Neupreises. Andererseits sind Unternehmen und Arbeitskräfte vielfach

auch noch nicht in der Lage Maschinen neuester Bauart, meist High-Tech-Geräte, sinn-voll einzusetzen, da die hierfür notwendigen technischen Fähigkeiten (noch) nicht vor-handen sind. Für Volkswirtschaften, die mit dem Produktionsfaktor Arbeit reichlich und dem Faktor Kapital relativ knapp ausgestattet sind, ist es außerdem nicht sinnvoll, sich mit modernsten Maschinen eine sehr kapital- und wenig arbeitsintensive Produktionsstruktur aufzubauen. ◀

Eine denkbare vollständige Spezialisierung und Perfektionierung internationaler Arbeitsteilung, bei der – nur theoretisch – die größten Wohlstandsgewinne entstehen wür-den, ist aus den oben genannten Gründen nicht erwünscht und wird daher in der Realität auch nicht angestrebt. Eine Spezialisierung auf arbeitsintensive Güter würde außerdem zu einer unerwünschten Vergrößerung der technologischen Lücke (*technological gap*) *dieser Länder* führen und Entwicklung erschweren oder zumindest verzögern. Grundsätzlich lässt sich aber feststellen, dass ein Land offensichtlich seine Wettbewerbsfähigkeit ver-bessert, wenn es, aufgrund der bestehenden Faktorrelationen, den billigeren Produktions-faktor verstärkt einsetzt und dabei sowohl die Qualität der Produktionsfaktoren als auch die Faktorkombinationen verbessert, so dass sich die Produktivität laufend erhöht. Das hierdurch zusätzlich ausgelöste Wirtschaftswachstum bewirkt einen Anstieg der Nach-frage nach Arbeitskräften und damit eine tendenzielle Verknappung des Angebots an qualifizierten Arbeitskräften. Der daraus resultierende Anstieg der Arbeitskosten führt seinerseits zu einer tendenziellen Angleichung des Faktorpreises auf internationaler Ebene (**Faktorpreisausgleichstheorem**), eine Entwicklung, die sich u. a. in den 1990er-Jahren in Mittel- und Osteuropa beobachten ließ.

Diese Tendenz kann theoretisch aus einer *Veränderung der Faktorkostenverhältnisse* abgeleitet werden: Verläuft der Warenaustausch zwischen Ländern mit kapitalintensiver und arbeitsintensiver Produktion ungehindert, wird aufgrund der steigenden Be-anspruchung des zunächst jeweils reichlicher verfügbaren Produktionsfaktors dessen Preis steigen: In Niedriglohnländern werden durch die zunehmende Nachfrage nach Arbeit die Löhne tendenziell steigen. Das Verhältnis Zins zu Lohn sinkt. In Hochlohnländern da-gegen werden die (meist kreditfinanzierten) Investitionen zunehmen. Durch die Nachfrage nach Kapital wird damit das Verhältnis Zins zu Lohn steigen. Das Kapital wird nun ten-denziell in größerem Umfang in die Hochlohnländer eingesetzt, das den im Inland reich-licher vorhandenen Produktionsfaktor überproportional nutzt, da dieser ja am produktivs-ten, d. h. am rentabelsten, ist. Damit nimmt die Kapitalintensität der Produktion weiter zu, während gleichzeitig der Preis für die Entlohnung dieses Produktionsfaktors, der Zins, steigt. Zeitgleich wird die Nachfrage nach Arbeit zurückgehen. Arbeitsintensive Produkte werden eher importiert. Diese Verteilungswirkung: Der reichlich vorhandene Faktor und damit der vergleichsweise zuvor eher preiswerte Faktor (Kapital) verteuert sich, während der zuvor knappere Faktor (Arbeit) tendenziell weniger nachgefragt wird und sich ver-billigt, wird als **Stolper-Samuelson-Theorem** bezeichnet.

Theoretisch gleich, aber von den Wirkungen her genau umgekehrt verläuft der Prozess in einem (Entwicklungs-)Land, das durch eher arbeitsintensive Produktion gekennzeichnet ist. Hier werden sich durch die steigende Nachfrage nach Arbeit die Löhne erhöhen, während sich Kapital verbilligt. Arbeit kann also zunehmend durch Kapital ersetzt werden. Dieser Effekt könnte analog zu dem **international** wirksamen **Faktorpreisausgleich**, durch den sich die Entlohnung für ähnlich qualifizierte Arbeitskräfte in Entwicklungs- und Industrieländern tendenziell einander angleichen, als **national** wirksamer **Faktorpreisausgleich** bezeichnet werden.

Der internationale Faktorpreisausgleich gilt auch für hochqualifizierte Arbeitskräfte. Diese wandern, wie das Kapital, an die einträglichsten Standorte und bewirken dort ebenfalls eine Lohnangleichung. Dies lässt sich auch empirisch belegen: Die Arbeitskosten in den Schwellenländern Ost- und Südostasiens steigen deutlich an, während die Realeinkommen der nur gering qualifizierten Arbeitskräfte in den Industrieländern, etwa in den USA und Europa, schon seit langem stagnieren oder sinken.

Das Leontief-Paradoxon
Bereits Anfang der 1950er-Jahre testete der amerikanische Ökonom *Leontief* das *Faktorproportionen-Theorem*, indem er die Kapital- und Arbeitsintensität der von den USA ex- und importierten Güter miteinander verglich. Die Ergebnisse widersprachen den aus dem Theorem zu ziehenden Schlussfolgerungen: Das reichste Land der Welt exportierte Güter, die eine höhere Arbeitsintensität aufwiesen als die Importgüter. Dieses sog. **Leontief-Paradoxon** war der Ausgangspunkt für die Suche nach weiteren Erklärungsansätzen. Die empirischen Untersuchungen von Leontief basieren allerdings auf Voraussetzungen, die ihre Aussagefähigkeit erheblich einschränken. So wurde der Begriff der Faktorreichlichkeit nicht eindeutig operationalisiert. Auch das in den Faktormengen enthaltene technische Wissen und damit die unterschiedliche Effizienz der Faktormengen sowie die Vielzahl weiterer Einflussfaktoren, wie das Wirtschafts- und Gesellschaftssystem, blieben unberücksichtigt. In neuerer Zeit spielt die Tatsache, dass qualifizierte Fertigwarenexporte aus Industrieländern einen zunehmenden arbeitsintensiven Dienstleistungsanteil enthalten, eine wichtige Rolle.

4.3   Intra-industrieller Handel

Bisher wurden vorwiegend Handelsbeziehungen zwischen Ländern mit sehr unterschiedlichen Ressourcenausstattungen betrachtet, die dann zu einem großen Teil zu *komplementärem* Handel, also Handel mit einander ergänzenden Gütern, beispielsweise also Rohstoffe und Fertigwaren, führt. Tatsächlich entfällt aber der größte Teil des Welthandels auf den Handel zwischen Industrieländern mit ähnlichen Faktorausstattungen, deren Nachfrager ebenfalls vergleichbare Produktions- und Präferenzstrukturen besitzen. Damit werden auch ähnliche industrielle Produkte gehandelt. Dieser Handel mit tendenziell *substitutiven Gütern, der* nicht zwischen verschiedenen Sektoren oder Industrien (inter-industriell) stattfindet, sondern zwischen den gleichen Sektoren verschiedener Länder wird als *intra-industrieller Handel (auch: intra-sektoraler Handel)* bezeichnet.

Ex- und importieren also zwei Staaten entsprechend ihrer Handelsstatistik jeweils Güter der gleichen Gütergruppe, so betreiben sie intra-industriellen Handel: Deutsche Pkw werden nach Japan exportiert, während gleichzeitig japanische Pkw von Deutschland importiert werden. Werkzeugmaschinen werden sowohl von Frankreich nach Schweden als auch von Schweden nach Frankreich exportiert. Tatsächlich liegt der intra-industrielle Handel zwischen den Industrienationen seit Beginn der Globalisierung auf einem gleichbleibend hohen Niveau, während viele Schwellenländer hier einen starken Anstieg verzeichnen. Der Anteil des intra-industriellen Handels kann mit Hilfe des sog. *Grubel-Lloyd Indexes* gemessen werden: ein Niveau ab etwa 0,6 (1,0 ist das Maximum) verweist bereits auf einen großen Anteil intra-industriellen Handels.

Auch intra-industrieller Handel lässt sich zu einem Teil mit *Nicht-Verfügbarkeiten* sowie *Kosten- und Preisunterschieden* erklären. Die zunehmende Ausdifferenzierung oder *Enthomogenisierung der Produkte* geht einher mit einer immer stärkeren *Spezialisierung der Produzenten*, die ihrerseits Produkte anbieten, die sich aus einer Vielzahl von Einzelkomponenten zusammensetzen, die auf dezentralisierten Beschaffungsmärkten von wiederum spezialisierten Produzenten angeboten werden. Dieser Prozess wird beschleunigt und intensiviert durch entsprechende Forschungs- und Entwicklungsaktivitäten, die durch Produktinnovationen und Patente zu *temporären Monopolstellungen* oder zumindest zu Wettbewerbsvorteilen in einzelnen Marktsegmenten mit entsprechenden Qualitäts- oder Kostenvorteilen führen. Hinzu kommen Größenvorteile und preisstrategische Überlegungen der Anbieter, die eng verknüpft sind mit den Marktstrukturen und Marktstrategien.

Die in einfachen wirtschaftstheoretischen Modellen unterstellte unrealistische *vollkommene Konkurrenz* wird in der Realität zur *monopolistischen Konkurrenz*. Hierbei werden die monopolistischen Spielräume durch die Substitutionsangebote von konkurrierenden Unternehmen, die Substitutionstoleranz der Nachfrager und das jeweilige Preissegment begrenzt. *Marktunvollkommenheiten*, Erscheinungen, die einen in theoretischen Modellen häufig unterstellten sog. *vollkommenen Markt* verhindern, wie etwa die Existenz von komplex strukturierten Nachfrager-Präferenzen, kennzeichnen reale Märkte. Der intensive Wettbewerb zwingt die Anbieter, durch Produkt- und vor allem Verfahrensinnovationen die Leistungsfähigkeit der Produktionsfaktoren ständig zu verbessern: Effizientere Maschinen, besser ausgebildete Arbeitskräfte in Verbindung mit einer immer leistungsfähigeren Infrastruktur wirken effizienzsteigernd, was sich in temporären Kostenvorteilen niederschlägt und die betreffenden Güter exportfähig macht. Die Produktionsfaktoren sind damit keineswegs homogen, wie beispielsweise im Faktorproportionen-Theorem noch unterstellt. Diese Tatsache, die Existenz unterschiedlich leistungsfähiger Sachgüter und Arbeitskräfte, wurde in einer Erweiterung des Theorems, dem 1969 formulierten **Neo-Faktorproportionen-Theorem** berücksichtigt, so dass der Erklärungsbereich dieses Ansatzes erweitert werden konnte.

Die unterschiedlich leistungsfähigen Faktorausstattungen der Länder führen einerseits zu zumindest temporär bestehenden **technologischen Lücken** (*technological gaps*) bzw. andererseits etwa durch Spezialisierung entstandenen technologischen Vorsprüngen. Dadurch entstehen Wettbewerbsunterschiede, die Handelsbeziehungen erklären können. Die auch durch diese Entwicklung fortschreitende *Segmentierung der Märkte* erlaubt immer ausgeprägtere *Spezialisierungen* mit einer tendenziellen Begrenzung der Anbieterzahl für die so differenzierten Produkte. Die Anbieter sind dann in der Lage, durch eine Erhöhung der Produktionsmengen Kosten- und damit auch Preisvorteile zu realisieren: Größere Stückzahlen ermöglichen den Einsatz leistungsfähigerer Produktionsfaktoren und *Skaleneffekte* bewirken eine Senkung der Fixkosten pro Stück *(Fixkostendegression).*

Hidden Champions

Vielfach sind diese häufig nur mittelgroßen Unternehmen (KMU) kaum bekannt. Für diese „unbekannten Weltmarktführer" prägte Simon (2007, 2021) die Bezeichnung *hidden champions.* Dies sind Unternehmen, die neben der Tatsache, dass sie in der Öffentlichkeit wenig bekannt sind, in ihrem Marktsegment zu den Top 3 der Welt zählen oder die Nr. 1 auf ihrem Kontinent sind und einen Umsatz von weniger als 5 Mrd. Euro aufweisen. Es gibt weltweit über 3400 *hidden champions,* hiervon sind fast die Hälfte deutsche Unternehmen.

Temporäre, technologisch begründete Nicht-Verfügbarkeiten bei gleichzeitiger Möglichkeit, preisgünstige Bezugsmöglichkeiten zu nutzen, etwa durch **global sourcing**, begünstigen intra-industrielle Importe. Unter global sourcing wird die strategische Internationalisierung unternehmerischer Beschaffungsaktivitäten verstanden. Hierbei spielen neben den schon angesprochenen Nicht-Verfügbarkeits- und Preisargumenten auch die Möglichkeit eine wichtige Rolle, Kooperationen, etwa in Form von *Joint Ventures,* mit ausländischen Unternehmen zur Nutzung von Know-how Vorsprüngen einzugehen. Solche strategischen Partnerschaften können sowohl für die Sicherung der Rohstoffversorgung als auch für den kostengünstigen Bezug von Vorprodukten oder die Erschließung von Absatzmärkten genutzt werden. Da Unternehmen immer stärker auf eine hohe Kapazitätsauslastung zur Kostensenkung und gleichzeitig auf Produkt-, Teile- und Variantenvielfalt sowie eine große Reaktionsschnelligkeit angewiesen sind, sind sie gezwungen, eigene Aktivitäten durch *outsourcing* auf leistungsfähige Lieferanten zu verlagern, um selbst noch leistungsfähiger zu werden. Eine solche Verringerung der eigenen *Fertigungstiefe* ist eine strategische Entscheidung, die dazu beiträgt, dass weltweit permanent nach den günstigsten Bezugsmöglichkeiten gesucht wird.

Grundsätzlich müssen die Unternehmen zunächst klären, welche Teile, Komponenten oder Endprodukte überhaupt aus dem Ausland bezogen werden können. Dies schließt den Bezug von Produkten, die vorab einen hohen Know-how-Transfer erfordern, meist genauso aus, wie solche, bei denen eine technologische Abhängigkeit von den ausländischen Lieferanten droht. Häufig liegen über potenzielle Lieferanten und Produkte nur unvollständige Informationen vor. Für die Aufnahme konkreter Außenhandelsbeziehungen sind aber auch über den Preis hinausgehende lieferantenspezifische Bedingungen von Bedeutung. Hierzu zählen Lieferfähigkeit, Schnelligkeit, Pünktlichkeit und Zuverlässigkeit sowie die Service- und Garantieleistungen des Lieferanten – Aspekte, die auch evtl. Preisnachteile überlagern können. Hinzu kommen die Flexibilität und Anpassungsfähigkeit beim Eingehen auf Kundenwünsche sowie Zahlungs- und Finanzierungsbedingungen.

Die Prüfung dieser Voraussetzungen muss durch eine intensive *Beschaffungsmarktforschung* erfolgen. Vor allem kleine und mittelgroße Unternehmen (KMU) müssen daher prüfen, ob sie über die professionellen personellen Kapazitäten für notwendige Recherchen, Verhandlungen und Kooperationsgespräche verfügen. Das (neue) deutsche *Liefer-*

kettengesetz führt spätestens ab 2023 zu mehr Auflagen und neuer Verantwortung, auch für Subunternehmen (vgl. BMZ 2021). Deutsche Unternehmen, mit zunächst mindestens 3.000 und ab 2024 mindestens 1.000 Mitarbeitern, müssen zukünftig die Einhaltung der Menschenrechte und der Arbeitsbedingungen bei ihren Zulieferern weltweit kontrollieren. Mit der von der EU-Kommission im Februar 2022 vorgelegten *Richtlinie zum Schutz der Umwelt-, Klima- und Menschenrechte* werden die Vorgaben sogar noch schärfer ausfallen und es werden noch mehr Unternehmen betroffen sein. Unternehmen werden dazu verpflichtet in ihrer Lieferkette auf menschenwürdige Arbeitsplätze und die Einhaltung von Umweltstandards zu achten. Sie müssen höhere Sorgfaltspflichten wahrnehmen und ihre Lieferanten besser überprüfen. Unter die EU-Richtlinie fallen nach Schätzungen der Europäischen Kommission rund 13.000 Unternehmen in der EU sowie weitere 4.000 Unternehmen aus Drittstaaten, die auf dem europäischen Binnenmarkt tätig sind.

4.4 Transnationale Unternehmen

Insbesondere bei dem Handel zwischen Mitgliedern von Regionalintegrationen lassen sich viele Außenhandelsvorgänge kaum noch von Binnenhandelsvorgängen unterscheiden. Bei Unternehmen steigt das Außenhandelspotenzial mit dem Spezialisierungsgrad und der Größe des Unternehmens. Die bedeutendsten Akteure sind die weltweit operierenden multi- oder transnationalen Unternehmen *(Transnational Corporations, TNCs)*.

Ein TNC besteht aus der Muttergesellschaft am Sitz des Unternehmens sowie meist mehreren Tochtergesellschaften in anderen Ländern.[1] Insgesamt wurde die Anzahl der weltweit aktiven TNCs bereits im Jahre 2008 auf über 80.000 TNCs, mit über 800.000 Tochtergesellschaften, die weltweit etwa 45 Mio. Mitarbeiter außerhalb ihres Heimatstandortes beschäftigten, geschätzt. Eine aktuellere Untersuchung von McKinsey (2015) geht nach konservativen Schätzungen ebenfalls von 81.000 TNCs auch für das Jahr 2013 aus. Geschätzt entfallen auf die TNCs ca. 15 % des *World GDP* und etwa zwei Drittel des gesamten Welthandels. Nach Berechnungen der UNCTAD hatten die größten 100 TNCs 2019 zusammen einen weltweiten Umsatz von über 10 Bio US$, von dem über die Hälfte (57 %) jeweils auf Auslandsaktivitäten entfiel (UNCTAD 2021).

TNCs in Deutschland
Nach einer Untersuchung des Statistischen Bundesamtes gab es 2018 in Deutschland 387 TNC, hier als *multinationale Unternehmensgruppen* bezeichnet, mit etwa 50.000 Tochterunternehmen. Etwa 70 % der Tochterunternehmen hatten ihren Sitz außerhalb Deutschlands, knapp die Hälfte aller Tochterunternehmen (44 %) ist im verarbeitenden Gewerbe tätig, bei den übrigen handelt es sich um Dienstleistungsunternehmen. Etwas mehr als die Hälfte aller Beschäftigten sind in den ausländischen Tochterunternehmen tätig und ebenso entfällt etwas mehr als 50 % des Unternehmensumsatzes auf die Tochterunternehmen im Ausland (Statistisches Bundesamt 2022).

---

[1] Der Begriff TNC wurde zuerst von Bartlett und Ghoshal (2002) definiert. Vgl. zu diesem Abschnitt auch Koch (2022), Kap. 5.

Für die Betrachtung des Außenhandels relevant ist auch die Tatsache, dass nach Schätzungen der UNCTAD rund ein Drittel des gesamten grenzüberschreitenden Handels auf *Intra-Firmenhandel* entfällt, also auf den Warenaustausch innerhalb eines TNC mit seinen verschiedenen Standorten (UNCTAD, WIR 2004). Dies würde hochgerechnet derzeit einem Gesamtvolumen von etwa 7 Bio US$ weltweit entsprechen. Auch diese Handelstransaktionen überqueren Ländergrenzen, andererseits werden sie aber innerhalb eines Konzerns getätigt. Grenzüberschreitender Intra-Firmenhandel umfasst also diejenigen Handelsgeschäfte, die zwischen dem Mutterunternehmen und ausländischen Tochterunternehmen bzw. zwischen verschiedenen Tochterunternehmen in verschiedenen Ländern abgewickelt werden (vgl. Stephan 2000). Voraussetzung für Intra-Firmenhandel sind Direktinvestitionen (*FDI*) des Unternehmens im Ausland.

Beispiel

Nach einer älteren Untersuchung machte der Intra-Firmenhandel deutscher US-Tochterunternehmen, die im Fahrzeug- und Fahrzeugteilebereich tätig waren, 1992 und 2002 rund die Hälfte der gesamten US-Importe aus Deutschland aus. Dies galt allerdings nur für Deutschland, der Handel der USA mit den Partnerländern in der NAFTA war dagegen überwiegend konzernextern (Matthes 2006). ◀

Für diese Außenhandelstransaktionen sind die oben genannten länderspezifischen Gründe weniger bedeutsam. Vielmehr sind konzerninterne Außenhandelsgründe relevant, wie die Nutzung spezieller Kompetenzen an den Auslandsstandorten, die Realisierung von Skaleneffekten oder von Lohnkostenvorteilen. Durch die Gestaltung unternehmensinterner Verrechnungspreise können zudem Möglichkeiten interner Gewinnverrechnung steuerlich genutzt werden. Auch kann ein Unternehmen auf diese Weise flexibler auf Änderungen der Produktionsbedingungen, wie etwa ungünstige (bzw. günstige) staatliche Vorgaben oder Wechselkursänderungen, reagieren. Durch die Verlagerung von Teilen der Produktion in ein Land, dessen Währung abgewertet wurde, können Kosten verringert werden. Andererseits können höhere Importschranken im Stammland auch dazu führen, dass Teile der Produktion wieder aus dem Ausland abgezogen werden (*reshoring*).

Alternativ zu der Gründung einer Zweigniederlassung oder einer eigenen Produktionsstätte können auch Kapitalbeteiligungen an ausländischen Unternehmen, die Gründung von Gemeinschaftsunternehmen *(Joint Ventures)* mit einheimischen Partnern oder der Erwerb ausländischer Firmen in Frage kommen. Unterschiedliche Strategien haben Einfluss auf den internationalen Handel. Sie können diesen verringern oder vergrößern. Letzteres passiert etwa dann, wenn die Investitionsgüter zunächst ins Ausland exportiert werden oder wenn die im Ausland hergestellten Güter aus Teilen bestehen, die zunächst dorthin exportiert werden müssen. Dies ist bei der im Automobilbereich verbreiteten CKD-Fertigung der Fall *(completely knocked down)*, bei der die einzelnen Fahrzeugelemente als eine Art Bausatz aus dem Ursprungsland exportiert und erst im Ausland endmontiert werden.

4.5   Alternativen zu Importen

Können Güter aus den oben genannten Gründen nicht oder nicht in der gewünschten Anzahl oder Qualität oder zu dem gewünschten Preis im Inland bereitgestellt werden, sind
neben Importen noch andere Lösungen denkbar, die von den Unternehmen selbst durchgeführt oder durch politische Steuerungsmaßnahmen angeregt werden können:

- **Einsparungen**: Falls dies ökonomisch möglich ist, kann vollständig oder teilweise
  durch Einsparungen beim Verbrauch, etwa von Rohstoffen oder bei der Nutzung von
  Energie, auf die betreffenden Produkte verzichtet werden.
- **Recycling**: Ein zunehmender Anteil von Rohstoffen, aber inzwischen auch von
  Teilprodukten, kann gegebenenfalls durch Recyclingverfahren gewonnen werden.
- **Substitution**: Produkte können durch Neuentwicklungen, wie synthetische Rohstoffe,
  aber auch neue im Inland produzierte Güter oder auch alternative Energieträger substituiert werden.
- **Innovationen**: Durch die Entwicklung oder den Einsatz neuer Verfahren, etwa Explo-
  rations- und Extraktionsverfahren, kann versucht werden, nicht vorhandene Rohstoffe
  aus eigenen Quellen zu fördern. Neue Produktionsverfahren können die Einsatzverhält-
  nisse der benötigten Produktionsfaktoren günstiger gestalten, indem Arbeit durch Kapital ersetzt wird.
- **Rahmenbedingungen**: Durch eine Änderung der weltwirtschaftlichen Rahmenbedingungen, wie eine Erhöhung der Weltmarktpreise oder internationale Abkommen,
  kann beispielsweise die Ausbeutung von bislang unrentablen Rohstoffvorkommen ökonomisch sinnvoll werden.
- **Politik**: Die Politik kann durch Verbote, Importbeschränkungen (vgl. Kap. 6), Grenz-
  werte oder Fördermaßnahmen, wie steuerliche Anreize oder Forschungsförderung,
  dazu beitragen nationale Neuentwicklungen anzustoßen oder Produktionsengpässe zu
  beseitigen.

Im Einzelfall müssen die ökonomischen, politischen und sozialen Folgen der verschiedenen Importalternativen gegeneinander abgewogen werden. Da sie unterschiedliche
Zeit- und Kostendimensionen aufweisen, können sie zu Versorgungsverschlechterungen
und/oder Produktionsproblemen mit Konsequenzen für die Beschäftigung führen oder zusätzliche Umweltbelastungen zur Folge haben.

4.6   Ansätze zur Erklärung von Exporten

Die oben dargestellten Ansätze zur Erklärung von Importen können die Notwendigkeit
von Exporten nicht immer direkt erklären, eignen sich aber häufig zur *indirekten* Begründung von Exporten: Absolute und relative Nicht-Verfügbarkeiten, hohe inländische

Produktionskosten oder subjektive Präferenzen veranlassen die betreffenden Länder zu Importen. Für Importe werden jedoch i. d. R. ausländische Zahlungsmittel *(Devisen)* benötigt, die entweder durch Exporteinnahmen oder durch Kapitalimporte erworben werden müssen. Exporte sind damit eine notwendige Ergänzung zu Importen: Um die für Importe benötigten **Deviseneinnahmen** zu erhalten, muss das Land in der Lage und bereit sein zu exportieren.

Diese Entscheidung kann für einzelne Länder – etwa bei rohstoffexportierenden Entwicklungsländern – dazu führen, dass eigentlich für die Inlandsproduktion benötigte Ressourcen für die Produktion von Exportgütern eingesetzt werden (müssen) oder im Inland erzeugte Produkte ausschließlich für den Export hergestellt und somit den inländischen Konsumenten entzogen werden. Der Vorteil der Verfügbarkeit von Importprodukten wird dann mit dem Nachteil der eingeschränkten oder Nicht-Verfügbarkeit inländischer Waren erkauft, insbesondere deswegen, weil die hierfür benötigten Ressourcen nicht zur Verfügung stehen. Dieser Zusammenhang gilt grundsätzlich, vor allem aber für Entwicklungsländer, die beispielsweise auf Nahrungsmittelimporte angewiesen sind oder für Länder, die aufgrund einer nachholenden Entwicklung Investitionsgüter importieren müssen, und dann möglicherweise die Versorgung der eigenen Bevölkerung mit Grundnahrungsmitteln nicht sicherstellen können. Dies war beispielsweise in einigen osteuropäische Staaten in den 1980er-Jahren der Fall.

Ebenfalls aus volkswirtschaftlicher Sicht erhöhen Exporte tendenziell das **Wirtschaftswachstum,** sie tragen zur **Beschäftigungssicherung** bei und generieren zusätzliche **Steuereinnahmen**. Die volkswirtschaftlich erwünschten Wirkungen der Exporte sind auch die wesentliche Begründung für eine aktive (strategische) Handelspolitik, die unterschiedliche Ausprägungen und Intensitäten aufweisen kann. **Strategische Handelspolitik** soll dem eigenen Land bzw. dem betreffenden Sektor Wettbewerbsvorteile verschaffen. Üblicherweise beinhaltet sie staatlich unterstützte Markteroberungsaktivitäten nationaler Unternehmen. Durch den Einsatz staatlicher Instrumente werden nationale Unternehmen gefördert, um die genannten ökonomischen Wirkungen zu erzielen. Dies geschieht zu Lasten ausländischer Wettbewerber, aber auch der nicht geförderten nationalen Sektoren.

Die staatliche Unterstützung umfasst eine große Palette von *Fördermaßnahmen*, wie Forschungsunterstützung für einheimische Exportunternehmen, Gewährung von allgemeinen Subventionen oder direkten Exportsubventionen, beispielsweise durch die staatliche Übernahme von politischen und ökonomischen Risiken, spezifische Zölle zum Schutz einheimischer Industrien oder sonstige Beschränkungen (sog. *nicht-tarifäre Handelshemmnisse*) gegenüber Konkurrenzindustrien im Ausland, um einheimischen Produzenten Produktions- und Absatzvorteile zu verschaffen. Hierzu können auch gezielte Produkt-, Marken- und vor allem Länderimages gehören und die Förderung des Aufbaus von Handels- und Produktionsstützpunkten im Ausland, etwa durch Messen und die staatliche Beteiligung an Messekosten für Unternehmen (vgl. hierzu Kap. 6 und 7). In ihrer

aggressiven Variante beinhaltet *strategische Handelspolitik* die Eroberung von Auslandsmärkten, etwa mit Hilfe aggressiver Preispolitik, die den – im Vergleich zum Inland – billigeren Verkauf von heimischen Produkten im Ausland *(Dumping)* einschließt.

Unternehmen vergrößern durch Exporte ihre **Umsatz- und Gewinnmöglichkeiten.**[2]
Durch die höhere Produktion können Massenproduktionseffekte *(Skaleneffekte)*, also vor
allem Rationalisierungs- und Kostensenkungsvorteile, realisiert werden. Zudem werden
Lern- und Innovationsprozesse *(Skill-Effekte)* begünstigt. Die Erreichung größerer Weltmarktanteile führt zu größerer Marktmacht und zu einer möglicherweise besseren Nutzung globaler Lieferantenstrukturen.

Kann die inländische Güterproduktion aus verschiedenen Gründen im Inland nicht ab-
sorbiert werden, etwa aufgrund saisonaler landwirtschaftlicher Überproduktion oder kon-
junkturbedingter Nachfragerückgänge können Exporte ein Ventil für **Überschuss-
produktionen** *(Vent-for-surplus Theorem)* darstellen und die Auslastung vorhandener
Produktionskapazitäten gesichert werden. Element der strategischen Handelspolitik wird
der vent-for-surplus Ansatz dann, wenn die nationalen Produktionskapazitäten über den
nationalen Bedarf hinaus erweitert werden, um Skaleneffekte zu nutzen und die produzierten Überschüsse gezielt zu exportieren. Der Aufstieg Japans zu einer der großen Exportnationen sowie die wirtschaftliche Entwicklung der „Tigerstaaten" basiert zu einem großen Teil auf dem gezielten Aufbau von Exportkapazitäten. Sektorbeispiele hierfür sind die
japanische und später die koreanische Werftindustrie, die malaysische und später taiwane-
sische Halbleiterindustrie, die koreanische Automobilproduktion, aber auch die französi-
schen Atomstromkapazitäten.

Nach der **Produktlebenszyklus-Hypothese** *(Vernon)*, die für eine Vielzahl von Gütern
nachgewiesen werden konnte, durchlaufen Produkte typischerweise vier Phasen: eine In-
novations-, eine Ausreifungs-, eine Standardisierungs- und eine Auslaufphase. Bis in die
Standardisierungsphase hinein nehmen Produktions- und Absatzzahlen zu: Durch die mit
der Massenfertigung einhergehenden Kostensenkungen, die in Form von Preissenkungen
weitergegeben werden, können neue Käuferschichten erschlossen werden, bis eine Markt-
sättigung eintritt. Der Produktlebenszyklus kann nun intensiviert oder verlängert werden,
wenn spätestens mit Beginn der Standardisierungsphase die aufgebauten Produktionskapazitäten für zusätzliche **Exporte** genutzt werden. Der Technologietransfer wird allerdings möglicherweise zu Imitationen in Niedriglohnländern führen, die nun in der Lage
sind, die Produkte preisgünstiger auf dem Weltmarkt anzubieten. Abb. 4.7 stellt diesen
Zusammenhang graphisch dar.

Hieran knüpft die **Linder-Hypothese** *(Steffan Burenstam-Linder)* an. Aufgrund empi-
rischer Beobachtungen in den 1950er-Jahren stellte Linder bei der Untersuchung von industriellen Fertigwarenexporten in andere Industrieländer fest, dass die Eroberung von

---

[2] Vgl. hierzu Koch (2022), insbesondere Kap. 6.

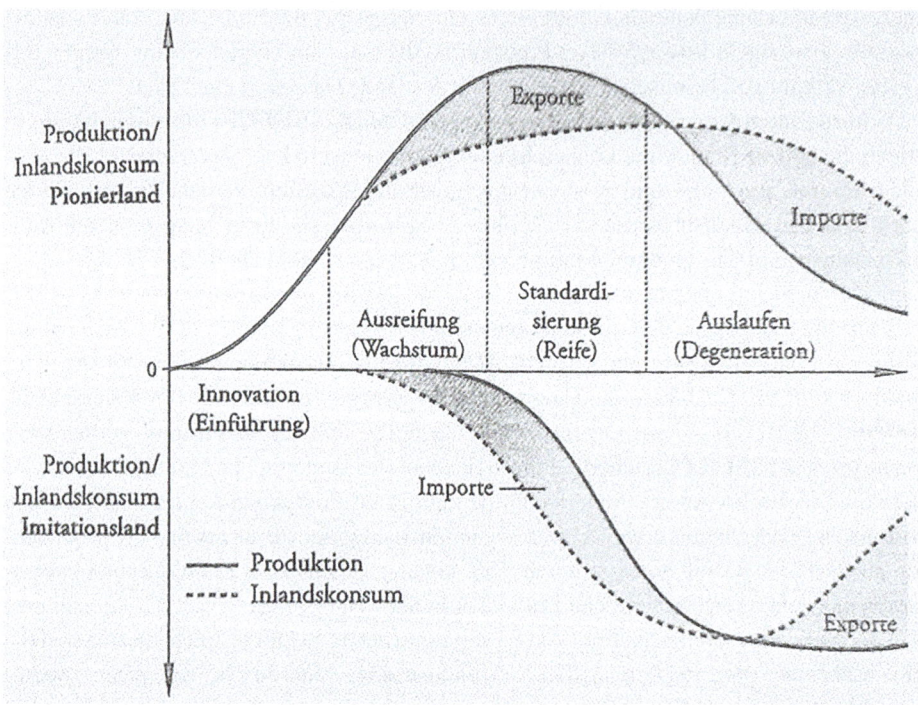

Abb. 4.7 **Produktlebenszyklus und Außenhandel**

Auslandsmärkten meist erst nach dem Ausschöpfen der inländischen Marktmöglichkeiten in Angriff genommen wurde, um die Produktionskapazitäten weiterhin auszulasten und den Produktzyklus zu verlängern. Aus einem anderem Blickwinkel betrachtet, kann argumentiert werden, dass ein Gut erst dann auf ausländischen Märkten wettbewerbsfähig wird, wenn es sich auf dem Inlandsmarkt bewährt hat. Damit leistete die Linder-Hypothese einen Beitrag zur Erklärung des Handels mit Industrieprodukten zwischen ähnlich strukturierten Ländern (s. o.). Heute dürfte dieses Konzept allerdings nur in wenigen ausgewählten Fällen funktionieren. Die wachsende Bedeutung, die heute dem Zeitfaktor zukommt, um Marktanteile zu erhöhen und Pioniergewinne zu erzielen, führt dazu, dass eine breite Akzeptanz, evtl. über mehrere Produktzyklusperioden hinweg, nur noch selten abgewartet werden kann. Abb. 4.8 gibt noch einmal einen kurzen Überblick über die hier diskutierten Gründe für den Außenhandel.

- Das Importland besitzt bestimmte Güter nicht und kann sie auch nicht selbst produzieren
  - **Absolute Nicht-Verfügbarkeiten** > *keine Substitutionsmöglichkeiten*
  - **Relative Nicht-Verfügbarkeiten** > *Substitutionsmöglichkeiten vorhanden*

- **Subjektive Präferenzen**: Konsumenten wünschen explizit ausländische Güter

- Das Importland hat Kostennachteile, das Exportland Kostenvorteile
  - **Absolute Kostenunterschiede** (Adam Smith): Andere Länder können bestimmte Güter absolut billiger herstellen
  - **Komparative Kostenunterschiede** (David Ricardo) Länder importieren Güter, bei denen sie komparative Kostennachteile haben und exportieren Güter, bei denen sie komparative Kostenvorteile haben

- **Qualitätsunterschiede** *(abhängig von der Substitutionstoleranz)* führen zu Außenhandel

- **Unterschiedliche Faktorausstattung** bei fehlender oder zu geringer Mobilität der Produktionsfaktoren unterschiedlichem technologischen Entwicklungsstand (technologische Lücke)

- **Volkswirtschaftliche Gründe für Exporte**
  - Finanzierung von Importen durch Deviseneinnahmen
  - Wirtschaftswachstum: Beschäftigungssicherung, Steuereinnahmen

- **Betriebswirtschaftliche Gründe für Exporte**
  - Nutzung von Skaleneffekten, Erreichen größerer Weltmarktanteile und Marktmacht, höhere Gewinne
  - Auslastung der Produktionskapazitäten bzw. Nutzung von Angebotsüberschüssen (vent-for-surplus)
  - Verlängerung des Produktlebenszyklus

- **Intra-industrieller Handel**

- **Intra-Firmenhandel**

Abb. 4.8 Gründe für Außenhandel (Überblick)

Literatur[3]

Baßeler, U. et al. (2010) *Grundlagen und Probleme der Volkswirtschaft*; Stuttgart 19. Aufl.
Bartlett, C. & Ghoshal, S. (2002). *Managing across borders. The transnational solution*. London.
Birnstiel, E. (1982) *Theorie und Politik des Außenhandels*, Stuttgart
BMZ (2021). *Fragen und Antworten zum Lieferkettengesetz*. https://www.bmz.de/resource/blob/60000/84f32c49acea03b883e1223c66b3e227/lieferkettengesetz-fragen-und-antworten-data.pdf
Koch, E. (2022) *Globalisierung: Wirtschaft und Politik. Chancen – Risiken – Antworten*; 3. vollständig überarbeitete Aufl., Wiesbaden

---

[3] Letzter Zugriff auf die im Literaturverzeichnis genannten Internetquellen jeweils 07/2022.

Krugman, P.R. et al. (2019) *Internationale Wirtschaft: Theorie und Politik der Außenwirtschaft*, u.a. München, 11. Aufl., 2019

Lortz, O./Siebert, H. (2014) *Außenwirtschaft*; u.a. Stuttgart, 9. Aufl., 2014

Matthes, J. (2006) *Der Intrafirmenhandel deutscher US-Tochterunternehmen*; https://www.iwkoeln. de/fileadmin/publikationen/2006/53728/trends04_06_2.pdf

McKinsey & Company (2015) *Playing to win: The new global competition for corporate profits.* Full Report. September 2015. www.mckinsey.com/business-functions/strategy-and-corporate-finance/our-insights/the-new-global-competition-for-corporate-profits.

Schröder, C (2020) *IW-Trends 1/2020, Internationale Stückkosten im internationalen Vergleich*; in: IW, Vierteljahresschrift zur empirischen Wirtschaftsforschung, Jg. 47

Simon, H. (2007) *Hidden Champions des 21. Jahrhunderts. Die Erfolgsstrategien unbekannter Weltmarktführer.* Frankfurt/New York

Simon, H. (2021) *Hidden Champions – Die neuen Spielregel im chinesischen Jahrhundert.* Frankfurt

Statistisches Bundesamt (2022) *Multinationale deutsche Unternehmensgruppen erwirtschafteten weltweit 360 Milliarden Euro im Jahr 2018.* Pressemitteilung Nr. 267 vom 27. Juni 2022 https://www.destatis.de/DE/Presse/Pressemitteilungen/2022/06/PD22_267_73.html

Stephan, M. (2000) *Intra-Firmenhandel*; in: WISU, Heft 2/2000, S. 182–185

UNCTAD. *World Investment Report* (WIR) (2004) und (2021); New York/Genf, sowie weitere Jahrgänge

Beurteilung von Außenhandelsbeziehungen

Außenhandelsbeziehungen haben unterschiedliche Auswirkungen auf die beteiligten Staaten, sowie auf die unterschiedlichen sozialen Gruppen in den betreffenden Ländern, wie Unternehmer, Konsumenten und Arbeitnehmer.

5.1 Vorteile des Außenhandels

Vorteile haben i. d. R. Konsumenten in den Importländern, aufgrund der besseren Verfügbarkeit von Waren und tendenziell sinkender Güterpreise sowie Produzenten und Arbeitnehmer im Exportland, die meist Gewinn- und Einkommenssteigerungen realisieren können. Nachteile können für Produzenten und Arbeitnehmer in den Importländern entstehen, etwa in Form einer möglichen Verringerung der Einkommen infolge gesunkener Wettbewerbsfähigkeit oder für Nachfrager nach Exportprodukten in den Exportländern, die möglicherweise steigende Preise infolge tendenzieller Knappheiten für diese Produkte hinnehmen müssen.

5.1.1 Nationale Vorteile

Wir können unterscheiden zwischen Vorteilen für die jeweiligen Länder und Vorteilen, die sich international aus Außenhandelsbeziehungen ergeben.

5.1.1.1 Vorteile von Exporten und Exportüberschüssen

Exporte sind Güter und Dienstleistungen, die im Inland für das Ausland bereitgestellt werden. Damit entsprechen die Vorteile von Exporten zunächst den Vorteilen steigender

Güter- bzw. Dienstleistungsproduktion: Die Produktion von Exportgütern schafft i. d. R. *Arbeitsplätze* bzw. sichert bestehende Arbeitsplätze und trägt somit zu einer Verbesserung der Beschäftigungssituation bei. Die tendenziell zunehmende Beschäftigung erhöht das *Einkommen* aller Beteiligten: der Arbeitnehmer, der Unternehmer und – durch steigende Steuereinnahmen – auch des Staates. Der steigende Wettbewerbsdruck zwingt die Unternehmen, ihre eigene Wettbewerbsfähigkeit durch *Kostensenkungen* und *Innovationen* zu erhöhen: Exportunternehmen können aufgrund steigender Stückzahlen (*Skalen-Effekte*) ihre Kosten senken und über mögliche Preissenkungen die inländische Versorgung verbessern sowie ihre *Wettbewerbsfähigkeit* erhöhen. Durch zunehmende Spezialisierung können sie neues Wissen akkumulieren (*Skill-Effekte*) und in Form von Verfahrens- und Produktinnovationen umsetzen. Dabei werden sie motiviert, ihre Effizienz durch die Verbesserung ihrer Organisations-, Management- und Planungsmethoden weiter zu erhöhen. Sie sind ferner gezwungen, ihre Forschungs- und Entwicklungsaktivitäten, natürlich auch im Hinblick auf Nachhaltigkeitsaspekte, zu intensivieren. Dies ermöglicht Produktinnovationen und damit – zumindest temporäre – Vorteile vor der Konkurrenz. Auf diese Weise steigt die Produktivität und möglicherweise auch die Angebotsvielfalt (*Scope-Effekte*). Größere Produktvielfalt und Spezialisierungen ermöglichen die verstärkte Nutzung komparativer Vorteile von Arbeit (Spezialwissen, Know-how, Erfahrung, Fertigkeiten), Kapital, Boden, Klima usw. Darüber hinaus zwingt der internationale Wettbewerb die Unternehmen, über Direktinvestitionen günstige ausländische Produktionsmöglichkeiten zu nutzen und den Staat, die rechtlichen und infrastrukturellen Rahmenbedingungen permanent zu verbessern, um Beschäftigungsmöglichkeiten und damit die eigenen Einnahmen zu erhöhen.

Die Erzielung von Exporterlösen in Form von *Devisen* ist die Voraussetzung dafür, dass Importe, die in fremder Währung bezahlt werden müssen, auch bezahlt werden können. Da durch Importe, etwa von Rohstoffen, erst Produktionsvoraussetzungen geschaffen werden, tragen Exporte *indirekt* zur Inlandsproduktion bei. Damit ermöglichen Exporte die Finanzierung von benötigten Importen oder auch die Nutzung von im Ausland vorhandenen technologischen Wissens, das durch Güter- oder Lizenzerwerb für die Produktion im Inland nutzbar gemacht werden kann.

Durch Exporte können im Inland produzierte aber hier *nicht absetzbare Güter* auf ökonomisch sinnvolle Weise verwertet werden (vgl. Kap. 4). Dies gilt sowohl für Agrarüberschüsse als auch für Güter, die aus konjunkturellen Gründen oder infolge von kurzfristigen Änderungen der Konsumentenbedürfnisse nicht verkauft werden können. Es gilt auch für Güter, die zur Realisierung von Massenproduktionsvorteilen bzw. zur Auslastung bestehender Über- oder Exportkapazitäten produziert wurden. Überproduktion zwingt Unternehmen also zum Export.

Handels- und/oder Dienstleistungsbilanzüberschüsse können mögliche **Defizite** in den anderen Teilbilanzen der Leistungsbilanz kompensieren oder reduzieren und zur Erreichung eines außenwirtschaftlichen Gleichgewichts beitragen.

5.1.1.2 Vorteile von Importen und Importüberschüssen

Analog zur Exportdefinition können Importe als Produktion bzw. Bereitstellung von Gütern und Dienstleistungen im Ausland für das Inland definiert werden. Der Import von Konsumgütern *verbessert die Versorgung* im Hinblick auf die angebotene Warenmenge und möglicherweise auf die Warenqualität. Falls Versorgungslücken bestehen, werden diese verringert. Das vergrößerte Angebot auf dem inländischen Markt intensiviert den Wettbewerb und übt Druck auf die Preise aus, so dass die Versorgung zu tendenziell günstigeren Preisen erfolgt.

Importe von Investitionsgütern, Rohstoffen, Energieträgern oder Vorprodukten, wie beispielsweise Speicherchips, sowie von technologischem Wissen, etwa in Form von Patenten und Lizenzen, sind im Falle der Nicht-Verfügbarkeit im Inland *Voraussetzung für die inländische Produktion*. In anderen Fällen, etwa bei absoluten oder komparativen Kostennachteilen, ermöglichen Importe eine kostengünstigere Produktion, indem auf eine teure Eigenproduktion oder weniger geeignete Substitutionsprodukte verzichtet werden kann. Durch Importe kann also der Einsatz der vorhandenen eigenen Ressourcen verbessert und effizienter gestaltet oder überhaupt erst genutzt werden – mit positiven Auswirkungen auf Beschäftigung und Einkommen. Geeignete Importe leisten so einen Beitrag zur Verbesserung der *nationalen Wettbewerbsfähigkeit*.

Durch Importe werden *Nachteile* und Risiken der Produktion im Inland vermieden und in das Lieferland verlagert. Konjunkturell bedingte *Beschäftigungsschwankungen* sowie zu niedrige Kapazitätsauslastungen konjunktursensibler Produktionen, die bei einer höheren Eigenproduktion auftreten würden, werden verringert. *Umweltbelastungen* durch die Güterproduktion im eigenen Land bzw. eine umstrittene Ausbeutung eigener Ressourcen, etwa durch *fracking*, werden durch Importe von umweltgefährdenden Produkten bzw. von im eigenen Land vorhandenen Rohstoffen vermieden. Daher können Importe auch als *Export von Umweltbelastung* oder als Beitrag zur Sicherung eigener Reserven interpretiert werden. Angesichts der globalen und damit grenzüberschreitenden Umweltproblematik kann sich der Umweltvorteil von Importen allerdings nur auf abgegrenzte lokale Umweltprobleme der Produktion beziehen.

Ein **Importüberschuss**, der sich in einem Handelsbilanzdefizit ausdrückt, steigert die genannten Wirkungen tendenziell. Insbesondere für Entwicklungs- und Schwellenländer sind Investitionsgüterimporte, auch wenn sie zu Handelsbilanzdefiziten führen, Voraussetzung für den Aufbau, die Diversifizierung oder Modernisierung der eigenen Produktion und damit für die Verbesserung der nationalen Wettbewerbsfähigkeit. Zwar leben die betreffenden Länder in dieser Phase „über ihre Verhältnisse". Können jedoch die Defizite durch Kapitalimporte finanziert werden, die aufgrund attraktiver Anlagemöglichkeiten ins Inland fließen, findet eine dauerhafte Verbesserung der wirtschaftlichen Verhältnisse des Landes statt. Dies gilt im Prinzip auch für Importe von Konsumgütern, auch diese können den Wohlstand vergrößern. Da durch Konsumgüter aber definitionsgemäß keine neuen Güter erzeugt werden, besteht im Falle eines durch überhöhte Konsumgüterimporte erzeugten Handelsbilanzdefizits die Gefahr, dass das Land größere Schwierigkeiten hat, zu

Inländische Vorteile		Internationale Vorteile
Exporte	**Importe**	
Schaffung und Sicherung von Arbeitsplätzen, Einkommen, Gewinnen und Steuereinnahmen	Bessere Versorgung im Inland durch Vergrößerung der Gütervielfalt (Qualität, Innovation, Preis) und Intensivierung des Wettbewerbs	Steigerung des allgemeinen Wohlstands durch Nutzung internationaler Arbeitsteilung
Erzielung von Wettbewerbsvorteilen durch Skalen-, Skill- und Scope-Effekte: Kostensenkungen, Innovationseffekte, Spezialisierungen, Effizienzsteigerungen	Schaffen von Produktionsvoraussetzungen (z. B. Rohstoffe, Energieträger,)	Ausgleich von Mangel und Überfluss
Exporterlöse sichern die Finanzierung von Importen durch Deviseneinnahmen	Verbesserung der Produktionsmöglichkeiten (z. B. Patente, preisgünstige Vorprodukte)	Tendenz zur Krisenvermeidung aufgrund wechselseitiger Abhängigkeit
(Möglicher) Abbau von Produktionsüberschüssen	Vermeidung von Produktionsnachteilen im Inland (z. B. Umweltbelastung, schwankende Kapazitätsauslastung)	
Handelsbilanzüberschuss	**Handelsbilanzdefizit**	
Tendenzielle Verstärkung der Wirkungen		
Finanzierung von Defiziten in anderen Teilbilanzen der Leistungsbilanz		

Abb. 5.1   Vorteile des internationalen Handels

einer ausgeglichenen Handelsbilanz zurückzukehren. Die Finanzierung der Importüberschüsse wird langfristig von dem Willen ausländischer Kapitalgeber abhängig sein, die Kapitallücke mit Krediten und Direktinvestitionen zu finanzieren, so dass sich die Auslandsverschuldung des betreffenden Landes tendenziell vergrößern wird. Abb. 5.1 fasst die die Vorteile des internationalen Handels zusammen.

5.1.2   Internationale Vorteile

Die klassische Außenhandelstheorie stellt eine durch die internationale Arbeitsteilung induzierte internationale *Wohlstandssteigerung* in den Vordergrund. Der weltweit bessere Einsatz knapper Ressourcen bewirkt, dass kostengünstiger produziert werden kann, so dass sich die Leistungsfähigkeit der Volkswirtschaften insgesamt erhöht, die Produktivität steigt und sich auf diese Weise die weltweite Versorgung mit Gütern und Dienstleistungen verbessert. Bereits *John Stuart Mill* (1806–1873) erkannte, dass ein Land, das für einen größeren Markt als seinen eigenen produziere, eine bessere Arbeitsteilung einführen und seine Herstellungsmethoden leichter verbessern könne. Auf diese Weise würden sich die produktiven Kräfte der Welt vermehren.

Eine Erweiterung dieses Effekts ergibt sich daraus, dass der internationale Handel einen weltweiten *Ausgleich von Mangel und Überfluss* herbeiführen kann: Angebotsüberschüsse werden gegen Devisen verkauft, während Versorgungslücken gegen Devisenzahlungen geschlossen werden.

Auch wenn aktuelle Entwicklungen, wie der russische Angriffskrieg gegen die Ukraine dagegen sprechen könnten, so begünstigt dennoch die weltweite Vernetzung durch Handelsbeziehungen eine tendenzielle *Verringerung internationaler Krisen*. Dies allein schon deswegen, weil die internationale Verständigungsbereitschaft aufgrund der wechselseitigen Abhängigkeiten, der partiell verbesserten interkulturellen Kommunikation, der wechselseitigen Kenntnis der kulturellen Eigenheiten sowie der ökonomischen und politischen Gegebenheiten zunimmt. Dies gilt besonders für die Nationen bzw. Regionen, die durch Wirtschaftsbeziehungen eng miteinander verflochten sind, also vor allem für die Gruppe der Industrieländer und nur ausnahmsweise für bestimmte enger zusammenarbeitende Entwicklungsländergruppen.

Tatsächlich hat die Gesamtzahl kriegerischer Auseinandersetzungen seit dem Zweiten Weltkrieg zugenommen. Viele davon waren jedoch innerstaatliche Bürgerkriege bzw. Konsequenz kolonialer Grenzziehungen oder – bis Ende der 1980er-Jahre – Stellvertreterkriege im Gefolge des Kalten Krieges. Waren dies zwischenstaatliche Auseinandersetzungen, fanden sie meist zwischen Entwicklungsländern statt. Abb. 5.2. zeigt deutlich, dass

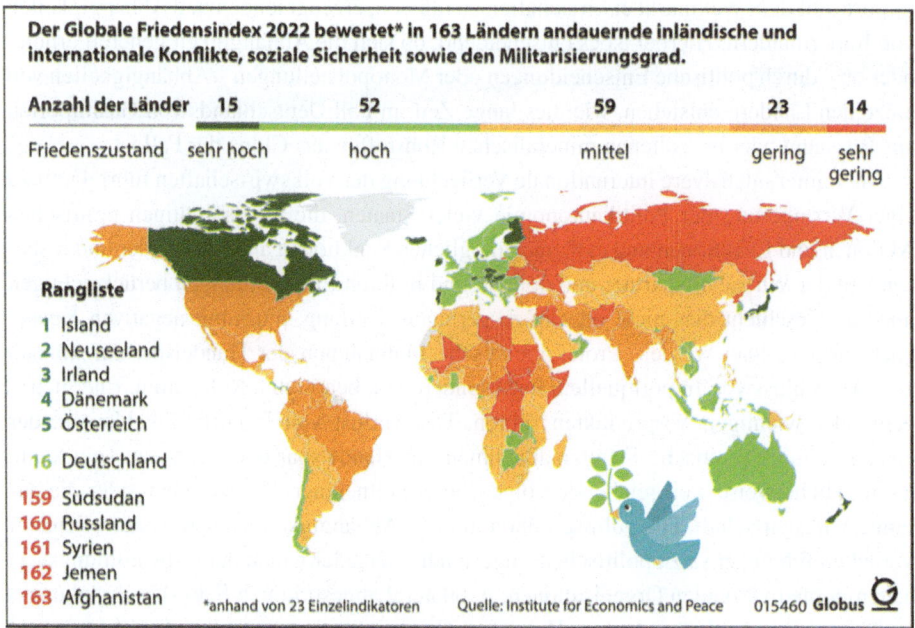

Abb. 5.2 Globaler Friedensindex. (Quelle: Institute for Economics and Peace)

abgesehen von dem Angriffskrieg Russlands auf die Ukraine, kriegerische Auseinandersetzungen vorwiegend in Zentralafrika und im Mittleren Osten stattfinden, in Regionen, in
denen die zwischenstaatlichen Handelsbeziehungen relativ schwach ausgeprägt sind.

5.2   Nachteile des Außenhandels

Eine Beurteilung der Auswirkungen von Außenhandelsbeziehungen auf einzelne Länder,
Regionen oder die Weltwirtschaft muss neben den Vorteilen auch die möglichen Nachteile
aufzeigen.

5.2.1   Nationale Nachteile

Auch hier können wir wieder zwischen Nachteilen für die betreffenden Ländern und
Nachteilen, die sich international aus Außenhandelsbeziehungen ergeben können, unterscheiden.

5.2.1.1 Abhängigkeit als Kernproblem

Die Reduzierung bestimmter Produktionen bzw. das Nichtvorhandensein dieser Produkte
im Inland und der daraus entstehende Zwang, diese Produkte zu importieren, sowie die
Notwendigkeit, die für den Erwerb dieser Produkte erforderlichen Devisen i. d. R. durch
Exporte auf dem Weltmarkt erwirtschaften zu müssen, erzeugt tendenziell Abhängigkeiten
von Importländern. Hierbei ist es entscheidend, ob sich die Abhängigkeit generell erhöht,
oder ob – durch politische Entscheidungen oder Monopolstellungen – Abhängigkeiten von
einzelnen Ländern entstehen, wie dies lange Zeit im Fall Deutschlands von Gasimporten
aus Russland oder bei seltenen mineralischen Rohstoffen aus China der Fall ist

Die immer intensivere internationale Verflechtung der Volkswirtschaften führt damit zu
einer Verringerung der Politikautonomie vieler Staaten, die die vielfältigen politischen
Aktionen und Reaktionen und evtl. auch möglichen Sanktionen anderer Länder und insbesondere der Wirtschaftspartner antizipieren und in ihren Entscheidungen berücksichtigen
müssen. Geschieht dies nicht oder in zu geringem Umfang, muss mit negativen Konsequenzen gerechnet werden. Protektionistische Maßnahmen der Handelspartner können
zum Ausschluss von Importquellen, insbesondere von benötigten Rohstoffen, Energieträgern oder wichtigen Vorprodukten führen. Der Verlust von Exportmöglichkeiten, der
ebenfalls durch politische Schutzmaßnahmen der Handelspartner verursacht sein kann,
hat möglicherweise weit reichende Folgen für Arbeitnehmer, Unternehmen oder die gesamte Volkswirtschaft. Die politisch-ökonomische Abhängigkeit kann zu vorauseilendem
Verhalten führen, etwa zu politischen Zugeständnissen oder genehmem Abstimmungsver-
halten in internationalen Organisationen, in bilateral abgestimmten Selbstbeschränkungs-
zusagen oder in einer an den Handelspartnern orientierten Außenwirtschafts- und
Währungspolitik.

Während sich *Exportabhängigkeit* vor allem in einer verstärkten Berücksichtigung der Interessen und der ökonomischen Situation der Empfängerländer niederschlägt, kann *Importabhängigkeit* zu einem ökonomisch-politischen Wohlverhalten gegenüber den Lieferanten von benötigter Technologie oder von Rohstoffen führen. Dies gilt insbesondere dann, wenn Substitutionsmöglichkeiten kaum vorhanden oder sehr teuer sind und im Nicht-Versorgungsfall schwerwiegende wirtschaftliche Probleme zu befürchten sind. In solchen Fällen sind auch kriegerische Auseinandersetzungen zur Sicherung der eigenen Versorgung denkbar.

Die deutsche **Exportabhängigkeit** steigt seit Ende der 1990er-Jahre laufend an. Lag sie 1995 noch bei einem knappen Viertel der deutschen Güter und Dienstleistungen, so erreichte dieser Wert 20 Jahre später schon fast 50 % (vgl. Abb. 5.3). Werden indirekte Exporte und Sekundärwirkungen, wie die aus diesen Einkommen resultierende Konsumgüternachfrage im Inland, einbezogen, so sind heute geschätzt bereits zwei Drittel der deutschen Wirtschaft von Exporten abhängig. Wird sie sektoral betrachtet, so waren unter Einbeziehung der indirekten Exporte schon um die Jahrtausendwende wichtige Sektoren zu über 60 % abhängig von Exporten: Chemische Erzeugnisse, Metalle, Fahrzeuge, Textilien, Maschinen, Nachrichtentechnik und Kunststoffwaren. Die **Importabhängigkeit** Deutschlands ist zwar etwas geringer, beträgt aber auch etwa 40 %.

Häufig werden auch die *Außenhandelsquoten* von Ländern verglichen. Hierzu werden Export- und Importanteile am BIP addiert. Diese können sowohl als „*Offenheitsgrad*" oder als *Außenhandelsabhängigkeit* interpretiert werden. Die deutsche Außenhandelsquote schwankt seit 2010 um 80 %. Damit liegt Deutschland im internationalen Vergleich in einer Spitzengruppe. In der OECD liegt der durchschnittliche Offenheitsgrad nur bei knapp 60 %, Frankreich und Großbritannien liegen bei 65 % beziehungsweise 64 %, Japan

Indikator \ Jahr	1995	2000	2005	2010	2015	2020	2021
Bruttoinlandsprodukt (BIP)[1)]	1895	2109	2288	2564	3026	3368	3602
Warenexporte	383	597	786	915	1167	1186	1368
Dienstleistungsexporte	61	93	134	174	253	279	328
Gesamte Exporte	444	690	920	1089	1420	1465	1696
Anteil der Exporte am BIP	*23 %*	*33 %*	*40 %*	*42 %*	*47 %*	*43 %*	*47 %*
Warenimporte	339	538	628	754	918	997	1176
Dienstleistungsimporte	88	142	159	200	272	276	327
Gesamte Importe	427	680	787	954	1190	1273	1503
Anteil der Importe am BIP	*23 %*	*32 %*	*34 %*	*37 %*	*39 %*	*38 %*	*41 %*

Abb. 5.3 Export- und Importabhängigkeit Deutschlands. (Quelle: Deutsche Bundesbank: Statistisches Bundesamt, Zahlungsbilanzstatistik; eigene Berechnungen)

bei 35 % und die USA bei 26 % (vgl. Olk 2022). Diese überdurchschnittliche „Offenheit" ist politisch gewollt und zu einem großen Teil Ursache für den vergleichsweise großen Wohlstand des Landes. Gleichzeitig geht sie aber auch einher mit zu geringen Investitionsquoten im Inland, etwa im Bereich öffentlicher Infrastruktur (Digitalisierung, Schienenverkehr, Energiepolitik, E-Ladeinfrastruktur) und erhöht die Abhängigkeit von der Politik der ausländischen Handelspartner. Diese Politik beinhaltet Instrumente, wie verstärkte Autarkiebemühungen etwa des Haupthandelspartners China verbunden mit einer Abkoppelung von ausländischen Importen („*decoupling*"), dem Erschweren von Importen durch protektionistische Maßnahmen („*Buy American*"), Anti-Pandemie-Maßnahmen (Lockdowns und dadurch induzierte Lieferkettenunterbrechungen) oder Angriffskriege, die entsprechende Reaktionen oder gar Sanktionen erfordern.

5.2.1.2 Nachteile von Exporten und Exportüberschüssen

Bei Exporten fallen die Nachteile der Leistungsbereitstellung im Inland an. So belastet die zusätzliche Güterproduktion die Umwelt. Güterexporte können daher grundsätzlich auch als *Import von Umweltbelastung* gesehen werden. Ferner übernimmt der Exportsektor konjunkturbedingte *Absatz- und Beschäftigungsrisiken* für die Importländer.

Da die Produktionsmöglichkeiten einer Volkswirtschaft prinzipiell begrenzt sind, stehen die für die Exportproduktion benötigten Produktionsfaktoren für die *Versorgung des Inlands* nicht zur Verfügung. Es besteht die Möglichkeit, dass bestimme Exportgüter für die Inlandsversorgung nicht oder, aufgrund einer zu knappen Bereitstellung, nur zu hohen Preisen erhältlich sind und/oder nur gegen knappe Devisen als Importgüter zur Verfügung stehen. Eine derartige Situation kann insbesondere dann auftreten, wenn die durch die Exporte erwirtschafteten Devisen für den Import von Investitions- oder Rüstungsgütern oder auch von Luxus-Konsumgütern eingesetzt werden, wie dies in vielen Entwicklungsländern geschieht oder gängige Praxis in den früheren osteuropäischen Staatshandelsländern war.

Beispiel

Werden fruchtbare Böden für die Exportproduktion benötigt, etwa für Genussmittel, wie Kaffee, oder tropische Früchte, stehen für die Eigenversorgung nur noch mindere Bodenqualitäten zur Verfügung, die das allgemeine Nahrungsmittelangebot verknappen und damit verteuern. Dies gilt für viele Entwicklungsländer, deren Exporte hauptsächlich aus landwirtschaftlichen Produkten bestehen. Tropische Früchte waren eine Zeit lang in den Philippinen oder in Kuba nur zu hohen Preisen erhältlich, die die Normalbevölkerung nicht aufbringen konnte oder wurden nur in "Nicht-Exportqualität" angeboten. Werden nicht regenerierbare Rohstoffe, wie Gold, Zinn, Bauxit oder Energieträger wie Uran, Kohle, Erdöl oder Erdgas exportiert, so werden endliche eigene Ressourcen zugunsten anderer Länder ausgebeutet. Diese Rohstoffe stehen einerseits dem eigenen Land nicht mehr zu Verfügung, andererseits belastet deren Förderung die Umwelt des Exportlands. ◄

Sind die Produktionskapazitäten ausgelastet, wird ein Anstieg der Exportnachfrage tendenziell zu einem *Preisanstieg im Inland* führen. Bei einem Handelsbilanzüberschuss steht den durch die erhöhte Exportproduktion geschaffenen Einkommen kein entsprechendes Warenangebot gegenüber. Wird der Einkommensüberhang nicht in vollem Umfang gespart, so trifft er als Nachfrage auf ein für dieses Einkommen zu geringes Angebot, mit der Folge steigender Preise. Monetär betrachtet, bewirkt der Devisenzufluss eine Erhöhung der Geldmenge, der kein entsprechendes Güterangebot gegenübersteht. Dieser Zusammenhang wird besonders deutlich, wenn man sich eine fiktive Situation vorstellt, in der ein Land einen extrem hohen Prozentsatz der gesamten Produktion exportiert und keine Importe tätigt: Die durch den Export erzielten Einkommen treffen dann nur auf ein extrem kleines Güterangebot im Inland.

Durch Exportüberschüsse werden Netto-Devisenforderungen gegenüber dem Ausland erworben, falls das Ausland in eigener Währung, also beispielsweise in Yuan oder US$, bezahlen kann. Bei einer *Aufwertungstendenz* für die eigene Währung, die sich sowohl aus einer generell verstärkten ausländischen Nachfrage nach inländischer Währung als auch aus einer – durch die dokumentierte Wirtschaftsstärke des Exportlandes resultierenden – spekulativen Währungsnachfrage ergeben kann, sinkt der Wert dieser Devisenforderungen, ausgedrückt in inländischer Währung. Die Aufwertung der eigenen Währung ist gleich bedeutend mit einer Abwertung der Fremdwährung, der Wert der ausländischen Währung sinkt. Da der ausländische Importeur seine Importe in eigener Währung, also etwa in Yuan oder US$, bezahlt, erhält das Exportland nun für die gezahlten Devisen nur noch gegen eine geringere Menge einheimischer Währung, so dass das Ausland praktisch eine nachträglich Preisreduktion erhält.

Beispiel Dutch Disease

Der Effekt einer drastischen Aufwertung im Exportland, die durch einen Exportboom im Rohstoffbereich verursacht wird, wird auch als *holländische Krankheit* (*Dutch Disease*) bezeichnet. Der Begriff beschreibt die ökonomische Situation in den Niederlanden, nachdem ein großes Erdgasfeld entdeckt wurde. Die Gasexporte führten zu einer starken Aufwertung der niederländischen Währung, so dass sich die niederländischen Exporte anderer Güter wegen des starken Guldens verteuerten und der Export vieler Produkte deutlich zurückging. (Morscher 2020). ◄

Da Exportüberschüsse tendenziell Arbeitsplätze im Ausland vernichten können, besteht ferner die Möglichkeit, dass das Ausland zu Gegenmaßnahmen greift und sich durch Zölle oder sonstige protektionistische Maßnahmen mit unmittelbaren Auswirkungen auf die Beschäftigungssituation im Exportland vor Importen schützt (vgl. Kap. 6). So begründete beispielsweise der früherer US-Präsident Donald Trump seine protektionistische Handelspolitik gegenüber Deutschland und China.

5.2.1.3 Nachteile von Importen und Importüberschüssen

Nachteile von Importen sind möglicherweise auch gleichzusetzen mit den *Nachteilen sinkender Produktion* im Inland. Ersetzen Importe inländische Produktion, werden tendenziell Arbeitsplätze und somit Einkommensmöglichkeiten im Inland vernichtet. Ebenfalls können sonstige mit der Produktion im Inland verbundene Vorteile entfallen: Abgesehen davon, dass in diesen Bereichen wegen der sinkenden Inlandsproduktion eventuell auf Massenproduktions- und Spezialisierungsvorteile verzichtet werden muss, fällt insbesondere ins Gewicht, dass das spezifische Produktions- und Anwendungswissen nicht mehr benötigt wird und damit möglicherweise verschwindet. Dies gilt verstärkt für neue zukunftsorientierte Technologien.

Beispiel

So wurde in Deutschland die Entwicklung und Produktion von Batteriezellen für E-Autos lange Zeit – vor allem aus Kostengründen – asiatischen Herstellern überlassen. Inzwischen wurde realisiert, dass es sich hier für eine der weltweit führenden Automobilnationen um eine Schlüsseltechnologie handelt und es wird verstärkt – trotz anfangs gewisser Kostennachteile – in neue Gigafactories investiert (vgl. Harloff/Hebermehl 2022). Das gleiche gilt für die Produktion von Halbleitern. Auch hier sind Autozulieferer und Maschinenbauer von asiatischen Chipherstellern abhängig. Mit einem Förderprogramm in Höhe von 43 Mrd. Euro sollen Produzenten in der EU den europäischen Anteil an der weltweiten Halbleiterproduktion bis 2030 auf 20 % verdoppeln. Als zentrales Problem wird hier der Mangel an geeigneten Spezialisten gesehen, da die Hochschulen auf diesen Bedarf nicht vorbereitet waren (vgl. o.V., HB 2022). ◄

Dies gilt aber auch für tradiertes technisches Know-how oder spezifische lokale Erfahrungen, beispielsweise für handwerkliche Fähigkeiten oder für eine den natürlichen Bedingungen angepasste Landnutzung in afrikanischen Entwicklungsländern. Betroffen von den hieraus entstehenden Nachteilen sind Individuen, vor allem Arbeitnehmer, Unternehmen, Wirtschaftssektoren oder ganze Regionen. Der Verlust von Wissen bzw. der Verzicht auf die Entwicklung und Verwertung von neuem zukunftsorientiertem Wissen beeinträchtigt zudem mögliche Synergieeffekte sowie eine in vielen Bereichen immer stärker benötigte interdisziplinäre Kompetenz. Bestehende sozio-ökonomische Strukturen sowohl im industriellen als auch im landwirtschaftlichen Sektor können so zerstört werden. Werden diese Strukturen als erhaltenswert eingestuft, etwa weil hierdurch gesellschaftliche Sekundärfunktionen mit erfüllt werden, wie dies beispielsweise bei der landschaftspflegerischen Funktion kleinbäuerlicher Landwirtschaft der Fall ist, müssen den Importvorteilen die notwendigen staatlichen Erhaltungssubventionen in Form von Kompensationsleistungen gegenübergestellt werden.

Aufgrund von Importnotwendigkeiten kann die Produktion von Exportgütern zur Bereitstellung von benötigten Devisen selbst dann notwendig werden, wenn die Produktion unter nicht optimalen Bedingungen erfolgt, also mit Kosten- und Produktionsnachteilen verbunden ist und so zu einer schlechteren Versorgung der Bevölkerung führt (s. o.). Gegebenenfalls müssen die Exporte subventioniert werden, um den Absatz auf dem Weltmarkt zu ermöglichen, wie dies bei Kompensationsgeschäften der Fall sein kann (vgl. Abschn. 1.7). Ob dies ökonomisch sinnvoll ist, hängt davon ab, ob die öffentlichen Mittel in anderen Verwendungszwecken ertragreicher einsetzbar gewesen wären.

Genügen Importgüter u. U. nicht den *nationalen Schutzstandards* des Importlandes, besteht die reale Gefahr einer gesundheitlichen Schädigung der Konsumenten dieser Produkte. Solche Gefahren treten vor allem bei Massenkonsumgütern auf, etwa bei Lebensmitteln oder bei preiswerten Ge- und Verbrauchsgütern, wie elektrischen Küchengeräten oder Spielzeug, die den Verbraucher- und Gesundheitsschutzstandards der Importländer nicht entsprechen. So können Lebensmittel unerwünschte Zusätze enthalten oder mit giftigen Substanzen, etwa illegalen Pestiziden, behandelt worden sein. Elektrische Geräte genügen anerkannten Sicherheitsstandards nicht oder werden sogar nach solchen formal deklariert, ohne jedoch die Voraussetzungen hierfür zu erfüllen.

Werden nationale Schutzregelungen als Argument gegen Importe benutzt, die diesen Regelungen nicht genügen, berufen sich die betroffenen Länder häufig auf die von der Welthandelsorganisation WTO garantierte Handelsfreiheit, die in diesen Fällen jedoch mit den Schutzinteressen der Importländer kollidiert. Der legale Einsatz von protektionistischen Maßnahmen ist nur im Ausnahmefall möglich, um die Gefahr zu vermeiden, dass „Schutzargumente" nur als vorgeschobene Argumente für die Rechtfertigung von Protektionismus eingesetzt werden.

Beispiel

Schon früh tauchten auf westlichen Märkten Produkte auf, vorzugsweise Elektroartikel aus Ostasien, die zwar mit den geforderten Prüfzeichen, wie GS, VDE oder CE, versehen waren, deren Anforderungen jedoch in keiner Weise entsprachen. „Lampen und Funkkopfhörer, Drohnen, Steckdosenleisten, Handfunkgeräte und sogenannte FM-Transmitter, die Musik vom Smartphone zum Radio übertragen: Störanfällige Billig-Elektroprodukte – oft, aber nicht immer aus China – überschwemmen seit Jahren zunehmend den Markt. Das hängt auch damit zusammen, dass immer mehr Kunden im Internet einkaufen, wobei Lieferungen schwer zu kontrollieren sind. Die Bonner Bundesnetzagentur, die über einen störungsfreien Funk- und Radiobetrieb wacht, der Zoll und die regionalen Aufsichtsbehörden führen angesichts der Importschwemme einen schwierigen Kampf. … Bei der Bundesnetzagentur überwachen bereits mehr als 400 Mitarbeiter an 20 Standorten den Markt und beheben Funkstörungen … Ersatzlos vom Markt genommen wurde auch eine Haar-Glättbürste aus den Niederlanden – sie … produzierte mangels ausreichender Abschirmung auch am Griff noch 121,5 Grad Celsius. … Die Zahl der aus dem Verkehr gezogenen Produkte hat sich in kurzer Zeit mehr als verdoppelt: Von 530.000 Geräten 2014 wuchs sie 2016 auf rund 1,25 Millionen." (Focus online 2017) Die gefälschten Produkte können Verbraucher schädigen, etwa durch Vergiftungen, Feuer, Erstickungs- und Strangulierungsgefahren, Elektroschocks und Gehörschädigungen oder – besonders problematisch – durch die Einnahme gefälschter Medikamente. Allein hierdurch sterben jährlich weltweit geschätzt 1 Million Menschen. (vgl. Mattke et al. 2019, zit. bei Wipper 2021) ◄

Importüberschüsse, also Handelsbilanzdefizite, können Leistungsbilanzdefizite verursachen, die entweder zu einer Verringerung der Devisenreserven führen oder Kapitalimporte notwendig machen. Ein längerfristigen Trend zu hohen Defiziten kann wegen der daraus entstehenden Auslandsverschuldung zu erhöhter Abhängigkeit vom Ausland, wachsender Beschränkung der wirtschaftspolitischen Handlungsfähigkeit und zu nationalen und überregionalen Wirtschafts- und Finanzkrisen führen. Den Währungs- und Finanzkrisen der 1990er-Jahre in Mexiko und Thailand gingen jeweils hohe Leistungsbilanzdefizite voraus, die ab einem bestimmten Zeitpunkt die ausländische Finanzinvestoren veranlassten, ihr Kapital aus diesen Ländern abzuziehen. Diese Reaktion führte zu Währungsabwertungen, Kursverlusten an den Wertpapierbörsen, einer Erhöhung der Auslandsschuld (ausgedrückt in der abgewerteten inländischen Währung), Konkursen und einer dramatisch steigenden Arbeitslosigkeit.

Auf dem sog. *Washington Consensus* beruhende Strukturanpassungsmaßnahmen, die von internationalen Geldgebern, wie dem IWF oder der Weltbank, den Nehmerländern zur Auflage gemacht wurden, waren zwar meist ökonomisch vernünftig, konnten aber in dem jeweiligen politischen und sozio-ökonomischen Umfeld durchaus kontraproduktiv wirken. Dies gilt vor allem dann, wenn die für einen erfolgreichen Einsatz notwendigen institutionellen Voraussetzungen fehlen. Eine Liberalisierung der nationalen Finanzmärkte ohne funktionierende Finanzinstitutionen oder eine Reduzierung der Staatsausgaben ohne abfedernde Maßnahmen bringen nur unzureichende Ergebnisse mit sich und verschlechtern die soziale Situation des Landes. Letztlich ist das Land gezwungen, auch auf Kosten der Inlandsversorgung, bei einer abgewerteten Inlandswährung mehr Exportgüter zu produzieren, um die Defizite zu reduzieren (vgl. Maxwell 2004).

Schließlich haben Importgüter nicht nur eine dämpfende Wirkung auf das inländische Preisniveau. Steigende Preise bei Importgütern, insbesondere bei kaum substituierbaren Rohstoffen oder Energieträgern (wie beispielsweise Gas oder Erdöl) können das Preisniveau im Inland kann stark beeinflussen. Eine *importierte Inflation* entsteht dann, wenn die gestiegenen Preise von den inländischen Unternehmen als Preiserhöhungen an ihre Kunden weitergegeben werden. Abb. 5.4 fasst die Nachteile des internationalen Handels zusammen.

5.2.2 Internationale Nachteile

Internationaler Handel beeinflusst die internationalen Beziehungen inhaltlich und strukturell. Die Produktion und der anschließende Austausch der Güter verändert die soziale und ökonomische Situation sowohl in Export- wie auch Importländern, etwa bei der

Inländische Nachteile		Internationale Nachteile
Exporte	**Importe**	
Abhängigkeit als Kernproblem auf nationaler und internationaler Ebene		
Übernahme von Absatz- und Beschäftigungsrisiken für das Ausland	Möglicher Verzicht auf Arbeitsplätze und Einkommen	Ungleiche Verteilung von Außenhandelsvorteilen, vor allem von Massenproduktions- und Spezialisierungsvorteilen
Übernahme von Produktionsrisiken (z. B. Umweltrisiken)	Verzicht auf entwicklungs- und produktionsbedingte Vorteile (Zukunftstechnologien, Erfahrungen, Synergieeffekte)	Klima- und Umweltprobleme durch zunehmenden Handel (Transporte, Schadstoffemissionen, Öko-Dumping)
Evtl. Beeinträchtigung der inländischen Versorgung (Ausbeutung von Ressourcen, Verwendung knapper Faktoren)	Erfordert Deviseneinnahmen durch Exporterlöse zur Finanzierung	Krisenverschärfung durch Handel mit Rüstungsgütern
Inflationsrisiken durch Kapazitätsüberlastung	Gesundheitsgefahren durch Importe durch Nichtbeachtung von Verbraucherschutzgesetzen	Illegaler Handel (Produktpiraterie, Drogen, geschützten Produkten, Waffen, gestohlenen Gütern)
	Inflationsrisiken durch „importierte Inflation"	
Handelsbilanzüberschuss	**Handelsbilanzdefizit**	
Tendenzielle Verstärkung der Wirkungen		
Forderungsrisiko: Bei Abwertungen sinkt der Gegenwert von Devisenforderungen	Mögliche Tendenz zur Auslandsverschuldung	
Evtl. protektionistische Gegentendenzen		

Abb. 5.4   Nachteile des internationalen Handels

Finanzierung von exportorientierten Umstrukturierungsmaßnahmen oder bei der für die Versorgungssituation der eigenen Bevölkerung nachteiligen Ausrichtung der Landwirtschaft. Die steigenden Volumina des internationalen Handels und die Übernutzung der Transportwege (Land, Wasser, Luft) beeinflussen Umwelt und Klima auf internationaler Ebene. Diese Effekte sind bekannt und es wird auch versucht, diese Nachteile durch internationale Abkommen zu reduzieren oder sogar zu beseitigen. Diese Aspekte werden später in Kap. 9 noch einmal ausführlich thematisiert.

5.2.2.1 Ungleiche Verteilung der Vorteile

Die klassische Außenhandelstheorie kommt zu dem grundsätzlichen Ergebnis, dass die durch Freihandel zunehmende internationale Arbeitsteilung internationale Wohlfahrtsgewinne mit sich bringt, eine Aussage über die *Verteilung* der Vorteile jedoch nicht gemacht werden kann. In der Realität ist die Verteilung der Außenhandelsvorteile tatsächlich ungleich: Nicht alle Länder profitieren in gleicher Weise von der Aufnahme und Intensivierung von Außenhandelsbeziehungen.

Der internationale Handel (Güter und Dienstleistungen) versiebenfachte sich in den 30 Jahren zwischen 1990 und 2021, von etwa 4 auf 28 Bio US$. An diesen internationalen Handelsprozessen sind zwar praktisch alle Länder beteiligt, jedoch in sehr unterschiedlichem Ausmaß. Die grenzüberschreitenden wirtschaftlichen Aktivitäten konzentrieren sich auf die Industrieländer Europas, Nordamerikas und Asiens und damit auf die OECD-Länder, die BRICS-Staaten (Brasilien, Russland, Indien, China, Südafrika) und eine kleine Gruppe weiterer Schwellenländer meist in Ost- und Südostasien. Insgesamt entfällt derzeit mehr als die Hälfte des grenzüberschreitenden Handels mit Gütern und Dienstleistungen auf nur 10 (von ca. 210) Ländern und über 80 % auf nur 25 Länder (vgl. Abb. 5.5).

Die große Mehrheit der Staaten dieser Erde (ca. 85 %) spielt also nur eine marginale Rolle im Welthandel. Das bedeutet keineswegs, dass diese Länder keinen Außenhandel betreiben. Es bedeutet allerdings, dass ihr Vernetzungsgrad und damit ihre Bedeutung und ihr Einfluss nur verhältnismäßig gering sind. Unter geografischen Aspekten liegen die Top-Länder in den drei großen Regionen West-Europa, Ostasien und Nord-Amerika, der *Triade* im weiteren Sinne.[1] Viele der nachfolgenden Aussagen gelten daher vorwiegend für

Kategorie	Top 10-Länder	Top 25-Länder
Güterexporte	51 %	80 %
Güterimporte	53 %	78 %
Dienstleistungsexporte	55 %	80 %
Dienstleistungsimporte	54 %	88 %
Durchschnitt (ungewichtet)	*53 %*	*82 %*

Abb. 5.5 **Konzentration des Außenhandels auf wenige Länder (in % des Welthandels)**. (Quellen: WTO; World Trade Statistical Review 2019; eigene Berechnungen)

---

[1] Im engeren Sinne verstand man unter der Triade lange Zeit meist die USA, Japan und die EU, was vor allem angesichts der stark gewachsenen Bedeutung Chinas nicht mehr sinnvoll erscheint.

die große Gruppe der Entwicklungsländer, die zum Teil nur in geringem Umfang in den Weltmarkt eingebunden sind (vgl. hierzu Kap. 10).

(1) Die Länder unterscheiden sich aufgrund z. T. historisch bedingter Ursachen in der *Ausstattung mit Produktivkräften*: Rohstoffreiche frühere Kolonien und heutige Entwicklungsländer verfügen beispielsweise über eine relativ geringere Ausstattung mit Kapitalgütern und qualifizierten Arbeitskräften als die heutigen Industrieländer.

(2) Die *Wettbewerbssituation* auf dem Weltmarkt ist aufgrund der angebotenen Produkte unterschiedlich. Viele Länder verfügen über zu wenige international nachgefragte Güter oder ihre Angebotsmacht auf dem Weltmarkt ist zu gering, um gewinnbringende Preise durchsetzen zu können. So sind Länder, die sich auf den Export von Rohstoffen oder arbeitsintensiven Konsumwaren spezialisiert haben, aufgrund der starken Produkthomogenität einer weit stärkeren Konkurrenz durch Länder mit ähnlichen Angebotsstrukturen ausgesetzt als High-Tech exportierende Industrieländer.

(3) Die *Exportgüter der verschiedenen Länder* unterscheiden sich in Bezug auf Umweltbelastung und Ressourcenschonung, ihres technologischen Gehalts, ihrer Beschäftigungswirkung oder ihres Kostensenkungspotenzials. Massenproduktions- und Spezialisierungsvorteile in größerem Umfang sind meist nur bei der Produktion von Halbfertig- oder Fertigwaren möglich. Werden vorwiegend Rohstoffe oder Agrarprodukte exportiert, ist die Realisierung solcher Vorteile nur begrenzt und häufig nur unter Inkaufnahme ökologischer Nachteile möglich.

(4) Ein notwendiger Strukturwandel belastet Unternehmen und Staaten mit hohen *Investitions- und Folgekosten*, etwa in Form von Infrastruktur- und Ausbildungsinvestitionen. Das hierfür benötigte Kapital muss zunächst meist als Kredit im Ausland in ausländischer Währung aufgenommen werden muss. Dadurch wächst die *Auslandsverschuldung*. Dies hat wiederum einen erhöhten Exportzwang zur Folge, da nur so die für die Rückzahlung benötigten Devisen eingenommen werden können. Dieser Effekt bleibt allerdings dann aus, wenn gleichzeitig die Importe zunehmen und die beteiligten *transnationalen Unternehmen* ihre Gewinne ins Ausland transferieren. Staatliche Fördermaßnahmen führen zudem zu wachsender Staatsverschuldung, die wegen fehlender inländischer Kapitalmärkte meist auf ausländischen Kapitalmärkten wiederum durch Kapitalimporte finanziert werden muss.

Beispiel China

China ist ein wichtiger Player in der internationalen Entwicklungsfinanzierung. Die von China an die *Low Income Countries (LICs)* vergebenen Kredite übersteigen inzwischen die von internationalen Organisationen, wie IWF oder Weltbank, vergebenen Kredite. China nutzt hierfür auch die Seidenstraßen-Initiative *(Belt and Road Initiative)* für kreditfinanzierte Infrastrukturprojekte. Weltweit schulden Staaten China knapp 400 Mrd US$. Allerdings werden die Kredite von China i. d. R. zunächst an chinesische

Unternehmen vergeben, die im Auftrag des betreffenden Landes die gewünschten Infrastrukturmaßnahmen durchführen. Das Land erhält dann von dem betreffenden chinesischen Unternehmen einen Kredit, meist nicht zu subventionierten Bedingungen, sondern zu meist ungünstigeren Marktkonditionen und verpfändet dafür Rechte an nationaler Infrastruktur, Rohstoffen oder Land. Viele Kreditverträge geben dem Kreditgeber ein außerordentliches Kündigungsrecht, das auch vom politischen Wohlverhalten abhängen kann. In der Vergangenheit gab es häufiger Fälle, in denen sich die von China finanzierten Infrastrukturprojekte für das Schuldnerland als nicht rentabel erwiesen, die Kredite nicht zurückgezahlt werden konnten und China die Rechte über die Pfänder eingeräumt werden mussten.[2] ◄

(5) Der Aufbau von Produktionsmöglichkeiten für neuartige *zukunftssichere Produkte* ist neben der Existenz infrastruktureller Voraussetzungen auch an begünstigende staatliche Rahmenbedingungen, wie etwa eine zukunftsorientierte Industriepolitik, geknüpft, die in vielen Entwicklungsländern (noch) nicht bestehen. Die leistungsfähigere Konkurrenz der Industriestaaten lässt zudem möglichen technologieintensiven Entwicklungsländerprodukten, sofern sie nicht von in diesen Ländern ansässigen Auslandsunternehmen produziert bzw. angeboten werden, häufig keine Chance.

(6) Die Verbesserung der Versorgungssituation durch *Konsumgüterimporte* ist nur möglich, wenn diese durch entsprechende Exporterlöse dauerhaft finanziert werden können. Sinkende *Terms of Trade* zwingen viele Länder zu einer ständigen Erhöhung ihrer Exporte, um ihre Exporterlöse aufrecht zu erhalten. Die Verteuerung im Inland benötigter, aber für den Export produzierter Produkte ist eine mögliche Folge.

(7) Der Welthandel wird durch *protektionistische Einflussnahme* verzerrt: In vielen Ländern werden Exporte direkt gefördert und/oder Importe behindert (vgl. Kap. 6 und 7). Dadurch verändern sich nicht nur grundsätzlich die Rahmenbedingungen für spezialisierungswillige Länder, sondern sie können auch jederzeit die Voraussetzungen während oder nach den Anpassungsprozessen verändern, so dass möglicherweise antizipierte Vorteile nicht mehr existieren.

Fazit dieser Überlegungen ist, dass die am internationalen Handel teilnehmenden Nationen sehr unterschiedlich von diesem profitieren: Ausgangssituation, Exportgüterangebot, Wettbewerbsfähigkeit, ökonomisches Umfeld, aber auch die Weltmarktsituation und das Verhalten der ausländischen Konkurrenz (Marktmacht, Innovationstempo, Protektionismus) in einem sich ständig wandelnden dynamischen Umfeld entscheiden maßgeblich über die möglichen nationalen Vorteile, die sich aus gezielten Exportstrategien ergeben können. Gleichzeitig belastet der damit einhergehende notwendige Strukturwandel die Länder in unterschiedlicher Weise.

---

[2]Vgl. u. a. Horn et al. (2019), Gelper et al. (2021), Deuber (2021); Caskey (2022).

Da aufgrund der bestehenden internationalen Arbeitsteilung eine *Abkoppelung* vom Weltmarkt praktisch nicht möglich ist, eine solche theoretisch noch schlechtere sozioökonomische Resultate erbringen würde und daher auch nicht wünschenswert ist, wird häufig versucht, mit Hilfe protektionistischer Instrumente, den Außenhandel zu regulieren, um evidente Vorteile zu realisieren und gleichzeitig Nachteile zu verringern.

Außenhandelsvorteile fallen überproportional bei leistungsstarken Industrieländern mit entsprechender Güterstruktur und flexiblen Anpassungsmöglichkeiten an. Für diese Gruppe ergibt sich in der Regel ein Netto-Wohlstandszuwachs. Für andere Staaten ist eine detaillierte Analyse und gegebenenfalls die Einräumung von Sonderbedingungen notwendig, um die Anpassungslasten nicht in *Nettoverluste aus dem Außenhandel* umschlagen zu lassen.

Gewinnern stehen aber meist auch Verlierer gegenüber. Ökonomische Vorteile des Freihandels für einzelne Sektoren oder Gruppen schließen Nachteile in anderen Sektoren oder für andere gesellschaftliche Gruppen nicht aus. Diese ergeben sich nicht nur aus der Ökonomie, sondern auch aus der Entwicklung und dem Leistungsvermögen der Sozialsysteme, der Umweltpolitik, dem Verbraucherschutz und den kulturellen Partizipationsmöglichkeiten, die alle durch ungehinderte Außeneinflüsse entscheidend beeinflusst werden. Ökonomische Erwägungen sind immer nur Teil einer umfassenden Kosten-Nutzen-Analyse.

5.2.2.2 Weitere Probleme

Verschärfung der Umwelt- und Klimaproblematik

Die Wachstumsdynamik des internationalen Waren- und Dienstleistungsaustausches zeigt angesichts der Weltklima- und Umweltproblematik auch Grenzen des Welthandelswachstums auf. Neben der Tatsache, dass das durch die Ausdehnung des Handels induzierte Wirtschaftswachstum die Umweltbelastung allgemein ansteigen lässt, ist internationaler Handel auch mit spezifischen Umweltproblemen verknüpft.

Die benötigten Transportdienstleistungen verursachen Klima- und Umweltschäden. Erschwerend hierbei wirkt, dass in vielen Ländern Transportpreise subventioniert werden: die Nutzungsentgelte für die Inanspruchnahme der bestehenden Infrastruktur entsprechen nur selten den tatsächlich entstehenden Kosten. Dies gilt für alle Bereiche: Straßen, Wasser und Luft. Eine Belastung der Transporte mit den Kosten für Bau und Erhaltung der Infrastruktur und den Kosten für die Beseitigung der Umweltschäden würde zu einer Verteuerung und damit zu Vorteilen für die regionale Produktion führen. Eine einheitliche Anhebung der Besteuerung der Treibstoffe für Schiffe und Flugzeuge auf das Niveau der Treibstoffe für Straßenfahrzeuge sowie der Umweltauflagen für diese könnte hierzu entscheidend beitragen. Geschieht dies nicht werden auch zukünftig per Luftfracht aus Kenia importierte Schnittblumen mit holländischen Erzeugnissen auf deutschen Märkten konkurrieren müssen.

Ein weiteres internationales Problem stellt das Umwelt- oder *Öko-Dumping* dar. Niedrigere Produktionskosten sind häufig der entscheidende Wettbewerbsvorteil von Entwicklungs- und Schwellenländern auf dem Weltmarkt. Deren Produktionskosten werden maßgeblich von den nationalen Schutzniveaus, etwa im Sozial- und Umweltbereich, beeinflusst. Sind diese niedrig, wird die Produktion auf Kosten der Umwelt ausgedehnt. Durch diese gezielte *Externalisierung* von Kosten wird die eigene nationale Wettbewerbsposition im internationalen Wettbewerb verbessert. Gleichzeitig wird die Umwelt durch Öko-Dumping langfristig geschädigt. So werden Abwässer, etwa aus Textilfabriken, ungeklärt an die Umwelt abgeben. Giftstoffe finden sich dann im Trinkwasser oder – durch den als Dünge-mittel verwendeten Klärschlamm – in den Nahrungsmitteln. Die Kosteneinsparungen stär-ken zwar die internationale Wettbewerbsposition des betreffenden Landes, verschlechtern jedoch gleichzeitig neben der nationalen auch die internationale Umweltsituation. Nur durch die Etablierung und Durchsetzung internationaler Standards kann ein destruktiver „Absenkungswettbewerb", ein *race-to-the-bottom*, verhindert werden,

Verschärfung von Krisen
Wenn auch das Zusammenwachsen der Ökonomien durch wechselseitige Abhängigkeiten gefördert wird und somit krisenverringernd wirkt, so kann dennoch nicht von der inhaltli-chen Seite des Warenaustausches abstrahiert werden. Durch den Handel mit Waffen und Rüstungstechnologien werden Kriege häufig erst ermöglicht, können latente Konflikte in gewaltsame Auseinandersetzungen umgewandelt werden. Die Aufrüstung von Staaten oder einzelner Gruppen mit Waffen, die Bereitstellung von Technologien für die Verbes-serung der Rüstungstechnik oder Lieferungen, die die Herstellung von Atomwaffen er-möglichen, versetzen die betreffenden Länder vielfach erst in die Lage, Bedrohungspoten-ziale zu entwickeln und damit Kriege auch tatsächlich und nicht nur auf der Propagandaebene führen zu können.

Beispiel

So trug Anfang der 1990er-Jahre die Versorgung des Irak mit Atomtechnik, Waffen und anderen Rüstungsgütern, die Unterstützung der Armee durch Schulung und Ausbildung (Dienstleistung !) und die Verbesserung bestehender Technik (z. B. Reichweitenverlän-gerung der vorhandenen Scud-Raketen) sowie die Bereitstellung von Know-how (z. B. bezüglich der Einsatzfähigkeit von B- und C-Waffen) u. a. durch deutsche Unter-nehmen in ganz erheblichem Umfang dazu bei, dass sich die damalige Golfkrise in ei-nen Golfkrieg verwandeln konnte, bei dem der Irak Kuwait überfiel, mit den bekannten weitreichenden Folgen für die gesamte Region. Trotz Änderungen oder Verschärfungen der nationalen und internationalen Exportgesetzgebung und entsprechender Kontrollen ist kaum zu erwarten, dass sich der Umfang der Rüstungsexporte – auch in Krisenge-biete – in Zukunft nennenswert reduzieren wird. ◄

Probleme des illegalen Handels[3]
Auch der illegale Handel profitiert von international offenen Grenzen. Kontrollmöglich-keiten werden durch die großen Volumina des legalen Handels, den Anstieg des Online-

---

[3] S. a. Koch (2022) Abschn. 7.2.3.

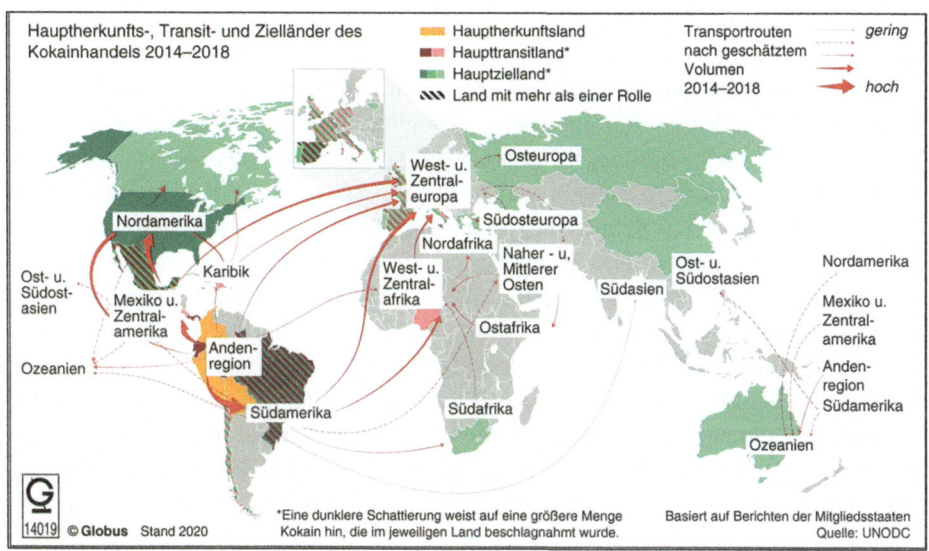

Abb. 5.6 **Illegaler internationaler Handel mit Drogen**. (Quelle: UNODC)

handels, die geschickte Nutzung der Transportkapazitäten und die beschränkten personellen Kontrollkapazitäten begrenzt. Zudem wird hierfür meist das *Darknet*, der nicht öffentlich zugängliche, verschlüsselte Bereich des Internets genutzt. Nach Untersuchungen des *UN-Büros zur Drogen- und Verbrechensbekämpfung* (UNODC) werden von den 750 Mio Containern, in denen etwa 90 % der globalen Warenströme transportiert werden, nur etwa 2 % tatsächlich kontrolliert (UNODC 2018, S. 43). Illegaler Handel erstreckt sich auf viele Bereiche, die wichtigsten und gleichzeitig problematischsten sind:

- Menschenhandel und Handel mit menschlichen Organen
- Manipulation öffentlicher Aufträge,
- Illegaler Handel (Ex- und Importe) mit
  - geschützten Tieren und Tierprodukten
  - Drogen (vgl. Abb. 5.6)
  - Waffen und Rüstungsgütern
  - imitierten Markenprodukten (Produktpiraterie)
  - gestohlenen Fahrzeugen
  - gefälschten Pharmaprodukten
  - nicht verzollten Tabakprodukten
  - Antiquitäten/Kulturgütern und
  - Tropenhölzern.

Auf jährlichen Konferenzen von UNODC werden regelmäßig einzelne Problembereiche thematisiert, wie beispielsweise der besonders brutale kriminelle Handel mit menschlichen Organen, bei dem Menschen Organe – häufig unter Zwang – entnommen und an gut situierte Patienten, meist aus reichen Ländern, verkauft werden.

Für viele Unternehmen stellt die Verletzung von Urheberrechten durch ausländische Produzenten *(Produktpiraterie)* ein wachsendes globales Problem dar. Gefälschte Produkte bedeuten Schäden für Image, Umsatz, Arbeitsplätze und können auch Gefahren für Verbraucher bedeuten (s. o.). 2019 wurden die Umsatzverluste durch gefälschte Produkte – vor allem Uhren, Bekleidung, Spielzeug, Handtaschen, Zigaretten und Verpackungsmaterialien – auf global 460 Mrd Euro geschätzt.[4] Die entstandenen Schäden sind allerdings nur selten konkret nachweisbar. Sie dürften zumeist in den Ländern auftreten, in die die Plagiate exportiert wurden. In diesem Fall treten die Plagiate auf dem Weltmarkt in Konkurrenz zu den Originalprodukten. Aufgrund des Preisvorteils kann dies zu einer Absatzminderung der Originale führen, wobei der Schaden für den Originalhersteller mit der Qualität des Imitats zunimmt. Durch nicht oder nur mangelhaft praktizierten Patent- und sonstigen gewerblichen Rechtsschutz für Industrieländerprodukte subventionieren die Industrieländer durch ihre Forschungs- und Entwicklungsaufwendungen die Länder mit niedrigerem Schutzniveau.

Auch Handelsbeziehungen, mit denen gegen vereinbarte politische Sanktionen gegen einzelne Länder verstoßen wird, sind problematisch. So werden Handelsembargos umgangen, indem Waren falsch ausgezeichnet werden oder an Adressaten in Länder verschickt werden, die sich nicht an den Embargos beteiligen oder Sanktionen nicht umsetzen und auftragsgemäß den Weitertransport der Waren in das sanktionierte Land übernehmen.

5.3   Sonstige Effekte von Außenwirtschaftsbeziehungen

Außenwirtschaftsbeziehungen beeinflussen Richtung und Intensität des wirtschaftlichen Strukturwandels in den beteiligten Ländern. Die Auswirkungen betreffen vor allem auch gesamtwirtschaftliche (makroökonomische) Indikatoren, wie Bruttoinlandsprodukt, Beschäftigung oder Preissteigerungsrate. Grundsätzlich sind die meisten Effekte auf den gestiegenen Wettbewerbsdruck zurückzuführen.

Gesamtwirtschaftliche Effekte (Makroeffekte) gelten generell und beziehen sich nicht auf bestimmte Länder. Tendenziell sinkende Güterpreise erhöhen die Realeinkommen und führen zu steigender Nachfrage. Neben steigenden Importen hat dies inländische **Wachstumseffekte** zur Folge. Die damit verknüpften *Beschäftigungseffekte* erhöhen wiederum die Einkommen, so dass das *Steueraufkommen* steigt. Sinkende Arbeitslosigkeit entlastet die öffentlichen Haushalte, die öffentliche Neuverschuldung kann tendenziell gesenkt werden. Dies wiederum entlastet den Kapitalmarkt und kann – meist zeitverzögert – *Zinssenkungen* auf den Kapitalmärkten zur Folge haben. Ein niedrigeres Zinsniveau verbilligt

---

[4]EU (2018) zit. von Wipper (2021).

Investitionen, so dass die durch die gestiegenen Einkommen sowieso schon erhöhte Investitionsneigung der Unternehmer zusätzlich positive Impulse erhält. Zunehmende Investitionen erhöhen die gesamtwirtschaftliche Produktivität und damit auch die volkswirtschaftliche Wettbewerbsfähigkeit. Steigende gesamtwirtschaftliche Leistungsfähigkeit führt bei sinkenden Güterpreisen zu einer Erhöhung der Kaufkraft der Bevölkerung. Über eine Erhöhung der Konsumnachfrage und daraus abgeleitete weitere Investitions- und Beschäftigungseffekte lassen sich wiederum positive Wachstumseffekte erzielen. Insgesamt erhöht sich durch das Zusammenwirken dieser Effekte der *gesellschaftliche Wohlstand*.

Realisiert ein Land Vorteile aus internationalen Handelsbeziehungen, so profitieren hiervon niemals alle gesellschaftlichen Gruppen in dem betreffenden Land in gleichem Maße: die **Vorteile sind ungleich verteilt.** Den Wohlstandsgewinnen Einiger stehen geringere Gewinne anderer Gruppen oder sogar Verluste gegenüber. Dieser **Verlust von Privilegien** zeigt sich i. d. R. in einer Verschlechterung von Beschäftigungs- und Einkommensmöglichkeiten, etwa durch den Verlust von relativen Qualifikations- oder Standortvorteilen. Er entsteht dadurch, dass Besitzer bisher *knapper Ressourcen* ihren Knappheitsstatus verlieren. Im Vergleich mit der Situation vor Aufnahme der Handelsbeziehungen erleiden sie ökonomische Nachteile durch sinkende Einkommen oder Gewinne oder (strukturelle) Arbeitslosigkeit: Besitzer bislang *knapper Arbeitskraft*, z. B. Fachkräfte in Spezialberufen, können ihre Einkommens- oder Beschäftigungsprivilegien infolge billigerer Auslandskonkurrenz verlieren; Besitzer von bislang *knappem Wissen*, etwa technischer oder marktspezifischer Erfahrung, verlieren ihren Informationsvorteil, während kleinere und mittlere Unternehmer oder Spezialanbieter infolge von Wettbewerbsvorteilen ausländischer Produzenten vom Markt verdrängt werden können. Diese Nachteile können sowohl *Einzelpersonen, einzelne Unternehmen, bestimmte Sektoren* (z. B. Maschinenbau, Automobilzulieferer oder Landwirtschaft), *Regionen* (z. B. strukturschwache Randregionen oder ganze Industrieregionen) oder auch *Länder* insgesamt betreffen, deren Leistungsfähigkeit oder Ressourcenausstattung zu gering ist, um dem Wettbewerbsdruck durch andere Regionen oder Sektoren standhalten bzw. diesen durch wettbewerbsfähigere Aktivitäten kompensieren zu können.

Beispiel Entsendegesetz

In den 1990er-Jahren arbeiteten auf deutschen Baustellen immer mehr ausländische Arbeiter, die nach den niedrigeren Tarifen in ihren Heimatländern entlohnt wurden. Dies war zulässig, aber immer mehr deutsche Bauarbeiter wurden arbeitslos: So arbeiteten 1996 fast 200.000 ausländische Bauarbeiter in Deutschland, während etwa die gleiche Anzahl deutscher Bauarbeiter arbeitslos war. Die EU reagierte darauf mit einer *Entsenderichtlinie*, die von Deutschland in Form des *Arbeitnehmer-Entsendegesetzes* umgesetzt wurde. Das Gesetz trat 1996 in Kraft und legt nun fest, dass ausländische Arbeitnehmer auf deutschen Baustellen deutschen Tarifvertragsbestimmungen unterliegen. Sie dürfen nicht zu Löhnen, die unter dem Mindestlohn liegen, beschäftigt werden. Damit sollte der Lohnvorteil ausländischer Arbeitnehmer gegenüber deutschen tarifentlohnten Arbeitern verringert werden, um so die zu diesem Zeitpunkt bestehende Arbeitslosigkeit im Baubereich nicht weiter steigen zu lassen. ◄

Durch internationalen Handel können nationale **Schutzregeln** abgebaut oder deren Ausbau verhindert werden. Um die nationale Wettbewerbsfähigkeit zu erhalten oder zu verbessern ist die Politik gezwungen, die nationalen Rahmenbedingungen laufend zu überprüfen und anzupassen. Wichtige Bereiche sind hier die Senkung des staatlich beeinflussbaren Teils der Produktionskosten und die Förderung von Innovationen. In der Vergangenheit führte dies vielfach zu Privatisierungs- und Deregulierungsinitiativen und damit auch zu einer Absenkung nationaler Schutzregelungen, etwa in den Bereichen *soziale Sicherung, Umwelt-, Gesundheits- und Sicherheitsstandards* oder *Verbraucherschutzniveau*. Dies ist heutzutage zwar nicht mehr so häufig zu beobachten, dennoch wird der Ausbau der vorhandenen Schutzstandards – vielfach, aber nicht nur in Entwicklungsländern – durch diese Überlegungen in vielen Ländern nach wie vor gebremst.

Ein typisches Beispiel sind kostenrelevante **soziale Schutzstandards**.[5] Hierzu zählen u. a. Regelungen in Bezug auf eine Lohnfortzahlung im Krankheitsfall, Urlaubsdauer, Arbeitszeiten, die Zulässigkeit von Mehr- und Nachtarbeit und vereinbarte Ruhezeiten, Mitbestimmungsregelungen oder Kündigungsrechte. Beispiele sind aber auch Mindestlohnregelungen oder Brandschutzeinrichtungen in südasiatischen oder afrikanischen Ländern, die von Textilexporten abhängig sind. Sind die Staaten nicht in der Lage oder nicht bereit, das Schutzniveau zu senken, oder erhöhen sie es, kann es von Unternehmerseite – nationalen Unternehmen oder ausländischen Investoren – zu Umgehungsstrategien kommen, etwa durch die tatsächliche oder angedrohte Verlagerung der Produktion in Staaten mit niedrigerem Regelungsniveau.

In den letzten Jahren hat die *Verlagerung von Arbeitsplätzen* aus Industrieländern mit kostenintensiveren höheren Sozialstandards in Entwicklungsländer mit niedrigeren sozialen Standards und geringeren Lohnkosten aus verschiedenen Gründen abgenommen. Dieser Trend wird durch *reshoring* oder *near shoring*, also die Rückholung von Arbeitsplätzen in das eigene Land oder in benachbarte Länder, im Zuge einer Restrukturierung der Globalisierung wahrscheinlich in den nächsten Jahren weiter zunehmen. Die Absenkung von kostenrelevanten Schutzniveaus bzw. der zögerliche Ausbau und die kaum kontrollierte Umsetzung bleiben nach wie vor für viele Länder relevant. Diese niedrigeren Standards in anderen Ländern werden auch unternehmensintern gerne als *Druckmittel* eingesetzt, um eine „freiwillige" selektive Verringerung der Standards im Unternehmenskontext durchsetzen bzw. Gewerkschaftsforderungen abwehren zu können. Zudem werden niedrigere ausländische Standards auch dadurch genutzt, dass inländische Unternehmer Aufträge an *ausländische Subunternehmer* vergeben, die aufgrund ihrer geringeren Sozialverpflichtungen im Inland billiger anbieten können. Das deutsche und das zukünftige

---

[5] Vgl. zu Sozial- und Umweltstandards auch Abschn. 9.3.

europäische *Lieferkettengesetz* könnten hier allerdings zumindest in Europa zu einem Umdenken beitragen (vgl. Abschn. 4.3).

Neben Sozialstandards beeinflussen **Umweltstandards** die Produktionskosten und
können für Güter aus anderen Ländern Handelshemmnisse darstellen. Der intensivere
Wettbewerb veranlasst sowohl Unternehmen des eigenen Landes als auch ausländische
Exporteure auf Länder mit einem höheren Schutzniveau Druck auszuüben, mit dem Ziel,
die Standards zu senken. Auch hier kann durch Produktionsverlagerungen in Länder mit
geringeren Umweltstandards, beispielsweise in den Bereichen Abwasser, Luftverschmut-
zung, Regenwaldschutz wirtschaftlicher Druck ausgeübt werden.

Der Abbau nationaler **Gesundheits- oder Sicherheitsnormen** beeinflusst unmittelbar
die Qualität des Güterangebots. Ein Verbot von gesundheitsgefährdenden Viehfutterbeiga-
ben oder artfremden Speiseölzusätzen, Sicherheitsstandards bei technischen Geräten oder
Aufsichtsbestimmungen für Dienstleistungen im Finanz- und Versicherungsbereich dienen unmittelbar dem *Verbraucherschutz*. Eine Verringerung des Schutzes führt dazu, dass
die Verbraucher in den Ländern, die zuvor einen höheren Standard gesetzlich festgeschrieben hatten, nicht mehr auf das gewohnte Schutzniveau vertrauen können. Sie haben nur
die Alternative, durch ihre Produktwahl das gewohnte Schutzniveau aufrechtzuerhalten
oder die Preisvorteile von weniger stark geschützten Produkten wahrzunehmen. Es bleibt
also festzuhalten, dass der durch Export- und Importnotwendigkeiten intensivere Wettbewerb Länder dazu bewegen kann, ihre Schutzniveaus zu senken oder zumindest eine Erhöhung der Niveaus nicht mit dem erforderlichen politischen Willen umzusetzen.

Literatur[6]

Caskey, G.W. (2022) *Chinese Development Lending & the Amplification Effect*. https://spaces-cdn.
  owlstown.com/blobs/2s12zgn23pomc1unytrw3t9prlrr
Deuber, L. (2021) *Wie China andere Länder mit Krediten gängelt*; in: SZ vom 01.04.2021
EU (2018) (2020) *Report on the EU customs enforcement of intellectual property rights*
Focus Online (2017) *Bundesnetzagentur alarmiert. Ramsch-Elektrogeräte fluten den Markt*. vom
  17.07.2017; https://www.focus.de/digital/produkte/gefaehrliche-zeitbomben-zahl-seit-2014-
  verdoppelt-ramsch-elektrogeraete ueberschwemmenmarkt_id_7363358.html
Gelper, A. et al. (2021) *How China Lends. A Rare Look into 100 Debt Contracts with Foreign Go-
  vernments*
Harloff, T./Hebermehl, G. (2022) *Batteriezellen-Fertigung in Deutschland und Europa BMW nimmt
  Akku-Kompetenzzentrum bald in Betrieb*; 24.05.2022 https://www.auto-motor-und-sport.de/
  tech-zukunft/alternative-antriebe/batteriezellen-fertigung-deutschland-wo-elektroauto-akkus-
  entstehen/
Horn, S. et al. (2019) *China's Overseas Lending*; in: Kiel Working Paper No. 2132, June 2019
Koch, E. (2022) *Globalisierung: Wirtschaft und Politik. Chancen – Risiken – Antworten*; 3. vollstän-
  dig überarbeitete Aufl., Wiesbaden

---

[6]Letzter Zugriff auf die im Literaturverzeichnis genannten Internetquellen jeweils 07/2022.

Olk, J. (2022) Wie gefährlich Deutschlands Export-Abhängigkeit werden kann; in: Handelsblatt vom 04.07.2022; https://www.handelsblatt.com/politik/deutschland/aussenhandel-wie-gefaehrlich-deutschlands-export-abhaengigkeit-werden-kann/27471338.html

o.V. (2022) *Warum die Aufholjagd bei den Chips zu scheitern droht*; HB vom 6.7.2022; https://www.xing.com/news/articles/warum-die-aufholjagd-bei-den-chips-zu-scheitern-droht-4978020?cce=em5e0cbb4d.%3ACu2l5rc57_Vdz9FCzVtGAN

Mattke, J. et al. (2019) *How an Enterprise Blockchain Application in the U.S. Pharmaceuticals Supply Chain is Saving Lives; in:* MIS Quarterly Executive, Dec 2019

Maxwell, S. (2004) *The Washington Consensus is dead! Long live the (European) meta-narrative!* in: Nord-Süd aktuell, Nr. 4, 2004, S. 683–691

Morscher, C. (2020) *Die holländische Krankheit*; in: WISU Nr. 11/2020, S. 1155.

UNODC (2018) *Annual Report 2018.*

Wipper, A. (2021) *Produktpiraterie – Eine wachsende globale Herausforderung und deren Bekämpfung*; https://kpmg-law.de/newsservice/produktpiraterie-eine-wachsende-globale-herausforderung-und-deren-bekaempfung/

Teil III

Nationale Handelspolitik

Importpolitik 6

Die Liberalisierung der Handelsbeziehungen, also die Ausweitung des *Freihandels*, ist ein wichtiges Element vieler internationaler Vereinbarungen. Für das Allgemeine Zoll- und Handelsabkommen (GATT) und die Welthandelsorganisation (WTO) ist es das Kernprinzip, zudem ist es Auslöser und Kernbestandteil von Integrationsabkommen und bilateralen Handelsabkommen. Dies ist aufgrund der wohlstandsfördernden Funktion des Freihandels nicht verwunderlich: Abgesehen von der größeren Warenvielfalt durch Importe führt der steigende Wettbewerb zu sinkenden Güterpreisen, so dass das Warenangebot tendenziell billiger wird und mehr Menschen Güter erwerben können bzw. mit dem eigenen Einkommen mehr Produkte erwerben können.

Andererseits können zu teuer produzierende inländische Betriebe ihre Wettbewerbsfähigkeit verlieren, so dass die Beschäftigung abnehmen kann und die Anzahl der Personen, die sich die nun preiswerter gewordenen Waren leisten können, sinkt. Wird also Freihandel gefordert, so setzt dies auch die Bereitschaft voraus, die damit verbundenen und notwendig werdenden Anpassungsprozesse zu akzeptieren und von politischer Seite abzufedern oder sogar zu initiieren. Erscheinen die Anpassungskosten aber – evtl. auch nur temporär – als zu hoch, kann es auch im Interesse von Staaten liegen, den freien Handels- und Dienstleistungsaustausch einzuschränken und Handelsbarrieren zu errichten, um die eigene Wirtschaft zu schützen, sich also protektionistisch zu verhalten.

6.1 Freihandel oder Protektionismus?

Während sich ein freihandelsorientiertes Land dem freien internationalen Wettbewerb stellt, bei dem sich seine Wirtschaft laufend den Anforderungen der Weltwirtschaft anpassen muss, entzieht sich ein protektionistisches Land ganz oder teilweise dem inter-

E. Koch, *Internationale Wirtschaftsbeziehungen I*, https://doi.org/10.1007/978-3-658-40069-9_6

nationalen Wettbewerb – zumindest vorübergehend. Auf diese Weise können Arbeitsplätze erhalten werden oder sich hinter dem Schutzschild der außenwirtschaftlichen Protektion neue Produktionszweige entwickeln. Andererseits entzieht sich das Land durch eine solche Strategie dem internationalen Wettbewerb mit dem Risiko, dass sich langfristig eine Schlechterversorgung einstellt und auf Dauer eine noch größere Anzahl von Arbeitsplätzen gefährdet ist. Es besteht daher heute Konsens darüber, dass die Vorteile des Freihandels überwiegen, dennoch reagieren einzelne Länder immer wieder (partiell) protektionistisch, wenn aufgrund struktureller oder konjunktureller Probleme im eigenen Land Produktionsabbau oder Arbeitsplatzverluste drohen.

Schon die klassische Außenhandelstheorie, die im 18. Jahrhundert in England vor allem von *Adam Smith* (1723–1790) und *David Ricardo* (1772–1823) (vgl. Smith 2021, Ricardo 2006) begründet wurde, versuchte zu beweisen, dass ungehinderter internationaler Warenaustausch zu einer Verbesserung der Versorgung aller beteiligten Länder führe und ein Land, das sich gegenüber Importen verschließe, neben seinen Handelspartnern vor allem sich selbst schade. Damit sollte die bislang vorherrschende Auffassung des *Merkantilismus*, der die Maximierung der Exporte und die Erzielung von Handelsbilanzüberschüssen ins Zentrum der Wirtschaftspolitik stellte, widerlegt werden. Aber auch Smith und Ricardo sowie *John Stuart Mill* waren bezüglich der Möglichkeit, allgemeine Freihandelsgrundsätze durchzusetzen, skeptisch. Smith bezeichnete es sogar als Utopie, dass England zum vollständigen Freihandel übergehen werde und identifizierte vier Situationen, in denen protektionistische Maßnahmen zu rechtfertigen seien:

- Güter, die zur Landesverteidigung benötigt werden, sollten selbst produziert und nicht importiert werden;
- wenn einheimische Produkte mit speziellen Steuern belastet sind, sollten Importe ebenfalls durch entsprechende Abgaben belastet werden;
- wenn andere Länder Importabgaben erheben, die die eigenen Exporte im Ausland verteuern, so sollen auch auf Importe aus diesen Ländern Zölle erhoben werden;
- bereits bestehende Importzölle sollten nur schrittweise abgebaut werden, um Wettbewerbsschocks für die bislang geschützte einheimische Industrie zu dämpfen.

Internationaler Handel verläuft nie reibungslos. Die Überwindung von Entfernungen ist mit Sicherheitsrisiken und z. T. erheblichen Transaktionskosten, also Transportkosten oder administrativen Abwicklungsformalitäten bei Grenzüberschreitungen, verbunden. Diese Schwierigkeiten zählen auch zu den Wesensmerkmalen internationalen Handels. Auch der Umgang mit Sprach- und Kulturunterschieden und die Berücksichtigung unterschiedlicher Rechts-, Wirtschafts- und Sozialsysteme war zu allen Zeiten notwendig, um erfolgreich grenzüberschreitenden Handel treiben zu können.

Dennoch kann die nationale Ausgestaltung des Wirtschafts- und Sozialsystems Außenwirtschaftsbeziehungen auch über das normale Maß hinaus behindern und zu Wettbewerbsnachteilen für ausländische Anbieter führen. Dies kann geplant oder auch ungeplant sein. Ungeplante Folgen können etwa dadurch entstehen, dass aufgrund von politisch-gesellschaftlichen Prioritäten neue nationale Lösungen für bestimmte Regelungsbereiche, wie den Verbraucher- und Umweltschutz oder für technische Industrienormen, gefunden werden. Unterschiede in den Regelungen werden dadurch zu Handelshemmnissen, wenn Importeure ihre Produkte an diese neuen Regeln anpassen müssen. Sie wirken dann de facto – zumindest temporär – protektionistisch.

Unter *Protektionismus* soll hier nur der gezielte politische Einsatz von Maßnahmen verstanden werden, mit denen die eigene Wirtschaft zu Lasten ausländischer Wettbewerber begünstigt werden soll, um sie vor ausländischer Konkurrenz zu schützen. Im engeren Sinne sind hierunter alle Importbehinderungen zu fassen, im weiteren Sinne zählen hierzu auch politische Maßnahmen, die den Export fördern, da sie der einheimischen Wirtschaft nicht-marktkonforme Vorteile im internationalen Wettbewerb verschaffen. So können ausländische Produkte gezielt verteuert werden, um ihre Absatzmöglichkeiten im Inland zu verringern, oder sie können, etwa durch Mengenbeschränkungen, direkt vom einheimischen Markt ausgeschlossen werden. Andererseits können einheimische Produzenten gezielt, etwa durch Subventionen, gefördert werden und so gegenüber ausländischen Produkten bevorteilt werden. Anfang der 2000er-Jahre erlaubte die EU beispielsweise Exportsubventionen für europäische Zuckerproduzenten, durch die Zuckerproduzenten in Brasilien, Australien und Thailand benachteiligt wurden, eine Praxis, die durch die WTO unterbunden wurde.

Beispiel USA

Der 2022 in den USA erlassene „Inflation Reduction Act" sieht für die folgenden zehn Jahre massive Steuererleichterungen für Investitionen in die regenerative Energieproduktion vor. Dies soll allerdings vorwiegend für ausschließlich in den USA gefertigte Produkte, wie etwa E-Autos, und nicht etwa für alle auf dem US-Markt verkauften Produkte gelten. Damit fördern diese Subventionen einseitig amerikanische Unternehmen und benachteiligen ausländische Wettbewerber. ◀

Die **Ursachen** für eine protektionistische Politik liegen im Allgemeinen in der mangelnden politischen und ökonomischen Fähigkeit auf eine Reihe ökonomischer Herausforderungen in angemessener Zeit und mit anderen wirtschaftspolitischen Mitteln adäquat zu reagieren. Solche Herausforderungen sind üblicherweise entweder interne Probleme, wie Konjunkturrückschläge, wirtschaftliche Strukturprobleme mit anhaltenden Ungleichgewichten der Leistungsbilanz oder externe Herausforderungen, wie zunehmender oder unfairer Wettbewerb, steigende Rohstoffpreise oder weltweite Nachfrageeinbrüche.

In der Regel führen diese Situationen zu Wachstums- und Beschäftigungsproblemen mit z. T. unkontrollierbaren Sekundärwirkungen bis hin zu innenpolitischen Problemen, Radikalisierungen oder sogar Aufständen und Bürgerkriegen. Um diese Wirkungen abzuschwächen, gibt es prinzipiell zwei Möglichkeiten. Entweder entschließen sich Länder zu einer Politik intensiver Förderung ihrer eigenen Industrie *(Industriepolitik)*, etwa durch Subventionen, oder sie greifen zu protektionistischen Maßnahmen, durch die sie den Druck auf die einheimischen Produzenten vorübergehend mindern wollen und die auch zu

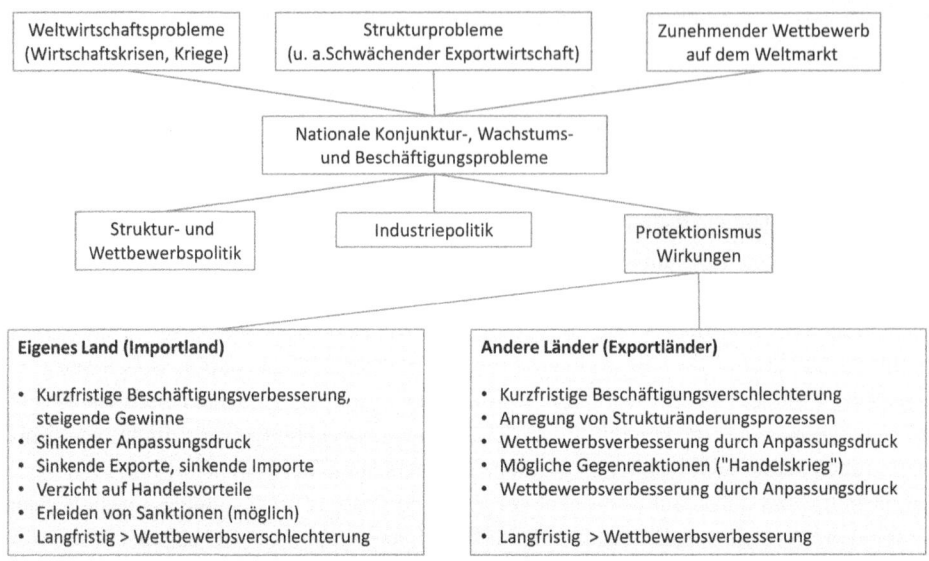

Abb. 6.1 Protektionismus: Ursachen und Wirkungen

einer meist kurzfristigen Stabilisierung der Beschäftigungssituation führen können. Dabei werden allerdings häufig die Interessen nicht nur der Konsumenten, sondern auch der eigenen weiterverarbeitenden Industrien übersehen, die Verluste durch den Verzicht auf Kostenvorteile durch Importe hinnehmen und mit möglichen Gegenreaktionen der Handelspartner rechnen müssen. Bei diesen können wiederum (positive) Struktur-änderungsprozesse mit der Folge weiterer Wettbewerbsverbesserungen angeregt werden.

Protektionismus umfasst auf *nationaler Ebene* verschiedene Instrumente, wie die Einführung von Zöllen oder Mengenbeschränkungen für Importe, (überraschend ein-geführte) neue nationale Standards zur Erschwerung von Importen nicht standard-konformer ausländischer Produkte oder die gezielte Exportförderung zur Verbesserung der nationalen Wettbewerbsfähigkeit gegenüber Importprodukten. Aufgrund der dynami-schen Entwicklung der Weltwirtschaft werden solche Maßnahmen allerdings meist zeit-lich und sektoral begrenzt und variabel eingesetzt, um langfristige Wachstums- und Ent-wicklungsverluste, die dem Land durch eine (partielle) Abkopplung von der internationalen Arbeitsteilung entstehen, zu verhindern. Vgl. hierzu die Übersicht in Abb. 6.1.

6.2   Zölle als Instrument der Protektion

Zölle sind das klassische Instrument des Protektionismus, mit dem ein Land versucht, sich einen Vorteil zu Lasten eines anderen Landes zu verschaffen. Die Erhebung von Zöllen wird auch als *tarifäre Protektion* bezeichnet. Importzölle sind staatliche Abgaben, die auf Importgüter erhoben werden, wenn die Waren die Staats- bzw. Zollgrenzen überschreiten. Daneben sind auch Export- und Transitzölle möglich. Von Zöllen und anderen handelsbeschränkenden Maßnahmen erhofft man sich bestimmte Wirkungen. Bei Zöllen dominiert entweder die protektionistische Schutz- oder die fiskalische Ertragswirkung.

6.2.1   Wirkungen von Zöllen

Neben anderen Wirkungen ist der wichtigste angestrebte Effekt von Zöllen im Regelfall der Schutz der einheimischen Wirtschaft.

6.2.1.1   Schutzwirkungen

Durch den Zoll wird das ausländische Produkt mit einer zusätzlichen Abgabe belastet, so dass es nur zu einem höheren Preis in dem „geschützten" Land verkauft werden kann. Es sei denn, das Exportland senkt seine Güterpreise etwa in Höhe der Zölle, so dass sich die Produkte im Importland praktisch nicht verteuern. Im Grenzfall kann der Zoll jedoch durch seine Höhe prohibitiv wirken und damit praktisch ein Importverbot bewirken. Allerdings werden hohe Zölle (oder Importverbote) Umgehungsstrategien anregen, indem Güter dann auch illegal (Schmuggel) importiert werden.

Die erhofften Schutzeffekte entsprechen im Wesentlichen denen, die schon oben angesprochen wurden: Sehr häufig sollen **etablierte Wirtschaftssektoren** oder **bestehende regionale Wirtschaftsstrukturen** geschützt werden. Dies trifft besonders häufig auf „alte Industrien", wie den Agrar-, Energie-, Grundstoff- oder Textilsektor zu, die dem internationalen Wettbewerb nicht mehr standhalten können. Schutzzölle sollen die mit dem notwendigen Strukturwandel verknüpften negativen wirtschaftlichen Konsequenzen, wie Produktions- und Einkommenseinbußen oder Arbeitsplatzverluste, für alle Beteiligten verringern oder zeitlich strecken. Im günstigsten Fall werden die Zölle zeitlich begrenzt, um die Folgen „sozial abfedern" zu können.

Beispiel

Im Juli 2022 beschloss Großbritannien Einfuhrbeschränkungen für Stahl. Diese sehen vor, dass nur eine bestimmte Menge an Stahl aus Ländern mit billiger Produktion importiert werden darf, alles, was darüber hinaus geht, wird mit einem Zoll von 25 % belegt. Aus Sicht des Handelsministeriums wären die britischen Stahlhersteller „ernsthaft geschädigt" worden, würde die Regierung nicht eingreifen. Damit wird allerdings in Kauf genommen, dass der Stahlpreis höher sein wird, als er es ohne die Schutzmaßnahmen wäre. Das wiederum stört jene Industriezweige, die Stahl weiterverarbeiten, die für den benötigten Stahl nun höhere Preise zahlen müssen. Die *Confederation of British Metalforming* erklärte daher, dass die Schutzzölle sowohl für die Autobauer als auch die Luft- und Raumfahrtindustrie „unnötige Schmerzen, finanziellen Schaden und Unterbrechungen der Lieferketten" bedeuten (vgl. Mühlauer 2022) ◀

Konsequenz der genannten Schutzwirkungen sind positive Beschäftigungseffekte in dem geschützten Wirtschaftszweig, da zumindest kurzfristig keine Arbeitsplätze, hier bei den britischen Stahlproduzenten, abgebaut werden müssen. Die dann zunehmende Nachfrage nach geschützten Gütern kann zu Beschäftigungssteigerungen und damit zu wachsenden Einkommen führen. Die Einkommen werden dann in Abhängigkeit von der volkswirtschaftlichen Konsumquote wieder zu Nachfrage und können neue Investitionen induzieren (sog. *Multiplikatoreffekte*). Treten diese Effekte tatsächlich auf, dürften die durch die Zölle zunächst zurückgedrängten Importe wieder steigen, da empirisch die Höhe der Importe von dem Wohlstand des importierenden Landes abhängt: Zunehmende Einkommen erhöhen die Nachfrage nach Importprodukten.

Alternativ hierzu lassen sich durch Schutzzölle junge Wirtschaftszweige schützen. Solche **Erziehungszölle** können sowohl zur Absicherung einer Importsubstitutionspolitik, also der Produktion von Gütern, die Importe ersetzen sollen, als auch zur Entwicklung einer Exportindustrie eingesetzt werden. Sollen diese Ziele durch eigene Anstrengungen, also nicht durch den Import der Produktionstechnologie, erreicht werden, ist dies meist nur möglich, wenn den neuen Industrien eine „Schonzeit" gewährt wird, in der sie versuchen sollen, internationale Wettbewerbsfähigkeit zu erlangen. Werden in einem Land neue Industriezweige *(infant industries)* aufgebaut, können diese sich in der Anfangsphase meist noch nicht gegen eine überlegene ausländische Konkurrenz durchsetzen. Durch einen temporären Zollschutz, der degressiv gestaltet sein sollte, könnten sie jedoch in die Lage versetzt werden, Kapazitäten aufzubauen, Märkte zu schaffen, Know-how zu erwerben und ihre Produktivität zu erhöhen. Sind die jungen Industrien stark genug, um in einen Wettbewerb mit der Auslandskonkurrenz einzutreten, sollten die künstlichen Wettbewerbsvorteile wieder rückgängig gemacht werden.

> „Das Erziehungszollargument wurde ursprünglich von Alexander Hamilton (1791) in seinem ‚Report on Manufactures' formuliert, ist aber besonders verbunden mit dem Namen des deutschen Ökonomen *Friedrich List* (1841). List war, wie auch Hamilton, ein Verfechter des Freihandels. Er vertrat jedoch die Auffassung, Freihandel sei nur vorteilhaft zwischen Nationen gleicher Entwicklungsstufe, ein weniger entwickeltes Land (Deutschland) könne, wenn es mit einem weiter entwickelten Land (England) konkurriere, durch temporäre Schutzzölle die eigene Entwicklung beschleunigen." (Wagner 1990)

Echte Erziehungszölle sollten immer nur temporär eingesetzt werden, um die Entwicklung eines international akzeptablen Qualitätsniveaus und einer wettbewerbsfähigen Kostenstruktur zu erreichen. Baut ein noch nicht wettbewerbsfähiges Land bestehende Schutzzölle im Rahmen einer Handelsliberalisierung allerdings zu rasch ab, besteht die Gefahr, dass die Nachfrager auf Importprodukte ausweichen, wenn diese Vorteile (Preis, Qualität, Image) gegenüber den heimischen Produkten aufweisen. Die Folge wären Produktionsrückgänge mit negativen Beschäftigungseffekten. Da Neuinvestitionen wegen des hohen Absatzrisikos vermutlich ausbleiben würden, würden die einheimischen Produkte vom Markt verschwinden. In der heutigen Zeit bevorzugen die meisten Entwicklungsländer allerdings die Alternative, eigene Industrieentwicklungen durch gezielte *Förderung von Direktinvestitionen* ausländischer Unternehmen zu ersetzen, etwa durch die Bereitstellung von *Sonderwirtschaftszonen (special economic zones)* das Know-how also zu importieren und nicht selbst zu entwickeln. (vgl. Abschn. 7.3.5). Eine Absicherung über Erziehungszölle kann in diesen Fällen also entfallen.

Beispiel

Eine dem Erziehungszollkonzept entsprechende Protektionismus-Variante würde die degressive Förderung neuer einheimischer Industrien darstellen. Mit gewissen Einschränkungen wurde dieser Ansatz von Japan in den 1980er-Jahren bei der vom japanischen Handelsministerium *(MITI)* unterstützten High-Tech-Förderung, bei dem von mehreren europäischen Staaten unterstützten Aufbau von *Airbus Industries* in Europa in den 1980er- und 1990er-Jahren sowie bei der staatlichen Unterstützung der Aufholjagd der zu jenem Zeitpunkt rückständigen deutschen Speicherchip-Industrie in den 1990er-Jahren praktiziert. ◄

Die durch die Schutzwirkung garantierte Aufrechterhaltung bzw. durch das Zurückdrängen der Auslandskonkurrenz steigende Produktion und die tendenziell steigenden Inlandspreise für Inlandsgüter erhöhen die Gewinne derjenigen Produzenten, die sonst ihre Produktion aufgrund der niedrigeren Weltmarktpreise hätten aufgeben müssen sowie der Produzenten, die auch zu niedrigeren Preisen hätten anbieten können. Damit entstehen **Umverteilungswirkungen** zugunsten des geschützten Sektors. Handelt es sich bei den geschützten Gütern um Konsumgüter, werden die höheren Kosten meist auf die Endverbraucherpreise überwälzt und müssen dann von den Konsumenten getragen werden. Damit gehen die Verteilungsgewinne der Produzenten zu Lasten der Konsumenten.

6.2.1.2 Ertragswirkungen

Zölle als staatliche Einnahmequelle haben vor allem historisch eine große Bedeutung. In den USA waren Zölle um 1850 die größte staatliche Einnahmequelle, in der Schweiz galt dies noch nach dem Zweiten Weltkrieg und in mehreren Entwicklungsländern ist dies noch heute so, aus folgenden Gründen:

- In Agrarwirtschaften ist die *Erfassung und Besteuerung von Einkommen* vielfach nur unter erschwerten Bedingungen möglich: Eigenverbrauch, Einnahmen auf ländlichen Märkten oder Tauschgeschäfte sind nur schwer zu besteuern.
- Es fehlt vielfach ein *rationales Steuersystem* oder wird, falls vorhanden, nicht konsequent angewandt, so dass die reicheren Bevölkerungsschichten an der Finanzierung des Staatshaushalts nicht beteiligt werden. Darüber hinaus fehlen Steuerehrlichkeit auf der einen sowie der politische Wille Kontrollen durchzuführen auf der anderen Seite.
- Alternativ dazu sind Zölle durch die Zollinstanzen an genau fixierten Orten, den Zollstellen, für relativ genau zu erfassende Export- und Importtransaktionen vergleichsweise *einfach zu erheben.*

In Ländern, in denen Zolleinnahmen von größerer Bedeutung sind, spielen meist auch indirekte Steuern, wie Verbrauchs- oder Umsatzsteuern (z. B. Mineralöl- und Mehrwertsteuer), eine größere Rolle. Tatsächlich wirken Zölle wie indirekte Steuern. Indirekte Steuern sind solche Steuern, die von den Unternehmen bzw. den Importeuren an den Staat direkt abgeführt, aber auf die Konsumenten überwälzt und daher indirekt von diesen getragen werden. Die Zollertragswirkungen sind ein wichtiger Grund für die geringe Bereitschaft einzelner Länder an Zollsenkungsabkommen (etwa im Rahmen der WTO-Abkommen) teilzunehmen.

Unter **Finanzzöllen** versteht man solche Zölle, die *ausschließlich* aus Ertragsgründen erhoben werden. Um den Zollertrag möglichst konstant zu halten, werden diese Zölle gern auf Güter erhoben, die weitgehend *preisunelastisch* reagieren, deren Nachfrage also gar nicht oder nur in sehr geringem Umfang auf Preisänderungen reagiert.

Schutz- und Ertragseffekte können miteinander konkurrieren: Ein niedriger Zollsatz hat nur eine geringe Schutzwirkung, kann aber durch den Mengeneffekt eine erhebliche Ertragswirkung haben. Ein hoher Zollsatz hat einen großen Schutzeffekt, aber infolge des Mengeneffekts möglicherweise nur eine geringe Ertragswirkung. Tritt der größte Schutzeffekt ein, finden also Importe aus Preisgründen nicht mehr statt, entfällt die Ertragswirkung.

6.2.1.3 Abwehr von Protektionismus Dritter

Zölle können gezielt als Straf- oder Vergeltungszölle (*Retorsionszölle*) gegen ausländische Handelsbeschränkungen eingesetzt werden. Ziel ist es, durch dieses Druckmittel das Ausland zu bewegen, bereits erlassene Importrestriktionen wieder aufzuheben (vgl. Abschn. 8.2.2).

> **Beispiel**
>
> 2018 verkündete der damalige US-Präsident Trump Sonderzölle auf chinesische Waren im Wert von zunächst 50 Mrd US$ später von 350 Mrd US$ als Reaktion auf angenommene unfaire Handelspraktiken Chinas. China reagierte mit entsprechenden Retorsionszöllen. Da die Zölle die Importe verteuern und zur Erhöhung der Inflation beitragen wurde 2022 von der Biden-Regierung erwogen, die Sonderzölle zu reduzieren, um die Inflation in den USA zu drücken. ◄

Eine besondere Form der Strafzölle stellen **Antidumpingzölle** dar, die ungerechtfertigte Absatznachteile für einheimische Produzenten verringern sollen. Unter *Dumping* versteht man grundsätzlich den Verkauf unterhalb der Gestehungskosten eines Produkts. Im Außenwirtschaftsbereich liegt Dumping schon dann vor, wenn ein Produkt im Importland zu niedrigeren Preisen als im Herstellungsland verkauft wird. In diesen Fällen kann vermutet werden, dass der niedrigere Exportpreis durch höhere Gewinnmargen im Inland subventioniert wird, um auf dem Exportmarkt strategische Vorteile zu erzielen. Ein Antidumpingzoll kann dann erhoben werden, wenn ein Wirtschaftszweig im Importland aufgrund der Dumping-Situation geschädigt wird (oder geschädigt zu werden droht). Durch diese Maßnahme soll nun – zeitlich limitiert – der Marktpreis für die Dumping-Produkte die unfairen Wettbewerbsvorteile kompensieren. Antidumping-Maßnahmen sind WTO-konform und haben in der Vergangenheit nie zu Vergeltungsmaßnahmen des durch die Maßnahmen betroffenen Staates geführt.

> „Im Februar 2022 verhängte die EU Antidumpingzölle auf einen Großteil chinesischer Schraubenprodukte … Bereits im Jahr 2009 hat die EU-Kommission … Schutzzölle von zunächst 85 % verhängt. Die mussten sieben Jahre später wieder aufgehoben werden, nach einer Klage Chinas bei der Welthandelsorganisation WTO. Die Europäer … hätten zur Begründung der Zölle unzulässige Vergleichszahlen herangezogen. Und genau das macht alle Antidumping-Verfahren gegen chinesische Produkte schwierig. Denn auf Preisinformationen aus China will sich die EU nicht verlassen … Daher nutzt die Kommission die Produktionskosten von Vergleichsländern. Im Fall der Schrauben ist das jetzt Thailand. Nach ausführlicher Untersuchung kommt Brüssel zu dem Ergebnis: China ist hier viel zu billig. Daher schlägt sie einen Antidumpingzoll von 86,5 % auf die meisten Schraubenprodukte vor." (Hochrebe 2022)

Neben den Antidumpingzöllen unterscheidet man noch **Antisubventionszölle**, also Zölle, die unzulässige Subventionen des Exportlandes kompensieren sollen. So verlängerte die EU 2020 die seit 2014 bestehenden Antisubventionszölle (3 bis 17 %) und Antidumpingzölle (17 bis 75 %) gegen Importe von Solarglas aus China.

Die Einleitung von Antidumping-Verfahren durch die EU-Kommission setzt eine Beschwerde des durch die ausländischen Niedrigpreise geschädigten EU-Herstellers voraus. EU-Beamte kontrollieren daraufhin in den Herstellungsländern die Produktions- und Kostendaten der angeschuldigten Exportunternehmen. Diese gewähren den Fahndern im Allgemeinen Einsichtnahme in ihre Bücher, allerdings erschweren Rechtsunterschiede, insbesondere im Handels- und Unternehmensrecht, sowie die Vielzahl der zu berücksichtigenden Kostenfaktoren eine Beurteilung. Auf der Grundlage der vorliegenden Informationen prüft die Kommission die Berechtigung der Beschwerde, stellt also fest, ob „gedumpt" wurde und hierdurch die Beschwerdeführer in der EU geschädigt wurden und legt dann gegebenenfalls einen Antidumpingzoll in Höhe des berechneten Preisunterschieds fest. Die übliche Laufzeit für diesen Zoll beträgt bei der EU fünf Jahre (s.a. EU 2022/2).

Beispiel

2022 wies die EU-Kommission einen Antrag des Verbands der Europäischen Stahlhersteller zurück, Anti-Dumping Maßnahmen gegen indische und indonesische Stahllieferanten zu beschließen, da „keine massiven Einfuhren einer Ware innerhalb einer relativ kurzen Zeitspanne stattgefunden hatten, für die in den betroffenen Ländern anfechtbare Subventionen gewährt worden waren." (EU 2022/1) ◄

Wie alle protektionistischen Maßnahmen sind auch Antidumping-Maßnahmen umstritten. Einerseits ist die Abwehr *unfairer Handelspraktiken* zum Schutz der einheimischen Wirtschaft durchaus legitim, da ohne einen derartigen Schutz der betroffene einheimische Industriezweig tatsächlich in erhebliche Schwierigkeiten geraten kann. Andererseits ist eine klare Trennung zwischen legitimer Abwehr und einer die eigene Industrie fördernden *Industriepolitik* jedoch nicht immer möglich und auch nicht erwünscht. Abgesehen davon, dass eine Kostenüberprüfung nur in seltenen Fällen vollständig und objektiv erfolgen kann, ist eine strategische Differenzierung der Verkaufspreise auf verschiedenen Märkten ein wichtiges Element im Marketing-Mix eines Unternehmens. Es ist nachvollziehbar, dass dieses den Preis seiner Produkte auf neuen Märkten markt- und wettbewerbsorientiert und damit gegebenenfalls auch unter dem Preis im Ursprungsland festlegen möchte. Die Zugrundelegung und Berechnung von Kostenpreisen ist daher generell problematisch.

Problematisch erscheint auch, dass Antidumping-Maßnahmen lediglich die Interessen der Wettbewerber berücksichtigen, nicht jedoch diejenigen der Konsumenten oder der Produzenten im Importland, die Importe als Vorprodukte einsetzen. Sind die von dem Antidumpingzoll betroffenen Waren Halbfertigwaren, werden von den Preiserhöhungen sowohl Produzenten als auch Konsumenten betroffen. So benachteiligt ein Antidumping- zoll auf PC-Hardware beispielsweise die europäischen PC-Anbieter und ein entsprechender Zoll auf Kleinuhrwerke benachteiligt deutsche Uhrenproduzenten.

6.2.2 Zollarten

Grundsätzlich können Zölle auf alle Waren in allen Verarbeitungsstufen erhoben werden: **Zölle auf Rohstoffe** oder **Halbfertigprodukte**, die als Vorprodukte in die inländische Produktion eingehen (s.o.) verringern allerdings die Wettbewerbsfähigkeit der ein- heimischen Produkte, da die Zölle als Kosten in die Verkaufspreise der Endprodukte ein- gehen. Werden Zölle dagegen auf **Fertigprodukte** erhoben, die mit Inlandsgütern konkur- rieren, können sie gegebenenfalls die von ihnen erwartete Schutzwirkung entfalten. Eine *optimale Schutzwirkung* wird durch die Kombination von hohen Zöllen auf Konkurrenz- produkte und Niedrigzöllen auf Rohstoffe und Vorprodukte erreicht, eine *hohe Ertrags- wirkung* dagegen durch die umgekehrte Kombination. Grundsätzlich schützt also eine geringe Zollbelastung von Rohstoffen die eigene Wettbewerbsposition. Niedrigzölle stel- len damit i. d. R. kein Entgegenkommen von Industrieländern gegenüber rohstoff- exportierenden Entwicklungsländern dar. Tatsächlich schützen sich die Industrieländer i. d. R. durch ein abgestuftes Zollsystem, bei dem der Zollsatz mit dem Grad der Ver- arbeitung bzw. Veredelung der Ware steigt *(Kaskadenzölle)*.

Bislang wurde bei der Diskussion der Schutzwirkungen von **Importzöllen** aus- gegangen. Werden Ertragswirkungen angestrebt, können jedoch **Exportzölle** ebenfalls von Bedeutung sein, da hier ein leichter Zugang zum „Besteuerungsobjekt" gewährleistet ist. Auf diese Weise werden jedoch prinzipiell erwünschte Exporte erschwert, der Ent- scheidung Exportzölle zu erheben muss daher eine sorgfältige Wirkungsanalyse voran- gehen. Grundsätzlich werden Exportzölle daher auch eher bei preisunelastischen Gütern eingesetzt, bei denen eine Preiserhöhung kaum Absatzrückgänge auf dem Weltmarkt er- warten lässt. Außerdem können sie erhoben werden, um den Export von im Inland be- nötigten Gütern, wie Lebensmitteln oder strategisch wichtigen Gütern, zu erschweren.

Neben Im- und Exportzöllen werden auch **Transitzölle** auf ausländische Waren, die durch das Land transportiert werden, erhoben. Auch hier steht die Ertragswirkung im Vordergrund. Zusätzlich können diese Zölle aber auch aufgrund ökologischer Gesichtspunkte, etwa um die Auswirkungen der zunehmenden Verkehrsbelastung partiell zu kompensieren, gerechtfertigt werden.

Nach der **Art der Bemessungsgrundlage** wird unterschieden zwischen Mengenzöllen und Wertzöllen sowie Mischzöllen, die beide Formen kombinieren. Beim **Mengenzoll** (*spezifischer Zoll*), wird die Menge (Stückzahl, Gewicht etc.) der importierten Ware der Zollerhebung zugrunde gelegt, pro Mengeneinheit wird eine fixe Abgabe erhoben. Mengenzölle belasten somit billigere Waren relativ stärker. Wird z. B. auf einen Liter Wein 1 Euro Zoll erhoben, beträgt der umgerechnete Wertzoll pro Liter bei einem Importwert von 3 Euro pro Liter 33 %, bei einem Importwert von 10 Euro pro Liter nur 10 %. Bei dem in der Praxis dominierenden **Wertzoll** wird ein bestimmter Prozentsatz des Warenwertes als Abgabe erhoben, dies sorgt so für eine eher ausgewogene Belastung teurer und billiger Waren. **Mischzölle** können entweder als Gleitzoll die Form einer variablen Abgabe aufweisen, wie beispielsweise die frühere Abschöpfung im Rahmen der EU-Agrarmarktordnung, oder sie stellen eine Kombination von Mengen- und Wertzoll dar. So kann grundsätzlich ein Wertzoll angewandt werden, der dann, wenn aufgrund von Preisrückgängen ein Mindestwert unterschritten wird, von einer festen Mindestabgabe pro Mengeneinheit abgelöst wird. Durch die Mindestabgabe behindern Mischzölle tendenziell eher Billigimporte.

Beispiel

Zucker soll mit einem Mischzoll von 10 % Wertzoll, mindestens jedoch 20 Euro Zoll pro Tonne belegt werden. Bei einem Preis von 200 Euro pro Tonne beträgt der Zoll bei beiden Berechnungsarten 20 Euro. Steigt der Zuckerpreis, wird der Wertzoll, fällt der Preis, wird der Mengenzoll als Mindestzoll zugrunde gelegt: Bei einem Preis von 250 Euro pro Tonne steigt der Zoll demnach auf 25 Euro pro Tonne, fällt der Preis auf 180 Euro, wird weiterhin der feste Zollsatz von 20 Euro erhoben. ◄

Abgesehen von der Tatsache, dass die Erhebung neuer Zölle nicht WTO-konform ist, weisen Zölle für die zollerlassenden Länder auch wesentliche **Nachteile** auf: Sie sind nur schwer zu ändern, da sie als steuerähnliche Staatseinnahmen von der *Legislative* beschlossen werden müssen, *ad hoc* Anpassungen sind damit praktisch ausgeschlossen. Zudem können sie durch Preiszugeständnisse der Anbieter kompensiert werden und verlieren damit ihre Schutzwirkung. Die Ertragswirkungen sind ungewiss und ließen sich wirkungsvoller durch ein effizientes Steuersystem sicherstellen. Zölle sind daher, vor allem auch wegen der von den Inländern zu tragenden Kosten, nur in Ausnahmefällen zu rechtfertigen. Vgl. zu den verschiedenen Protektionsinstrumenten Abb. 6.2.

Zölle (Tarifäre Protektion)	Nicht-tarifäre Handelshemmnisse (NTH)

• Schutzzoll
  (schützt ältere Industrien)
 	
• Erziehungszoll
  (schützt „infant industries")
 	
• Finanzzoll (Ertragswirkungen)
 	
• Strafzoll (Retorsionszoll)
 	
• Antidumpingzoll
 	
• Antisubventionszoll
 	
• Kaskadenzoll
  (Abgestuftes System)
 	
• Exportzoll
 	
• Transitzoll
 	
Erhebungsbasis
Mengen-, Wert- und Mischzölle
 	
Wirkungen
Schutz- und Ertragswirkungen
	• Mengenbeschränkungen (Kontingente)
	
	• Selbstbeschränkungsabkommen (SBA)
	
	• Willkürliche Nutzung von Ermessensspielräumen
	  (z.B. Zuordnung zu Zolltarifen, Ermittlung des Zollwerts)
	
	• (Illegale) Zusatzgebühren und unterschiedliche
	  Abfertigungspraxis für Importe
	
	• Importbedingungen und diskriminierende administrative
	  Regelungen (umständliche, häufig geänderte Formalitäten ,
	  Vorschriften, und Verfahren)
	
	• Staatliche Auftragsvergabe
	  (mit Benachteiligung ausländischer Anbieter)
	
	• Einführung neuer technischer und rechtlicher Normen,
	  Standards oder Vorschriften
	
	• Ursprungsregelungen und „local content"
	
	• Industriepolitik und Subventionen
	
	• Sonstige Beschränkungen (Buy-national, Tauschgeschäfte,
	  Probleme beim Urheberrechtsschutz, Industriepolitik ...)

Abb. 6.2

6.3   Nicht-tarifäre Handelshemmnisse

Die durch die beiden Ölpreiserhöhungen jeweils zu Beginn der 1970er- und 1980er-Jahre ausgelösten *weltweiten Wirtschaftskrisen* begünstigten in den Industrieländern die Einführung protektionistischer Maßnahmen. Im Fokus stand dabei die Senkung der hohen Arbeitslosenraten, während die Kosten der Protektion vernachlässigt wurden. Hinzu kam, dass die neue Konkurrenz aus Ost- und Südostasien, vor allem Japan und die „Tigerstaaten", spätestens seit Mitte der 1980er-Jahre die etablierten Industrienationen vor neue Herausforderungen stellte. Gleichzeitig fand eine intensive Diskussion über ungleich verteilte Handelsvorteile statt, mit der Folge, dass der bisherige Konsens über die allgemeine Vorteilhaftigkeit des freien Welthandels aufgekündigt wurde und dem Schutz einheimischer Arbeitsplätze Vorrang eingeräumt wurde. Die Wachstumsschwäche der Industrieländer verbunden mit einem *weltweiten Strukturwandel* setzte zusätzliche Arbeitskräfte frei, so dass die Industrieländer auch aus längerfristig-strukturellen Gründen mehr Protektion wünschten. Dieser Strukturwandel war ebenfalls durch den wachsenden Wettbewerbsdruck vor allem aus den asiatischen Schwellenländern, in den Bereichen Stahl, Schiffbau, Textilien, Elektronik provoziert worden.

Beispiel

Der Anteil der westlichen Industrieländer an der in diesem Zeitraum nur unwesentlich gestiegenen *Weltstahlerzeugung* verringerte sich von 66 % (1975) auf 49 % (1986), während im gleichen Zeitraum der Anteil der Entwicklungsländer von 8 % auf 20 % anstieg. Die Anzahl der Beschäftigten in der bundesdeutschen *Werftindustrie* verringerte sich von 78.000 (1975) auf 34.000 Personen (1988), während in der Zwischenzeit Südkorea nach Japan auf den zweiten und Taiwan auf den vierten Platz im Weltschiffbau vorgerückt waren. ◄

Verschärfend kam der in den 1970er-Jahren vollzogene weltweite Übergang zu *flexiblen Wechselkursen* hinzu. Die damit einhergehenden stark angestiegenen internationalen Kapitalströme führten zu teils heftigen Wechselkursschwankungen und längerfristigen Währungsungleichgewichten, die Exporteinbußen in den Aufwertungsländern und Produktionsverlagerungen in die Abwertungsländer nach sich zogen. Dies führte zu Beschäftigungsproblemen in den Aufwertungsländern und damit in den meisten Industrieländern zu der Bereitschaft, die nationale Industrie durch eine Vielzahl von Maßnahmen zu fördern, durch Industriepolitik sowie durch protektionistischer Maßnahmen. Da die meisten Länder Mitglieder der WTO waren, konnten sie Zölle aber nur noch in bestimmten Ausnahmefällen einsetzen.

Der wachsende Protektionismus äußerte sich vielmehr in handelsbeschränkenden Maßnahmen neuen Typs, in sog. **nicht-tarifären Handelshemmnissen (NTH),** mit denen die strikten WTO-Regeln umgangen werden konnten. Unter NTH werden Maßnahmen zusammengefasst, die beabsichtigt – evtl. auch unbeabsichtigt – ausländischen Unternehmen den Zugang zum inländischen Markt erschweren und damit den internationalen Güteraustausch behindern, aber *keine Zölle* oder vergleichbare Grenzabgaben sind. Aufgrund ihrer Intransparenz lassen sie sich nur schwer erfassen. Bereits Ende der 1980er-Jahre identifizierte das damalige GATT-Sekretariat mehr als 800 Typen solcher „Grauzonen-Maßnahmen", die von Mengenbeschränkungen, über Selbstbeschränkungsabkommen, Subventionen und technischen Vorschriften bis hin zu umständlichen bürokratischen Grenzkontrollen reichen. Das GATT/WTO-Abkommen verbietet NTH zwar grundsätzlich, lässt diese jedoch unter bestimmten Voraussetzungen zu, etwa im Agrarbereich oder bei genau definierten wirtschaftspolitischen Problemen, wobei die Maßnahmen der WTO gegenüber offengelegt werden müssen (vgl. Fröhlich 1988).

NTH bringen für diejenigen Länder, die aus unterschiedlichen Gründen Importe reduzieren möchten, eine Reihe von Vorteilen mit sich: Sie sind flexibel einsetzbar, wenig transparent und können durch die Verknüpfung mit nationalen Besonderheiten meist gut legitimiert werden. Im Laufe der Jahre haben sich daher unterschiedlichste Praktiken nicht-tarifärer Protektion herausgebildet, die entweder den Zugang ausländischer Anbieter zu den inländischen Märkten behindern oder die Wettbewerbsfähigkeit inländischer Produzenten gegenüber der ausländischen Konkurrenz auf dem einheimischen oder dem internationalen Markt künstlich verbessern. NTH können, ähnlich wie Zölle, gezielt zur Erreichung bestimmter Wirkungen eingesetzt werden, vor allem zum *Schutz der einheimischen Produzenten und der Arbeitnehmer* vor *Umsatz- und Beschäftigungsverlusten*, zum Abbau von *Leistungsbilanzdefiziten*, um die *Auslandsverschuldung* zu verringern oder zur Sicherung des *Fortbestehens wichtiger Wirtschaftszweige* im Inland, wie z. B. der Grundstoff-, Rüstungs- oder Fahrzeugindustrie. In allen genannten Fällen verfolgen entsprechende Maßnahmen eine direkte protektionistische Zielsetzung.

Beispiel

Saudi-Arabien ist einer der wichtigsten Absatzmärkte von *Cosnova*, einem deutschen mittelständischen Kosmetikunternehmen. Mit dem Export sind allerdings auch einige Hürden verbunden. *Cosnova* benötigt für jedes Produkt ein Produktanalysezertifikat und für jede Warensendung eine Verschiffungsbescheinigung. Es muss zum Beispiel bestätigt werden, dass *Cosnova* Kosmetika keine Inhaltsstoffe enthalten, wie Alkohol oder tierische Inhaltsstoffe vom Schwein, die in Saudi-Arabien verboten sind. Alle Waren müssen daher zuvor in speziellen Labors getestet und zertifiziert werden, eine Prozedur, die Zeit und Geld kostet. Zudem ändern etliche Staaten ihre Importregeln häufiger und kündigen dies zuvor auch nicht an (vgl. Markt und Mittelstand 2020). ◄

Andererseits können NTH auch unmittelbare Folge wirtschaftspolitischer Maßnahmen oder rechtlicher Vorschriften sein und somit eher *unbeabsichtigt* und indirekt den internationalen Handel behindern. So führte das „Reinheitsgebot" für deutsches Bier früher zu einem Verbot für den Vertrieb von Bieren, die diesen Herstellungsvorschriften nicht genügten, also praktisch zu einem Importverbot für ausländische Biere. Auch wenn NTH die betroffenen Wirtschaftszweige kurzfristig schützen, bleibt das Problem, dass durch sie Strukturanpassungsprozesse verzögert werden und somit auch Wachstums- und Beschäftigungseinbußen eintreten können. Dies gilt umso mehr, als Handelsbeschränkungen in vielen Fällen weitere Handelsbeschränkungen nach sich ziehen oder mit Vergeltungsmaßnahmen der betroffenen Länder beantwortet werden können.

Neben Zöllen und NTH beeinflussen **nationale Präferenzmaßnahmen,** also die Einräumung von handelspolitischen Vorteilen für bestimmte Länder bzw. Ländergruppen, sowie eine *Integrationspolitik*, mit der der wirtschaftliche Zusammenschluss einer Ländergruppe etwa in der Form einer Freihandelszone beabsichtigt wird, den internationalen Handel. Ergebnisse solcher Politik sind Handelsvergünstigungen für ausgewählte Handelspartner, entweder unter Umgehung der WTO-Bestimmungen oder im Einklang mit Sonderregelungen, und eine tendenzielle indirekte Benachteiligung von Ländern, die nicht unter die Präferenzregelung fallen bzw. nicht dem Integrationsraum angehören.

6.3.1 Mengenbeschränkungen

Eine quantitative Verringerung von Importen kann grundsätzlich durch Mengenbeschränkungen oder freiwillige Exportbeschränkungen der Exportländer erreicht werden. Mengenbeschränkungen *(Kontingente)* verringern den Konkurrenzdruck im Inland und verbessern somit unmittelbar die Marktchancen inländischer Anbieter. Sie verschaffen somit den inländischen Anbietern zusätzliche Gewinne *(Kontingentsrente)*, allerdings wieder auf Kosten der Konsumenten. Die Schutzwirkung für die nationale Wirtschaft ist durch Kontingente zuverlässiger und direkter als durch Zölle, die zwar den Einfuhrpreis ausländischer Produkte erhöhen, aber damit keine höheren Angebotspreise für importierte Produkte garantieren können. Kontingente können mit Zöllen kombiniert werden, indem beispielsweise ein bestimmtes Kontingent zollfrei importiert werden darf und die darüber hinausgehenden Importe mit Zöllen belegt werden. Ein Kontingent von Null ist gleichbedeutend mit einem permanenten oder temporären Importverbot und wird als *Embargo* bezeichnet.

Die Schutzwirkung von Mengenbeschränkungen ist abhängig von der Größe der Kontingente und der Dauer der Maßnahme. Sie kann erheblich höher sein als diejenige von Einfuhrzöllen. Allerdings können einheimische Arbeitsplätze hierdurch auch kaum dauerhaft erhalten werden, da die veralteten Strukturen bestehen bleiben, die Wettbewerbsfähigkeit nicht erhöht wird und letztlich die Beschäftigung tendenziell sinken wird.

Für den Staat besteht der entscheidende Nachteil in dem fehlenden Ertragseffekt, der allerdings gegebenenfalls durch die Vergabe von *Importlizenzen* an Importeure kompensiert werden kann. So finden in der Praxis Versteigerungen von Importlizenzen ebenso statt wie eine Lizenzvergabe gegen Gebühren. Grundsätzlich ist die *Versteigerung* der marktkonforme Weg. Bei der gebührenpflichtigen Vergabe ist das Entstehen von Schwarzmärkten wahrscheinlich. Immer dann, wenn die Nachfrage nach Lizenzen größer ist als das entsprechende Angebot, befindet sich offensichtlich der Anbieter in einer günstigen Situation, die ihn in die Lage versetzt, illegale Zusatzzahlungen durchzusetzen. Selbst dann, wenn ein Erwerber seine Lizenz nicht direkt nutzen möchte, wird er daran interessiert sein, diese zu erwerben und an Interessenten zu verkaufen.

6.3.2 Selbstbeschränkungsabkommen

Unter Selbstbeschränkungsabkommen (SBA) versteht man bilaterale Vereinbarungen zwischen Staaten und Wirtschaftsverbänden, in denen sich die Exporteure des Ausfuhrlandes freiwillig zu Ausfuhrbeschränkungen in das Importland verpflichten. In der Praxis handelt es sich dabei meist um eine Maßnahme, die auf Druck des Importlandes, also eher unfreiwillig, einseitig vom Exportland ergriffen wird, um zu erwartende Importbeschränkungen zu verhindern (vgl. Gaab/Giesek 1988).

Eine typische freiwillige Exportbeschränkung besteht in der mengen- und gütermäßig festgelegten Beschränkung der Exporte in ein bestimmtes Land für einen bestimmten

Zeitraum. Häufig wird das bilateral vereinbarte Handelsvolumen ausschließlich für den betreffenden Handelspartner reserviert, so dass Drittländern die Möglichkeit genommen wird, zusätzlich am Wettbewerb um die eingeschränkte Gütermenge teilzunehmen. Zwar werden die meisten SBA der WTO gemeldet, daneben existieren jedoch noch weitere geheim gehaltene Abkommen. So wurde in den 1990er-Jahren geschätzt, dass ca. 10 % des gesamten Welthandels durch SBA reguliert wurde. Rund die Hälfte der bekannten SBA wurden von der EU mit Handelspartnern in aller Welt abgeschlossen.

Beispiele

- Ein prominentes Beispiel hierfür ist die Selbstverpflichtung japanischer Automobilkonzerne Ende der 1990er-Jahre nur noch eine begrenzte Anzahl der inzwischen in den USA und Europa sehr beliebten japanischen PKW in die USA und nach Europa zu exportieren. Zusätzlich hatten einige EU-Staaten nationale Importquoten (Einfuhrkontingente) verbindlich festgelegt. Nicht eingerechnet in diese Quoten wurden PKW, die in neu errichteten Werken in den Importländern, sog. *Transplants*, produziert wurden.
- Ebenfalls in den 1990er-Jahren mussten sich *Südkorea* und *Taiwan* im Gegenzug für die Abschaffung der Schuhkontingente durch Italien und Frankreich verpflichten, ihre Schuhexporte in die EU „freiwillig" zu beschränken.
- Ein Beispiel für eine kombinierte Strategie aus Zöllen und SBA war die damalige Situation auf dem europäischen Halbleitermarkt. Der Zollsatz betrug hier 14 %, darüber hinaus verpflichteten sich die japanischen Produzenten beim Export von Speicherchips zur Einhaltung von Mindestpreisen. Allerdings ging der Marktanteil der europäischen Produzenten trotz dieser Schutzmaßnahme weiter zurück. ◄

Auch Exportländer können an dem Abschluss eines SBA interessiert sein. Abgesehen davon, dass durch ein SBA andere unangenehmere Importbeschränkungen vermieden werden können, garantiert das SBA ihnen einen zwar reduzierten, aber dennoch sicheren Zugang zu dem betreffenden Auslandsmarkt. Zudem fließen ihnen häufig auch noch höhere Gewinne in Form einer *Kontingentsrente* zu. Dies geschieht sowohl über Preiserhöhungen aufgrund der Verknappung des Angebots im Importland, als auch über die mögliche qualitative Verbesserung des Exportangebots *(upgrading)*. Ein Beispiel hierfür war die erwähnte Begrenzung japanischer Automobilexporte in die USA. Seit der Einführung der Importbeschränkung verbesserte sich die Qualität der japanischen PKW in Bezug auf Typenvielfalt und Ausstattung. Dies erhöhte das Image japanischer Autos, so dass zum einen Preiserhöhungen durchgesetzt werden konnten und zudem der Einstieg in Marktsegmente der gehobenen Klasse gelang. Von den verbesserten Produktqualitäten konnten dann auch die Konsumenten des Importlandes profitieren.

Wie bei allen anderen NTH werden auch bei SBA die Kosten weitgehend von den Konsumenten des Importlandes getragen, zudem können sie den Verlust von Arbeitsplätzen in den geschützten Branchen auch nicht verhindern, da wieder vorzugsweise die weniger wettbewerbsfähigen „älteren" Industriezweige geschützt werden. In diesen nahm gerade in den 1980er- und 1990er-Jahren in den Industrieländern die Beschäftigung dramatisch ab. Notwendige Strukturanpassungsprozesse wurden durch die SBA verzögert, zudem erhielt das Importland keine Einnahmen, die bei Zöllen oder der Vergabe von Importlizenzen bei Mengenbeschränkungen angefallen wären.

Beispiel internationaler Handel mit Textilien

Eines der bekannteste Abkommen war das Welttextilabkommen *(Multifibre Arrangement, MFA)*, eine Kombination von SBAs und Kontingenten. Das MFA ersetzte 1974 das bereits mehrfach verlängerte Abkommen über Baumwolltextilien (1962–1972) und regulierte für 42 Teilnehmerstaaten fast 50 % des Welthandels mit Textilien und Bekleidung. Ziel des MFA war zwar offiziell die Liberalisierung des Handels mit den genannten Produkten unter Vermeidung allzu heftiger Strukturprobleme in den Industrieländern, in der Praxis stellte das Abkommen aber vor allem eine Beschränkung der Entwicklungsländerexporte in die Industrieländer dar. Das MFA wurde 1995 durch das *Agreement on Textiles and Clothing* (ATC) ergänzt, mit dem sich die WTO-Mitglieder verpflichteten, die Handelsbarrieren im Textilsektor innerhalb von zehn Jahren abzubauen. Seit dem 1. Januar 2005 ist damit der Handel mit Textilien grundsätzlich frei, allerdings bestehen einige bilaterale Importbeschränkungen weiterhin. So konnten sowohl die USA als auch die EU noch bis 2013 Importrestriktionen gegen China für den Fall sprunghaft ansteigender Textilimporte beschließen. ◄

6.3.3   Administrative Behinderungen

Willkürliche Nutzung von Ermessensspielräumen
Ermessensspielräume bestehen bei der Auslegung und Anwendung von außenwirtschaftlich relevanten Vorschriften, wie etwa bei der Zuordnung zu bestimmten Zolltarifen oder bei der Ermittlung des Zollwertes. Hierdurch kann eine zuverlässige Vorab-Schätzung der Zollbelastung erschwert werden. Folgende Entscheidungen können in diesem Zusammenhang Ansatzpunkte für entsprechende Behinderungen sein: Die Entscheidung über die Einstufung einer Importware in eine bestimmte *Warenkategorie* beeinflusst die Höhe des Zollsatzes. So können Waren mit der Folge höherer Zollbelastung der Importe umtarifiert werden.

Beispiele

In den 1980er-Jahren betrug in *Japan* der Zollsatz für Nahrungsmittel 16 % und für Konfekt 35 %. Die Neueinstufung eines in Japan zunehmend beliebter gewordenen amerikanischen Salzgebäcks als Konfekt führte zu Preiserhöhungen für das Importprodukt und entsprechendem Umsatzrückgang.

Nachdem in *Australien* den Zollstellen mehr Ermessensspielraum bei der Auslegung der Zollbestimmungen zugestanden wurde, interpretierten diese die Zollbestimmungen zeitweise sehr unterschiedlich. Während beispielsweise in Melbourne die Importwaren grundsätzlich in die Kategorie mit der höchstmöglichen Zollbelastung eingestuft wurden, wurden in Sydney Zollerleichterungen gewährt, wo immer dies möglich war.

Im März 2020 entschied der EuGH, dass die *Europäische Kommission* Wärmeauflagen der Firma T. unter einer falschen Zolltarifnummer eingestuft habe und stellte fest, dass die Kommission bei dem Erlass der entsprechenden Durchführungsverordnung ihre Kompetenz zur zolltariflichen Einordnung der Ware überschritten habe. ◄

Die Entscheidung über den der Zollerhebung zugrunde liegenden *Warenwert* beeinflusst die Zollbelastung. Hierbei geht es im Wesentlichen darum, welche Kosten dem Warenwert zugeschlagen werden. Wird der Zoll auf den fob-Wert berechnet, so gilt der Warenwert ab Hafen des Exportlandes (fob = free on board), wird der cif-Wert zugrunde gelegt, gilt der höhere Wert im Importland, der bereits Transport- und Versicherungskosten enthält (cif = cost, insurance, freight). Daneben beeinflussen Skonti, Rabatte oder Einkaufsprovisionen der Importeure den zollrelevanten Warenwert.

Auch über die Bewertung von *Zusatzdienstleistungen*, wie Garantie- oder Serviceleistungen oder von üblicherweise kostenlos bereitgestelltem Werbe- oder Schulungsmaterial, muss im Zweifelsfall eine Entscheidung getroffen werden. Wird angenommen, dass diese Leistungen im Verkaufspreis enthalten sind, werden sie durch die Zollerhebung automatisch erfasst, werden sie jedoch als nicht im Warenpreis enthaltene Zusatzleistungen angesehen, kann die Zollbehörde den Warenendwert und damit die Zollbelastung erhöhen. Je nachdem wie die Zollbehörden verfahren, ergeben sich unterschiedlich hohe Zollbelastungen und somit mehr oder weniger hohe zusätzliche Handelsbarrieren, die von den Importeuren nur schlecht prognostiziert werden können.

Zusatzgebühren und Abfertigungspraxis

Zusätzlich zu Zöllen erhobene Abgaben oder Gebühren stellen ein weiteres Handelshemmnis dar, insbesondere wenn diese Zusatzabgaben eher willkürlich erhoben werden und damit die Gesamtbelastung für die importierte Ware nicht prognostizierbar ist. Dies können beispielsweise *illegale Abfertigungsgebühren* sein, die von Zollbeamten erhoben werden, um die Zollabfertigung der Waren zu beschleunigen. Solche *Unsicherheiten* über die Vorgehensweise der Behörden erschweren Handelsbeziehungen.

Vereinzelt werden auf Waren, die vorwiegend importiert werden und im Inland nicht oder nur in sehr geringer Stückzahl hergestellt werden, *spezielle Verbrauchssteuern* erhoben, eine Praxis, die mit den WTO-Regeln vereinbar ist und ähnlich wirkt wie ein Importzoll. So wurde zeitweise in *Japan* auf hochwertige Importweine eine zusätzliche *Wertsteuer* und auf importierte Spirituosen eine spezielle *Verbrauchssteuer* erhoben.

Umständliche und verzögerte *Abfertigungs-, Kontroll- und Genehmigungspraktiken* verlängern die Lagerphase der Importgüter im Zolleingangsbereich und verursachen so zusätzliche Kosten und Gewinnausfall und können bei beschränkt lagerfähiger Ware auch zum Verderb der Ware führen.

Beispiele

- In *Japan* erhielten bestimmte ausländische Erzeugnisse, wie elektrische Haushalts-geräte, Arzneimittel und auch Kraftfahrzeuge, in den 1990er-Jahren häufig keine allgemeine *Typenzulassung*. Jedes Importprodukt musste daher einzeln (!) geprüft werden, so dass der Verkaufspreis und die effektive Lieferzeit in die Höhe ge-trieben wurden.
- Durch ein neues Kontrollsystem für Lebensmittelimporte in *Australien* wurden Lieferländer in drei Risikogruppen eingruppiert. Damit konnte nicht ausgeschlossen werden, dass durch die unterschiedlichen Einfuhrkontrollen einzelne Länder dis-kriminiert wurden. ◀

Importbedingungen und diskriminierende administrative Regelungen
Durch die Festlegung zusätzlicher Bedingungen können Importe administrativ behindert werden, etwa durch die Festlegung bestimmter *Einfuhrplätze* oder *Einfuhragenten*.

Beispiel

Die *USA* erlaubten vorübergehend die Einfuhr ausländischer Videorecorder nur über ein einziges Zollamt an der amerikanischen Ostküste, dessen Kapazität der Einfuhr-menge nicht gewachsen war, so dass sich die Importmenge quasi automatisch redu-zierte. In *Kanada* erhielten zeitweise nur bestimmte staatliche Instanzen oder zu-gelassene Agenten die Erlaubnis, alkoholische Getränke einzuführen. Auch dies führte zu der gewünschten reduzierten Importmenge. ◀

Andere Bedingungen können in der Festlegung von inländischen *Handelswegen* oder *Handelsspannen* für Importprodukte oder in restriktiven Vorschriften für die *Werbung* für Importprodukte bestehen. Wenn importierte Zigaretten nur in *bestimmten Einzelhandels-geschäften* verkauft, bestimmte Importwaren nur in in der Sprache des Importlandes be-worben werden dürfen oder knappe Innenstadtparkplätze nur im Inland produzierten Kraftfahrzeugen vorbehalten sind, wie dies zeitweise in *Japan* der Fall war, verringern sich die Absatzchancen von Importwaren. Sehr umständlich war es zeitweise auch, alko-holische Getränke nach *Malaysia* einzuführen: Hierfür wurde jedes Jahr eine neue Lizenz benötigt, die jedoch in bestimmten Zeiten nicht gültig war.

NTH sind zunehmend auch durch Freihandelsabkommen reglementiert. Allerdings können viele kleinere und mittlere Unternehmen (KMU) hiervon kaum profitieren, da jedes Abkommen genau festlegt, wie ein Produkt verarbeitet und deklariert sein muss, um unter das Abkommen zu fallen. Schon kleinste Abweichungen können dazu führen, dass die Regelungen nicht mehr anwendbar sind. Die Beschaffung der Expertise ist zeitaufwändig und kostenintensiv und kann daher gerade für KMU eine Importhürde darstellen (vgl. Markt und Mittelstand 2020).

Staatliche Auftragsvergabe
Grundsätzlich müssen im Rahmen der WTO-Bestimmungen auch bei staatlichen Aufträgen ausländische Anbieter berücksichtigt werden. Allerdings werden diese Bestimmungen häufiger umgangen. Vielfach werden ausländische Anbieter nur dann berücksichtigt, wenn ihr Angebot *wesentlich* preisgünstiger ist oder erst nachdem inländische Anbieter in angemessenem Umfang zum Zuge gekommen sind. In anderen Fällen werden Ausschreibungen zu kurzfristig und nicht in allgemein zugänglichen Publikationen veröffentlicht. In der Vergangenheit wurden auch komplette Ausschreibungen als *Dienstleistungen* deklariert, für die die Notwendigkeit ausländische Anbieter zu berücksichtigen, nicht bestand. So konnten für den Neubau eines *japanischen* Flughafens europäische Anbieter deswegen keine Angebote unterbreiten, weil das gesamte Vorhaben als Dienstleistung deklariert wurde.

6.3.4 Technische und rechtliche Normen

Normen und Standards im Bereich der Produktion und des Handels werden üblicherweise auf nationaler Ebene festgelegt. Sie berücksichtigen Traditionen und Verbrauchsgewohnheiten, sollen dem Stand der Technik genügen oder Gesundheits- und Verbraucherschutzaspekten Rechnung tragen. Selbstverständlich müssen auch Importprodukte diesen Standards entsprechen. Neue Standards können daher für Importeure auch NTH darstellen. Andererseits sind diese Maßnahmen nicht als NTH geplant, sondern liegen im nationalen Interesse. Ausländische Produzenten können die Standards möglicherweise nur zu hohen Kosten umsetzen, zumal für andere Exportmärkte andere Standards erfüllt werden müssen. Falls die Importeure die Zusatzkosten auf ihre Produkte umlegen, sind diese evtl. nicht mehr wettbewerbsfähig. Sie müssen also abwägen, ob sich die Produktanpassungen für sie rentieren. Dies dürfte für Exporteure in die EU wegen des großen Marktes weniger ein Problem darstellen, als wenn sie Produktanpassungen für ein kleines Land vornehmen müssen.

Wenn *Qualitätsnormen* erlassen werden, die nur einheimische Produkte erfüllen können, sind Importe praktisch ausgeschlossen. So kreierte *Japan* beispielsweise einmal eine neue Qualitätsnorm für Skiausrüstungen, die zunächst nur die einheimische Industrie erfüllen konnte. Müssen Produkte *Standardnormen*, wie technische Normen (DIN, VdI), Sicherheits- oder Schutzvorschriften oder lebensmittelrechtliche Bestimmungen (Zusätze, Farbstoffe) erfüllen, können zusätzliche Tests, Prüfungen, Zulassungen, Beglaubigungen etc. den reibungslosen Warenverkehr erschweren und zu zusätzlichen Kosten und Handelsbarrieren führen. Darüber hinaus eröffnen diese Sondereinfuhrbestimmungen zusätzliche

Möglichkeiten administrativer Behinderungen. Sonstige nationale Vorschriften können Auszeichnungs- und Markierungsvorschriften enthalten, etwa wenn *Inhalts-* und *Verpackungsangaben* nur an einer vorgeschriebener Stelle in einer bestimmten Sprache und Schriftgröße erfolgen dürfen.

Beispiele

- Ende der 1980er-Jahre kam es zu dem sog. „Schweinekrieg" zwischen *Deutschland* und den *Niederlanden*, als der Import holländischen Schweinefleisches wegen des Fehlens bestimmter veterinärärztlicher Stempel verboten wurde.
- Um den Import deutscher Fernsehgeräte nach *Italien* zu reduzieren, wurde eine neue Sicherheitsvorschrift erlassen, nach der bei allen Geräten die Bedienungsanleitung in italienischer Sprache in die Rückwand der Geräte *einzustanzen* war.
- In *Großbritannien* wurde eine Vorschrift erlassen, nach der der Geräuschpegel für Ackerschlepper etwas unterhalb des kontinental-europäischen Niveaus festgelegt wurde.
- *Kanadisches* Lebensmittelrecht legte für Harzer Käse einen Höchstgehalt an Feuchtigkeit von 55 % fest, deutsche Vorschriften dagegen forderten einen Mindestanteil von 60 %.
- *Südafrika* verlangte bei Fischkonservenimporten ein Abtropfgewicht von 70 %, während dieses bei deutschen Konserven regelmäßig nur 60 % betrug. Für eine Umstellung auf 70 % mussten andere Rezepturen verwenden werden, um Geschmack und Haltbarkeit der Ware sicherzustellen.
- Während die übliche europäische Füllmenge bei Sauerkonserven 720 g per Glas beträgt, erlaubten *kanadische* Vorschriften nur ein erheblich darunter liegendes maximales Füllgewicht. (vgl. zu den Beispielen Birnstiel 1982, S. 129). ◄

Ein Beispiel dafür, dass unzureichende Standards und Vorschriften eigentlich unerwünschte Importe begünstigen und eine erwünschte einheimische Produktion behindern können, ist die öffentliche Beschaffung von FFP2 Masken in der Spätphase der Corona Pandemie in Deutschland zu einem Zeitpunkt, als durch öffentliche Förderung auch in Deutschland eine leistungsfähige FFP2 Maskenproduktion vorhanden war: Bei öffentlichen Ausschreibungen spielt in Deutschland für die Bestellung von FFP2 Masken neben der Zertifizierung praktisch nur der Preis eine Rolle. Qualitäts- und Nachhaltigkeitskriterien sollten zwar berücksichtigt werden, allerdings ist dies meist Ermessenssache. Würden zusätzliche Standards verbindlich festgelegt, wären in Deutschland produzierte Masken wettbewerbsfähig, tatsächlich sind sie es aber nicht. Dadurch ist Importware, vor allem aus China, im Vorteil. Regelungen in Frankreich dagegen legen fest, dass der Preis bei Ausschreibungen nur zu 25 % eine Rolle spielen darf, zu 75 % sollen Liefersicherheit, Qualität oder die Klimabilanz berücksichtigt werden (s.a. Müller 2022).

6.3.5 Ursprungsregelungen und „local content"

Ursprungsregelungen legen fest, unter welchen Bedingungen ein Produkt das Ursprungszeugnis seines Herstellungslandes erhält. Von entscheidender Bedeutung ist hierbei
der geforderte nationale Mindest-Wertschöpfungsanteil, der **local content**, der meist zwischen 40 % und 60 % liegen muss. Die Festlegung ist allerdings recht willkürlich, exakte
Angaben sind aufgrund von Rohstoffpreis- oder Wechselkursschwankungen kaum
möglich, die Messung ist schwierig und – sollten die Herstellerangaben tatsächlich überprüft werden – auch kostspielig. Bei einer anderen Methode wird das Produkt *dann* einem
bestimmten Land zugerechnet, wenn es dort bestimmte Be- oder Verarbeitungsprozesse
durchlaufen hat. Aber auch hier ist die Messung nicht einfach (vgl. Duijm 2001).

Beispiele

- In der *Schweiz* beispielsweise ist für jede (!) Warengruppe detailliert festgelegt, welche Kriterien sie erfüllen muss, damit sie das Siegel „Swiss made" erhält.
- Wenn ein Produkt das Ursprungszeugnis der *Türkei* erhalten soll, muss dagegen nur
  mindestens ein Arbeitsgang in der Türkei ausgeführt worden sein. ◄

Ein Produkt erhält grundsätzlich eine **europäische Ursprungsbezeichnung**, wenn die
letzte "wesentliche" Be- oder Verarbeitung innerhalb der EU stattgefunden hat. In diesem
Fall unterliegt es keinen Beschränkungen. Erfüllt es dieses Merkmal nicht, wird es Importen gleichgestellt und kann gegebenenfalls Gegenstand von Zöllen, Strafzöllen, sonstigen Abgaben oder auch von Import- bzw. Verbrauchsverboten sein. Da durch den Fortfall
der Grenzkontrollen innerhalb der EU nationale Importbeschränkungen unwirksam geworden sind, gewinnen Ursprungs- und *local content* Regelungen angesichts der Tatsache,
dass ausländische Produzenten europäische Importbeschränkungen durch eigene
Produktionsstätten in der EU umgehen, an Bedeutung. Restriktive europäische Ursprungsregelungen können auch für europäische Produzenten aus den Mitgliedsländern, die hierdurch eigentlich geschützt werden sollen, ein Problem darstellen. Da sie auch für Produzenten gelten, die Teile ihrer Produkte im Ausland produzieren lassen, können diese bei
einem zu hohen ausländischen Wertschöpfungsanteil das „Made in Europe" verlieren.

Auch durch die Zunahme von bilateralen und regionalen Handelsabkommen (vgl.
Kap. 3) erhalten Ursprungsregeln zunehmende Bedeutung. Da es sich bei diesen Abkommen ja meist im Kern um Freihandelsabkommen (FTA) handelt, durch die die beteiligten Länder Vorzugsbedingungen nutzen können, müssen sie durch Ursprungsregeln
(*Preferential Rules of Origin, PRoO*) nachweisen, dass es sich um Waren aus den
FTA-Partnerländern handelt. Daher werden diese Regeln detailliert in jedem Abkommen
festgelegt und sind häufig sehr umfangreich. So umfasst das Ursprungsprotokoll des FTA
zwischen der EU und Singapur beispielsweise 101 Seiten. Gerade kleineren Unternehmen
entstehen dadurch hohe bürokratische Kosten für den Herkunftsnachweis von durchschnittlich 2 % bis 6 % des Warenwertes. Dieser Aufwand ist für viele ausländische Unter-

nehmen zu hoch, so dass sie die Präferenzzölle gar nicht nutzen. Es wäre daher sinnvoll Ursprungsregeln zukünftig zu vereinfachen und industrieübergreifend, also für alle Produkte in gleicher Form, zu konzipieren (BDI 2021).

6.3.6 Industriepolitik und Subventionen

Die Aufgabe der Wirtschaftspolitik ist die Gestaltung der Wirtschaft nach bestimmten Zielvorstellungen. Die Spannbreite der politischen Gestaltungsmöglichkeiten reicht dabei von Laissez-faire Konzepten, über eine liberale Rahmen setzende Wirtschaftspolitik, über ausgewählte Förderkonzepte für einzelne Industrien, zu dirigistischen Eingriffen bis hin zu einer direktiven Staatswirtschaft, die den einzelnen Industrien konkrete Vorgaben macht. In Abhängigkeit von dem jeweiligen Politikverständnis ergeben sich daraus Handelserleichterungen oder Handelshemmnisse für ausländische Anbieter. Eine besondere Rolle spielt hierbei die **Industriepolitik**.

Industriepolitik wird unterschiedlich definiert. Einerseits kann sie verstanden werden als Umsetzung einer Strategie zur Förderung der Zukunfts- und Wettbewerbsfähigkeit der nationalen Wirtschaft, um Grundlagen für Innovationen, Wachstum und Beschäftigung zu schaffen. Zentral ist hierbei die Bereitstellung wichtiger Rahmenbedingungen, wie beispielsweise einer leistungsfähigen Infrastruktur (Verkehr, digitale Netze etc.), die Sicherstellung eines zukunftsorientierten Bildungssystems, der verlässliche Zugang zu Energie und Rohstoffen, die Bereitstellung einer modernen Verwaltung, die für schnelle und rechtssichere Planungs- und Genehmigungsverfahren sorgt und eines insgesamt innovationsfreundlichen Umfeldes mit einer technologieoffenen, bürokratiearmen Forschungsförderung (vgl. DIHK 2019). Wird Industriepolitik in dieser Form praktiziert, sind hieraus kaum handelshemmende Wirkungen ableitbar.

Unter Industriepolitik können aber auch wirtschaftspolitische Maßnahmen verstanden werden, die der Erreichung bestimmter politischer Ziele dienen und die Entwicklung von ausgewählten Industrien u. a durch Subventionen, Steuererleichterungen oder günstige Kredite positiv beeinflussen soll. Durch die gezielte Einwirkung auf diese Industrien sollen die Produktionsbedingungen verbessert und die Wettbewerbsfähigkeit gestärkt werden.

Beispiel China

Ein Beispiel hierfür ist China, dessen neuere strategische Politik spätestens mit dem 2015 aufgelegten Masterplan „*Made in China 2025*" (MIC 2025) begann. Mit MIC 2025 will China seine Abhängigkeit vom westlichen Ausland drastisch reduzieren und strebt gleichzeitig die Weltmarktführerschaft in strategischen Wirtschaftsbereichen an. Wie bereits erwähnt (vgl. Abschn. 2.5), soll dies erreicht werden mit einer Erhöhung des Inlandsanteils der Produktion in den 10 wichtigsten Branchen auf 70 % bis 2025 (vgl. Black und Morrison 2021). Der derzeit parallel hierzu praktizierte neue Politikansatz der „Zwei Kreisläufe" (*dual circulation*) sieht den Aufbau eines „internen Wirtschaftskreislaufs" vor. Den (externen) Austauschbeziehungen mit dem Ausland soll nur noch eine „unterstützende Rolle" zukommen. Auch damit will China sich – auch als Antwort auf die US-amerikanische Protektionspolitik – auf die Förderung strategisch wichtiger Industrien konzentrieren. Es ist wahrscheinlich, dass sich durch diese Politiken auch die internationalen Austauschbeziehungen ändern werden, zu Gunsten von strategischen Partnerschaften mit Unternehmen, deren Technologie aus chinesischer Sicht für den „internen Kreislauf" benötigt wird. Diese Diskussion wird derzeit unter dem Stichwort „*decoupling*", Entflechtung, geführt. Hierdurch werden bestehende Lieferketten geändert und neue Regeln und Handelshürden für ausländische Exporteure und Handelspartner errichtet (vgl. ebd.). ◀

Der Einsatz industriepolitischer Instrumente kann also NTH für ausländische Anbieter beinhalten. Ein beliebtes Mittel hierbei sind **Unternehmenssubventionen**, staatliche Beihilfen in Form direkter Finanzhilfen oder Steuervergünstigungen, die – ohne direkte Gegenleistung – bestimmten Wirtschaftszweigen oder privaten Unternehmen gewährt werden. So können damit beispielsweise Anlaufkosten für Neuproduktionen verringert oder Forschungs- und Entwicklungskosten übernommen werden oder es können Kosten für die Erbringung von Erträgen für die Allgemeinheit *(social benefits)* abgedeckt werden. Allerdings werden vielfach die angestrebten Ziele nicht erreicht. Etwa deswegen, weil keine exakten Informationen zur Berechnung der Zukunftserträge und damit der notwendigen Unterstützung vorliegen oder weil im Zweifelsfall Erhaltungssubventionen zur Sicherung bereits bestehender Arbeitsplätze bei „Altindustrien" aus politischen Gründen Vorrang vor neuen zukunftsweisenden Ansätzen haben.

6.3.7 Sonstige Beschränkungen

Einheimische Waren können gezielt gefördert und/oder ausländische Waren gezielt diskriminiert werde. Durch eine nationalistisch-protektionistisch ausgerichtete Politik wollte Ex-US-Präsident Donald Trump unter den Slogans „*America First*", „*Buy American*" durch eine **Buy-national Strategie** Importe reduzieren, die stark defizitäre US-Handelsbilanz sanieren und neue Arbeitsplätze in den USA schaffen. Dies gelang allerdings nicht. Das US-Handelsbilanzdefizit vergrößerte sich sogar noch von knapp 800 Mrd US\$ (2016) auf 860 Mrd US\$ (2021). In Frankreich wurden in den 1980er-Jahren zeitweise sämtlich ausländischen Spirituosen als gesundheitsschädlich eingestuft, angeblich um Alkoholmissbrauch einzudämmen, mit entsprechenden Konsequenzen für die Alkoholwerbung. Viele französische Alkoholika wurden dagegen als „gesundheitsförderliche" Apéritifs deklariert, für die Werbung uneingeschränkt erlaubt war (vgl. Birnstiel 1982, S. 29). Auch bestehende nationale wettbewerbsbeschränkende **Besonderheiten des Handelssystems**, können dazu führen, dass einheimische gegenüber ausländischen Waren bevorzugt werden.

Beispiel Japan

So sind in *Japan* die Einzelhändler häufig von Zwischen- und Großhandelsfirmen abhängig, die wiederum im Rahmen des typisch japanischen Firmenverbundes *(keiretsu)* vielfach Tochtergesellschaften großer Hersteller sind. Für ausländische Anbieter war es daher zeitweise außerordentlich schwer, in ein solches System einzudringen. Ab Mitte der 1990er-Jahre begannen die japanischen Distributoren jedoch umzudenken und verstärkt auch billigere ausländische Produkte anzubieten. ◄

Obwohl internationale **Tauschgeschäfte** (vgl. Abschn. 1.7) in vielen Fällen erst Handelsbeziehungen ermöglichen, die sonst aufgrund des bestehenden Devisenmangels nicht zustande gekommen wären, können sie gleichzeitig auch Handelshemmnisse sein, da sie Importe nur dann zulassen, wenn der ausländische Exporteur Tauschgeschäfte akzeptiert.

Die dargestellten NTH stellen nur eine Auswahl der praktizierten NTH dar. Die meisten dieser Barrieren werden von Industrieländern errichtet, die ihre Industrien vor der „neuen" Konkurrenz schützen wollen. Damit entsprechen die Gründe für ihren Einsatz grundsätzlich denen der tarifären Hindernisse.

6.4 Beurteilung des Protektionismus

Bei der Beurteilung von nationalen Protektionismusbestrebungen muss der **Schutz** der einheimischen Wirtschaft und die Sicherung von Arbeitsplätzen den direkten durch den Protektionismus verursachten **Kosten** gegenübergestellt werden. Darüber hinaus müssen die **langfristigen Konsequenzen** einer protektionistisch geschützten einheimischen Wirtschaft für ihre internationale Wettbewerbsfähigkeit analysiert werden.

Trotz der meist hohen Kosten der Protektion erfüllen viele Strategien zur Importbehinderung häufig nicht die angestrebten Ziele, sondern bleiben entweder weitgehend wirkungslos oder regen Umgehungsstrategien der Exportländer an:

- Häufig werden die gestiegenen Gewinne der geschützten inländischen Industrie nicht für Innovationen und beschäftigungsfördernde Investitionen genutzt. Werden die Gewinne von den Unternehmen beispielsweise für Direktinvestitionen im Ausland genutzt, entfällt der Beschäftigungseffekt für das Protektionsland.
- Zwar können häufig Arbeitsplätze gesichert werden, wodurch Arbeitslosigkeit zunächst verhindert werden kann, aber dies geschieht i. d. R. nur zu überhöhten Kosten, die von den Unternehmen meist auf die Konsumenten überwälzt werden. Zudem werden die Produktionsfaktoren nur suboptimal eingesetzt und Innovationen nicht konsequent genug entwickelt und umgesetzt.
- In vielen Fällen reagierten die betroffenen Exportländer bei Mengenbeschränkungen in der Vergangenheit mit der Entwicklung höherpreisiger Produkte, um mit den ihnen zugestandenen Liefermengen höhere Gewinne zu erzielen. Hierdurch nahm in den

Protektionsländern der Wettbewerbsdruck auch in den oberen Marktsegmenten zu (s.o. das Beispiel der japanischen Autoindustrie, vgl. Lang 1990).
- Schließlich reagierten die Exportländer auch mit einer Verlagerung ihrer Produktionsstätten in andere Länder, um Importbeschränkungen zu umgehen.

Trotz dieser Folgen erscheint Protektionsländern der Abbau ihrer Importhürden wegen des dann steigenden Wettbewerbsdrucks im Inland häufig nicht opportun. Der zu erwartende Gewinnrückgang in den geschützten Branchen würde Beschäftigungsrückgänge wahrscheinlich machen und Wahlchancen der betreffenden Politiker verringern. Tatsächlich ist Protektionismus nur schwer reversibel:

- Wohlhabende Gesellschaften neigten – zumindest in Zeiten eines höheren Wirtschaftswachstums – dazu, den Wohlstand der gesellschaftlichen Gruppen eher durch eine **bessere Verteilung** zu vergrößern als durch zusätzliche Produktionsanstrengungen. Insofern ist eine höhere *„Nachfrage nach Protektion"* häufig wahrscheinlicher als ein tendenzieller Abbau.
- Arbeitsplatzsicherheit und Schutz vor ausländischer Konkurrenz sind populäre **Wahlkampfaussagen,** während die Kosten der Protektion kaum thematisiert werden. Ein geringeres *„Angebot an Protektion"* durch die Politik ist daher häufig nur schwer durchzusetzen.
- **Unternehmensinteressen** beziehen sich vorwiegend auf die aktuelle Situation der eigenen Branche. Einerseits wird zwar allgemein argumentiert, dass Protektionismus abgebaut werden müsse, da handelspolitische Gegenmaßnahmen den internationalen Handel weit mehr schädigten, andererseits werden aber für den eigenen Sektor zum Teil ganz direkt Handelsbeschränkungen gefordert.

Problematisch bleibt, dass Umfang und Dauer der Protektion von den ausländischen Herstellern meist nur schwer zu durchschauen sind, da Handhabung und spezifische Wirkungen kaum kalkulierbar sind und Möglichkeiten der willkürlichen und diskriminierenden Anwendung genutzt werden. Noch problematischer aber ist es, dass von den Protektionsländern die offensichtlichen Vorteile des Freihandels, die durch den intensiveren Wettbewerb angetriebene Verbesserung der Leistungsfähigkeit, die Motivation zu Innovationen und der ständige Preisdruck, zu wenig gewürdigt werden.

Literatur[1]

Altmann, J. (2012) *Außenwirtschaft für Unternehmen*; Stuttgart, 3. Aufl.,
BDI (2021) *Für einfache Ursprungsregeln: Zollsenkungen an den Außengrenzen nutzbar machen*; 15.10.202; https://bdi.eu/artikel/news/fuer-einfache-ursprungsregeln-zollsenkungen-an-den-aussengrenzen-nutzbar-machen/
Birnstiel, E. (1982) *Theorie und Politik des Außenhandels*; Stuttgart

---

[1] Letzter Zugriff auf die im Literaturverzeichnis genannten Internetquellen jeweils 07/2022.

Black, J. & Morrison, A. (2021) *Unternehmen in China: Wie das Land sich abkoppelt*. In: Harvard Business Manager vom 10.12.2021.

DIHK (2019) *10 Thesen für eine zukunftsorientierte Industriepolitik*; https://www.dihk.de/resource/blob/4744/cac39f7b42ab01799fe2eda7b46f7c8b/thesen-industriepolitik-data.pdf

Duijm, B. (2001) *Ursprungsregeln im Außenhandel*; in: WISU Heft 6/2001, S. 814–816

EU (2022/1) *Durchführungsverordnung der EU Nr. 2022/433* vom 15.03.2022

EU (2022/2) *Antidumping-Warenliste, Stand: Juli 2022*; https://www.bmdw.gv.at/dam/jcr:f0b5545e-19ac-446a-be2b-c88beccaaf27/Antidumping%20Warenliste.pdf

Fröhlich, H.-P. (1988) *Der neue Protektionismus*; in: WiSt Heft 8/1988

Gaab, W./Gieseck, A. (1988*) Freiwillige Selbstbeschränkungsabkommen*; in: WISU, Heft 8–9/1988

Herberg, H./Kühn, H. (1987) *Nicht-tarifäre Handelshemmnisse*; in: WiSt Heft 11/1987

Hochrebe, S. (2022) *China-Handel: Wichtig, aber immer öfter gibt es Streit und Einfuhrzölle*; aktiv-online vom 21.02.2022; https://www.aktiv-online.de/news/china-handel-wichtig-aber-immer-oefter-gibt-es-streit-und-einfuhrzoelle-16658

Hoffmann, M. (o.J.) *Tarifäre und nichttarifäre Maßnahmen beschränken den Handel;* https://www.gtai.de/de/trade/welt/zoll/handelshemmnisse-bestimmen-den-freien-handel-157400#toc-anchor—1

Lang, F.P. (1990) *Upgrading: Ein Effekt des Neo-Protektionismus*; in: WISU, Heft 1/1990

Markt und Mittelstand (2020) *Handelshemmnisse im Export nehmen weltweit zu*, 10.09.2020, https://www.marktundmittelstand.de/zukunftsmaerkte/internationalisierung-so-werden-mittelstaendler-im-ausland-erfolgreich/handelshemmnisse-im-export-nehmen-weltweit-zu-1295811/

Mühlauer, A. (2022) *Großbritannien: London bricht schon wieder internationales Recht*; in: SZ vom 01.07.2022; https://www.sueddeutsche.de/wirtschaft/freihandel-wto-grossbritannien-zoelle-johnson-1.5613524

Müller, M. (2022) *Kollektive Gedächtnislücke*; in: Der Spiegel, Nr. 29, vom 16.07.2022

Oberender, P./Daumann, F. (1995) *Industriepolitik;* München

Ricardo, D. (2006) *Über die Grundsätze der Politischen Ökonomie und der Besteuerung*. Kurz, H.D. et al. (Hrsg.), Marburg

Smith, A. (2021) *Wohlstand der Nationen*, Nachdruck, (Anaconda) München

Wagner, N. (1990) *Das Erziehungszollargument*; in: WiSt, Heft 4/1990

Exportpolitik 7

Exportgeschäfte weisen Besonderheiten auf und unterliegen speziellen *ökonomischen Risiken,* die sie von Inlandsgeschäften deutlich unterscheiden. Diese Risiken können zu Rentabilitäts- und Liquiditätsproblemen führen und damit eventuell die wirtschaftliche Existenz der betreffenden Unternehmen bedrohen. Es ist daher notwendig, die Besonderheiten und Risiken zu kennen, sie einzukalkulieren und sich, soweit wie möglich, hiergegen abzusichern.

7.1 Gründe für Exportförderung

Der sich ständig wandelnde Weltmarkt, der laufend neue Teilmärkte mit neuen Chancen und Risiken, aber auch neuen Spezifika entstehen lässt, stellt in den meisten Ländern insbesondere kleinere und mittlere Unternehmen (KMU) vor das Problem, die für sie relevanten Informationen zu erkennen, auszuwerten und unter Berücksichtigung der bestehenden Risiken auch noch rasch zu handeln. Viele KMU sind national orientiert, so dass sich die Informationsbeschaffung und Kontaktanbahnung in Bezug auf Auslandsmärkte meist schwieriger gestaltet als bei größeren, auslandserfahrenen Unternehmen. Aufgrund niedriger Stückzahlen können sie Skaleneffekte nur in geringerem Umfang realisieren, so dass ihre Produktpreise häufig nicht wettbewerbsfähig sind. Damit sind sie auf den Weltmärkten nur dann überlebensfähig, wenn sie sonstige Produktions- oder Produktvorteile aufweisen, wie beispielsweise die Flexibilität auf Kundenwünsche einzugehen, hohe Innovationsintensität oder ein besonders hohe Qualität. Ein wesentlicher Engpass für viele KMU besteht schließlich in nur begrenzt vorhandenen personellen und finanziellen Kapazitäten. Damit können notwendige Vorleistungen, wie Informationsbeschaffung, Personalbereitstellung, Reisen

© Der/die Autor(en), exklusiv lizenziert an Springer Fachmedien Wiesbaden GmbH, ein Teil von Springer Nature 2023
E. Koch, *Internationale Wirtschaftsbeziehungen I,*
https://doi.org/10.1007/978-3-658-40069-9_7

bzw. Repräsentanzen vor Ort, sowie die finanzielle Kompensation spezifischer Risiken, wie etwa von Zahlungsausfällen, nur begrenzt erbracht werden.

Während protektionistische *Importpolitik* versucht Importe zu verhindern, zielt *Exportpolitik* auf die Förderung der eigenen Exporte. In beiden Fällen wird versucht, die Marktbedingungen durch staatliche Einflussnahme so zu beeinflussen, dass sich Wettbewerbsvorteile für einheimische Produzenten ergeben. Dies kann aus *kompensatorischen* Gründen erfolgen, um nicht selbst verschuldete Nachteile inländischer Anbieter auszugleichen. Es können *zahlungsbilanzpolitische* Gründe im Vordergrund stehen, mit dem Ziel bestehende Leistungsbilanzdefizite abzubauen, oder es handelt sich um explizit *protektionistische* Gründe, wenn es grundsätzlich darum geht, die Absatzchancen einheimischer Unternehmen auf ausländischen Märkten zu vergrößern.

Staatliche Exportfördermaßnahmen können sich zum einen auf eine allgemeine Verbesserung der inländischen Rahmenbedingungen beziehen *(indirekte Exportförderung)*, von denen dann unter Umständen auch Nicht-Exporteure profitieren können, oder sie unterstützen die Exportindustrie unmittelbar *(direkte Exportförderung)*, etwa indem spezifische Nachteile abgebaut oder exportrelevante Problemlösungen erleichtert werden.

Exportspezifische Probleme treten beispielsweise in folgenden Bereichen auf:

* **Informationen über Exportmärkte** sind schwerer zu erlangen als über nationale Märkte. Dabei handelt es sich sowohl um allgemeine Marktinformationen über Absatzmöglichkeiten, Qualitätsanforderungen, Wettbewerbsverhältnisse und Importrestriktionen, als auch um spezielle Kenntnisse über Kunden und deren Bonität. Aufgrund der Marktdynamik ist neben dem Vorhandensein von Grundkenntnissen, die für den Markteinstieg bedeutsam sind, eine laufende *Marktbeobachtung* notwendig, um flexibel auf Änderungen der Voraussetzungen reagieren zu können.
* Liegen die notwendigen Informationen vor, so müssen Maßnahmen der **Exportanbahnung** und des **Exportmarketing** in die Wege geleitet werden, was durch die räumliche Entfernung von den Exportmärkten und den möglicherweise geringeren Kenntnisstand schwieriger ist als entsprechende Maßnahmen auf inländischen Märkten. Hierbei geht es vor allem um die Bekanntmachung der eigenen Produkte, die Auswahl und den Einsatz eines geeigneten Marketing-Mix, die Vertriebsunterstützung und gegebenenfalls den Aufbau eines Servicenetzes sowie die Sicherung der Handelskontakte, etwa durch die Einrichtung von Auslieferungslagern.
* Bei der **Durchführung der Exportgeschäfte** selbst unterscheiden sich die Verfahren, die zu beachtenden Vorschriften und die Bereitstellung von Dokumenten von Inlandsgeschäften. Die *Pflege der Kontakte* im Ausland ist üblicherweise mit Auslandsreisen bzw. dem Aufbau und der Unterhaltung von Auslandsrepräsentanzen verbunden. Zusätzlich spielen Fragen der *Exportfinanzierung* eine wichtige Rolle, da im Auslandsgeschäft nicht nur längere Zahlungsfristen und spezielle Verfahren üblich sind, sondern zum Teil auch schwer kalkulierbare *Zahlungs- und Währungsrisiken* bestehen. Hierbei spielen auch die unterschiedlichen Rechtssysteme und Rechtsauffassungen und dabei die Schwierigkeiten, eigene Rechte im Ausland durchsetzen zu können, eine wichtige Rolle. Weiterhin stoßen Exporteure häufig auf protektionistische Importschranken an-

derer Länder, wie Importrestriktionen oder staatliche Exportförderungsmaßnahmen im Importland, die vorhandene eigene Wettbewerbsvorteile evtl. zunichte machen können.[1]

Da aufgrund der volkswirtschaftlichen Vorteile von Exporten, vor allem der Beschäftigungs- und Einnahmeneffekte, auch ein staatliches Interesse an Exporten besteht, ist in vielen Ländern die Förderung der Exporte insbesondere der KMU ein wichtiger Bereich der Wirtschaftspolitik.

7.2 Allgemeine Verbesserung der Produktionsbedingungen für Exportunternehmen

Durch indirekte Maßnahmen, die sowohl allgemeinpolitische als auch wirtschaftspolitische Ansätze einschließen, werden geeignete wirtschaftliche Rahmenbedingungen geschaffen, die die Produktionsbedingungen für Exportunternehmen verbessern sollen. Im Wesentlichen sind dies standortpolitische Maßnahmen, durch die der Wirtschaftsstandort flexibel an die strukturellen Herausforderungen der Globalisierung angepasst wird. Hierzu zählen ein leistungsfähiges *Rechtssystem*, eine weitsichtige *Bildungs- und Forschungspolitik*, eine nachhaltigkeitsorientierte *Umweltpolitik*, eine konsequente *Integrationspolitik* mit anderen Staaten und die laufende Verbesserung der *Infrastruktur*. Hinzu kommen eine *stabilitätsorientierte Wirtschaftspolitik*, eine marktorientierte *Wettbewerbspolitik*, ein rationales *Steuersystem* und eine zukunftsorientierte *Technologiepolitik* sowie eine geeignete *Geld- und Währungspolitik*[2] (vgl. Abb. 7.1).

Indirekte Förderung	Direkte Förderung
Verbesserung der Rahmenbedingungen für Exporte und Exportunternehmen	Gezielte Unterstützung von Exportunternehmen
• leistungsfähiges Rechtssystem • weitsichtige Bildungs- und Forschungspolitik • nachhaltigkeitsorientierte Umweltpolitik • konsequente Integrationspolitik • leistungsfähige Infrastruktur • stabilitätsorientierte Wirtschaftspolitik • marktorientierte Wettbewerbspolitik • rationales Steuersystem • zukunftsorientierte Technologiepolitik • geeignete Geld- und Währungspolitik	• Exportvorbereitung • Exportanbahnung • Exportdurchführung

Abb. 7.1 Indirekte und direkte Exportförderung

---

[1] Vgl. zu dem gesamten Komplex der unternehmenspraktischen Durchführung von Außenhandelsbeziehungen: Büter (2020).

[2] Vgl. zu den Erfordernissen einer geeigneten nationalen Politik: Koch (2022), Kap. 8.

7.3   Direkte Exportförderung

Handelt es sich dagegen um *gezielte Fördermaßnahmen*, mit denen beispielsweise die Exportbedingungen einzelner Branchen verbessert werden sollen, so so sprechen wir von *direkter Exportförderung*. Hierfür können beispielsweise exportorientierte *Subventionen* oder *steuerpolitische* Erleichterungen eingesetzt werden oder *wettbewerbspolitische Ausnahmeregelungen geschaffen werden, wie* die Bereitstellung von Krediten zu subventionierten Konditionen.

In den meisten Ländern wird die indirekte Exportförderung durch direkte Exportförderungsmaßnahmen ergänzt. Im Gegensatz zu den allgemeinen strukturverbessernden Maßnahmen haben direkte Exportförderungsmaßnahmen jedoch *protektionistischen* Charakter, da diese ja grundsätzlich einheimische Unternehmen bevorteilen und damit die Absatz- und Exportchancen ausländischer Unternehmen direkt oder indirekt verringern. Im Folgenden wird die direkte Exportförderungspolitik am **Beispiel Deutschland** exemplarisch dargestellt (vgl. Abb. 7.2).

Phasen	Organisationen	Förderungen

Export-vorbereitung
 	
Bereitstellen von Informationen
	• **Auslandsvertretungen**
	• **Auslandshandelskammern** (AHK)
	• **Germany Trade & Invest** (GTAI)
	• **Industrie- und Handelskammern** (IHK)
	• **Bundesverband des Deutschen Exporthandels** (BDEx)
	• **Bundesamt für Wirtschaft und Ausfuhrkontrolle** (BAFA)
	• **Statistisches Bundesamt**
	• **Handwerk International**
	• **Fachverbände**
	• **Regionalinitiativen** (z. B. Asien-Pazifik-Ausschuss APA)
	• **Ländervereine** (z. B. Afrika-Verein AV)
	• **Forschungsinstitute** und andere
		• **Informationen** (z. B.)
		  ○ über Wirtschafts- und Branchendaten ausländischer Märkte sowie zu Marktpotenzialen
		  ○ zu politischen und wirtschaftlichen Rahmenbedingungen und Entwicklungen sowie zu internationalen Handelsabkommen
		  ○ zum Exporthandel im Allgemeinen und zu steuerlichen und speziell zu rechtlichen Aspekten (u. a. Export- und Importvorschriften)
		  ○ zu Fragen des internationalen Zahlungsverkehrs
		  ○ über interessante Vorhaben, Ausschreibungen und Projekte
		• Durchführung von **Kursen und Seminaren**
		• individuelle **Beratungen** sowie Vermittlung von Kontakten
		• Veranstaltung von **Workshops und Round Tables**

Export-anbahnung
 	
Förderung direkter Kontakt-möglichkeiten mit ausländischen Abnehmern
	• **Bundesministerium für Wirtschaft und Klimaschutz** (BMWK)
	• **Bundesministerium für Ernährung und Landwirtschaft** (BMEL)
	• **Verband der deutschen Messewirtschaft** (AUMA)
		• **Teilfinanzierungen**
		  ○ von Beteiligungen an internationalen **Fachmessen**
		  ○ **von Auslandsreisen** zur Markterkundung und Geschäftsanbahnung
		  ○ der Teilnahme an **Delegationsreisen**
		  ○ der Teilnahme an **Wirtschaftskontaktbörsen**
		  ○ von Veranstaltungen zur **Produktpräsentation**
		• **Schulungen** und **Beratungen**
		• **Durchführung von Marktstudien** und -analysen der Exportmärkte

Export-durchführung Staatliche Exportkredit-garantien	• **Hermesdeckung** durch den Bund (Allianz Trade)	• **Deckung von Länder- und Käuferrisiken** durch Warenkreditversicherung unter bestimmten Bedingungen (Entgelt und Selbstbeteiligung)

Abb. 7.2 Direkte Exportförderung in Deutschland

7.3.1 Institutioneller Rahmen

In Deutschland sind staatliche und nicht-staatliche Institutionen in der Exportförderung engagiert: Bei den **staatlichen Institutionen** handelt es sich vor allem um das *Bundesministerium für Wirtschaft und Klimaschutz (BMWK)*, das *Auswärtige Amt (AA)* mit seinen Auslandsvertretungen, also vorwiegend den Botschaften und Konsulaten, sowie um die deutsche Wirtschaftsförderungsgesellschaft *Germany Trade & Invest (GTAI)*. Die Exportförderung des Bundes wird ergänzt durch außenwirtschaftliche Aktivitäten der 16 *Bundesländer*, die üblicherweise stärker auf die KMU-Förderung ausgerichtet sind. Das BMWK arbeitet zusammen mit den nicht-staatlichen *Regionalinitiativen* der deutschen Wirtschaft, dem *Asien-Pazifik-Ausschuss (APA)*, der *Lateinamerikainitiative (LAI)*, der *Nordafrika Mittelost Initiative* (NMI), der *Subsahara-Afrika Initiative* (SAFRI) und dem *Ost-Ausschuss der Deutschen Wirtschaft*.

Weitere **nicht-staatliche Institutionen** sind die regionalen *Industrie- und Handelskammern (IHK)* mit ihrer Dachorganisation, dem *Deutschen Industrie- und Handelskammertag (DIHK)*, dem auch die *Auslandshandelskammern (AHK)* unterstellt sind, die *Außenhandelskreditanstalt (AKA)*, der *Ausstellungs- und Messeausschuss der deutschen Wirtschaft* (AUMA) sowie die z. T. im staatlichen Auftrag handelnde *Allianz Trade* (früher: *Euler Hermes Kreditversicherung)*. Hinzu kommen neben vielen anderen auch die ähnlich wie die Regionalinitiativen agierenden *Ländervereine* der deutschen Wirtschaft, wie der *Afrika-Verein* (AV) oder der *Ostasiatische Verein*, die ihre Mitglieder beraten, bei der Suche nach Außenhandelspartnern unterstützen und sie gegebenenfalls vertreten.

Schließlich müssen auch *supranationale Institutionen* wie die *EU-Kommission*, *internationale Organisationen* wie die *WTO* und die *Internationale Handelskammer (ICC)* genannt werden, da sie einerseits Förderung bereitstellen und durch sie andererseits auch nationale Interessen auf internationaler Ebene durchgesetzt werden können.

Die direkte Exportförderung lässt sich in drei Phasen entsprechend der oben genannten Bereiche der Exportrisiken unterteilen: Exportvorbereitung, Exportanbahnung und Exportdurchführung. Die Einteilung ist allerdings nicht trennscharf, viele Förderungsaktivitäten überlappen sich und die vorgestellten Institutionen sind teilweise auch in mehreren Phasen aktiv.

7.3.2 Exportvorbereitung: Bereitstellen von Informationen

Die Wahrnehmung von Exportmöglichkeiten setzt umfassende und regelmäßige Informationen über Abnehmer- und Wettbewerbsstrukturen, über Anforderungen an die Produkte sowie über die länderspezifischen Außenwirtschaftsregelungen voraus. Die Bereitstellung von exportrelevanten Informationen und die laufende Beobachtung von Auslandsmärkten ist daher ein zentraler Bereich deutscher Exportförderung.

Im Wesentlichen werden die Funktionen durch den *Auswärtigen Dienst*, die *Auslandshandelskammern* (AHK) und *Germany Trade & Invest (GTAI)* wahrgenommen, die auf den wichtigsten Exportmärkten präsent sind. Während bei der Tätigkeit des Auswärtigen Dienstes vielfach außenwirtschaftspolitische Aspekte dominieren, stellen die AHK vorwiegend individuelle Auskünfte zur Verfügung, während die GTAI eine breite Informationsbereitstellung anstrebt und damit den Außenhandel insgesamt stärken soll.

Die deutschen **Auslandsvertretungen**, die fast 230 deutschen Botschaften und Konsulate, verstehen Außenwirtschaftsförderung als eine ihrer wichtigen Aufgaben. Sie sind häufig erste Ansprechpartner für deutsche Unternehmen, die sich über die politischen und wirtschaftlichen Rahmenbedingungen in dem jeweiligen Land informieren wollen. Dafür beobachten sie die Entwicklung im Gastland und können Kontakte zu möglichen Geschäftspartnern und Regierungsstellen vermitteln. Sie veranstalten *round tables*, Workshops sowie Regionalkonferenzen und organisieren Veranstaltungen für deutsche Messeaussteller und ihre Geschäftspartner. Ferner informieren sie Unternehmensverbände über interessante Vorhaben und Ausschreibungen, berichten regelmäßig über wirtschaftliche und politische Entwicklungen im Ausland und wirken an der Risikobewertung bei Ausfuhrgewährleistungen und Investitionsgarantien mit (vgl. Auswärtiges Amt 2017).

Auslandshandelskammern (*AHKs*) fördern die Wirtschaftsbeziehungen zwischen dem Partnerland und Deutschland. So unterstützt beispielsweise die deutsch-indonesische Industrie- und Handelskammer (Ekonid) die Zusammenarbeit zwischen deutschen und indonesischen Unternehmen. AHKs sind privatrechtliche Zusammenschlüsse von Privatpersonen, Institutionen und Unternehmen aus Deutschland und dem jeweiligen Partnerland, unter dem Dachverband DIHK, die staatlich gefördert werden. 2022 existierten 140 AHKs, Delegiertenbüros und Repräsentanzen der deutschen Wirtschaft in 92 Ländern.

AHKs sind gerade für KMUs eine wichtige Anlaufstelle und Informationsquelle bei den ersten Kontakten mit dem Partnerland. Insbesondere unterstützen sie Unternehmen bei ihren Exportinteressen durch

- Marktstudien und Analysen der Exportmärkte,
- Informationen über Marktpotenziale sowie steuerliche oder rechtliche Aspekte und
- Vermittlung geeigneter Geschäftspartner (vgl. u. a. AHK 2020).

Die **GTAI** (*Germany Trade & Invest*) verfügt als staatliche *Wirtschaftsförderungsgesellschaft* über 50 Standorte weltweit und unterstützt Unternehmen bei der Expansion ihrer Geschäftstätigkeiten ins Ausland mit Wirtschafts- und Branchendaten zu ausländischen Märkten, Informationen zu Ausschreibungen und Projekten sowie zu rechtlichen und steuerlichen Aspekten. Ihre Datenbank umfasst u. a. Daten und Informationen zu rund 200 Ländern, Wirtschaftsregionen und regionalen Zusammenschlüssen sowie Branchenanalysen und Informationen zu Spezialthemen (vgl. GTAI).[3]

Die **Industrie- und Handelskammern (IHK)** sind Körperschaften des öffentlichen Rechts, in denen alle Industrie- und Handelsunternehmen als Pflichtmitglieder zusammen-

---

[3] Die zweimonatlich erscheinende kostenlos beziehbare Broschüre *Markets International* bietet interessant aufbereitete Informationen zu jeweils unterschiedlichen Märkten und Themen.

geschlossen sind und die sich aus den Beiträgen der Mitglieder finanzieren. Im Rahmen ihrer Hauptaufgabe, der Förderung der gewerblichen Wirtschaft, sind die IHKs auch Ansprechpartner für Fragen der Außenwirtschaft. Sie informieren beispielsweise zu internationalen Handelsabkommen, Export- und Importvorschriften, Fragen des internationalen Zahlungsverkehrs oder über internationale Ausschreibungen, Messen und Ausstellungen, meist in Form von Zeitschriften und Merkblättern sowie Kursen und Seminaren. Weiterhin unterstützen die IHKs ihre Mitglieder bei der Anbahnung von Geschäftsbeziehungen mit dem Ausland, häufig zusammen mit den AHKs. So führt die IHK für München und Oberbayern beispielsweise regelmäßig ein Vortrags- und Beratungsprogramm *Trade & Connect* durch, eine Veranstaltung zur Information und zum Aufbau von Netzwerken zwischen Unternehmern, AHKs und Dienstleistern der Außenwirtschaft (vgl. IHK).

Der **Bundesverband des Deutschen Exporthandels (BDEx)**, der Dachverband der deutschen Außenhändler, vertritt die außenwirtschaftlichen Interessen seiner Mitglieder und bietet ebenfalls Informationen zum Exporthandel im Allgemeinen und zu praktischen Fragen des Außenhandels sowie zu allen relevanten Themen und Märkten. Bestimmte Exporte wie Rüstungsgüter oder kerntechnische Anlagen sind in Deutschland, entsprechend der *Außenwirtschaftsverordnung*, verboten bzw. genehmigungspflichtig. Hierüber sowie über den Außenwirtschaftsverkehr mit Embargoländern informiert das **Bundesamt für Wirtschaft und Ausfuhrkontrolle (BAFA)** (vgl. BAFA 2022). Auch das **Statistische Bundesamt** sowie weitere Institutionen stellen außenwirtschaftlich relevante Informationen zur Verfügung, ebenso wie weitere nicht-staatliche Stellen, wie etwa **Handwerk International**, **Fachverbände**, die erwähnten **Regionalinitiativen** und **Ländervereine** sowie **Forschungsinstitute**. Vgl. zu den direkten Exportförderungsmaßnahmen Abb. 7.2.

7.3.3 Exportanbahnung: Messeförderung

Konkrete Schritte zum Aufbau von Exportbeziehungen werden durch Unterstützungsmaßnahmen bei der Exportanbahnung erleichtert. Hier werden direkte Kontaktmöglichkeiten mit ausländischen Abnehmern durch Messebesuche, Delegationsreisen u. ä. sowie durch den Aufbau von Vertriebseinrichtungen oder Repräsentanzen im Importland gefördert. Ein Schwerpunkt deutscher Exportförderungspolitik ist die *Messepolitik*.

Durch die Beteiligung an inländischen internationalen Fachmessen, die von ausländischen Einkäufern besucht werden, und bedeutenden internationalen Auslandsmessen erhalten exportinteressierte Unternehmen Möglichkeiten, einen Marktüberblick zu gewinnen und die Wettbewerbssituation zu analysieren. Sie können den Bekanntheitsgrad ihres Unternehmens erhöhen, Innovationen präsentieren und die Akzeptanz ihrer Produkte testen. Besonders wichtig ist auch die Möglichkeit Netzwerke auf- und auszubauen. Messen sind dadurch sowohl Informations- als auch *Exportanbahnungsinstrument*. Geschätzt 40 % der deutschen Exportunternehmen stellen regelmäßig auf Auslandsmessen aus. Die dort akquirierten Aufträge und Folgegeschäfte machen lt. AUMA rund 25 % der Exportumsätze an der Messe beteiligten Unternehmen aus. Der *AUMA (Verband der deutschen*

Messewirtschaft) vertritt die Interessen der deutschen Messegesellschaften sowie von Verbänden, Ausstellern, Service-Unternehmen und Besuchern.

Messebeteiligungen verursachen erhebliche Kosten als Vorleistungen für künftige und noch unsichere Exportmöglichkeiten – vor allem durch Standbau und Standausstattung sowie Transport- und Personalkosten. Das gilt besonders für KMU. Da Auslandsmessen für mittelständische Unternehmen eines der wichtigsten Instrumente zur Förderung direkter Geschäftsbeziehungen sind, unterstützen die *Bundesministerien für Wirtschaft und Klimaschutz (BMWK)* und für *Ernährung und Landwirtschaft (BMEL)* in Zusammenarbeit mit AUMA deutsche Unternehmen bei der Teilnahme an Auslandsmessen.

Beispiel

Für 2023 ist beispielweise geplant deutsche Unternehmen auf 270 Messen in 55 Ländern zu unterstützen. Dabei ist Asien die wichtigste Region und China mit fast 60 geförderten Messebeteiligungen das wichtigste Land. Im Schnitt werden jährlich mehr als 6500 Aussteller gefördert, in der Mehrzahl KMU. Der Bund beteiligt sich an den Kosten für Standbau und Standmiete sowie an den laufenden Kosten. Die Auswahl der Messebeteiligungen des Bundes erfolgt in Zusammenarbeit mit Wirtschaftsverbänden, Auslandsvertretungen, AHKs und der AUMA (vgl. o.V. 2022; Auswärtiges Amt 2021). ◄

Sonstige Unterstützungsmaßnahmen

Die Erschließung von Auslandsmärkten erfordert neben Informationen über die Märkte auch besondere Kenntnisse und Erfahrungen auf Seiten des Exportunternehmens. Hierbei geht es um Fragen der Exportfähigkeit von Produkten des Unternehmens, um das Finden geeigneter Absatz- und Betriebswege, um Voraussetzungen für gelungene Kooperationen mit ausländischen Partnern, aber auch um innerbetriebliche Organisationsanforderungen und das Finden geeigneter Mitarbeiter. **Individuelle Exportberatungen** werden i. d. R. durch freiberufliche Exportberater durchgeführt, vielfach von IHKs oder Fachverbänden vermittelt und für KMU auch finanziell unterstützt. Die Exportberatung kann folgende Bereiche umfassen: Markterschließungskonzepte, Vertriebs- und Werbestrategien, Konzepte für eine Beschaffungs- und/oder Absatzorganisation, die technische Anpassung von Produkten an die Erfordernisse von Auslandsmärkten, Erstellung von Exportkalkulationen, Zoll- und Steuerfragen, Exportfinanzierung und Zahlungssicherung.

Delegationsreisen sind eine Möglichkeit, sich in kurzer Zeit einen Überblick über die Rahmenbedingungen des betreffenden Exportlandes zu verschaffen und vor Ort Kontakte zu knüpfen. Als besonders erfolgreich haben sich hierbei *Kontakt- und Kooperationsbörsen* herausgestellt, bei denen die Teilnehmer Gelegenheit haben, mit interessierten ausländischen Importeuren Gespräche über eine mögliche Zusammenarbeit zu führen, die dann in konkrete Geschäftsbeziehungen einmünden können. Solche Delegationsreisen werden von verschiedenen Institutionen organisiert. Das Landwirtschaftsministerium (*BMEL*) fördert beispielsweise für die deutschen Agrar- und Ernährungswirtschaft neben speziellen Schulungen, einzelbetrieblichen Beratungen, Markt- und Produktstudien auch Auslandsreisen zur Markterkundung oder zur Geschäftsanbahnung. Im Ausland wird dann die Teilnahme an Wirtschaftskontaktbörsen, Veranstaltungen zur Produktpräsentation oder an Wirtschaftsdelegationen bezuschusst (vgl. BMEL 2021).

Eine weitere Möglichkeit ist die staatliche Unterstützung von **Unternehmenskooperationen** im Bereich der ausländischen Markterschließung und -bearbeitung durch Zuschüsse für Firmenpools und Verbundprojekte. Bei einem *Firmenpool* lassen sich mehrere kleinere Unternehmen von einer Person oder Institution, die im Auftrag einer IHK tätig wird, im Ausland vertreten. Diese Person oder Institution berät, vermittelt Kontakte und nimmt allgemein die Interessen der vertretenen Firmen wahr. Daneben werden *Verbundprojekte* und Brancheninitiativen, etwa in der Automobilzulieferindustrie, zur Förderung gemeinsamer Auslandsstrategien verschiedener Unternehmen gefördert.

Die **German Centres** (Deutsche Häuser) bieten deutschen Unternehmen in Mexiko-Stadt, Moskau, Singapur, Shanghai und Taicang Büros, Beratung und Netzwerke. Sie fungieren als Austauschplattformen für Informationsveranstaltungen und Netzwerktreffen, vermieten Büros, Konferenzräume und Ausstellungsflächen. Zudem beraten sie auch zu praktischen Fragen des Markteinstiegs und bieten hierfür ein Netzwerk an Dienstleistern, wie Rechts-, Steuer- oder Personalberater (vgl. z.B. https://www.germancentreshanghai.com/).

7.3.4 Exportdurchführung: staatliche Exportkreditgarantien

Neben *allgemeinen Risiken*, wie Sprachproblemen, Mentalitätsunterschieden, Unterschieden in den Geschäftsgewohnheiten und Rechtsauffassungen werden üblicherweise Länderrisiken und sonstige wirtschaftliche Risiken unterschieden. Unter **Länderrisiken** versteht man das Risiko des Exporteurs, aufgrund politischer oder wirtschaftspolitischer Besonderheiten des Importlandes die Zahlung des Importeurs nicht, zu spät oder nicht vollständig zu erhalten. Länderrisiken können beispielsweise auftreten infolge von Kriegen, politischen Unruhen, Naturkatastrophen, Embargos, Devisenmangel oder der politischen Entscheidung zur Devisenbewirtschaftung. Unter die **sonstigen wirtschaftlichen Risiken** *(Käuferrisiken)* fallen im Wesentlichen Transport-, Zahlungs- und Währungsrisiken:

- *Transportrisiken* beinhalten die Beschädigung oder den Verlust der Ware durch Unfall, Havarie, Kriegseinwirkungen etc.
- Das *Zahlungs- oder Kreditrisiko* umfasst Forderungsausfälle und Insolvenzen der Importeure.
- Ein *Wechselkurs- oder Währungsrisiko* tritt dann auf, wenn die Zahlung der Ware in einer anderen Währung als der des Exportlandes vereinbart wurde. In diesem Fall trägt der Exporteur das Risiko einer Aufwertung der eigenen Währung bzw. der Abwertung der Fremdwährung.

Neben der Bereitstellung von Informationen und der Förderung der Exportanbahnung stellen Maßnahmen zur Risikoabsicherung des Exporteurs einen weiteren Schwerpunkt der deutschen Exportförderung dar. Üblicherweise wird die Absicherung der Risiken individuell vorgenommen, etwa durch den Abschluss von Transport- und Ausfuhrkreditversicherungen oder durch ein Kurssicherungsgeschäft zur Ausschließung des Währungsrisikos. Wenn das Exportgeschäft jedoch nicht gegen deutsche Interessen, vor allem nicht gegen Exportverbote, verstößt und damit förderungswürdig ist und es sich um ein vertretbares Risiko in Bezug auf die Kreditwürdigkeit des Schuldners und das jeweilige politische Länderrisiko handelt, kann der Bund eine **Exportkreditgarantie** (sog. *Hermesdeckung*) übernehmen. Hermesdeckungen stehen grundsätzlich allen deutschen Exportunternehmen unter bestimmten Voraussetzungen zur Verfügung, sollen aber vor allem KMU dabei unterstützen, Geschäfte in ausländischen Märkten bei vertretbaren Risiken durchzuführen.

Allerdings werden staatliche Exportkreditgarantien erst gewährt, wenn private Versicherungsunternehmen das Geschäftsrisiko als zu hoch einschätzen. Dies ist bei Exporten in Schwellen- und Entwicklungsländern regelmäßig der Fall, insbesondere bei Ländern mit politischen Risiken oder auch dann, wenn die Kreditlaufzeiten sehr lang sind. Diese Ausfuhrkredite werden von privaten Anbietern nur ausnahmsweise abgesichert.

Staatliche Exportkreditgarantien werden durch eine *Export Credit Agency* (ECA) bereitgestellt. In Deutschland übernimmt dies im Auftrag der Bundes die **Allianz Trade** (früher: *Euler Hermes Kreditversicherung)*. Hierdurch werden die ausstehenden Forderungen des deutschen Exporteurs abgedeckt. Die Entscheidung, ob eine solche ECA-Deckung bereitgestellt wird, trifft der *Interministerielle Ausschuss* (IMA), der auch die länderspezifische Deckungspolitik festlegt. Dem IMA gehören Vertreter von vier Ministerien an, Vertreter aus dem Wirtschaftsministerium (BMWK), dem Finanzministerium (BMF), dem Auswärtigen Amt (AA) sowie dem Ministerium für wirtschaftliche Zusammenarbeit und Entwicklung (BMZ). Die Deckung umfasst die gesamte Wertschöpfungskette von der Fertigung über die Lieferung der Ware bis zur Bezahlung der letzten Rate. Hierfür zahlen die Exporteure eine risikoadäquate Prämie (Entgelt) und beteiligen sich je nach politischem und wirtschaftlichem Risiko und Produkt mit 5 % bis 15 % (Selbstbehalt) am Risiko. Exportkreditgarantien sind auch finanzierungsrelevant: Die Übernahme des Risikos durch den Bund wirkt sich positiv auf die Finanzierungskonditionen aus, bzw. ermöglicht erst die Finanzierung eines Geschäfts durch Kreditinstitute.

Beispiel

2020 wurden Exporte in 168 Länder in Höhe von knapp 17 Mrd. Euro mit staatlichen Exportkreditgarantien abgesichert. 2021 stieg das Volumen auf über 20 Mrd. Euro und lag damit wieder auf der Höhe der Vor-Pandemie-Jahre. 80 % des Deckungsvolumens entfielen 2020 auf Schwellen- und Entwicklungsländer. Der Anteil der Deckung am Gesamtexport in diese Ländergruppe schwankt um 5 % (vgl. Auslandsgeschäftsabsicherung, agaportal). ◄

Zusammengefasst umfasst die direkte Exportförderung in Deutschland eine große Anzahl von Informations-, Beratungs- und Förderansätzen, die wiederum von vielen verschiedenen staatlichen und nicht-staatlichen Institutionen bereit gestellt werden. Da die Informationen meist unproblematisch online abgerufen werden können, sind sie allen Interessenten leicht zugänglich. Die Vielzahl der Angebote macht es jedoch nicht immer einfach die gerade passenden für das eigene Unternehmen herauszufiltern. Dies kann dazu führen, dass gerade kleinere Unternehmen möglicherweise nicht alle relevanten Instrumente kennen oder sie für sich nutzen. Erschwerend kommt hinzu, dass sich die Angebote der verschiedenen Institutionen zum Teil überschneiden und dass neben den Programmen auf Bundesebene auch die Bundesländer und die EU weitere Fördermaßnahmen bereitstellen. Ein neueres Papier zur deutschen Außenwirtschaftsförderung fordert zudem klima- und umweltpolitische Belange stärker zu berücksichtigen, die Bedingungen für die staatlichen Exportgarantien zu entbürokratisieren und Exportförderung besser mit der entwicklungspolitischen Zusammenarbeit (EZ) zu verzahnen (vgl. BDI/Bankenverband 2022).

7.3.5 Weitere Formen der Exportförderung

Export subsidies
Allgemein kann Exportförderung auch durch offene oder verdeckte Subventionen erfolgen. **Exportsubventionen** sind staatliche Zuschüsse an inländische Unternehmen, mit denen ihre Auslandsaktivitäten unterstützt werden und ihre Produkte konkurrenzfähiger werden sollen. Dies kann beispielsweise durch überkompensierende Umsatzsteuerrückvergütungen, besondere Abschreibungsmöglichkeiten, Kompensation von spezifischen Exportkosten oder durch subventionierte Zinsen für Exporte erfolgen. Durch Subventionen erlangen nationale Produzenten Wettbewerbsvorteile und sind somit in der Lage, ihre Produkte im In- und Ausland günstiger anzubieten. In der EU wurde jedoch bereits 2010 vereinbart, alle Exportsubventionen stufenweise abzubauen.

In Deutschland wurden 2019 lt. Subventionsbericht vom Bund knapp 25 Mrd Euro an Subventionen bereitgestellt, für 2022 wurden rund 47 Mrd Euro eingeplant. Der größte Teil hiervon soll in Form direkter Finanzhilfen die Umwelt- und Klimaschutzpolitik sowie Ziele in den Bereichen Wohnungsbau, Digitalisierung und Mobilität unterstützen (BMF 2021). Spezielle *Exportsubventionen* sind nicht geplant.

Foreign Sales Corporations
Früher konnten US-amerikanische Exporteure einen Großteil ihrer Steuerabgaben einbehalten, wenn sie ihre Exporte über Tochterfirmen *(Foreign Sales Corporations, FSC)* im Ausland abwickelten. Standorte der bis zu 5.000 FSC, vielfach nur Briefkastenfirmen, waren vorwiegend Länder in der Karibik oder die Bermudas. Diese Fördermethode wurde von der WTO nach einer Klage der EU als *illegale Exporthilfemaßnahme* untersagt. Da die USA einer Gesetzesänderung nicht nachkamen, konnte die EU Strafzölle auf US-Exporte erheben.

Exportfinanzierung

Da ausländischen Kunden im Regelfall längere Zahlungsfristen eingeräumt werden, diese jedoch die erhöhten Finanzierungskosten tragen müssen, beeinflussen die Finanzierungskonditionen die Wettbewerbsfähigkeit der inländischen Produkte. Damit eröffnen sich hier Möglichkeiten für eine staatliche Subventionierung der Kreditzinsen.

CIRR-Kredite

Im einem begrenzten Umfang können auch *staatlich geförderte Kredite* mit einem Festzinssatz zur Finanzierung deutscher Investitionsgüterexporte in Entwicklungsländer zur Verfügung gestellt werden. Hierbei handelt es sich um sog. CIRR-Kredite, deren Zinssatz sich an einem von der OECD (*Organization for Economic Cooperation and Development*) monatlich festgelegten Referenzzinssatz CIRR (*Commercial Interest Reference Rate*) orientiert. CIRR ist der Mindestzinssatz für geförderte Exportkredite, wobei die kreditgebenden Banken zusätzlich einen Refinanzierungszuschlag und eine Risikomarge aufschlagen. CIRR-Kredite müssen durch eine *staatliche Exportkreditgarantie* (s. o.) gedeckt sein (ECA-Deckung) und gelten nur für bestimmte Entwicklungsländer, die in der OECD-DAC-Länderliste aufgeführt sind. In Deutschland werden CIRR-Kredite von der *Ausfuhrkreditgesellschaft* (AKA) und einem Tochterinstitut der staatlichen *Kreditanstalt für Wiederaufbau* (KfW) vergeben. Der Kreditbetrag sollte einen Gesamtbetrag von 85 Mio Euro und maximal 85 % des Auftragswertes nicht überschreiten. Die Laufzeit beträgt 4 bis 10 Jahre.[4]

Sonderwirtschaftszonen

Viele Länder, vorwiegend Entwicklungsländer in Ost- und Südostasien, begannen in den 1980er-Jahren **Sonderwirtschaftszonen** (SWZ) (*special economic zones, SEZ*) einzurichten. Um ihre exportorientierten industriellen Entwicklungsstrategien umzusetzen wurden viele davon speziell als *export processing zones* (EPZ) gegründet, um Exporte zu fördern und Deviseneinnahmen zu erzielen und gleichzeitig die Modernisierung der Produktionsstruktur des Landes voranzutreiben. SWZ sind meist klar abgegrenzte geographische Gebiete, in denen Unternehmen eine geeignete Infrastruktur und für sie günstige administrative Regulierungen vorfinden. Im Gegenzug für die Reduzierung von Importzöllen, die Gewährung von Steuervergünstigungen, die Beschleunigung von Genehmigungsprozessen und von Investitionen in die physische Infrastruktur erwarten die Regierungen von den Unternehmen, dass sie qualifizierte Arbeitsplätze schaffen, den Export ankurbeln, neue Technologien einführen und die Wirtschaft diversifizieren. Der Umgang mit den in der SWZ gefertigten Produkten ist sehr unterschiedlich. So wurde beispielsweise eine Einfuhr aus der SWZ in das Gastgeberland zunächst entweder untersagt oder nur zu den üblichen Zolltarifen ermöglicht. Inzwischen erlauben viele Staaten die zollfreie Einfuhr der in den SWZ gefertigten Waren, wenn dort ein bestimmter Wertschöpfungsanteil erbracht wird. Dadurch erhofft man sich, dass sich in den SWZ mehr technologieintensive Unternehmen ansiedeln.

---

[4]Vgl. https://www.gabler-banklexikon.de/definition/cirr-kredite-70416; https://wirtschaft-entwicklung.de/foerderdatenbank-entwicklungslaender/aka-cirr-kredit/. Staatlich geförderte Exportkredite sind allerdings umstritten. Antworten hierzu werden möglicherweise die Ergebnisse einer Machbarkeitsstudie für eine EU Exportkreditstrategie liefern, die von der EU im März 2022 in Auftrag gegeben wurde.

Abb. 7.3 Sonderwirtschaftszonen weltweit. (Quelle:
UNCTAD 2019)

Sonderwirtschaftszonen (SWZ)	
Industrieländer	**374**
Europa	105
Nordamerika	262
Entwicklungs- und Schwellenländer	**4772**
Asien	**4046**
China	2543
Philippinen	528
Indien	373
Afrika	**237**
Lateinamerika	**486**
Welt	**5383**

Durch globale Handelsregeln zur Begrenzung der direkten Exportförderung und der schrittweisen Abschaffung von Ausnahmen für Länder mit niedrigem Einkommen sollte die Ausbreitung der SWZ eingeschränkt werden, dennoch wächst deren Zahl ständig weiter. Während 1995 weltweit nur 500 SWZ registriert waren, registrierte die UNCTAD 2002 bereits 3000 und 2019 knapp 5400 SWZ, von denen mehr als 1000 in den fünf Jahren zuvor gegründet worden waren. Zudem gab es 2019 Pläne für die Eröffnung weiterer 500 SWZ in den darauffolgenden Jahren (vgl. UNCTAD 2019, S. 128 ff.) (vgl. Abb. 7.3).

Insbesondere in China waren und sind SWZ ein wichtiges Element der Wirtschaftspolitik, die Hälfte aller weltweit registrierten SWZ befindet sich heute in China. Die SWZ in China haben ihren Ursprung in der *Reform- und Öffnungspolitik* der frühen 1980er-Jahre. Um mit marktwirtschaftlichen Reformen zu experimentieren, wurden SWZ zunächst in Guangdong (Shenzhen, Zhunai, Shantou), Fujian (Xiamen) und Hainan, später auch in anderen Regionen eingerichtet. Ab 1984 wurden weitere 14 Küstenstädte für ausländische Investoren geöffnet, denen ähnliche Präferenzen wie den SWZ eingeräumt wurden, ab 1993 wurde mit der Einrichtung weiterer SWZ im Landesinneren begonnen. Die in den SWZ produzierten Produkte waren grundsätzlich für den Export bestimmt und durften nur ausnahmsweise auf dem Binnenmarkt verkauft werden. Den in den SWZ produzierenden Unternehmen wurden erhebliche Steuererleichterungen eingeräumt, zum Teil mussten gar keine Steuern entrichtet werden und reinvestierte Gewinne blieben steuerfrei. Diese Politik war erfolgreich: Noch 1979 waren die drei SWZ in Guangdong kleine Fischerdörfer, zehn Jahre später moderne Großstädte. Schon 1990 entfielen auf die SWZ rund die Hälfte aller Investitionen und aller Exporte Chinas (vgl. Panagariya 1993, 1995).

7.4   Exportbeschränkungen

Für Exportbeschränkungen kann es sehr unterschiedliche **Gründe** geben. Bei Güterknappheiten ist es wichtig, die Versorgung der eigenen Bevölkerung, etwa mit Nahrungsmitteln, sicherzustellen. Sinken die Exportpreise auf dem Weltmarkt, etwa infolge eines Überangebots, kann es sinnvoll sein, insbesondere im Verbund mit anderen Exporteuren, Exporte zu reduzieren, um den Preis auf dem Weltmarkt zu stabilisieren. Dies geschieht etwa bei Öl (durch die OPEC) oder einzelnen Rohstoffen. Durch freiwillige Exportbeschränkungen (SBAs) kann versucht werden, erwartete Restriktionen von Importländern zu vermeiden. Ein weiterer Grund kann es sein, einzelne Länder von der Nutzung bestimmter Güter, wie Waffen oder neuer Technologien, auszuschließen.

Prinzipiell stehen für Exportbeschränkungen folgende **Instrumente** zur Verfügung: Durch *Exportsteuern* und *Exportzölle* werden die Ausfuhrgüter verteuert, *Exportkontingente*, die meist durch die Vergabe von Exportlizenzen gesteuert werden, beschränken die Exporte mengenmäßig, und *Exportverbote* (Exportembargos) sollen den Export der betreffenden Güter vollständig verhindern.

Durch den Einsatz von *Exportembargos*, Boykotten oder Blockaden kann auch versucht werden, *politische Forderungen*, wie etwa die Einhaltung von Menschenrechten oder die Beendigung eines Bürgerkrieges durchzusetzen. Vor dem Einsatz von Waffen stellt diese Maßnahme häufig den letzten legitimen, vom Völkerrecht anerkannten, Sanktionsmechanismus dar. Allerdings haben sich diese Maßnahmen meist als erfolglos erwiesen, selten konnten so die Ziele wirklich erreicht werden. Das südafrikanische Apartheid-Regime konnte trotz eines UN-Waffenembargos weiter aufrüsten, im Iran oder in Nordkorea konnte trotz weitreichender und langer westlicher Sanktionen keine Politikänderung erreicht werden und auch im Falle des russischen Invasion in die Ukraine ist es fraglich, ob die Sanktionen und Embargos eine Beendigung des Krieges beschleunigen werden.

Ein wichtiges Ziel für die Erhebung von *Exportzöllen* vor allem von rohstoffexportierenden Entwicklungsländern ist die Erhöhung der Staatseinnahmen. In vielen dieser Länder liegt der Anteil der Einnahmen aus Exportzöllen an den gesamten Staatseinnahmen immer noch im zweistelligen Bereich.

Exportbeschränkungen haben **Folgen**. Grundsätzlich wird durch diese Maßnahmen das Weltmarktangebot an den betreffenden Gütern verringert und damit deren Preisniveau tendenziell erhöht. Zudem wird der Ausbau internationaler Arbeitsteilung geschwächt und eine optimale Allokation der Produktionsfaktoren verringert. Sie führen – gewollt oder ungewollt – zu einer tendenziellen Schlechterversorgung der potenziellen Abnehmerländer, die die benötigten Güter entweder zu höheren Preisen selbst herstellen bzw. aus anderen Ländern zu evtl. schlechteren Konditionen, Preisen und/oder Qualitäten beziehen oder ganz auf diese verzichten müssen. Dies kann zu außenwirtschaftlichen oder politischen Gegenreaktionen der nicht mehr belieferten Länder führen. Schließlich behindern Exportbeschränkungen die eigene Exportwirtschaft: Beschäftigung, Gewinne und Staatseinnahmen sinken.

Exportkontrollen sind ein wichtiges Instrument, um außen- und sicherheitspolitischen Risiken vorzubeugen bzw. hierauf zu reagieren. Zwar gilt etwa im deutschen Außenwirtschaftsverkehr der Grundsatz des freien Warenverkehrs, aber Beschränkungen, Genehmigungspflichten und Ausfuhrverbote sind gem. *Außenwirtschaftsgesetz* (AWG) möglich. Zentrales Ziel ist es, eine Bedrohung Deutschlands oder seiner Bündnispartner zu verhindern. Auch sollen deutsche Exporte in Krisengebiete weder konfliktverstärkend wirken, noch zur internen Repression oder anderen schwerwiegenden Menschenrechtsverletzungen beitragen. Das AWG sieht daher Exportkontrollen und Genehmigungspflichten vor allem für *Waffen* und *Rüstungsgüter* und im Falle von *Embargos* auch Exportverbote vor. Weitere Beschränkungen ergeben sich aus der *Feuerwaffen-Verordnung* für Schusswaffen und der *Anti-Folter-Verordnung* für „Güter, die zur Vollstreckung der Todesstrafe, zur Folter oder zu anderer grausamer, unmenschlicher oder erniedrigender Behandlung oder Strafe verwendet werden können". Schließlich ist der Export von *Dual-Use Gütern*, Gütern die sowohl für zivile als auch militärische Zwecke verwendet werden können, genehmigungspflichtig (vgl. BAFA 2022).

> **Beispiele**
>
> - In einer Entscheidung des Landgerichts Stuttgart wurde ein deutscher Unternehmer verurteilt, der handelsübliche Aluminiumrohre nach China exportiert hatte, da dies als verbotene Ausfuhr von Bestandteilen für Atomanlagen in Nordkorea eingestuft wurde. Obwohl nicht nachgewiesen wurde, dass die Rohre tatsächlich für atomare Zwecke einsetzbar waren und dass sie von China nach Nordkorea weitergeliefert werden sollten. In diesem Fall war der Export genehmigungspflichtig, da die Exportgüter einem bestimmten verbotenen Verwendungsweck dienen können („catch all-Klausel") (vgl. o.V. 2004)
> - Die Bundesregierung erlaubte dem Technologiekonzern AMD in den 2000er-Jahren den Export von technologischem Know-how zur Herstellung von Mikroprozessoren nach Asien. Hierbei ging es um den Export von Know-how zur Herstellung *Wafern*, aus denen Chips gefertigt werden. Da diese sowohl für zivile wie für militärische Zwecke genutzt werden können, handelte es sich um ein genehmigungspflichtiges Dual-Use-Exportgeschäft.
> - Im August 2022 wurde ein deutsches Unternehmen in Norddeutschland von den Zollbehörden durchsucht, da es im Verdacht stand, jahrelang ohne Ausfuhrgenehmigung hochgiftige Chemikalien an ein russisches Unternehmen mit guten Verbindungen zum russischen Geheimdienst FSB geliefert zu haben. Einige dieser Chemikalien könnten als Grundstoffe für die Herstellung biologischer und chemischer Kampfmittel, u. a. auch *Nowitschok*, genutzt werden. ◄

Exportverbote können, wie erwähnt, verhängt werden, um eine Verschlechterung der Versorgungssituation im Inland zu verhindern oder die Entwicklung eigener Industrien zu fördern. So beschränkten Kanada und einige skandinavische Länder nach dem Zweiten

Weltkrieg die Ausfuhr von einheimischen Hölzern und Zellulose, um die einheimische Papierindustrie zu stützen und Indien beschränkte den Export von Baumwolle, um den Aufbau der einheimischen Textilindustrie zu fördern

---

Beispiel

Im Mai 2022 erließ der weltweit zweitgrößte Weizenproduzent Indien ein Exportverbot für Weizen. Grund hierfür war eine extreme Hitzewelle, die drohte, die einheimische Weizenernte und damit die einheimische Versorgung mit Weizen zu verringern. Dem *International Food Policy Research Institute* zufolge erließen seit Beginn des russischen Angriffskrieges auf die Ukraine zwischen Februar und Mai 2022 mehr als 20 Länder Exportbeschränkungen für Nahrungsmittel, vor allem für Weizen, Palmöl, Mais, Sonnenblumenöl und Sojabohnen. Neben dem Ziel der nationalen Ernährungssicherung sollten die Exportstopps die Preise auf den einheimischen Märkten stabilisieren. ◄

Zwar erschweren Exportverbote für hochwertige Fertigwaren den Zugang der davon betroffenen Staaten zu dem spezifischen technologischen Wissen, sie schließen sie jedoch nicht davon aus, vor allem weil die Verbote häufig umgangen werden. Gleichzeitig werden Eigenanstrengungen zur Entwicklung entsprechender Technologien gefördert und Impulse zur Technologieentwicklung gegeben. Andererseits wird der Zugang zu diesen Technologien verteuert, so dass ein großer Teil der knappen Ressourcen für die Entwicklung der fehlenden Technologien verwendet werden muss und für andere Zwecke nicht zur Verfügung steht. Im Fall von *Cocom* hatte dies zur Folge, dass in den sozialistischen Staaten des „Ostblocks" ein wachsender Teil der Staatsausgaben für die Entwicklung von Militärtechnologien genutzt wurde, so dass sich die Versorgung der Bevölkerung rapide verschlechterte. Dies trug schließlich zum Zerfall des Ostblocks bei.

Beispiel

Um die Möglichkeit zur Austragung bewaffneter Konflikte einzuschränken und die weltweiten Bedrohungspotenziale zu begrenzen, wurde 1949 *das Coordinating Committee on Multilateral Export Controls (Cocom)* gegründet. Das Abkommen regelte zwischen 1949 und 1994 die Rüstungsgüterexporte von 17 westlichen Industriestaaten. Hierzu stellte Cocom Listen von technischen Gütern zusammen – Rüstungsgüter, nukleares Material und *dual-use*-Güter – deren Export in die sozialistischen Staaten verboten wurde. Das Export-Embargo für militärisch oder strategisch wichtiger Güter sicherte den westlichen Technologievorsprung im militärisch-industriellen Bereich. Cocom wurde 1994 aufgelöst und durch nationale oder regionale Regelungen ersetzt. ◄

Literatur[5]

Auslandshandelskammern (AHK) (2020) *ahk-infobroschuere-data*.pdf; www.ahk.de;

Auswärtiges Amt (2017) *Aufgaben des Auswärtigen Amts*, 14.08.2017 https://www.auswaertiges-amt.de/de/aussenpolitik/themen/aussenwirtschaft/-/201412

Auswärtiges Amt (2021) *Instrumente der Wirtschafts- und Investitionsförderung;* 26.11.2021 https://www.auswaertiges-amt.de/de/aussenpolitik/themen/aussenwirtschaft/-/201408

BDI/Bankenverband (2022) *Positionspapier zur Zukunft der Außenwirtschaftsförderung und der deutschen Exportwirtschaft*, 01. Juli 2022. https://bdi.eu/publikation/news/zukunft-der-aussenwirtschaftsfoerderung-und-der-deutschen-exportwirtschaft/

BAFA (Bundesamt für Wirtschaft und Ausfuhrkontrolle) (2022) *Exportkontrolle und das BAFA. Grundlagen der Exportkontrolle, Antragstellung, Informationsquellen und Ansprechpartner*, 9. Aufl., Mai 2022 https://www.bafa.de/SharedDocs/Downloads/DE/Aussenwirtschaft/afk_merkblatt_exportkontrolle_bafa.pdf?__blob=publicationFile&v=12

BMEL (Bundesministerium für Ernährung und Landwirtschaft) (2021) *Programm des BMEL zur Förderung der Exportaktivitäten der deutschen Agrar- und Ernährungswirtschaft*; https://www.bmel.de/SharedDocs/Downloads/DE/Broschueren/Agrarexportfoerderprogramm.pdf?__blob=publicationFile&v=3

BMF (Bundesfinanzministerium) (2021) *28. Subventionsbericht der Bundesregierung*, September 2021

Büter, C. (2020) *Außenhandel. Grundlagen internationaler Handelsbeziehungen*, 5. Aufl., Wiesbaden

Koch, E. (2022) *Globalisierung: Wirtschaft und Politik. Chancen – Risiken – Antworten*; 3. vollständig überarbeitete Aufl., Wiesbaden

o.V. (2004) *Stehen Exporteure mit einem Bein im Knast?* Handelsblatt vom 26.11.2004, https://www.handelsblatt.com/unternehmen/mittelstand/vielzahl-von-genehmigungspflichten-sind-zu-beachten-stehen-exporteure-mit-einem-bein-im-knast/2447078.html

o.V. (2022) *Auslandsmesseprogramm 2023: Asien erneut wichtigstes Ziel*; vom O8.04.2022 https://www.auma.de/de/medien/meldungen/presse-2022-04

Panagariya, A. (1993) *Unravelling the Mysteries of China's Foreign Trade Regime*, https://onlinelibrary.wiley.com/doi/10.1111/j.1467-9701.1993.tb00655.x

Panagariya, A. (1995) *Was können wir von Chinas Exportstrategie lernen?* in: Finanzierung und Entwicklung, Juni 1995

UNCTAD (2019) *World Investment Report (WIR) Special Economic Zones*, New York 2019

Links

Auslandsgeschäftsabsicherung: Agaportal: https://www.agaportal.de, https://www.agaportal.de/jahresberichte,

Ausfuhrkreditgesellschaft (AKA): www.akabank.de/de/

Auslandshandelskammern (AHK): www.ahk.de; https://www.dihk.de/resource/blob/26904/31234e5751feeba3b6c7e7e35676d92c/a

Außenwirtschaftsverkehr mit Embargoländern: https://www.bafa.de/SharedDocs/Downloads/DE/Aussenwirtschaft/afk_merkblatt_embargo.pdf?__blob=publicationFile&v=4

Ausstellungs- und Messeausschuss der Deutschen Wirtschaft e.V. (AUMA): www.auma.de

---

[5]Letzter Zugriff auf die im Literaturverzeichnis genannten Internetquellen und die Links jeweils 08/2022.

Bundesverband der Deutschen Industrie (BDI): https://bdi.eu/themenfelder/aussenwirtschaft/

Bundesamt für Wirtschaft und Ausfuhrkontrolle (BAFA): www.bafa.de

Bundesverband des deutschen Exporthandels (BDEx): www.bdex.de

Bundesverband Großhandel, Außenhandel, Dienstleistungen (BGA): https://bga.de; https://bga.de/ unsere-themen/aussenwirtschaftsfoerderung/

Deutscher Industrie- und Handelskammertag (DIHK): www.dihk.de

Euler Hermes Kreditversicherung: www.allianz-trade.com/de_CH.html

Germany Trade & Invest (GTAI): https://www.gtai.de/de/trade

Handwerk International: www.handwerk-international.de/

Industrie- und Handelskammern (IHK): https://www.ihk-muenchen.de/trade-connect/; https://www.ihk.de

Statistisches Bundesamt: www.destatis.de

Teil IV

Internationale Handels- und Wettbewerbspolitik und Entwicklungsländer

Internationale Handelspolitik

8

Wie wir gesehen haben, bringt der internationale Handel keineswegs für alle Länder und vor allem nicht dauerhaft nur Vorteile mit sich. Einzelne Länder werden daher immer wieder versuchen, durch protektionistische Maßnahmen den internationalen Wettbewerb zu beeinflussen und Konkurrenten vom eigenen Markt fernzuhalten. Wenn die Wettbewerber hierauf ähnlich reagieren, kann dies zu schweren Beeinträchtigungen der internationalen Handelsbeziehungen führen und es bedarf erheblicher politischer Anstrengungen eine solche Protektionismus-Phase zu beenden und freien Handel wieder zum Leitprinzip zu machen. Ein Beispiel aus der jüngeren Vergangenheit ist der Versuch der früheren US-Regierung unter Donald Trump Ende der 2010er-Jahre durch massive protektionistische Maßnahmen vor allem gegen China, aber auch gegen die EU, die einheimische Industrie zu stärken und hierdurch neue Arbeitsplätze zu schaffen.

8.1 Internationaler Handel zwischen Freihandelspolitik und Protektionismus

Betrachtet man den Welthandel der letzten 200 Jahre unter dem Aspekt, inwieweit Liberalisierungs- bzw. Protektionismus-Tendenzen vorherrschten, lassen sich in einer groben Annäherung **folgende Phasen** unterscheiden:

(1) Bis Mitte des 19. Jahrhunderts verfolgte England ungeachtet der grundsätzlichen Plädoyers von *Adam Smith* und *David Ricardo* für mehr Freihandel eine **merkantilistische** Politik mit starken protektionistischen Elementen. Als weltgrößte Handelsmacht bestimmte England dadurch die Prinzipien der Welthandelspolitik.

© Der/die Autor(en), exklusiv lizenziert an Springer Fachmedien Wiesbaden GmbH, ein Teil von Springer Nature 2023
E. Koch, *Internationale Wirtschaftsbeziehungen I*,
https://doi.org/10.1007/978-3-658-40069-9_8

Typisches Beispiel für diese Politik war der 1651 erlassene *Navigation Act.* Er richtete sich gegen die damalige holländische Konkurrenz und legte fest, dass Waren nach England oder in die englischen Kolonien nur auf englischen Schiffen oder auf denen des Herstellungslandes transportiert werden durften. Damit war es beispielsweise holländischen Schiffen nur erlaubt holländische Produkte nach England zu transportieren. Das Gesetz war der Beginn einer Reihe weiterer protektionistischer Gesetze, die England bis Mitte des 19. Jahrhunderts erließ. Die *Corn Laws,* die 1815 erlassen wurden und bis 1846 in Kraft waren, waren die Grundlage für Importzölle, mit denen Englands Getreideproduzenten vor billigerer Auslandskonkurrenz geschützt werden sollten. ◄

(2) Eingeleitet durch einen 1860 geschlossenen Freihandelsvertrag zwischen England und Frankreich und gestützt auf die Überlegungen von Smith und Ricardo begann Mitte des 19. Jahrhunderts eine Phase der **Liberalisierung**, die erst 1929 mit der *Weltwirtschaftskrise* endete.

(3) Die sich daran anschließende Phase des **Protektionismus,** in der jedes Land versuchte, seine Wirtschaft durch den Einsatz von Zöllen, Kontingenten und Währungsabwertungen *(Abwertungswettlauf)* auf Kosten der anderen Länder zu schützen *(beggar-thy-neighbour-policy),* dauerte – in verschiedenen Formen – bis zum Ende des Zweiten Weltkriegs.

(4) Die negativen Erfahrungen mit dem Protektionismus, der allein von 1929 bis 1933 das Welthandelsvolumen von 3 Mrd. US$ auf 1 Mrd. US$ schrumpfen ließ, führten zu einer Wiederbelebung der Freihandelsidee, die ab der Beendigung des Zweiten Weltkrieges in eine Phase der **Handelsliberalisierung** mündete. Erfolge wurden u. a. durch die Vereinbarungen im Rahmen des *Allgemeinen Zoll- und Handelsabkommens* (GATT) sowie durch die Stabilisierungsbemühungen des *Internationalen Währungsfonds* (IWF) erzielt.

(5) Nach einer Phase weltweiten Wirtschaftsaufschwungs begannen sich ab Mitte der 1970er-Jahre verschiedene wirtschaftliche Rahmenbedingungen – und damit auch die wirtschaftlichen Aussichten insbesondere der westlichen Industrieländer – zu verschlechtern. Aus den Unsicherheiten, die ab Mitte der 1960er-Jahre mit dem Zerfall des weltweiten Systems fester Wechselkurse, mit dem Anstieg der Rohstoffpreise, insbesondere mit der Verdreifachung des Rohölpreises 1973 (Erste Ölpreiskrise) entstanden waren, erwuchs eine neue Protektionismuswelle. Dieser **Neue Protektionismus,** dessen Höhepunkt in der ersten Hälfte der 1980er-Jahre lag, war gekennzeichnet durch eine sprunghafte Zunahme der Anwendung *nicht-tarifärer Handelshemmnisse* (NTHs) vor allem seitens der Industrieländer gegen Japan und die immer wettbewerbsfähiger werdenden asiatischen Schwellenländer.

(6) Ab Mitte der 1980er-Jahre begann sich, angestoßen durch die wirtschaftlichen Erfolge der asiatischen Länder und ab Ende der 1980er-Jahre durch den Transformationspro-

zess der sozialistischen Staaten des früheren „*Ostblocks*", im Zuge der Ablösung des *Keynesianismus* durch den *Monetarismus* langsam das „*Markt-Paradigma*" durchzusetzen.

Unterstützt durch volkswirtschaftliche Theorien und Paradigmen (wichtiger Vertreter des Monetarismus war *Milton Friedman*) wurde das Markt-Paradigma maßgeblich durch die britische Premierministerin *Margret Thatcher* und den US-amerikanischen Präsidenten *Ronald Reagan* in praktische Politik umgesetzt. Gegen das Paradigma eines starken Staats wurde verstärkt auf Deregulierung, Privatisierung und die Marktkräfte und damit auf die Unternehmen gesetzt. Staatliche Regulierungen wurden abgebaut und durch das Vertrauen in die Marktsteuerung durch Angebot und Nachfrage und Selbststeuerung ersetzt.

Folge war eine neue Welle der **Handelsliberalisierung,** die begleitet wurde von einem raschen Ansteigen der internationalen Kapitalströme und in diesem Zusammenhang einer erheblichen Zunahme der Auslandsinvestitionen (*Direktinvestitionen*). Diese neue Phase der *Globalisierung* (vgl. hierzu Koch 2022) wurde wesentlich beschleunigt durch den konstruktiven Abschluss der achten GATT-Verhandlungsrunde, der *Uruguay-Runde*, im Dezember 1993. Es war offensichtlich geworden, dass hohe protektionistische Hürden nicht nur die Handelspartner vor Probleme stellen, sondern durch Gegenreaktionen und verringerte Wettbewerbsintensität auch der eigenen Wirtschaft schaden.

(7) Ab Ende der 1990er-Jahre begann eine Periode, die von einer Abfolge von Krisen mit zum Teil erheblichen Auswirkungen auf die Weltwirtschaft gekennzeichnet war (vgl. Abb. 1.4). Der *Asienkrise* 1997/1998 folgte die *Dotcomkrise* 2001 bis 2003 und wenige Jahre später die *Finanz- und Wirtschaftskrise*, die sich in der *Eurokrise* (2007 bis 2013) fortsetzte. Anschließend beruhigte sich das Weltwirtschaftsgeschehen zwar wieder, jedoch stiegen ab Mitte der 2010er-Jahre die Anzahl der Handelsbarrieren wieder an . 2009 bis 2019 wurden jährlich über 2400 handelshemmende Maßnahmen weltweit registriert (vgl. Global Trade Alert 2022) und betrafen gegen Ende der Dekade fast 9 % der internationalen Importe (vgl. Abb. 8.1).

(8) 2020 bis 2021 erschütterte die *Corona-Pandemie* die Weltwirtschaft erneut. Sie wurde begleitet von einer, allerdings nur kurzfristigen, Verdoppelung der registrierten Handelshemmnisse, deren Anzahl dann schnell wieder zurückging. Überlagert von der weltweiten *Klimakrise*, setzten sich die weltwirtschaftlich relevanten Krisen mit dem russischen *Angriffskrieg* auf die Ukraine ab Februar 2022 nahtlos fort. Die Auswirkungen der Krisen auf die einzelnen Länder waren zum Teil gravierend. Es ist daher zu erwarten, dass sich protektionistische Tendenzen weiterhin auf einem relativ hohen Niveau halten werden. Andererseits wird der neue Bilateralismus und Regionalismus zu jeweils partiellen Liberalisierungsschritten führen (vgl. Kap. 3). Aus heutiger Sicht kann die derzeitige Phase evtl. als „**gebremste Liberalisierung**" bezeichnet werden.

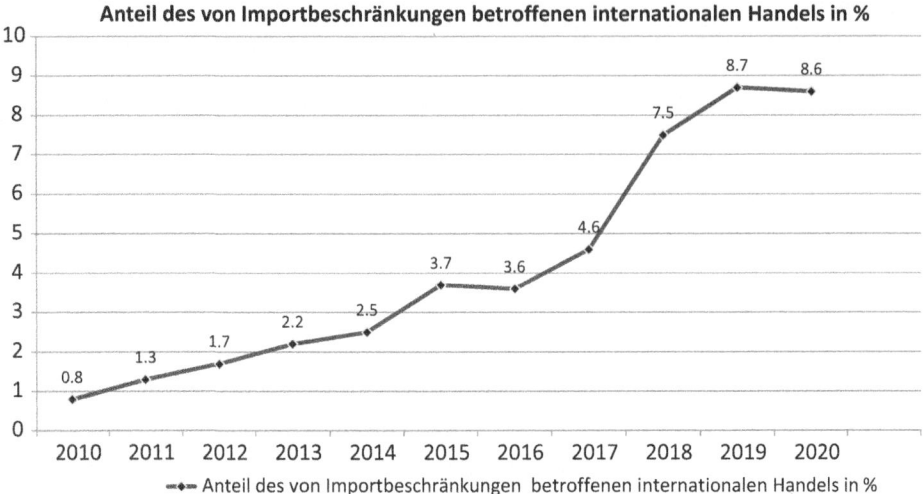

Abb. 8.1 Importbeschränkungen 2010 bis 2020. (Quelle: WTO (2021), S. 20, Eigene Darstellung)

8.2   Das Allgemeine Zoll- und Handelsabkommen (GATT)

In den 1940er-Jahren, noch vor dem Ende des Zweiten Weltkriegs, begannen die Alliierten mit Überlegungen zu einer Re-Integration aller Länder in die Weltwirtschaft. Man wollte den Protektionismus der Zwischenkriegs- und Kriegsperiode überwinden. Durch eine supranationale Politik – ausgerichtet an den Zielen die weltweite Güterversorgung sicherzustellen und die Beschäftigungssituation zu verbessern – sollten die Möglichkeiten aller Länder von den Vorteilen der internationalen Arbeitsteilung zu profitieren erhöht werden.

8.2.1   Die Rolle des GATT

Handelspolitik war bislang weitgehend als nationale Angelegenheit betrachtet worden. Nun wurde aber versucht, bestehende Handelsschranken auf der Grundlage eines supranationalen Abkommen abzubauen. Ergebnis war ein im Oktober 1947 von 23 Staaten in Genf unterzeichnetes Vertragswerk, das Allgemeine Zoll- und Handelsabkommen oder *General Agreement on Tariffs and Trade* (**GATT**), das zum 1. Januar 1948 zunächst für acht und später, nach der Ratifizierung, auch für die übrigen 15 Staaten in Kraft trat.

Das GATT entsprach dem handelspolitischen Teil der sog. *Havanna-Charta*, über die von 1946 bis 1948 im Rahmen von UN-Konferenzen verhandelt worden war. Ziel dieser Verhandlungen war die Gründung eines handelspolitischen Pendants zu dem für die währungspolitische Koordination zuständigen *International Monetary Fund* (IMF, IWF), einer mit weitreichenden Kompetenzen ausgestatteten *International Trade Organization*

(ITO). Trotz vieler Ausnahmeklauseln, nach denen es Mitgliedstaaten sogar gestattet sein sollte, Handelsbeschränkungen beizubehalten, wurde das Gesamtabkommen aber von einigen Ländern, u. a. den USA, wegen der damit verbundenen Beschränkung nationaler Kompetenzen nicht akzeptiert und daher auch nicht ratifiziert. Deshalb mussten von 1948 bis 1994 Fragen des internationalen Handels im Rahmen eines Provisoriums, eben des GATT, geregelt werden. Erst nach 47 Jahren, im Januar 1995, wurden die Aufgaben des GATT-Sekretariats von der neuen *Welthandelsorganisation* WTO (vgl. Abschn. 8.3) übernommen.

Bei dem GATT handelte es sich nicht um eine internationale Organisation, sondern um einen völkerrechtlichen Vertrag, der von den Vertragsparteien gesteuert und von einem Sekretariat in Genf verwaltet wurde. Neben den 164 Voll-Mitgliedern der WTO (Stand 2022) wenden viele weitere Länder die GATT-Regeln faktisch an, so dass diese, zusammen mit weiteren Vereinbarungen, die Grundlage des heutigen *internationalen Handelssystems* bilden.

Oberste **Ziele** des GATT sind die Erhöhung des allgemeinen *Lebensstandards*, die Sicherung der *Vollbeschäftigung* und des *Realeinkommens* in den Mitgliedsländern. Diese Ziele sollen primär erreicht werden durch eine zunehmende regelgestützte *Liberalisierung* des Welthandels und eine damit einhergehende Ausweitung der internationalen Handelsbeziehungen. Der Ausbau einer liberalen Welthandelsordnung ist damit Mittel zur Erreichung der höherrangigen Ziele. Die Mitglieder werden durch präzise Regelungen verpflichtet, die beschlossenen Liberalisierungsmaßnahmen durchzusetzen, vor allem einen *Abbau von Zöllen und sonstigen Handelsbeschränkungen*. Darunter fallen im Wesentlichen mengenmäßige Importbeschränkungen und die bereits erwähnten nicht-tarifären Handelshemmnisse (NTHs). Die Mitgliedsländer müssen jedoch nicht vollkommen auf den Einsatz protektionistischer Instrumente verzichten: Unter bestimmten Umständen, etwa bei drohender Arbeitslosigkeit größeren Ausmaßes, können sie von Ausnahmeregelungen Gebrauch machen. Freihandel wird daher nicht zum unumstößlichen Ordnungsprinzip für alle Mitglieder, auch das Schutzargument behält seine Berechtigung.

Präambel des GATT-Vertrags
„Die Vertragsparteien erkennen an, dass ihre Handels- und Wirtschaftsbeziehungen auf die Erhöhung des Lebensstandards, auf die Verwirklichung der Vollbeschäftigung, auf ein hohes und ständig steigendes Niveau des Realeinkommens und der wirksamen Nachfrage, auf die volle Erschließung der Hilfsquellen der Welt, auf die Steigerung der Produktion und des Austausches von Waren sowie auf die Förderung einer fortschreitenden Entwicklung der Wirtschaft aller Vertragsparteien gerichtet sein sollen. Die Vertragsparteien haben den Wunsch, zur Verwirklichung dieser Ziele im Rahmen dieses Abkommens durch den Abschluss von Vereinbarungen beizutragen, die auf der Grundlage der Gegenseitigkeit und zum gemeinsamen Nutzen auf einen wesentlichen Abbau der Zölle und anderer Handelsschranken sowie auf die Beseitigung der Diskriminierung im internationalen Handel abzielen."

Die GATT-Regeln leiten sich ab aus dem Prinzip der **Nicht-Diskriminierung** anderer Mitgliedsländer. Dieses Diskriminierungsverbot wird konkretisiert in zwei Grundsätzen:

- Der Grundsatz der **Meistbegünstigung** *(most favoured nation, MFN)* verpflichtet die GATT-Mitgliedsländer zur Gleichbehandlung aller anderen GATT-Mitglieder: Handelserleichterungen, die diese *einem* Land gewähren, müssen gleichzeitig auch *allen* anderen GATT-Mitgliedern zugestanden werden. Durch dieses Verbot der Ungleichbehandlung können Mitgliedsländer im Regelfall auch keine Zollerhöhungen als Druckmittel gegen einzelne Länder durchsetzen, ohne gegen GATT-Bestimmungen zu verstoßen, da jedes GATT-Mitglied einen Rechtsanspruch auf Meistbegünstigung hat. Bestimmte Ausnahmen sind jedoch zulässig: Bi- oder plurilaterale Freihandelsabkommen, durch die die Mitglieder sich gegenseitig begünstigen, sind unter bestimmten Voraussetzungen erlaubt und eine Vorzugsbehandlung von Entwicklungsländern durch Präferenzabkommen *(Generalized System of Preferences*, GSP) ist ebenfalls möglich (vgl. Kap. 3 und 10).
- Der Grundsatz der **Inländerbehandlung** *(national treatment)* stellt ausländische Anbieter Inländern gleich. Inländische und ausländische Produkte dürfen nicht ungleich behandelt werden, ausländische Produkte also nicht durch politische Maßnahmen diskriminiert werden.

Der Grundsatz der **Reziprozität** (Gegenseitigkeit) legt fest, dass die zwischen zwei Ländern gegenseitig eingeräumten Zugeständnisse gleichgewichtig und ausgewogen sein sollen.

Um ein Höchstmaß an **Transparenz** der Handelspolitik zu erreichen, dürfen prinzipiell nur Zölle zum Schutz der einheimischen Wirtschaft erhoben werden. Damit sind alle sonstigen, nur schwer zu kontrollierende Maßnahmen, wie etwa NTHs, verboten, ein Grundsatz, gegen den in der Vergangenheit wohl am häufigsten verstoßen wurde. Mit der Durchsetzung dieser Grundsätze gelang es dem GATT, die in der Kriegs- und Nachkriegszeit üblichen problematischen *bilateralen* Handelsvereinbarungen durch *multilaterale* Vereinbarungen, die im Rahmen von sog. Gatt-Welthandelsrunden ausgehandelt wurden, zu ersetzen.

8.2.2 GATT-Welthandelsrunden

In den ersten 25 Jahren des GATT stand der schrittweise Abbau der zunächst noch sehr hohen Zölle und die Beseitigung von Mengenbeschränkungen im Mittelpunkt der Aktivitäten. Dies erfolgte im Rahmen von insgesamt acht sich zum Teil über mehrere Jahre hinziehenden **multilateralen Verhandlungsrunden**. Nach einer ersten GATT-Handelsrunde 1947 in Genf, bei der das Zollniveau schon um durchschnittlich 20 % reduziert wurde, befassten sich auch die nächsten fünf GATT-Runden, drei Verhandlungsrunden in den fünfziger Jahren in *Annecy* (1949), *Torquay* (1950–51) und *Genf* (1956) sowie die beiden Handelsrunden der 1960er-Jahre, die *Dillon-Runde* (1960–1962) und die *Kennedy-Runde*, primär mit Zollreduzierungen. Besonders erfolgreich waren diesbezüglich die *Kennedy-Runde* (1964–1967) und die *Tokio-Runde,* (1973–1979), bei denen allgemeine

GATT Welthandelsrunden		Gegenstand der Verhandlungen	Anzahl der teilnehmenden Länder	Durchschnittliche Zollsenkung in %
1947	--		23	35
1949	Annecy-Runde	Zölle	13	2
1951	Torquay-Runde		38	3
1956	Genf-Runde		26	2
1960/61	Dillon-Runde		26	7
1964/67	Kennedy-Runde	Zölle, Preisdumping	62	35
1973/79	Tokyo-Runde	Zölle und nicht-tarifäre Handelshemmnisse (NTHs)	102	34
1986/94	Uruguay-Runde	umfassende Reformen, GATS, TRIMs, TRIPs, Gründung der WTO	123	40
seit 2001	Doha-Runde (WTO)	Bessere Einbindung der Entwicklungsländer in den Welthandel („Entwicklungsrunde")	153 +	??

Abb. 8.2 Ergebnisse der GATT-Welthandelsrunden. (Quelle: BMWK, Eigene Darstellung)

Zollsenkungen zwischen jeweils 30 % und 40 % vereinbart wurden. Auf diese Weise konnten, mit Ausnahme des Agrar- und des Textilbereichs, die durchschnittlichen Zollsätze der Industrieländer von etwa 40 % gegen Ende der 1940er-Jahre auf rund 3 % zum Ende der 1990er-Jahre gesenkt werden (vgl. Abb. 8.2).

Allerdings kaschiert dieser Durchschnittswert die zu diesem Zeitpunkt zum Teil immer noch zweistelligen Zölle auf einzelne, als besonders schutzwürdig angesehene konsumnahe Fertigwaren. Zudem behinderten Zölle, die Produkte mit höherem Verarbeitungsgrad auch mit einem höheren Zoll belegten (sog. *Kaskadenzölle*), Entwicklungsfortschritte von Entwicklungsländern.

Die sich verschlechternde weltwirtschaftliche Lage Anfang der 1970er-Jahre markiert den Beginn einer Periode des zunehmenden Protektionismus (s. o.). Dieser zeigte sich zunächst darin, dass diejenigen Beschlüsse der *Tokio-Runde*, die über Zollsenkungen hinausgingen kaum umgesetzt wurden. Dies galt vor allem für den Abbau von NTHs, die Einbeziehung des Handels mit Agrarprodukten in die allgemeinen GATT-Verpflichtungen und Vereinbarungen über die internationale Ausschreibung öffentlicher Aufträge. Stattdessen wurden die Beschlüsse von vielen Ländern durch Schutzklauseln, Mengenbeschränkungen und bilaterale Selbstbeschränkungsabkommen weitgehend ausgehöhlt (vgl. Kap. 6).

Ab Mitte der 1980er-Jahre begann sich die weltwirtschaftliche Situation wieder zu verbessern. Insbesondere in den Schwellenländern zeigten sich Erfolge einer liberalen Wirtschafts- und Außenwirtschaftspolitik, so dass hier protektionistische Positionen zugunsten freihandelsorientierter Vorstellungen abgebaut wurden. Die weltweite Liberalisierung und die sich gleichzeitig beschleunigende Entwicklung der Informationstechnologie intensivierten den internationalen Kapital- und Technologietransfer. Hierdurch wurden einerseits die Möglichkeiten internationaler Arbeitsteilung immer stärker genutzt, während sich gleichzeitig der internationale Wettbewerb verschärfte. Zunehmend traten auch vorwiegend ost- und südostasiatische Schwellenländer als Anbieter auf, die in der Lage waren, fortgeschrittene Technologie mit Niedriglöhnen bei angemessener Qualität zu verbinden. Durch diesen Prozess der *Globalisierung* waren die etablierten Anbieter von Waren und Dienstleistungen einem sich immer mehr verschärfenden internationalen Wettbewerb *(Hyper-Wettbewerb)* ausgesetzt. Dies führte dazu, dass sich das GATT und später die WTO zunehmend mit weltwirtschaftlichen Themenbereichen beschäftigte, die weit über die engere Welthandelsproblematik hinausgehen.

8.2.3   Ergebnisse der Uruguay-Runde

Diese Entwicklung schlug sich in der achten Verhandlungsrunde, der *Uruguay-Runde,* nieder, in der die Interessengegensätze zwischen den Industrie- und Entwicklungsländern und den verschiedenen Handelsblöcken besonders stark aufeinander prallten. Unter Berücksichtigung des Strukturwandels der Weltwirtschaft wurden hier zahlreiche neue Themenbereiche, wie der *internationale Dienstleistungshandel, der Schutz geistigen Eigentums,* und *handelsbezogene Investitionsschutzrechte* in die Verhandlungen einbezogen.

Allerdings waren diese Themenbereiche schon im Vorfeld der Verhandlungen umstritten, so dass die 1986 begonnene Uruguay-Runde nicht wie vorgesehen im Dezember 1990, sondern nach äußerst zähen Verhandlungen und einem politischen Kraftakt erst im Dezember 1993 mit dem *Abkommen von Marrakesch* beendet werden konnte.

Diese achte Verhandlungsrunde war gleichzeitig die letzte GATT-Welthandelsrunde, die nächste schon unter der WHO begonnene *Doha-Runde* wurde bis heute (2022) nicht beendet. Da die Ergebnisse weitreichend waren und viele Ergebnisse den Welthandel weiterhin entscheidend prägen, werden die wichtigsten Ergebnisse der Uruguay-Runde im Folgenden zusammenfassend dargestellt (vgl. Großmann et al. 1994; Langhammer 1994).

Abbau von Protektionismus

Ein besonders strittiger Komplex war der Abbau des **Agrarprotektionismus**. Die USA und die 14 in der *Cairns-Gruppe* zusammengeschlossenen Agrarhandelsländer forderten gegen den Widerstand vor allem der EU einen Abbau der Agrarsubventionen. Schließlich wurde ein Abbau subventionierter Agrarexporte ausgehandelt, durch den der Außenschutz um 36 % reduziert, Agrarsubventionen um 20 % abgebaut, das Budget für Exportfinanzierung um 36 % gekürzt und die subventionierten Exportmengen um 21 % verringert wurden.

Die **Zölle für Industrieprodukte** wurden in fünf Stufen um durchschnittlich 40 % gesenkt (vgl. hierzu auch Abb. 8.3). Die EU verpflichtete sich, einen Satz von durchschnittlich 37 % gegenüber allen Handelspartnern (50 % gegenüber den USA und Kanada und 30 % gegenüber Japan) nicht zu überschreiten. Mit dem neuen *Agreement on Textiles and Clo-*

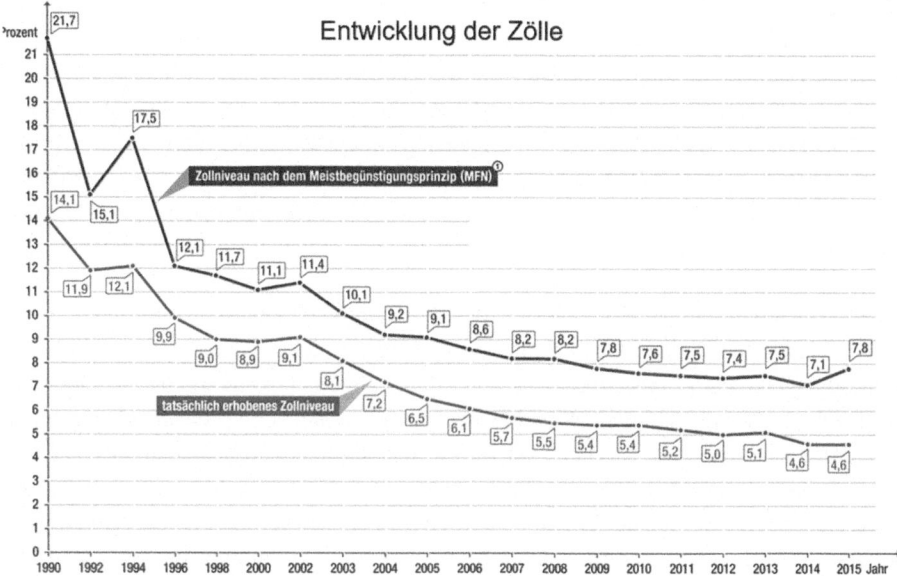

Abb. 8.3 Entwicklung des Zollniveaus (handelsgewichtet) 1990 bis 2015 (Quelle: World Bank/ Bundeszentrale für politische Bildung, Creative Commons-Lizenz CC BY-ND 3.0)

thing (ATC) wurde vereinbart, das bisher geltende *Multifaserabkommen* (MFA) mit einer Übergangsfrist von zehn Jahren auslaufen zu lassen und *Textilwaren* in das WTO-System zu integrieren (vgl. Abschn. 6.3.2). Standards für *Dumping* wurden schärfer formuliert und der Ablauf von Antidumping-Verfahren genau festgelegt. Darüber hinaus wurde ein Abbau von NTHs und eine Ausweitung des Freihandels mit tropischen Früchten vereinbart.

Internationaler Dienstleistungshandel

Erstmals seit Bestehen des GATT wurden in einem Rahmenabkommen, *dem General Agreement on Trade in Services* (**GATS**), allgemeine Grundsätze für den *internationalen Dienstleistungshandel* vereinbart (s. a. Abschn. 1.4). Die meisten GATT-Prinzipien und Regeln, also vor allem das Diskriminierungsverbot im Allgemeinen, sowie die Grundsätze der *Meistbegünstigung* und der *Inländerbehandlung* im Besonderen, gelten grundsätzlich auch für Dienstleistungen. Damit dürfen Ausländer, die im Inland Dienstleistungen anbieten, nicht schlechter gestellt werden als Inländer. Allerdings gibt es Ausnahmen. In speziellen GATS-Listen legen die WTO-Mitglieder fest, für welche Dienstleistungen sie Marktzugang gewähren. So sind beispielsweise in der kanadischen Liste für „Planungen von Infrastruktur" keine Beschränkungen vorgesehen. Ausnahme ist die Provinz Manitoba, hier kann für planende Ingenieure eine Betriebsstätte erforderlich sein. (vgl. GTAI 2022). Die Listen schaffen also Transparenz und Berechenbarkeit. Sie geben Aufschluss darüber, ob der Marktzugang generell gilt, oder ob bestimmte Beschränkungen gibt.

Das GATS umfasst sämtliche unternehmens- und berufsbezogenen Dienstleistungen, wie Kommunikations-, Vertriebs-, Bildungs-, Tourismus-, Bau- und Transportdienstleistungen sowie soziale und kulturelle Dienstleistungen. Nur für wenige Bereiche, wie Telekommunikationsdienste oder Finanzdienstleistungen, wurden später Sonderabkommen (vgl. Abschn. 8.3.3) geschlossen. An der Dienstleistungsthematik waren vor allem die USA interessiert, während die Entwicklungsländer zunächst befürchteten, dass hierdurch der Aufbau eigener Dienstleistungsbranchen behindert werde. Im Verlauf der Verhandlungsrunde wurde allerdings erkannt, dass mit Dienstleistungen auch Wachstumspotenziale importiert werden können.

Die Besonderheit bei der Erleichterung des internationalen Dienstleistungshandels besteht darin, dass hier keineswegs nur auf den grenzüberschreitenden Handel abzielende Beschränkungen *(border measures),* wie etwa Zölle, abgebaut werden müssen. Vielmehr geht es primär darum, nationale Regelungen *(domestic measures),* die handelsrelevant sind und den Charakter von NTHs haben, zu vereinheitlichen. Hierbei handelt es sich um Gesetze, Verordnungen, Verwaltungsrichtlinien, Normen und Standards auf nationaler, regionaler oder auch kommunaler Ebene. Inhaltlich sind dies beispielsweise Qualifikations-, Zulassungs- und Niederlassungsbestimmungen, Verbraucherschutzregelungen oder Umweltschutzrichtlinien. Auch deswegen ist eine internationale Vereinheitlichung und Liberalisierung dieser Bereiche gegenüber der eigenen Bevölkerung schwerer zu rechtfertigen als die Erleichterung von Sachgüterimporten.

Urheberrechtsschutz
Die zunehmende Handelsliberalisierung führte auch dazu, dass immer mehr erfolgreiche Markenprodukte – vor allem Textilien, Sportartikel und Software – nachgeahmt wurden und dem Originalprodukt im eigenen Land wie auf den Exportmärkten Konkurrenz machen. Die „Rechteinhaber", meist Unternehmen in Industrieländern, möchten sich daher vor unzulässiger Nutzung ihrer Rechte schützen. Diesem Bedürfnis wird mit dem Abkommen zum Schutz geistiger Eigentumsrechte, *Trade-related Intellectual Property Rights* (**TRIPs**), Rechnung getragen, wobei bereits bestehende Abkommen, die von der *World Intellectual Property Organization* (WIPO) verwaltet werden, von dem neuen Abkommen nicht angetastet werden.

Handel mit gefälschten und unerlaubt hergestellten Waren
Das *Amt der EU für geistiges Eigentum* (EUIPO) veröffentlicht zusammen mit der OECD regelmäßig Studien über den weltweiten Handel mit gefälschten und unerlaubt hergestellten Waren. Danach ergab sich 2016 ein Welthandelsanteil von 3,3 % und 2019 von 2,5 %. Die gefälschten Waren stammen hauptsächlich aus China. Weitere wichtige Herkunftsländer sind die Türkei, die Vereinigten Arabischen Emirate und Singapur. Die am häufigsten beschlagnahmten Produktkategorien waren Schuhe, Bekleidung, Lederwaren, elektronische Geräte und Kosmetika (vgl. EUIPO).

Bei dem Abkommen geht es um die Verbesserung des Rechtsschutzes für Urheberrechte, Warenzeichen/Handels- und Dienstleistungsmarken, Geschmacksmuster und geographische Herkunftsangaben, für künstlerische Produkte, wie Musikstücke und Bücher sowie für Computersoftware. Es soll verhindert werden, dass Produkt- und Patentpiraterie, illegale Softwarekopien und sonstige Nachahmungen den Handel mit den Originalen beeinträchtigen (s. a. Abschn. 5.2.2.2) und gilt für alle Länder seit 2006 sowie für Pharmapatente seit 2016. Grundsätzlich wurde *Inländerbehandlung* und *Meistbegünstigung* vereinbart: Ausländische Inhaber eines Urheberrechts müssen wie Inländer behandelt werden. Vorteile und Vergünstigungen, die einem Mitglied gewährt werden, müssen auch allen anderen Mitgliedsländern eingeräumt werden.

Auch hier stand den Industrieländerinteressen die Position der Entwicklungsländer gegenüber, denen durch einen internationalen Urheberrechtsschutz Nachteile beim Aufbau eigener Industrien entstehen, da praktisch alle wichtigen Patente von Industrieländerunternehmen gehalten werden. Unter der Führung von Indien und Brasilien wurde daher lange versucht, den Patentschutz z. B. für pharmazeutische Produkte, Computersoftware und technische Erfindungen möglichst gering zu halten. Einige dieser Güter werden als quasiöffentliche Güter angesehen, so dass beispielsweise der markenrechtliche Schutz etwa von Impfstoffen oder Genmaterial von Nutzpflanzen vielfach abgelehnt wurde (vgl. Langhammer 1998, S. 22 f.).

Handelsbezogene Investitionen

Einen ersten Ansatz zum Schutz handelsbezogener *Investitionen* stellt das Abkommen über *Trade Related Investment Measures* (**TRIMs**) dar. Nationale Politik kann ausländische Direktinvestitionen entweder fördern oder diese durch bestimmte Auflagen tendenziell erschweren. Sie wird Investitionen eher fördern, wenn sie sich davon positive Effekte, wie Technologieinputs oder zusätzliche Beschäftigung erwartet und sie eher erschweren, wenn sie eine Behinderung einheimischer Wettbewerber vermutet.

TRIMs legt nun fest, dass kein Mitgliedsland eine Maßnahme anwenden darf, die gegen den Grundsatz der Inländerbehandlung verstößt oder die mengenmäßige Beschränkungen vorsieht. Beispiele: Maßnahmen, die ein bestimmtes Maß an lokaler Beschaffung durch ein Unternehmen vorschreiben (*„local content requirements"*) oder Maßnahmen, die die Menge oder den Wert der Einfuhren, die ein solches Unternehmen erwerben oder verwenden kann, auf einen Betrag beschränken, der mit dem Umfang der von ihm ausgeführten Produkte in Zusammenhang steht (*„trade balancing requirements"*). Ausländische Investitionen zur Erbringung von Dienstleistungen werden bereits durch das GATS geschützt, wobei für Investitionen zur Erbringung von Finanzdienstleistungen und Telekommunikationsdiensten Sonderregelungen gelten.

Subventionen

In einer *Subventionsordnung* werden staatliche Subventionen für den Industriebereich in *verbotene, angreifbare* und *erlaubte Subventionen* unterteilt. Verboten sind danach Exportsubventionen oder Subventionen, die inländische zu Lasten ausländischer Produkte unterstützen. Besteht die Vermutung, dass eine inländische Subvention anderen Mitgliedern Schaden zufügt – davon wird i. d. R. ausgegangen, wenn der Anteil der Subvention am Produktwert 5 % übersteigt – muss das subventionierende Mitgliedsland nachweisen, dass seine Subventionspraxis den Import ausländischer Produkte nicht behindert. Subventionen sind dann erlaubt, wenn sie generell vergeben werden, also nicht einzelne Industriezweige unterstützen, wenn sie industrielle Forschung, ganze Regionen oder die Anpassung an neue Umweltschutzbestimmungen fördern. Angesichts der gängigen Subventionspraxis vieler Länder lässt sich allerdings sagen, dass diese Regelungen die allgemeine Subventionspraxis nicht wesentlich eingedämmt haben. (vgl. Hauser/Schanz 1995, S. 88 ff.; Hummer/Weiss 1997, S. 682 ff.).

Zusammen mit dem Beschluss zur Gründung einer Welthandelsorganisation (WTO) stellen die Ergebnisse der Uruguay-Runde einen wichtigen Meilenstein zur *Weiterentwicklung einer liberalen Welthandelsordnung* dar. Die Einbeziehung neuer Bereiche zeigt, dass hierfür außer dem Abbau von direkten und indirekten Handelsschranken die Herstellung geeigneter Rahmenbedingungen eine zentrale Rolle spielt. Trotzdem blieben Interessendivergenzen der Länder und Protektionismus weiterhin Probleme, die den Freihandel einschränken.

8.3   Die Welthandelsorganisation WTO

1995 wurden die Aufgaben des GATT-Sekretariats von der neu gegründeten *World Trade Organization* (WTO), weiterhin mit Sitz in Genf, übernommen, die seitdem die weltweit zuständige Institution für eine regelbasierte Welthandelspolitik ist.

8.3.1 Die Rolle der WTO

Wichtigste Aufgaben der WTO sind die Überwachung der Handelspolitik ihrer Mitglieder, der weitere Ausbau der Welthandelsordnung sowie die Schlichtung von Handelsstreitigkeiten (vgl. Abb. 8.4). Die während der Uruguay-Runde und danach abgeschlossenen Abkommen stellen das internationale Handelssystem auf eine breite Grundlage. Der weitere Ausbau dieser multilateralen Ordnung stößt allerdings auf zum Teil gegenläufige Interessen seiner 164 Mitgliedsländer, so dass immer mehr Mitglieder in bilaterale und regionale Abkommen ausweichen (vgl. Abschn. 8.3.3).

Die WTO wird durch Mitgliedsbeiträge finanziert, die sich nach den Welthandelsanteilen der jeweiligen Mitgliedsländer richten. Oberstes Entscheidungsorgan ist die *Ministerkonferenz*, zu der Vertreter aller Mitgliedsländer alle zwei Jahre zusammentreffen. Für die laufenden Geschäfte ist der *Allgemeine Rat* in Genf zuständig. Zusätzlich gibt es eigene Räte für GATT, GATS und TRIPS. Eine wichtige Rolle spielt die Schiedsgerichtsfunktion der WTO, die in der neuen Vereinbarung zur *Streitschlichtung* zum Ausdruck kommt. Die bereits erwähnten *GATT-Grundsätze* gelten unverändert auch für die WTO-Mitglieder: Die Nicht-Diskriminierung, die sich konkretisiert in den Grundsätzen der Meistbegünstigung und der Inländerbehandlung und der Grundsatz der Reziprozität.

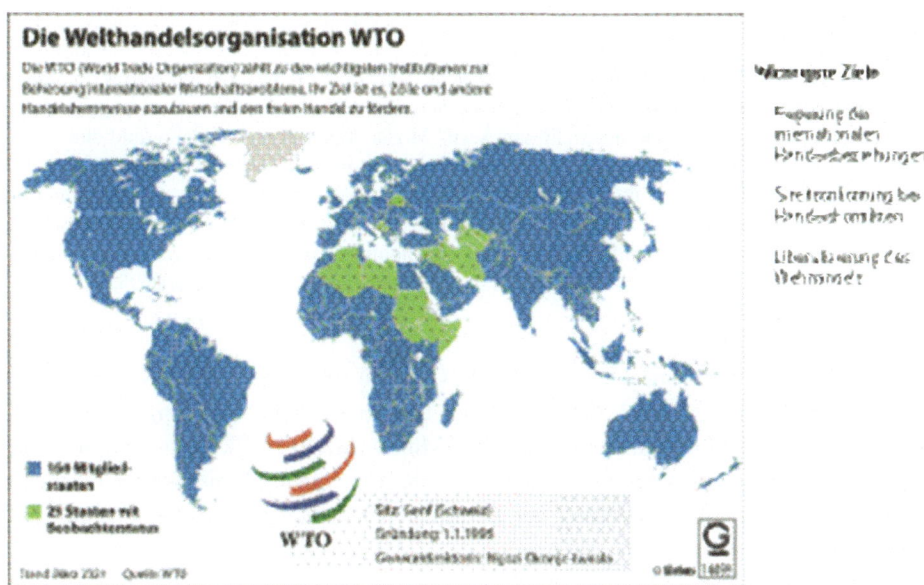

Abb. 8.4 **Die Welthandelsorganisation (WTO)** (Quelle: WTO/Globus)

Streitschlichtungsverfahren

Die Streitschlichtung ist eine zentrale Säule der WTO. Sie gibt den Mitgliedstaaten die Möglichkeit gegen potenzielle Verletzungen des Welthandelsrechts vorzugehen und Streitfälle systematisch zu klären. Die Vereinbarung zur Streitschlichtung, die in den Artikeln 22 und 23 des GATT-Vertrags geregelt ist, fasst die früher zersplitterten verschiedenen Streitbeilegungsverfahren des GATT zu einem einheitlichen WTO-Verfahren zusammen. Das Verfahren wurde verrechtlicht, indem ausdrücklich eine *Entscheidung gegen eine der beiden Parteien* zugelassen wird und der beklagten Partei kein Vetorecht mehr zugestanden wird, wie dies in den GATT-Bestimmungen noch vorgesehen war. Das Verfahren ist standardisiert und transparent und soll innerhalb eines befristeten Zeitraums abgeschlossen werden. Durch die Entscheidungen wird ein voraussehbarer, fallgestützter Rechtsrahmen geschaffen, so dass wirtschaftliche und politische Entscheidungen der Mitgliedsstaaten rationaler getroffen werden können.

Zwar kann das zentrale Streitschlichtungsorgan, der *Dispute Settlement Body* (DSB), keine Entscheidungen direkt durchsetzen oder Sanktionen verhängen, dies schien die generelle Akzeptanz der Entscheidungen jedoch nicht zu beeinträchtigen. So wurden allein in den ersten 10 Jahren zwischen 1995 und 2004 insgesamt 324 Verfahren durchgeführt – also durchschnittlich mehr als 30 pro Jahr – während vor dem früheren GATT-Schiedsgericht in 50 Jahren nur insgesamt 200 Fälle (vier pro Jahr) verhandelt wurden.

Das Verfahren Ein Verfahren beginnt i. d. R. zunächst mit bilateralen Konsultationen zwischen den beteiligten Staaten. Falls diese Gespräche innerhalb von 30 Tagen nicht zum Erfolg führen, kann das von der Maßnahme betroffene Mitglied die Streitsache dem *DSB* vorlegen, der auf Antrag ein *Panel* zur Klärung des Streitfalls einsetzen muss. Unter einem Panel wird eine nicht weisungsgebundene Expertengruppe verstanden, die innerhalb von sechs Monaten den Streitfall klären und einen Abschlussbericht vorlegen soll. Innerhalb von weiteren zwei Monaten entscheidet der DSB über die Annahme des Berichts, eine Entscheidung, gegen die die Mitglieder Berufung einlegen können. Eine unabhängige Berufungsinstanz, der *Appellate Body*, muss dann innerhalb von zwei Monaten eine Entscheidung fällen, die, falls sie vom DSB angenommen wird, für die streitenden Parteien verbindlich ist und den Streitschlichtungsprozess abschließt (vgl. Hauser/Schanz 1995, S. 236 ff.; Hummer/Weiss 1997, S. 431 ff.).

Der Streitschlichtungsmechanismus der WTO ist seit Dezember 2019 jedoch durch die Entscheidung der USA, die Ernennung neuer Richter der DSB-Berufungsinstanz, des *Appellate Body*, zu blockieren, gestört. Da die Mindestanzahl an Richtern nicht mehr im Amt ist, kann das Gericht nicht mehr tätig werden. Als Gründe für die Blockade nennen die USA Kompetenzüberschreitung der Berufungsrichter und eine zu lange Dauer der Verfahren. Um die Blockade zu überwinden schlugen die EU und weitere WTO-Mitglieder eine *Übergangslösung* vor. Seit Mai 2020 wird für die WTO-Mitglieder, die diese Übergangsregelung akzeptiert haben, wiederum ein „provisorisches" zweistufiges Streitbeilegungsverfahren durchgeführt. Hierfür wurden zehn *„Schiedsrichter"* nominiert, die nun bei Beschwerden über WTO-Panelberichte vorübergehend die Berufungsfunktion für diese Ländergruppe aufrechterhalten. Ein erstes Verfahren nach diesen Regeln wurde 2021 durchgeführt, der Schiedsspruch wurde im Juli 2022 veröffentlicht (s. a. von Daniels et al. 2020).

Beispiele

Hierbei handelte es sich um ein Verfahren, das die *EU-Kommission* gegen die *Türkei* eingeleitet hatte. Die Türkei hatte festgelegt, dass Arzneimittel ausländischer Hersteller nur dann von den türkischen Sozialversicherungssystemen erstattet werden, wenn diese Produkte auch in der Türkei hergestellt werden. Hiergegen hatte die EU geklagt. Die Panel-Entscheidung, die der EU Recht gab, hatte die Türkei nicht akzeptiert. Das Berufungsgremium entschied nun entsprechend der Panel-Entscheidung, dass die Entscheidung der Türkei nicht mit den WTO-Verpflichtungen in Einklang stünde, da ausländische Arzneimittelhersteller hierdurch benachteiligt werden. Die Türkei muss sich jetzt an den Schiedsspruch halten und die diskriminierenden Maßnahmen aufzuheben.

Ein weiteres Streitschlichtungsverfahren leitete die *EU-Kommission* Anfang 2022 gegen *China* ein, da der chinesische Zoll seit mehreren Monaten keine litauischen Waren mehr abfertigte und Einfuhranträge aus *Litauen* ablehnt. Zudem übt China Druck auf Unternehmen aus anderen EU-Ländern dergestalt aus, dass sie Litauen aus ihren Lieferketten streichen müssten, wenn sie weiter nach China exportieren wollten. Grund hierfür war, dass Litauen nicht mehr den bisherigen Gepflogenheiten folgte und es

Taiwan gestattete, sein Büro in *Vilnius* (Litauen) als „Taiwanisches Vertretungsbüro" zu bezeichnen und nicht wie in anderen Ländern als „Taipeh-Vertretung". Das chinesische Außenministerium wies die Vorwürfe als unbegründet zurück und forderte Litauen auf „auf den richtigen Weg zurückzukehren" und am „Ein-China-Prinzip" festzuhalten. ◄

8.3.2 Die Doha-Runde

Nach dem erfolgreichen Abschluss der Uruguay-Runde und der Gründung der WTO wurde die Zukunft der internationalen Handelspolitik allgemein sehr positiv gesehen. Eine Liberalisierungswelle setzte ein, die Planwirtschaft der früheren sozialistischen Staaten war Vergangenheit und der Aufschwung der Globalisierung begann. In der EU wurden die Vorteile der Integrationspolitik immer sichtbarer, der Binnenmarkt wurde weiterentwickelt und die Euro-Einführung vorbereitet. Schließlich wurde auch die Integration der mittel- und osteuropäischen Staaten in die EU geplant (vgl. Kolev/Matthes 2020; Koch 2005). Doch – wie erwähnt – dämpften die Krisen Ende der 1990er und zu Beginn der 2000er-Jahre die positiven Erwartungen, zudem gewannen globalisierungskritische NGOs wie *Attac* an Bedeutung, damit standen die Pläne für eine weitere Welthandelsrunde unter einem schlechten Stern.

Attac
Attac (*Association pour une Taxation des Transactions financières pour l'Aide aux Citoyens*) ist ein globalisierungskritisches Netzwerk, das 1998 in Frankreich gegründet wurde. Ausgelöst wurde dies durch einen Leitartikel im Dezember 1997 in *Le Monde*, durch den die Gründung einer „*Vereinigung für eine Tobin-Steuer zum Nutzen der Bürger*" vorgeschlagen wurde. Attac hat nach eigenen Angaben 90.000 Mitglieder und agiert in 50 Ländern, hauptsächlich Europa. Die Tobin-Steuer wiederum ist eine 1972 von dem US-Ökonomen James Tobin vorgeschlagene (sehr niedrige) Steuer auf alle internationalen Finanztransaktionen.

Die erste Welthandelsrunde unter der Leitung der WTO, die Millenium-Runde, sollte anlässlich des dritten WTO-Ministertreffens im Dezember 1999 in *Seattle* (USA) gestartet werden und etwa drei Jahre dauern. Die Verabschiedung einer Agenda scheiterte dann jedoch im Hinblick auf Ziele und Inhalte der zukünftigen Verhandlungen, so dass der Start der nunmehr neunten Handelsrunde erst 2001 in *Doha* (Katar) gelang. Aufgrund zentraler Differenzen zwischen den Interessen von Industrie- und Entwicklungsländern wurde die neue Handelsrunde, die ursprünglich bis 2004 beendet sein sollte, jedoch auch bis 2022 noch nicht abgeschlossen.[1]

Die Tatsache, dass es den Entwicklungsländern erstmals gelang, sich zu Interessengruppen zusammenzuschließen, hätte dazu beitragen können, dass ihre Kernforderung zumindest zum großen Teil erfüllt wird. Denn trotz des Bemühens um demokratische Verfahren bei der Erstellung der Agenda

---

[1]Vgl. zum Verlauf der Doha-Runde: https://www.bmwi.de/Redaktion/DE/Artikel/Aussenwirtschaft/wto-doha.html.

und den Verhandlungen kann von einem Gleichgewicht der Vertretung nicht die Rede sein. Während große Länder wie die USA (51 Delegierte), Japan (161), Frankreich (75) und Deutschland (43) in den meisten Gremien präsent sein können, ist dies kleinen Ländern, die i. d. R. mit weniger als zehn Delegierten vertreten sind, nicht möglich.

Im Vorfeld wurden Themen diskutiert, die während der Uruguay-Runde nicht mehr angesprochen werden konnten, die nachverhandelt werden sollten oder von verschiedenen Akteuren neu auf die internationale Agenda gesetzt wurden. Im Bereich der *internationalen Handelspolitik* sollte es zunächst um die weitere Reduzierung des Agrarprotektionismus der Industrieländer sowie um deren Schutzinteressen für „alte Industrien", wie Textilien, chemische und pharmazeutische Produkte, gehen. Zudem sollte das GATS weiterentwickelt und zusätzliche Vereinbarungen zur Liberalisierungen von Dienstleistungen geschlossen werden.

Auf den zweijährlich stattfindenden *Ministerkonferenzen* gab es zwar einzelne Fortschritte, ein Durchbruch kam jedoch nicht zustande: 2005 boten die Industrieländer an, die Integration der Entwicklungsländer in den Welthandel durch handelsbezogene Entwicklungszusammenarbeit *(Aid for Trade)* zu fördern. 2008 konnten Fortschritte in den Verhandlungsbereichen Industriegüter *(Non-Agricultural Market Access*, NAMA), Agrarbereich und Dienstleistungen, erzielt werden. Die Verhandlungen wurden jedoch wegen unterschiedlicher Positionen über die Ausgestaltung eines besonderen Schutzmechanismus' *(Special SafeGuard Mechanism,* SSM) für Entwicklungsländer abgebrochen. Dieser Mechanismus sieht vor, dass sich Schwellen- und Entwicklungsländer vorübergehend durch höhere Zölle vor unerwartet hohen Agrarimporten schützen können. 2011 wurde versucht eine Einigung bei weniger umstrittenen Themen, wie dem zoll- und quotenfreien Marktzugang für die damals etwa 50 ärmsten Entwicklungsländer *(least developed countries, LDCs)*[2] in Industrie- und Schwellenländer, nach dem Vorbild der EU, zu erzielen.

2013 wurde auf *Bali* (Indonesien) mit dem „*Bali-Paket*" das erste *multilaterale* Freihandelsabkommen seit WTO-Gründung verabschiedet. Das Paket enthält Vereinbarungen u. a. in Bezug auf Zollreduzierungen, organisatorische Vereinfachungen bei der Abwicklung des globalen Warenverkehrs, einen besseren Zugang der LDCs zu den Industrieländermärkten, bessere Handelsbedingungen und einen Abbau des Agrarprotektionismus seitens der Industrieländer.

2015 wurde in *Nairobi* (Kenia) das „*Nairobi-Paket*" u. a. mit folgenden Vereinbarungen beschlossen: Abschaffung bzw. Reduzierung von Exportsubventionen der Industrieländer, zoll- und kontingentfreier Import von Baumwolle aus den LDCs in die Industrieländer, Akzeptanz von Maßnahmen zur Ernährungssicherung der Entwicklungsländer und dem Zugeständnis an die Entwicklungsländer, spezielle Import-Schutzmechanismen zur Sicherung ihrer Produktion zu beschließen (vgl. EU 2021/1).

Trotz vieler nach wie vor bestehender Probleme im Welthandel konnten im Rahmen der WTO seit 2015 keine multilateralen Abkommen mehr geschlossen werden, da es der WTO

---

[2] S. a. zu Aid for Trade und LDCs Abschn. 10.3.3.

nicht mehr gelang, die unterschiedlichen Interessen auszubalancieren oder einen Interessenausgleich im Rahmen der internationalen Vereinbarungen herbeizuführen. Insbesondere erwies sich auch das mit der Gründung der WTO eingeführte „Konsensprinzip" als Problem, durch das alle Mitglieder die Möglichkeit erhalten ein Veto einzulegen. Da eine Einigung unter allen WTO-Mitgliedern daher schwieriger geworden war, setzen die Staaten und Staatengruppen, wie die EU, zunehmend auf *plurilaterale Abkommen* mit anderen Staaten oder Staatengruppen. Diese Abkommen beinhalten die Option später noch zu multilateralen Regeln unter dem Dach der WTO weiterentwickelt zu werden. Der folgende Abschnitt gibt eine Übersicht über die wichtigsten multilateralen und plurilateralen Abkommen, die seit dem Ende Uruguay-Runde unter der WTO in Kraft getreten sind.[3]

8.3.3   Neuere multilaterale und plurilaterale Abkommen

(1) Das **TBT-Abkommen zur Regelung von technischen Handelsbarrieren** (*Technical Barriers to Trade*) wurde bereits im Rahmen der Uruguay-Runde ausgehandelt und trat 1995 in Kraft. Es garantiert den Mitgliedern das Recht, zur Erreichung eines berechtigten nationalen Ziels bestimmte Vorschriften zu erlassen, soll aber die Errichtung unnötiger technischer Handelshemmnisse verhindern. Das Abkommen legt daher Regeln fest, die bei der Einführung technischer Vorschriften und Normen beachtet werden müssen. Sie müssen vor allem transparent und nicht diskriminierend sein. Durch die Regeln soll die gegenseitige Anerkennung im Rahmen eines akzeptierten „Konformitätsbewertungsverfahrens" ermöglicht werden.[4]

(2) Das **SPS-Abkommen über Sanitäre und Phytosanitäre Maßnahmen** (*Application of Sanitary and Phytosanitary Measures*) wurde ebenfalls während der Uruguay Runde verhandelt und trat auch 1995 in Kraft. Es ist multilateral und legt fest, welche Regelungen zum Schutz der Gesundheit von Menschen, Tieren und Pflanzen zulässig sind. Es geht dabei nur um Regelungen, die sich unmittelbar oder mittelbar auf den internationalen Handel auswirken können. SPS-Maßnahmen dürfen ergriffen werden, soweit dies für den Gesundheitsschutz notwendig ist. In diesem Zusammenhang verpflichtet das SPS-Abkommen die Mitglieder, ihre Maßnahmen auf bestehende internationale Standards des *Codex Alimentarius*, der *Weltorganisation für Tiergesundheit* (OIE) und der *Internationalen Pflanzenschutzkonvention* (IPPC) zu stützen. Diese sind international abgestimmt und definieren damit grundsätzlich das notwendige Schutzniveau. Darüber hinausgehende Anforderungen darf ein Mitglied nur ergreifen, wenn es anhand einer Risikobewertung nach wissenschaftlichen Grundsätzen belegen kann, dass diese erforderlich sind.

---

[3] S. zu diesem Abschnitt u. a. den Beitrag von Hoffmann (2022), in dem aktuelle WTO-Informationen für die deutsche Wirtschaftsförderungsgesellschaft *Germany Trade & Invest* (GTAI) aufbereitet werden.

[4] Vgl. zu den Abkommen die Übersicht in Abb. 8.5.

Nr	Abkommen, Typ, In-Kraft treten	Inhalt
1	• TBT-Abkommen zur Regelung von technischen Handelsbarrieren (Technical Barriers to Trade , TBT) • multilateral, 1995	Soll die Errichtung unnötiger technischer Handelshemmnisse verhindern. Bei der Einführung technischer Vorschriften und Normen müssen bestimmte Regeln beachtet werden, diese müssen transparent sein und dürfen nicht diskriminieren.
2	• SPS-Abkommen über Sanitäre und Phytosanitäre Maßnahmen (Agreement on the Application of Sanitary and Phytosanitary Measures, SPS) • multilateral, 1995	Verpflichtet die Mitglieder bei neuen Regelungen zum Schutz der Gesundheit von Menschen, Tieren und Pflanzen die bestehenden internationalen Standards und Konventionen zu berücksichtigen.
3	• Abkommen über die Landwirtschaft (Agreement on Agriculture) • multilateral, 1995	Beschränkt handelsverzerrende Subventionen im Agrarsektor und definiert, welche Fördermaßnahmen zulässig sind. Bestehende Handelshemmnisse sollen in Zölle umgewandelt und dann schrittweise gesenkt werden. 2015 wurde die Abschaffung von Agrarexportsubventionen vereinbart: für Industriestaaten unmittelbar, für die meisten Entwicklungsländer bis Ende 2023 und für die am wenigsten entwickelten Länder bis Ende 2030.
4	• Zollfreiheit für pharmazeutische Erzeugnisse (Pharmaceutical Tariff Elimination Agreement) • plurilateral (34 Staaten), 1995	Reduzierung und Abschaffung der Zölle auf Gesundheitsgüter
5	• Abkommen über Informations-Technologie (Information Technology Agreement, ITA) • plurilateral (83 Staaten), 1997	Vollständiger Abbau der Zölle auf Produkte der Informationstechnologie, Ausnahme: Unterhaltungselektronik (ITA 1). 2015 Erweiterung des Abkommens (ITA 2): Zollabbau auf weitere 201 Produkte. Die Produktliste soll regelmäßig angepasst werden, zukünftig sollen auch NTHs abgebaut werden.
6	• Abkommen über Telekommunikations-dienstleistungen (Basic Telecommunications) • plurilateral (123 Staaten), 1998	Ermöglicht u.a. die Gründung von Telekommunikationsunternehmen, von ausländischen Direktinvestitionen in bestehende Unternehmen und die grenzüberschreitende Übertragung von Telekommunikationsdiensten.
7	• Übereinkommen über das öffentliche Beschaffungswesen (Government Procurement Agreement, GPA) • plurilateral (48 Staaten), 1996	Regelt die Vergabeverfahren für öffentliche Aufträge, diese müssen fair und transparent sein.
8	• Abkommen über Finanzdienstleistungen (Financial Services Agreement) • plurilateral 1999	Schaffung einer verbindlichen Plattform für Banken-, Versicherungs-, Wertpapier- und Finanzinformationsdienste, Öffnung der nationalen Finanzplätze für ausländische Unternehmen. Ausländische Finanzdienstleistungsanbieter sind inländischen Finanzdienstleistern gleichgestellt und können sich an einheimischen Finanzunternehmen beteiligen.
9	• Abkommen über Handelserleichterungen (Trade Facilitation Agreement, TFA) • multilateral (!), 2017	Verbesserung des grenzüberschreitenden Warenverkehrs und Senkung der Handelskosten durch größere Transparenz und Straffung von Zollverfahren und Importvorschriften, Bürokratieabbau und eine stärkere Kooperation von Zollbehörden.

Weitere plurilaterale Abkommen zum E-Commerce-Handel, zum Handel mit Umweltgütern und eine des GATS-Abkommens zu einem Trade in Services Agreement (TiSA) wurden begonnen, jedoch bis 2022 nicht abgeschlossen

Abb. 8.5 **Multilaterale und plurilaterale Abkommen**

(3) Auch das multilaterale **Abkommen über die Landwirtschaft** (*Agreement on Agriculture*) wurde bereits während der Uruguay-Runde ausgehandelt und trat 1995 in Kraft. Hierdurch wurden erstmals feste Regeln für den internationalen Agrarhandel festgelegt. Das Abkommen beschränkt handelsverzerrende Subventionen im Agrarsektor absolut und definiert, welche Fördermaßnahmen zulässig sind. Der Abbau von Handelshemmnissen soll auch dadurch erreicht werden, dass alle Mitglieder bestehende Handelshemmnisse in Zölle umwandeln und dann schrittweise senken. Seit 2000 finden zu dieser Thematik weitere Verhandlungen statt. So beschlossen die Mitglieder 2015 in Nairobi die Abschaffung von Agrarexportsubventionen. Während die Industriestaaten Exportsubventionen auf fast alle landwirtschaftlichen Produkte sofort abschaffen sollten, erhielten die meisten Entwicklungsländer eine Frist bis Ende 2023 und die LDCs bis Ende 2030.

(4) Das Abkommen über die **Zollfreiheit für pharmazeutische Erzeugnisse** (*Pharmaceutical Tariff Elimination Agreement*) wurde bereits im Rahmen der Uruguay-Runde

von 22 Ländern geschlossen und trat ebenfalls 1995 in Kraft. Es deckt eine breite Palette von Pharmazeutika ab, jedoch keine medizinischen Verbrauchsmaterialien, wie Desinfektionsmittel oder medizinische Gesichtsmasken. Allerdings ist das Abkommen nicht bindend. 2016 hatten 34 Staaten, auf die zu diesem Zeitpunkt etwa 65 % des weltweiten Pharma-Handels entfielen, die Vereinbarung unterzeichnet, wobei wichtige Export- und Importländer, wie China, Indien, Brasilien, Russland, Mexiko und die Türkei dem Abkommen nicht beigetreten sind. Der durchschnittlich angewandte Zollsatz für Gesundheitsgüter liegt derzeit bei 4,8 %. Etwa 50 % der WTO-Mitglieder erheben einen Zollsatz von weniger als 5 %, zudem werden viele Produkte bereits zollfrei gehandelt: Die ursprüngliche Liste von 1995 umfasste zunächst 7000 Erzeugnisse, nach mehreren Updates (die Teilnehmerstaaten sind verpflichtet die Liste alle 3 Jahre zu aktualisieren) sind es inzwischen über 10.000 Pharmaprodukte.

Die Bedeutung dieses Bereichs wuchs aufgrund der wachsenden Nachfrage während der Corona-Pandemie. So stieg die Nachfrage nach Medizinprodukten allein im ersten Halbjahr 2020 im Vergleich zum Vorjahr um 16 %. Hierauf reagierte die EU-Kommission und legte im November 2020 eine Arzneimittelstrategie für die EU vor, um Patienten den Zugang zu innovativen und erschwinglichen Arzneimitteln zu garantieren und gleichzeitig die Wettbewerbs- und Innovationsfähigkeit sowie Nachhaltigkeit der EU-Arzneimittelindustrie zu unterstützen.

(5) Im März 1997 trat das **Information Technology Agreement** (ITA 1) in Kraft, durch das die Zölle bei Produkten der Informationstechnologie, ausgenommen Waren der Unterhaltungselektronik, vollständig abgebaut wurden. 2015 wurde das Abkommen erweitert (ITA 2) und sieht nun einen Zollabbau auf weitere 201 Produkte vor. Die inzwischen 83 Staaten, die ITA 1 und ITA 2 unterzeichnet haben bzw. sich in diesem Prozess befinden (Stand 2022), repräsentieren etwa 97 % des Welthandels mit informationstechnologischen Produkten wie Computern, Halbleitern, Software, Telekommunikationsprodukten, Halbleiterproduktionseinrichtungen, Mess- und Prüfinstrumenten und einer Vielzahl weiterer Produkte, wie Smartphones, Druckern oder Kopfhörern (WTO 2022/1). Aufgrund der technologischen Entwicklungen ist vorgesehen die Produktliste regelmäßig anzupassen. Außerdem sollen zukünftig außer Zöllen auch NTHs, wie bestimmte administrative Behinderungen, abgebaut werden.

(6) Grundsätzlich gelten für alle WTO-Mitglieder die im GATS in den Rahmenartikeln sowie in einem speziellen Anhang festgelegten Handelsregeln für Telekommunikationsdienstleistungen, wie u. a. Garantien für einen angemessenen Zugang zu öffentlichen Telekommunikationsdiensten und deren Nutzung. Zusätzlich trat 1998 ein **Abkommen über Telekommunikationsgütern** *(Basic Telecommunications)* in Kraft, dem sich inzwischen 123 WTO-Mitglieder angeschlossen haben. Dazu gehören Verpflichtungen, die die Gründung neuer Telekommunikationsunternehmen, ausländische Direktinvestitionen in bestehende Unternehmen und die grenzüberschreitende Übertragung von Telekommunikationsdiensten erlauben. Darüber hinaus haben sich 105 Mitglieder zur Einhaltung bestimmter Regulierungsgrundsätze verpflichtet.

Telekommunikationsdienste

Telekommunikationsdienste ermöglichen den elektronischen Handel mit Waren und Dienstleistungen. Hierzu gehören alle Formen der Sprachtelefonie und Datenübertragung, die Vermietung von Leitungskapazitäten sowie u. a. Nachrichten- und Online-Informationsdienste. Der Sektor erwirtschaftet einen Umsatz von über 1,6 Mrd US$ (2021), wovon 65 % auf Mobilfunkdienste entfallen.

(7) Das **Übereinkommen über das öffentliche Beschaffungswesen** *(Government Procurement Agreement, GPA)* ist ein plurilaterales Abkommen, das 48 Mitgliedsstaaten unterzeichnet haben. Es regelt den Zugang zu öffentlichen Aufträgen. Danach müssen Vergabeverfahren generell fair und transparent sein, während der Zugang zu den Beschaffungsmärkten bilateral geregelt wird. Es wurde in der Uruguay-Runde umgearbeitet und trat bereits 1996 in Kraft.

(8) Das **Abkommen über Finanzdienstleistungen** *(Financial Services Agreement) wurde nach* zehnjährigen Verhandlungen 1999 abgeschlossen. Es deckt über 95 % des gesamten internationalen Finanzdienstleistungsverkehrs im Banken-, Wertpapier- und Versicherungsbereich ab. Ausländische Finanzdienstleistungsanbieter auch in Entwicklungsländern sind seitdem inländischen Finanzdienstleistern gleichgestellt und können sich u. a. auch an einheimischen Finanzunternehmen beteiligen. Die Liberalisierung wird auf der Basis der Meistbegünstigung gewährt, so dass auch für die WTO-Mitglieder, die nicht an den Verhandlungen teilgenommen haben, der Marktzugang verbessert wird. Die verschiedenen Finanzkrisen, insbesondere die Welt-Finanz-, Wirtschafts- und Staatsschuldenkrise (2007 bis 2013), zeigten allerdings, dass eine unbeschränkte Liberalisierung und Deregulierung auch erhebliche Probleme mit sich bringen kann.

(9) Das plurilaterale **Abkommen über Handelserleichterungen** *(Trade Facilitation Agreement, TFA)* trat 2017 in Kraft und umfasst Maßnahmen zur Verbesserung des grenzüberschreitenden Warenverkehrs. Durch größere Transparenz, die Straffung von Zollverfahren und Importvorschriften, Bürokratieabbau und eine stärkere Kooperation von Zollbehörden sollen Handelskosten gesenkt werden. Das Abkommen wurde bis jetzt von 155 WTO-Mitgliedern ratifiziert. Eine *Globale Allianz für Handelserleichterungen* soll die Umsetzung des Abkommens unterstützen (vgl. BMWK 2022).

(10) Der **E-Commerce-Handel** wurde in WTO-Abkommen bisher kaum berücksichtigt, obwohl bereits 1998 erkannt wurde, dass der elektronische Handel kontinuierlich steigt und internationale Regeln notwendig seien. Die WTO wurde daher beauftragt die Beziehungen zwischen bestehenden WTO-Übereinkommen und E-Commerce zu untersuchen. Gleichzeitig wurden die Mitglieder verpflichtet, ihre bisherige Praxis, keine Zölle auf elektronische Übertragungen, wie Software, E-Mails, digitale Musik, Filme und Videospiele zu erheben, fortzuführen. 2019 entschlossen sich dann 76 WTO-Mitglieder Verhandlungen über ein plurilaterales *Abkommen zum E-Commerce-Handel* aufzunehmen. Bis zur Ministerkonferenz im Juni 2022 wurden für diesen Bereich aber noch keine entscheidenden Fortschritte erzielt. Lediglich ein Beschluss, keine Zölle für elektronische Übertragungen zu erheben, wurde verlängert.

(11) Die Anzahl der Handelsbeschränkungen (Zölle und NTHs), die sich auf **Umwelt-güter** bezogen, also Güter, die zur Erreichung der Umwelt- und Klimaschutzziele beitragen und der WTO gemeldet wurden, vervierfachte sich zwischen 1998 und 2020 auf über 800. Es lag daher nahe, im Rahmen der WTO Verhandlungen über eine Liberalisierung des Handels mit Umweltgütern aufzunehmen. Auslöser hierfür war eine interne Vereinbarung der *AsiaPacific Economic Cooperation* (APEC) über die Senkung der Zölle für insgesamt 54 Umweltgüter. 2014 begannen Verhandlungen zwischen zunächst 14 WTO-Mitgliedern (inzwischen: 46) über ein *Environmental Goods Agreement (EGA)*, die allerdings bis 2022 nicht abgeschlossen wurden. Ziel des Abkommens ist die Abschaffung von Zöllen auf Waren, die zur Erreichung der Umwelt- und Klimaschutzziele beitragen, etwa zur Erzeugung erneuerbarer Energie oder zur Verbesserung der Energieeffizienz (s. a. Hoffmann 2021).

(12) Aufgrund der stockenden Verhandlungen in der Doha-Runde in Bezug auf die Weiterentwicklung des GATS-Abkommens wurde 2013 die Initiative für ein **Trade in Services Agreement (TiSA),** ein plurilaterales Abkommen für eine Ländergruppe, die sich als *Really Good Friends of Liberalization of Trade in Services (RGF)* bezeichnete, gestartet. Hierbei handelte es sich um die EU-Mitgliedsstaaten sowie um weitere 22 Staaten, auf die insgesamt rund 70 % des Welthandels mit Dienstleistungen entfallen. Ziel war es, den Marktzugang im grenzüberschreitenden Dienstleistungshandel zu verbessern, vor allem in Bezug auf Finanzdienstleistungen, Telekommunikation, elektronischen Handel, Seeverkehr und grenzüberschreitende Arbeitnehmermobilität. Es ist derzeit aber kaum zu prognostizieren, ob die TiSA Verhandlungen auf multilateraler Ebene fortgeführt werden. Wahrscheinlicher ist es, dass die damit faktisch geplante Modernisierung des GATS auf multilateraler Ebene ausgesetzt wird und die interessierten Länder entsprechende Regelungen eher in bilaterale Vereinbarungen übernehmen.

8.3.4 Bilaterale und regionale Abkommen und die WTO

Da die Doha-Runde nicht abgeschlossen werden konnte und nur wenige neue multilaterale Abkommen zustande kamen, gingen viele WTO-Mitglieder und vor allem auch die EU dazu über mit ihren wichtigsten Handelspartnern *bilaterale* oder *regionale Handelsabkommen* abzuschließen (vgl. hierzu auch Kap. 3). 2021 waren fast 350 regionale und bilaterale Abkommen bei der WTO registriert (Abb. 8.6). Damit wird die multilaterale Welthandelsordnung schleichend unterlaufen, so dass die WTO die Möglichkeit verliert, für alle WTO-Mitgliedsländer gleichermaßen geltende verbindliche Regeln durchzusetzen. Eine Folge davon ist, dass die Regelungen der sich teilweise überlappenden Handelsabkommen insbesondere für Unternehmen immer schwerer zu durchschauen und vor allem auch anzuwenden sind.

Obwohl solche Abkommen gegen die Grundprinzipien der WTO, insbesondere das *Meistbegünstigungsprinzip*, verstoßen, sind sie dennoch gem. Artikel 24 des GATT-Vertrags grundsätzlich erlaubt. Der Protektionseffekt, also die Handelsumlenkung zu-

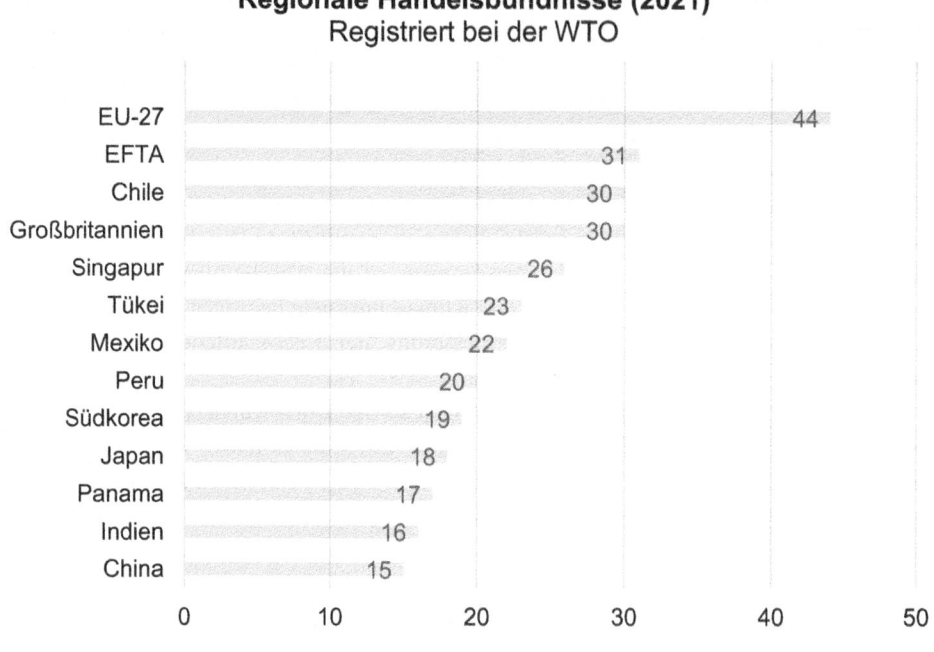

Regionale Handelsbündnisse (2021)
Registriert bei der WTO

Anzahl regionaler Handelsbündnisse

Abb. 8.6 Regionale Handelsbündnisse. (Quelle: WTO)

gunsten der Integrationsländer, wird als weniger bedeutsam angesehen als angenommene
positive Effekte für den Welthandel: Der interne Abbau von Handelsschranken führt zu
mehr Liberalisierung und unterstützt somit die allgemeinen Ziele der internationalen Handelspolitik.

Die Zulässigkeit von Regionalintegrationen im Rahmen der WTO ist allerdings an bestimmte Voraussetzungen geknüpft: So müssen die eingeräumten Handelspräferenzen den größten Teil des
durch den Integrationsvertrag geregelten Handels umfassen. Ist dies nicht der Fall, etwa wenn die
Vereinbarungen auf einzelne Sektoren begrenzt werden, wird dies als Verstoß gegen den Grundsatz
der Meistbegünstigung gewertet und die den Mitgliedern gewährte Vorzugsbehandlung müsste auch
allen anderen WTO-Mitgliedern gewährt werden. Ferner dürfen die Handelshindernisse für Drittländer nach der Integration nicht größer sein als vor deren Beginn.

Da auf die größten Freihandelszonen wie die EU, die nordamerikanische USMCA
(USA, Mexico, Canada) oder die APEC inzwischen der größte Teil des Welthandels entfällt (vgl. Abb. 3.13), könnte allerdings das Meistbegünstigungsprinzip eher zur Ausnahme
werden und damit die Akzeptanz der Grundlagen des Welthandels aushöhlen. Zudem werden viele Ländern durch die Vorzugsbehandlung der Mitglieder von Zollpräferenzverein-
barungen benachteiligt (vgl. Kap. 10). Die durch den russischen Angriffskrieg gegen die
Ukraine ausgelöst Energiekrise könnte zudem die EU und andere Länder dazu veranlas-

sen, weitere bilaterale Abkommen vor allem mit rohstoffreichen Ländern abzuschließen. Damit sind bilaterale Abkommen, die eigentlich nur als Ausnahme vorgesehen waren, inzwischen faktisch zum Regelfall geworden.

Zwar ist es richtig, dass durch bilaterale Abkommen interne Handelsschranken abgebaut werden, sich neue Handelsmöglichkeiten ergeben und sich dadurch das Volumen des Welthandels vergrößern dürfte. Andererseits behindern derartige Abkommen den Multilateralismus, da sie den oder die bilateralen bzw. regionalen Vertragspartner beim Marktzugang bevorzugen und Drittländer diskriminieren. Darüber hinaus können verschiedene bilaterale Abkommen einander auch widersprechen, so dass der Welthandel intransparenter und komplizierter wird. Schließlich enthalten die meisten der Abkommen zusätzliche Regelungen zur Streitschlichtung, die von den Regeln der WTO-Streitschlichtung abweichen.

Literatur[5]

Benedek, W. (Hrsg.) (1994) *Die Welthandelsorganisation (WTO), alle Texte einschließlich GATT, GATS und TRIPS*, München

BMWK – Bundesministerium für Wirtschaft und Klimaschutz (2022) *Die WTO Abkommen.* https://www.bmwi.de/Redaktion/DE/Artikel/Aussenwirtschaft/wto-abkommen.html

Cline, W. (2005) *Doha can achieve much more than skeptics expert*; in: Finance & Development, March 2005, pp 22f

GATT (1969) *Basic Instruments and Selected Documents. Volume IV: Text of the General Agreement;* Geneva

Global Trade Alert (2022) *Global Dynamics,* https://www.globaltradealert.org/global_dynamics

Großmann, H. et al. (1994) *Die neue Welthandelsorganisation: Schrittmacher für den Welthandel*; in: Wirtschaftsdienst Heft 5/1994, S. 256–264

GTAI (2022) *Factsheet: Die WTO und das GATS. Das Wichtigste zum General Agree- ment on Trade in Services (GATS),* Ausgabe 2022, https://www.gtai.de/resource/blob/868514/1fd3a61e28e0b-f7553274943da6b2c30/FS%20GATS%2021332.pdf

EU (2021/1) *Die Doha-Runde und die Landwirtschaft.* https://www.europarl.europa.eu/factsheets/de/sheet/112/die-doha-runde-und-die-landwirtschaft

Hauser, H./Schanz, K.-U. (1995) *Das neue GATT: Die Welthandelsordnung nach Abschluss der Uruguay-Runde;* u.a. München, 2. Aufl.

Hoffmann, M. (2021) *Verhandlungen über ein WTO-Umweltgüterabkommen (EGA).* https://www.gtai.de/gtai-de/trade/wto/zoll1/verhandlungen-ueber-ein-wto-umweltgueterabkommen-ega—560898.

Hoffmann, M. (2022) *Ausgewählte WTO-Übereinkommen im Überblick,* vom 10.03.2022 https://www.gtai.de/de/trade/wto/zoll/ausgewaehlte-wto-uebereinkommen-im-ueberblick-667782

Hummer, W./Weiss, F. (1997) *Vom GATT '47 zur WTO '94*; Wien

Koch, E. (2005) *EU-Osterweiterung, eine ökonomische Herausforderung – für wen?* in: Koch, E. (Hrsg.) Osterweiterung der EU – neue Chancen für interkulturelle Kooperation, München/Mering 2005, S. 57–78

[5]Letzter Zugriff auf die im Literaturverzeichnis genannten Internetquellen und die Links jeweils 08/2022.

Koch, E. (2022) *Globalisierung: Wirtschaft und Politik. Chancen – Risiken – Antworten*; 3. vollständig überarbeitete Aufl., Wiesbaden

Kolev, G. /Matthes, J. (2020) *Multilaterale Abkommen: Enthusiasmus und Enttäuschung;* in: Wirtschaftsdienst; https://link.springer.com/content/pdf/10.1007/s10273-020-2647-x.pdf

Krugman, P.R. et al. (2019) *Internationale Wirtschaft*, 11. Aufl. Hallbergmoos

Langhammer, R.J. (1994) *Nach dem Ende der Uruguay-Runde: Das GATT am Ende?,* Kieler Diskussionsbeiträge, No. 228, ISBN 3894560681, Institut für Weltwirtschaft (IfW), Kiel

Langhammer, R. (1998) *Die Weiterentwicklung der WTO. Wegbereiter einer weltumfassenden Harmonisierung von Regelwerken?* In: WiSt Heft 3, März 1998

Malcher, I. (2015) *Was bringen Freihandelsabkommen*. Brand 1, 05/2015

OECD (1998) *Die Welt im Jahr 2020. Aufbruch in ein globales Zeitalter*. Paris

Ricardo, D. (2006) *Über die Grundsätze der Politischen Ökonomie und der Besteuerung*. herausg. von Kurz, H.D. et al. (Metropolis) Marburg 2006

Sachverständigenrat (1994) *Jahresgutachten 1993/1994*, Stuttgart

Senti, R. (1994) *GATT-WTO, die neue Welthandelsordnung nach der Uruguay-Runde*, Zürich

Senti, R: (2021) *Welthandelsorganisation (WTO)*, Zürich/St. Gallen

Shiells, C. (1995) *Regionale Handelsblöcke: Handelsschaffung oder Handelsumlenkung*; in: Finanzierung und Entwicklung, März 1995

Smith, A. (2021) *Wohlstand der Nationen*, Nachdruck, (Anaconda) München

von Daniels, L. et al. (2020) *WTO-Streitschlichtung: Auswege aus der Krise;* in: SWP aktuell, Nr. 1/2020: https://www.swpberlin.org/publications/products/aktuell/2020A01_dns_dge_boegner.pdf

WTO (2021) Trade Policy Review Body (TPRB*) Overview of Developments in the International Trading Environment, Annual Report 2020 – 2021*, vom 22.11.2021 https://www.wto.org/english/news_e/news21_e/ov24.pdf

WTO (2022/1) *ITA*; https://www.wto.org/english/tratop_e/inftec_e/inftec_e.htm

Links

Doha-Runde: https://www.bmwi.de/Redaktion/DE/Artikel/Aussenwirtschaft/wto-doha.html

GATS: www.wto.org/english/tratop_e/serv_e/serv_e.htm   https://www.wto.org/english/tratop_e/envir_e/wrk_committee_e.htm

ILO: www.ilo.org

Elemente einer internationalen Wettbewerbsordnung

Die Akteure des internationalen Handels benötigen möglichst eindeutige und transparente Regelungen als Grundlage für ihre grenzüberschreitenden Transaktionen. Die Bereitstellung solcher Regeln ist Aufgabe einer multilateralen Handelsordnung. Zudem sollte der internationale Handel in einem Umfeld stattfinden, in dem für alle Beteiligten faire Wettbewerbsbedingungen herrschen. Die internationale Handelsordnung sollte also flankiert werden von einer **internationalen Wettbewerbsordnung**. Dabei sind Überlappungen nicht auszuschließen. Um dies möglichst zu vermeiden, wäre es sinnvoll eine solche Ordnung unter dem Dach der WTO anzusiedeln.[1]

Wie bereits angesprochen, kann ausländischen Unternehmen der Zugang zu neuen Märkten auch *indirekt* erschwert werden. Durch industrie- oder strukturpolitische oder auch sozialpolitische Maßnahmen kann der Wettbewerb verzerrt werden, so dass nationale Unternehmen Vorteile haben. Andererseits besteht die Gefahr, dass große Transnationale Unternehmen (TNCs), wie beispielsweise Amazon oder Alphabet, ihren Konkurrenten direkt oder indirekt den Marktzugang erschweren und damit ebenfalls den internationalen Wettbewerb behindern. Diese Behinderungen werden von dem bestehenden Regelwerk nur unzureichend erfasst, können jedoch erhebliche Konsequenzen haben. Es ist daher notwendig, diese indirekten Wettbewerbsbeschränkungen durch internationale Regeln und Standards möglichst zu verhindern und die internationale Handelspolitik durch eine wettbewerbspolitische Komponente zu ergänzen. Wettbewerbspolitik muss hier allerdings

---

[1] Vgl. zu diesem Kapitel: Koch 2022, Abschn. 11.3.

weiter interpretiert werden als dies üblicherweise getan wird. Eine Internationale Wettbewerbsordnung müsste im Kern zwei Bereiche umfassen:

- Zum einen sollte sie international vereinbarte *Wettbewerbsregeln für Unternehmen* bereitstellen, mit denen der grenzüberschreitende Missbrauch von Unternehmensmacht
verhindert werden kann. Hierbei geht es insbesondere darum, Unternehmen daran zu
hindern, den Marktzugang für andere Unternehmen unzulässig zu beschränken oder
gar zu verhindern. Dies könnte beispielsweise geschehen durch eine verbesserte Abstimmung und Koordinierung entsprechender nationaler Regulierungen oder durch die
multilaterale Vereinbarung global gültiger Wettbewerbsregeln. Diese müssten beispielsweise *wettbewerbsbeschränkende Vereinbarungen*, wie etwa Kartelle mit grenzüberschreitenden Wirkungen, verhindern, grenzüberschreitende *Fusionen* und *marktbeherrschende Unternehmen* vorbeugend *kontrollieren* und den *Missbrauch*
marktbeherrschender Stellungen *verbieten*.[2] Die Einhaltung derartiger Regelungen
müsste dann von supranationalen Institutionen kontrolliert werden.
- Ein zweiter Bereich wäre die Vereinbarung von *Wettbewerbsregeln für Staaten*, die
diese auf eine faire und transparente Politik gegenüber ausländischen Unternehmen
verpflichten müssten. Hierbei geht es um den Abbau oder zumindest die Reduzierung
von staatlichen Regulierungen, die indirekt handelsbeschränkend wirken, um so die
(Wettbewerbs-) Bedingungen für die Weltmarktteilnehmer zu vereinheitlichen sowie
um die Beseitigung eines unfairen Standortwettbewerbs. Durch diesen kann beispielsweise versucht werden, ausländische Investoren auf unfaire Weise, etwa durch langfristige Steuerbefreiungen, anzuziehen und damit konkurrierende Länder zu benachteiligen. Oder es kann versucht werden, einheimischen Unternehmen durch *staatliche
Beihilfen* gegenüber ausländischen Unternehmen unfaire Vorteile zu verschaffen.
Schließlich geht es um die Durchsetzung von Schutzregeln auf globaler Ebene, etwa
um Sozial- oder Umweltstandards. Dies soll verhindern, dass einzelne Staaten, die
nicht über solche Regeln verfügen, auf Kosten einzelner Bevölkerungsgruppen oder der
Umwelt unfaire Wettbewerbsvorteile gegenüber solchen Staaten erzielen, die Schutzregeln erlassen haben. Solche Vorteile können immer dann erzielt werden, wenn der
Schutz mit erhöhten Kosten für die Produktion, etwa durch spezielle Auflagen, verbunden ist. Abb. 9.1 zeigt die grundsätzlichen Regeln im Überblick.

Zusammengefasst sollten auf globaler Ebene Regeln geschaffen werden, die den weiteren
Ausbau der globalisierten Weltwirtschaft absichern: Die internationalen Akteure sollen
sich in einem liberalen weltwirtschaftlichen Umfeld bewegen können, dessen Chancen sie
nutzen, jedoch auf der Grundlage von international verbindlichen Standards, die ein Min-
destmaß an Fairness bei der Nutzung dieser Chancen sowie einen Mindestschutz für die
Teilnehmer garantieren.

---

[2] Diese drei Bereiche stehen im Mittelpunkt der deutschen Wettbewerbspolitik, deren rechtliche
Grundlage vor allem das *Gesetz gegen Wettbeschränkungen* (GWB) (s. u.) ist.

Aufgabe einer globalen Wettbewerbsordnung
Öffnen von Märkten bzw. Offenhalten von Märkten
im Interesse von Verbrauchern und Unternehmen –
unabhängig von der Größe und Rechtsform

Funktionierender Wettbewerb
ist wesentliche Voraussetzung für Wachstum und Beschäftigung, Innovationen,
optimale Allokation von Ressourcen, den Schutz der Souveränität der Verbraucher
und eine Begrenzung wirtschaftlicher Macht

Regeln für Unternehmen	**Regeln für Staaten**
Verhinderung eines grenzüberschreitenden wettbewerbsbeschränkenden Verhalten durch • Kartelle • Machtmissbrauch marktbeherrschender Unternehmen • Grenzüberschreitende Fusionen • Sozial- und Ökodumping Durchsetzung von globalen, verbindlichen Wettbewerbsregeln und -standards durch internationale Abkommen und Institutionen	Abbau von wettbewerbsbeschränkenden Regulierungen und Verhinderung von unfairen Wettbewerbsvorteilen durch • Unzulässige Förderung heimischer Exporte oder Produktionen (z.B. durch Subventionen, Steuerermäßigungen oder andere administrative Vorteile) • Behinderung ausländischer Unternehmen (z.B. durch Investitions- oder Importbeschränkungen) • Unfaire Standortpolitik (z.B. durch wirtschaftliche Begünstigungen für Direktinvestoren) Durchsetzung von fairen, wettbewerbs-freundlichen globalen Regeln und Standards etwa zum Umwelt-, Verbraucher-, Sozial, Arbeits-, Investitions- und Verbraucherschutz

Abb. 9.1 Internationale Wettbewerbsregeln für den Welthandel

9.1 Wettbewerbsregeln für Unternehmen

Der globale Wettbewerb führt zu einer Zunahme grenzüberschreitender Kooperationen, strategischer Allianzen, *joint ventures* und internationaler Fusionen. Hierdurch kann sich die Wettbewerbsintensität erhöhen, gleichzeitig wächst aber auch das Risiko, dass die so entstehende größere Marktmacht neue Wettbewerbsbeschränkungen, die auch Freihandelsbestrebungen von Staaten konterkarieren können, mit sich bringt.

Während Wettbewerb für die Volkswirtschaften als Ganzes durch die verbesserte Versorgung mit Gütern und Dienstleistungen grundsätzlich als vorteilhaft eingestuft werden kann, bringt er neben positiven Anreizwirkungen für viele Wettbewerbsteilnehmer auch negative Konsequenzen mit sich. Aufgrund sinkender Gewinne oder Marktanteilsverluste können diese versuchen sich dem Wettbewerb zu entziehen. Dies kann beispielsweise geschehen durch internationale Absprachen oder Kartelle, um Märkte unter sich aufzuteilen, durch den Einsatz und weiteren Ausbau ihrer Marktmacht, etwa durch Preisdumping oder die Besetzung von strategischen Positionen, und den Versuch monopolähnliche Marktstellungen zu erreichen. Damit können durch Größen- und Kostenvorteile Marktpositionen abgesichert und der Marktzugang für in- und ausländische Konkurrenten erschwert werden.

In jedem Fall wird sich so zunächst die Zahl der internationalen Wettbewerber verringern. Die Folgen für den Wettbewerb sind aber nicht eindeutig: Einerseits nimmt bei abnehmender Anzahl von Wettbewerbern die Wettbewerbsintensität zwischen den verbleibenden Marktteilnehmern tendenziell zu, andererseits wächst aber die latente Gefahr, dass sich diese den Risiken des internationalen Wettbewerbs durch wettbewerbsbeschränkende Absprachen oder durch die wettbewerbswidrige Nutzung der eigenen Marktmacht zu entziehen versuchen. Damit besteht die Möglichkeit, dass weniger leistungsfähige Konkurrenten verdrängt und/oder die Markteintrittsschranken erhöht werden. Auch die *absolute Größe* vieler transnationaler Unternehmen, verbunden mit ihrer globalen Präsenz, kann zu Wettbewerbsbehinderungen durch die missbräuchliche Nutzung von Marktmacht führen. Gefahren können beispielsweise ausgehen von der hohen Finanzkraft der *global player*, die Dumpingstrategien in einzelnen Märkten erlauben, von der Möglichkeit Schlüsseltechnologien zu monopolisieren, von der technischen Überlegenheit oder dem leichteren Zugang zu internationalen Kapitalmärkten (vgl. Wins 2000, S. 60 ff.).

Beispiele

- Im September 2022 reichte der Bundesstaat Kalifornien gegen Amazon eine Klage wegen Verstoßes gegen das Kartellrecht ein. Amazon wurde vorgeworfen Drittanbietern Knebelverträge aufzuzwingen, die es ihnen verbieten, ihre Produkte auf anderen Handelsplattformen günstiger anzubieten. Aufgrund der Marktmacht von Amazon könnten sich vor allem kleinere Verkäufer hiergegen nicht wehren, so dass die Kunden letztlich zu hohe Preise zahlen müssten. Sollte Kalifornien den Prozess gewinnen, wäre das Urteil allerdings zunächst nur auf nationaler Ebene durchsetzbar.
- Ebenfalls im September 2022 wurde ein Beschluss der EU-Kommission, nach dem Google eine Geldbuße von rund 4,1 Mrd Euro zahlen muss, bestätigt. Allerdings ist das Urteil noch nicht rechtskräftig, da Google hiergegen beim Europäischen Gerichtshof (EuGH) Einspruch eingelegt hat. Google wurde vorgeworfen, den Herstellern von Android-Handys und den Betreibern von Mobilfunknetzen rechtswidrige Beschränkungen aufzuerlegen, um die beherrschende Stellung seiner Suchmaschine zu stärken. ◄

Eine globale Wettbewerbsordnung, deren Aufgabe die Bereitstellung und Durchsetzung von Regeln für den Wettbewerb zwischen Unternehmen wäre, könnte sich entweder durch eine **verstärkte Kooperation** der nationalen Wettbewerbsbehörden, etwa der G20-Mitglieder, oder durch ein supra-nationales Regelwerk, dessen Durchsetzung einer internationalen Organisation übertragen werden müsste, entwickeln. Erste Ansätze hierfür gibt es durch das *International Competition Network* (ICN), das 2001 von 14 Wettbewerbsbehörden gegründet wurde und inzwischen bereits über 100 Mitgliedsbehörden umfasst. Das ICN ist ein informelles Netzwerk für die Intensivierung der Zusammenarbeit in wettbewerbspolitischen Fragen.

Grundsätzlich kann auch nationales bzw. supra-nationales Wettbewerbsrecht, wie das EU-Wettbewerbsrecht, das derzeit einzige überstaatliche Wettbewerbsrecht, international wirksam angewendet werden. Dies gelingt allerdings nur dann, wenn das betreffende Land oder die Staatengemeinschaft, in diesem Falle die EU, mit anderen Ländern kooperiert oder über Möglichkeiten verfügt, seine wettbewerbspolitischen Entscheidungen in anderen Ländern durchzusetzen. So überwachen sowohl die nationale US-amerikanische Wettbewerbsbehörde, die *Federal Trade Commission* (FTC), als auch die *Europäische Kommission* die Auswirkungen von im Ausland stattfindenden Fusionen auf den eigenen Markt: Wird durch den geplanten Zusammenschluss der Wettbewerb auf dem heimischen, also in diesem Fall dem amerikanischen bzw. dem europäischen, Markt eingeschränkt oder erlangen die Fusionspartner gar eine marktbeherrschende Stellung, werden die jeweiligen Wettbewerbsinstitutionen die Fusion zu verbieten und dieses Verbot bzw. wirkungsvolle Auflagen auch im Ausland durchzusetzen versuchen (vgl. EU 2021/2).

Beispiele

- Ende der 1990er-Jahre konnten die beiden Schweizer Großbanken *Schweizer Bankverein* und *Schweizer Bankgesellschaft* erst nach Zustimmung der FTC zur *UBS* (*Union Bank of Switzerland*) fusionieren.
- Bei dem Zusammenschluss der amerikanischen Flugzeughersteller *Boeing* und *McDonnell/Douglas* war dagegen die Europäische Kommission in der Lage, Auflagen durchzusetzen, obwohl die FTC das Vorhaben bereits genehmigt hatte.
- Ähnlich verhielt es sich 2001 mit der von der FTC bereits genehmigten Übernahme von *Honeywell* durch *General Electric*, gegen die die EU ein Veto einlegte.
- In der Regel koordinieren beide Behörden bei derartigen Verfahren gegen *global player* jedoch ihr Vorgehen. So fanden beispielsweise 2012/2013 praktisch parallel laufende Verfahren der FTC und der EU-Wettbewerbsbehörde gegen das US-Unternehmen *Google* statt, dem hier bereits vorgeworfen wurde, Konkurrenten bei den Suchergebnissen zugunsten eigener Dienste zu benachteiligen.[3]
- Die bilaterale Zusammenarbeit zwischen der FTC und der Europäischen Kommission in Wettbewerbsfragen auf der Grundlage eines 1991 abgeschlossenen Kooperationsabkommens funktioniert seit Mitte der 1990er-Jahre so gut, dass die EU-Kommission ähnliche Abkommen mit Kanada (1999) und Japan (2003) schloss. ◄

---

[3] 2017 verhängte die EU-Kommission gegen Google ein Bußgeld in Höhe von 2,4 Mrd Euro wegen eines Verstoßes gegen das Europäische Kartellrecht; vgl. www.internetworld.de/onlinemarketing/google/kartellverfahren-eu-verhaengt-rekordstrafe-google-1232033.html.

Trotzdem ist die Verhinderung einer Unternehmensfusion in einem anderen Land, die zu einer marktbeherrschenden Stellung des neuen Unternehmens im eigenen Land führen würde, grundsätzlich schwer durchsetzbar. Dies vor allem deswegen, weil viele Staaten eine solche Einflussnahme als Einmischung in ihre inneren Angelegenheiten ablehnen. Ebenso sind Einwirkungsmöglichkeiten auf ein weltmarktbeherrschendes Unternehmen, das seinen Firmensitz in einem Land hat, das über gar kein oder nur ein rudimentäres Wettbewerbsrecht verfügt bzw. dieses nicht durchsetzt oder durchsetzen kann, kaum möglich.

Das Hauptinteresse der nationalen Wettbewerbsbehörden gilt verständlicherweise der Abwehr von Beschränkungen des eigenen Marktes. Sie sind daher häufig nicht sonderlich daran interessiert oder in der Lage, Wettbewerbsbeschränkungen, die (zunächst) überwiegend den Wettbewerb im Ausland beschränken, zu verhindern. Wenn also beispielsweise *Boeing* und *Airbus* parallel dazu übergehen, Rabatte an Auftraggeber zu reduzieren, so gibt es derzeit keine Möglichkeit gegen solche Praktiken auf internationaler Ebene vorzugehen. Als Alternative zum Kooperationsmodell werden daher auch verbindliche, global gültige Wettbewerbsregeln für Unternehmen gefordert. Durch eine **globale Wettbewerbsordnung** mit einer allgemein akzeptierten Definition von wettbewerbsschädlichen Marktstrukturen, wettbewerbsfeindlichem Verhalten und entsprechenden Verhaltensregeln für internationale Unternehmen könnte dies umgesetzt werden. In Anlehnung an das deutsche *Gesetz gegen Wettbewerbsbeschränkungen* (GWB) sind folgende Instrumente denkbar:

- ein grundsätzliches Verbot von internationalen horizontalen Kartellvereinbarungen zur Beschränkung des internationalen Wettbewerbs,
- eine Kontrolle von (welt-)marktbeherrschenden Unternehmen bzw. von Oligopolen zur Verhinderung eines (unzulässigen) Ausnutzens einer marktbeherrschenden Stellung sowie
- eine internationale präventive Fusionskontrolle, etwa durch Anmelde- und Genehmigungsverfahren für Großunternehmen, zur Verhinderung von hierdurch entstehenden grenzüberschreitenden Wettbewerbsbeschränkungen.

Eine solche Ordnung würde auch im Interesse der Privatwirtschaft liegen, da diese sich bei Behinderungen durch ausländische Konkurrenten auf Regeln stützen und die vorgesehene Institution als Schlichter anrufen könnte. Die Durchsetzbarkeit eines globalen Ansatzes wird allerdings dadurch erschwert, dass viele Länder noch nicht über Erfahrungen mit der Umsetzung von Wettbewerbsregeln verfügen, da geschätzt nur etwa 90 Länder weltweit über ein nationales Wettbewerbsrecht verfügen. Andererseits befürchten die Länder, die über funktionsfähige Wettbewerbsgesetze verfügen und diese auch umsetzen, dass eine mögliche globale Einigung auf einem zu niedrigen Regelungsniveau erfolgen könnte. Fallen die globalen Wettbewerbsregeln jedoch weniger strikt aus als die eigenen nationalen Bestimmungen, werden Unternehmen zur Umgehung der nationalen Gesetze angeregt.

Erste Gespräche über multilaterale Abkommen zur Wettbewerbskontrolle fanden bereits Anfang 1999 im Rahmen der WTO statt, vor allem deswegen, weil die WTO auf globaler Ebene das Mandat für *staatliche* Handelsbeschränkungen besitzt. Allerdings fällt die Kontrolle von wettbewerbshemmenden Zusammenschlüssen, monopolistischer Marktmacht oder von internationalen Kartellvereinbarungen zur Ausschaltung des Wettbewerbs zwischen den *global player* nicht in ihren Zuständigkeitsbereich. Als Alternative zur WTO wird daher auch mit unterschiedlichen Begründungen die Einrichtung einer Internationalen Wettbewerbsbehörde, eines **Weltkartellamts**, gefordert. Eine solche Organisation könnte dann die Befugnis erhalten, internationale Fusionen, Monopolstellungen und internationale Absprachen zu überwachen, Ermittlungen durchzuführen, Streitschlichtungsverfahren in Gang zu setzen oder Sanktionen zu verhängen. Allerdings scheint diese Lösung, wegen der für die meisten Regierungen kaum akzeptablen Einschränkung ihrer wettbewerbspolitischen Souveränität, derzeit kaum durchsetzbar.

Aus diesem Grund kommt dem *OECD-Global Forum on Competition* (GFC) eine besondere Bedeutung zu. An den seit 2001 stattfindenden Foren nehmen bis zu 100 nationale Wettbewerbsbehörden aus OECD Ländern und Entwicklungsländern sowie Vertreter internationaler Organisationen teil. Sie bieten eine Gelegenheit zum politischen Dialog, etwa über *best practices*, ermöglichen die Einrichtung von Netzwerken der Kartellbehörden und eine verstärkte Zusammenarbeit, beispielsweise bei internationalen Fusionsprüfungen oder Kartelluntersuchungen. Solange eine globale Wettbewerbsordnung noch nicht durchsetzbar ist, sind derartige plurilaterale Verständigungs- und Abstimmungsmöglichkeiten über eine Harmonisierung nationaler Wettbewerbsstandards eine akzeptable Zwischenlösung.

9.2 Wettbewerbsregeln für Staaten

Viele nationale politische Maßnahmen beeinflussen, gewollt oder nicht, die Wettbewerbsbedingungen auf dem einheimischen Markt und den ausländischen Märkten.

Auch wenn sie im Allgemeinen primär nach innen gerichtet und nicht ausdrücklich aus protektionistischen Erwägungen erlassen worden sind, so entfalten sie angesichts der Integration der Weltwirtschaft doch häufig weit über den nationalen Rahmen hinaus Wirkungen. Wie erwähnt, tendieren sie vielfach dazu, einheimische Marktteilnehmer zu begünstigen und ausländische Anbieter zu benachteiligen, sodass der internationale Warenaustausch behindert wird.

Durch spezielle **Förderungspolitiken** werden vorwiegend einheimische Unternehmen begünstigt, etwa durch spezielle *Anreize*, wie Subventionen oder spezielle Steuererleichterungen, durch *Bevorzugung* bei der Vergabe öffentlicher Aufträge, aber auch durch direkte *Benachteiligungen* ausländischer Anbieter oder Investoren. Insbesondere werden einheimische Unternehmen auf ausländischen Märkten begünstigt durch *direkte Exportförderungsmaßnahmen*, wie etwa die bereits erwähnte finanzielle Unterstützung von Messebeteiligungen, die Bereitstellung günstiger Exportversicherungen und -finanzierungen oder die Erlaubnis zu Exportkartellen, die es einheimischen Unternehmen ermöglicht durch Absprachen den Wettbewerb auf Auslandsmärkten zu beschränken. In allen Fällen behindert der Staat so den Zugang ausländischer Wettbewerber zum einheimischen Markt oder verbessert die Marktchancen inländischer Unternehmen. Gleichzeitig ermöglicht er diesen durch die höheren Gewinnmöglichkeiten im Inland ihre Exportgüter auf den Auslandsmärkten zu niedrigeren Preisen als im Inland anzubieten *(Dumping)*. Kann hier politisch nicht gegengesteuert werden, so bleibt dem Ausland als Abwehrmaßnahme nur die Verhängung von *Antidumpingzöllen*.

Auch Unterschiede in den kulturellen Wertvorstellungen, den wirtschaftspolitischen Zielen oder im jeweiligen Entwicklungsstand der Länder können den internationalen Wettbewerb behindern, etwa durch unterschiedliche **nationale Standards**, wie *Verbraucherschutzregeln, technische Standards, Umwelt-* oder *Sozialstandards*. Eine Beurteilung, ob es sich bei diesen Regelungen um faire oder nicht faire, um willkürliche oder höher zu gewichtende, ethischen Grundsätzen folgende Maßnahmen handelt, ob sie den globalen Wettbewerb unzulässig behindern oder nicht, kann in vielen Fällen nicht eindeutig ausfallen, wie die folgenden Beispiele zeigen:

Beispiele Schutzregeln vs. Wettbewerbsregeln
Ist der Schutz des Fleckenkauzes eine rein amerikanische oder alle Länder angehende Angelegenheit? Sollten neue, in den *USA* entwickelte Technologien einheimischen Nutzern leichter zugänglich gemacht werden als ausländischen Nutzern? Sollte *Kanada* das Recht haben, im Kabelfernsehen nur eine begrenzte Zahl von US-amerikanischen Sendern zuzulassen? Sollte es *Frankreich* aus kulturellen Gründen gestattet sein, den Anteil ausländischer Filmproduktionen zu beschränken? Stellt das Fehlen eines sozialen Sicherheitsnetzes, wegen der dadurch geringeren Lohnnebenkosten, eine ungerechtfertigte Subvention für die in diesem Land ansässigen Unternehmen dar? Sollten politische Vorstellungen im Gesundheitsschutz durch einen Zoll auf mit entsprechenden Kosten nicht belastete Importe umgesetzt werden? Ist es eine faire Handelsbeschränkung, wenn ein Land beschließt, keinen Handel mit Ländern zu treiben, die die Todesstrafe praktizieren? (vgl. Hart 1996, S. 71 ff.)

Wenig umstritten, wenn auch keineswegs immer praktiziert, ist eine Sanktionierung von Gütern, die durch Zwangs- oder Kinderarbeit, unter erheblicher Verletzung von Menschenrechten oder unter rücksichtsloser Ausbeutung der Umwelt hergestellt werden oder wenn einzelne Güter die Gesundheit der Verbraucher gefährden oder nur aufgrund unangemessener nationaler Förderung zu marktgerechten Preisen angeboten werden können. Auch viele nationale Wettbewerbsregeln selbst, wie die bereits erwähnte Zulassung von *Exportkartellen*, die Gewinn- und Beschäftigungsmöglichkeiten der heimischen Wirtschaft fördern, können als unzulässige Behinderung des globalen Wettbewerbs eingestuft werden.

In vielen Ländern gibt es daher inzwischen ein Interesse an einem Katalog von **Mindestanforderungen** an die nationale Ausgestaltung von wirtschaftlichen, sozialen, ökologischen oder politischen Rahmenbedingungen und insbesondere an eine *ex ante* Harmonisierung problematischer handelsrelevanter Wettbewerbsregeln zur Herstellung von fairen und transparenten Handelsbedingungen. Dies bedeutet, dass nationale Souveränität in Bezug auf die Gestaltung nationaler Wettbewerbsbedingungen nicht generell *über* ein globales Interesse an freiem Marktzugang und fairen Wettbewerbsbedingungen gestellt werden kann. Dabei ist abzuwägen, ob das durch nationale Regelungen geschützte Gut, etwa Arbeitnehmerrechte oder Umweltschutz, oder der freie Wettbewerb mit seinen ökonomischen Chancen und Risiken Priorität haben soll. Zwar könnte man die Regelung dieses Problems prinzipiell dem (Welt-) Markt überlassen und bei einem *Wettbewerb der Systeme* darauf vertrauen, dass sich das bessere und leistungsfähigere System durchsetzt. Allerdings eignen sich nationale Wettbewerbsordnungen nur sehr begrenzt für einen solchen Systemwettbewerb, da diese ja gerade den fairen Wettbewerb beeinträchtigen können. Ein Katalog von Regelungen müsste beispielsweise Mindestanforderungen an das nationale Wettbewerbsrecht, an eine industriepolitisch motivierte und interessengeleitete Förder- und Standortpolitik, an Verbraucherschutzstandards und an soziale und ökologische Mindeststandards, einschließlich des Schutzes grundlegender Menschenrechte, beinhalten.

Entwicklungs- und auch Schwellenländer argumentieren dagegen häufig, dass solche extern verordneten Standards zu erhöhten Kosten und somit zur Reduzierung eigener komparativer Vorteile führen würde. Dies sei von Seiten der Industrieländer auch der eigentliche Grund, solche Standards zu fordern, vorgebrachte ethische Begründungen seien dagegen vorgeschoben. Eine derartige Globalisierung westlicher Konzepte und Normen werde daher als Neo-Kolonialismus abgelehnt. Da soziale oder ökologische Standards, Verbraucherschutz- oder Gesundheitsstandards vielfach zu höheren Produktionskosten führen, werden in der Tat Kostenvorteile reduziert und gleichzeitig Umgehungsstrategien provoziert. Diese unterschiedlichen Interessenlagen erschweren eine Einigung auf allgemein verbindliche Regelungen.

Aufgrund des unterschiedlichen ökonomischen Entwicklungsstandes und der kulturellen Eigenheiten der Länder kann es daher offensichtlich nicht darum gehen, solche Standards *ad hoc* durchzusetzen und den Entwicklungsländern die unmittelbaren Vorteile niedriger Löhne oder eines geringen Sozialschutzes zu nehmen. Vielmehr müssen Arbeits- und Umweltbedingungen schrittweise den Entwicklungs- und Produktivitätsfortschritten angepasst werden. Dies setzt eine allseitige *Kompromissbereitschaft* voraus. Zunächst geht es nur um die grundsätzliche Einsicht, *dass* bestimmte nationale – wirtschaftliche, soziale, ökologische, politische und auch technische – Regelungen den globalen Wettbewerb ungünstig beeinflussen können. Die nationalen Systeme müssen dann schrittweise im Einklang mit den Entwicklungs- und Produktivitätsfortschritten reformiert werden. In einem dritten Schritt ließen sich dann Vereinbarungen zur Schaffung *globaler wettbewerbsfreundlicher Rahmenbedingungen* erzielen, verbunden mit der Bereitschaft diese auch in nationale Gesetze umzusetzen.

Ein wettbewerbspolitisches Rahmenwerk müsste auch *Mindeststeuersätze* beinhalten, um die staatlichen Steuereinnahmen zu erhöhen und vor allem die Möglichkeiten für eine problematische Steuerkonkurrenz der Staaten zu reduzieren. Durch Vereinbarungen mit staatlichen Behörden können, wie bereits erwähnt, *global player* ihre Steuerlast häufig auf ein Minimum drücken und durch die dann günstigere Kostenstruktur den Wettbewerb verzerren. Zur Lösung dieses Problems starteten die OECD-Mitgliedsstaaten und die G20 das

BEPS-Projekt *(Base Erosion and Profit Shifting)* mit dem Ziel Steuerstandards zu vereinheitlichen, Regeln für den internationalen Steuerwettbewerb zu beschließen und die nationalen Steuerrechtssysteme besser miteinander zu verzahnen. Auf der Basis von 15
BEPS-Maßnahmen, die die OECD bereits 2015 veröffentlichte, wurden konkrete Empfehlungen erarbeitet. Ein neues Gremium, das *Inclusive Framework on BEPS,* überwacht die
Umsetzung und Weiterentwicklung der Empfehlungen. Übergeordnetes Prinzip der
Vorschläge ist, dass die Besteuerung dort erfolgen soll, wo die unternehmerische Aktivität
und die daraus resultierende Wertschöpfung stattfinden. Einige BEPS-Empfehlungen wurden bereits in EU-Richtlinien umgewandelt und müssen nun von den EU-Mitgliedsstaaten
umgesetzt werden.

Insbesondere durch die wachsende Bedeutung der Digitalwirtschaft wurde auch die
Notwendigkeit zur Schaffung einer „Weltsteuerordnung" gesehen. So einigten sich 2021
die G20-Mitglieder auf ein Zwei-Säulen-Konzept. Die *erste Säule* sieht eine Neuvertei-
lung der Besteuerungsrechte vor, und zwar zwischen den Staaten, in denen die größten
global player ihren Sitz haben (Ansässigkeitsstaaten), und den Staaten in denen sie ihre
Umsätze machen (Marktstaaten). Die *zweite Säule* umfasst eine globale Mindestbesteue-
rung von 15 % (vgl. BMF 2021).

Der Wettbewerb im europäischen Luftverkehr

Der *Wettbewerb im europäischen Luftverkehr* ist international, etwa durch die WTO
oder die *Internationale Zivilluftfahrt-Organisation* (ICAO), nicht geregelt. Insbesondere der Konkurrenz aus den Golfstaaten werden unfaire Praktiken vorgeworfen.
Nahost-Airlines, wie Qatar, Emirates oder Etihad, würden von staatlichen Subventionen, Niedriglöhnen und für sie günstigen Arbeitsschutzgesetzen profitieren und könnten ihre Leistungen daher preisgünstiger anbieten. Seit 2018 gibt es daher eine EU-
Verordnung, die den Wettbewerb zwischen Luftverkehrsunternehmen fairer gestalten
will. Sie stellt Instrumente bereit, mit denen gegen unfaire Geschäftspraktiken von
Luftverkehrsunternehmen aus Drittstaaten vorgegangen werden kann. Diese beinhaltet
u. a. Möglichkeiten, Untersuchungen durchzuführen und finanzielle oder operative Ab-
hilfemaßnahmen zu ergreifen, wenn ein Luftverkehrsunternehmen aus einem Drittstaat
marktverzerrende Praktiken anwendet, die einem Luftverkehrsunternehmen aus der EU
Schaden zugefügt haben oder eindeutig zufügen könnten (Rat der EU 2019). ◄

9.3   Umwelt- und Sozialstandards

Zunächst mag es überraschen, dass Umwelt- und Sozialstandards in dem Kapitel *Internationale Wettbewerbsordnung* behandelt werden. Es ist jedoch offensichtlich, dass auch
diese nationalen Regelungsniveaus einen erheblichen Einfluss auf die Produktionskosten
und damit auch auf Exportpreise und Wettbewerbsfähigkeit der einzelnen Länder haben.
Nationale Standards und Rahmenbedingungen beeinflussen die Art des Umgangs mit den

vorhandenen ökonomischen Ressourcen. In vielen Fällen fördern sie eher einen ver-brauchsorientierten Umgang mit den Ressourcen:

- Für *Sachkapital* kann dies bedeuten, dass, etwa infolge zu geringer steuerlicher Be-rücksichtigungsfähigkeit von Abschreibungen, ein zu niedriger Erhaltungsaufwand *(maintenance)* z. B. für Maschinen, Gebäude oder auch für die Infrastruktur, etwa das Schienennetz, vorgesehen ist.
- Der Zustand *natürlicher Ressourcen*, Boden, Luft, Wasser, kann sich wegen unzurei-chender Schutz- und Regenerationsvorschriften ständig verschlechtern, wobei die Kli-maveränderung durch den nicht gebremsten CO_2-Ausstoß zwar derzeit im Zentrum der Überlegungen steht, aber letztlich nur eines der wichtigen Themen in diesem Bereich darstellt.
- *Menschliche Arbeit*, die *human resources*, wird möglicherweise, etwa bei zu schlechten Arbeitsbedingungen, bei Löhnen, die die Regenerationskosten unterschreiten, und zu geringer sozialer Absicherung ausgebeutet.

Die Kapitaleigner müssen die Kosten für versäumte Sachkapitalerhaltung meist weitge-hend selbst tragen, nur in Ausnahmefällen können sie den Staat und damit den Steuerzah-ler belasten. Die Kosten für sich verschlechternde Umweltbedingungen oder für zuneh-mende soziale Probleme, also für die vernachlässigte Erhaltung der natürlichen und menschlichen Ressourcen, werden jedoch meist externalisiert und müssen von der Gesell-schaft getragen werden. Gleichzeitig können die durch die niedrigen Standards verursach-ten niedrigeren Produktionskosten auch ausländische Unternehmen dazu motivieren bzw. verführen ihre Produktion in diese Länder zu verlagern.

Das durch niedrige Standards bewirkte niedrigere Kostenniveau führt also zu *kompara-tiven Wettbewerbsvorteilen* für das betreffende Land und die dort erzeugten Produkte oder angebotenen Dienstleistungen. Auch unter Wettbewerbsgesichtspunkten sollte daher eine Angleichung der diesbezüglichen Rahmenbedingungen erfolgen. Die Befürworter derarti-ger Rahmenbedingungen sind jedoch wiederum überwiegend Industrieländer, die ihre Forderung im Allgemeinen damit begründen, dass Handelsvorteile nur mit fairen Mitteln erzielt werden dürfen, das Nicht-Einhalten minimaler Standards jedoch als unlauteres Wettbewerbsverhalten anzusehen ist.

Dies gilt beispielsweise für Produkte, die durch Zwangs- oder Kinderarbeit, unter Ver-letzung von Menschenrechten oder durch rücksichtslose Ausbeutung der Umwelt, der Ver-nichtung des Regenwaldes oder einer dramatischen Umweltverschmutzung und Klimabe-lastung hergestellt wurden. Ohne Mindeststandards, so wird argumentiert, würden **Öko-Dumping** und **Sozial-Dumping** zunehmen. Dumping wird dann angenommen, wenn sich die Kosten für die Inanspruchnahme der Produktionsfaktoren „Umwelt" bzw. „Mensch" nicht in angemessenem Umfang in den Produktions- und damit Produktkosten niederschlagen. Die von den Dumping-Ländern auf diese Weise erzielten Wettbewerbs-vorteile werden von den Mit-Wettbewerbern aus anderen Ländern als unfair betrachtet. Gleichzeitig schaden sie aber auch dem Land selbst, da der notwendige Erhaltungsauf-

wand nicht geleistet wird: Bei *Öko-Dumping* geht die Belastung der Umwelt durch die
Produktion nur zu inakzeptabel geringen oder gar keinen Kosten in die Berechnung der
Produktionskosten ein. Bei *Sozial-Dumping* werden die notwendigen „sozialen Repro-
duktionskosten" für die Arbeitskraft nicht in dem erforderlichen Umfang bereitgestellt
und demzufolge kalkuliert. Dies ist u. a. dann der Fall, wenn die Löhne und Sozialleistungen
nicht ausreichen, um die Grundbedürfnisse zu decken und/oder die Arbeitsbedingungen
nicht Grundvoraussetzungen der Beachtung der Menschenwürde berücksichtigen. In allen
Fällen handelt es sich um Kosten, die bei der Abnutzung des Produktionsfaktors Kapital
analog in Form von Abschreibungen berücksichtigt werden.

Die unterschiedlichen nationalen Interessenlagen der WTO-Mitgliedsländer, auch diejenigen zwischen den Entwicklungsländern selbst, erschweren jedoch eine Einigung auf
allgemein verbindliche Regelungen. Hinzu kommt die Schwierigkeit, eindeutige Kriterien
zu finden und diese zu kontrollieren. Sollte dies möglich sein, könnten Sozialklauseln
ebenso Eingang in Artikel 20 des GATT finden, wie dies schon bei Umweltklauseln der
Fall ist. In einem weiteren Schritt muss überlegt werden, wie die Einhaltung solcher Standards durchgesetzt werden kann. Wird ein Verstoß als wettbewerbswidriges Verhalten interpretiert, liegt es nahe, handelspolitische Sanktionen, also protektionistische Maßnahmen, wie Antidumpingzölle gegen Öko- oder Sozial-Dumping oder Strafzölle, als
Sanktionsmittel einzusetzen. Allerdings muss hier grundsätzlich abgewogen werden, wel-
ches Gut letztendlich schützenswerter ist: der Schutz von Bürgern und Umwelt oder der
freie Wettbewerb mit seinen ökonomischen Chancen und Risiken.

9.3.1 Umweltstandards

Unter globalen **Umweltstandards** oder *ökologischen Mindeststandards* werden Regelungen zum Schutz der Umwelt diskutiert, die bei der Produktion von Gütern und Dienstleistungen global gelten sollen. Sie können sich beispielsweise beziehen auf den Gebrauch
von Schädlingsbekämpfungs- und Düngemitteln, die Einhaltung von Hygiene- und Tier-
schutzstandards im Agrarbereich, die Nutzung von Tropenhölzern, die Einhaltung von
Grenzwerten oder die Reduzierung von Emissionen bei der Güterproduktion.

Da bislang noch kein allgemein akzeptierter Katalog solcher Standards vorliegt, versuchen einzelne Länder, ihre nationalen umweltpolitischen Vorstellungen mit **handelspolitischen Maßnahmen** durchzusetzen. Diese werden - wie erwähnt - meist damit begründet, dass nicht vorhandene oder zu niedrige Umweltstandards für die Güterproduktion in
Exportländern – bzw. eine zu geringe Beachtung derselben – diesen Ländern unfaire Pro-
duktionskostenvorteile verschafften. Tatsächlich erlaubt Artikel 3 des WTO-Vertrags
grundsätzlich die Gleichstellung ausländischer mit einheimischen Waren und somit die
Anwendung umweltpolitischer Vorschriften, die für inländische Waren gelten, auch auf
ausländische Güter. Zudem lässt Artikel 20 unter bestimmten Bedingungen auch Importbeschränkungen für gesundheitsgefährdende Produkte zu. Allerdings wird diese Ausnah-
meregelung sehr restriktiv angewandt, um die *Prinzipien* des *freien Welthandels* nicht zu

gefährden. So akzeptiert die WTO Handelssanktionen erst dann, wenn eine inländische Gefährdung konkret nachgewiesen wird und die handelsbeschränkenden Maßnahmen nicht diskriminierend eingesetzt werden, also gegen alle Handelspartner gleichermaßen gelten. Im ökologischen Bereich gilt dies beispielsweise für Verstöße gegen das Abkommen zum Schutz der Ozonschicht (s. u.), in vielen anderen Fällen lehnt die WTO jedoch ökologisch motivierten Protektionismus ab.

Hormonstreit: Handelsstreit zwischen EU und USA

Ab Ende der 1980er-Jahre bestand seitens der EU ein Importverbot für US-amerikanisches Fleisch, das damals zu einem großen Prozentsatz mit Wachstumshormonen belastet war. Die EU befürchtete gesundheitliche Folgen für den Endverbraucher und untersagte die Einfuhr. Anfang 1998 entschied die WTO dann auch in einem Schiedsgerichtsurteil, dass freier Welthandel nicht als absolut höchstes Gut einzustufen ist. Der Schutz von Menschen, Tieren und Pflanzen sowie von anderen wichtigen Lebensgrundlagen, wie Umwelt und Klima, die ebenfalls durch den Welthandel beeinflusst werden, kann gegenüber dem freien Handel Priorität eingeräumt werden, wobei Art und Umfang der Schutzniveaus aber nicht absolut festgelegt werden können. Insbesondere die direkte Auswirkung nationaler Schutzmaßnahmen und Schutzniveaus werden daher im Einzelfall weiterhin umstritten sein, da protektionistische Maßnahmen verstärkt mit Schutzargumenten begründet werden können. Vielfach ist die direkte Auswirkung der angestrebten Aufhebung von Schutzmaßnahmen auf den zu schützenden Bereich aber nicht direkt nachweisbar. Daher spielen wissenschaftliche Risikoanalysen, die ein vorhandenes oder zukünftiges Gefährdungspotenzial nachweisen sollen, für die Begründung der Rechtmäßigkeit von Handelssanktionen eine wichtige Rolle. So konnte die EU nicht eindeutig nachweisen, dass hormonbelastetes amerikanisches Rindfleisch tatsächlich zu gesundheitlichen Schäden führe. Das das Importverbot stützende Gutachten, demzufolge der Konsum hormonbehandelten Fleisches die Wahrscheinlichkeit von Krebsfällen in der Bevölkerung erhöhen würde – geschätzt wurde ein zusätzlicher Krebsfall auf eine Million Frauen – wurde als zu ungenau abgelehnt. Die EU musste daher das generelle Importverbot gegen US-Rindfleisch wieder aufheben, was sie jedoch nicht tat. 2012 einigte man sich dann auf einen Kompromiss. Die EU stimmte einer Handelsvereinbarung zu, nach der nun aus den USA und Kanada jährlich 48.200 Tonnen – hormonell unbehandeltes – Rindfleisch in die EU eingeführt werden darf. Im Gegenzug werden die USA Einfuhrbeschränkungen für landwirtschaftliche Produkte aus der EU aufheben (vgl. agrarheute 2011). ◄

Ein Problem besteht allerdings darin, dass die WTO-Bestimmungen lediglich auf die gehandelten Produkte und deren physische Eigenschaften ausgerichtet sind. Werden diese Produkte als tendenziell gefährlich für die Bevölkerung des Importlandes eingestuft, besteht also grundsätzlich die Möglichkeit den Import zu erschweren. Dies gilt jedoch nicht bei umweltgefährdenden **Produktionsverfahren**, da hier kein Gefährdungspotenzial für das Importland angenommen wird. Damit besteht praktisch keine Möglichkeit, ein Land durch den Einsatz von handelspolitischen Instrumenten zu umweltverträglichen Produktionsmethoden zu zwingen.

Beispiel

Meist sind Delfine und Wale Kollateralschäden des Thunfischfangs, sie verirren sich in Netze und verenden. Nach Informationskampagnen und Protesten von Umweltschutzverbänden erließen die USA ein Gesetz, nach dem nur ein „Delfin-sicherer" Thunfisch in die USA eingeführt werden darf. Zudem führten sie ein Siegel ein mit einem fröhlichen blauen Delfin. Da das Siegel aber auch eine Handelsbarriere darstellt, klagte Mexiko hiergegen vor der WTO und bekam in letzter Instanz auch Recht (vgl. Werner 2015). ◀

Für eine Vereinbarung über globale ökologische Mindeststandards, die eine Durchsetzung durch handelspolitische Maßnahmen beinhalten soll, müssen also eindeutige global akzeptierte Kriterien für umweltschädliche Produkte – und möglichst auch für Produktionsverfahren – definiert werden. Zudem muss das Problem einer sauberen Trennung zwischen *handelspolitischen* und *handelsethischen* Interessenlagen und Motiven gelöst werden, um Willkürmaßnahmen zu begrenzen und gleichzeitig die Interessen der Länder mit niedrigen Umweltschutzniveaus angemessen zu berücksichtigen. Der hohe Stellenwert des Umweltschutzes in vielen Ländern wird voraussichtlich dazu führen, dass der Grundwiderspruch zwischen freiem Handel und Umweltschutz nicht einseitig zugunsten des Freihandels gelöst werden wird.

Eine gewisse Begründung für Handelssanktionen, jedoch nur für die EU, bietet ein Urteil des *Europäischen Gerichtshofs* von 1988 über dänische Bierverpackungen, in dem festgestellt wird, dass der Umweltschutz als wesentliches Ziel der EU bestimmte Beschränkungen des freien Warenverkehrs rechtfertigen könne, allerdings nur dann, wenn diese *verhältnismäßig* seien. Dies kann dazu führen, dass Länder mit einem höheren Umweltschutzniveau Importbeschränkungen gegenüber Produkten aus solchen Ländern durchsetzen könnten, die geringere oder fehlende nationale Umweltschutzauflagen zur kostengünstigeren Produktion von Exportgütern einsetzen. Auf diese Weise könnten Länder, die durch umweltschädigende Produktionsverfahren vor allem grenzüberschreitende Umweltschäden verursachen (z. B. Abholzung von Regenwäldern oder eine Grenzflussverunreinigung durch giftige Produktionsrückstände) gezwungen werden, sich umweltgerechter zu verhalten. Gleichzeitig würde der mögliche Druck, im Importland aus Kostengründen Umweltstandards zu senken, verringert.

Da das protektionistische Land im Zweifel auch eigene Wirtschaftsinteressen verfolgt, wird es jedoch immer schwer sein, eindeutige und objektive Grenzlinien für einen ökologisch gerechtfertigten Protektionismus zu ziehen, insbesondere dann, wenn ökologisch motivierte protektionistische Maßnahmen gegenüber konkurrierenden Niedrigpreisländern eingesetzt werden. Trotzdem müssten im Rahmen einer globalen Wettbewerbsordnung eindeutige Verhaltensregeln für den grenzüberschreitenden Wirtschaftsverkehr formuliert werden, um die Zerstörung der menschlichen Lebensgrundlagen, auch unter Inkaufnahme von Handelsbehinderungen, zu verhindern. Konsequenterweise müssen dann aber auch die WTO-Prinzipien der Meistbegünstigung und Nicht-Diskriminierung ihren Unbedingtheitscharakter verlieren und unter genau definierten ökologisch orientierten Bedingungen und Auflagen partiell ausgesetzt werden können.

Ein Anfang wurde bereits 1994 mit der Einrichtung eines *Komitees für Handel und Umwelt* (CTE) bei der WTO gemacht, das seitdem regelmäßig zusammentritt und über den Zusammenhang dieser beiden Bereiche berät.[4] Weitere allgemeine Vereinbarungen zum Umweltschutz und zum Klimawandel gibt es unter dem Dach der WTO jedoch noch nicht. Das plurilaterale „Umweltgüterabkommen", über das seit 2014 verhandelt wird, wurde – wie erwähnt – 2022 noch nicht abgeschlossen (vgl. Abschn. 8.3.3). Andererseits könnten bestehende internationale Umweltabkommen stärker berücksichtigt werden. Hierbei wird in erster Linie auf Konventionen und Vereinbarungen gesetzt, die auf internationalen UN-Konferenzen vorbereitet und beschlossen wurden. Hierzu zählen das *Washingtoner Artenschutzabkommen* (1973), das *Montrealer Protokoll zum Schutz der Ozonschicht* (1987) und die *Basel-Konvention über grenzüberschreitenden Verkehr mit Sondermüll* (1989). Bereits in dem *Montrealer Protokoll* wurde die Möglichkeit von Handelsbeschränkungen bei Verstößen gegen internationale Umweltbestimmungen vereinbart. In Artikel 4 des Protokolls werden konkrete Handelsbeschränkungen genannt, die für den Handel mit Nicht-Vertragsparteien, also Staaten, die sich nicht zur Einhaltung der Bestimmungen verpflichtet haben, eingesetzt werden können (vgl. die Zusammenfassung in Abb. 9.2).

Von besonderer Bedeutung für die globale Umwelt- und Klimapolitik ist die 1992 während der *Internationalen Umweltkonferenz in Rio de Janeiro*, an der 178 Staaten teilnahmen, unterzeichnete Klima-Rahmenkonvention *(United Nations Framework Convention on Climate Change,* UNFCCC).[5] Ziel war die Reduzierung der globalen Treibhausgasemissionen. Diese und die Folgeabkommen (s. u.) stellen heute die Grundlage der internationalen Klimapolitik und damit in gewissem Umfang auch für die internationale Wettbewerbspolitik dar. Die Umsetzung und Kontrolle dieser Vereinbarungen sowie die notwendige Steigerung der bislang vorgesehenen nationalen Leistungen zur Reduzierung klimaschädlicher Schadstoffemissionen bleiben weiterhin wichtige und schwierige Aufgaben der globalen Gemeinschaft. Aber erst nach ihrer verbindlichen Festlegung dürften Regelverstöße auch wettbewerbspolitisch relevant werden. Vermutlich werden aber auch dann die Möglichkeiten auf Regelverstöße handelspolitisch zu reagieren beschränkt bleiben.

---

[4] https://www.wto.org/english/tratop_e/envir_e/wrk_committee_e.htm.
[5] Vgl. zu dieser Thematik: Koch (2022) Abschn. 13.4, sowie die dort genannten Quellen.

Ausgangssituation

- Niedrige Umweltstandards und Ökodumping führen zu unfairen Produktionskostenvorteilen.
- Unter bestimmten Voraussetzungen sind handelspolitische Maßnahmen gegen entsprechende Produkte gem. WTO-Regeln erlaubt.
- Für umweltgefährdende Produktionsverfahren gibt es noch keine Möglichkeit, Länder mit handelspolitischen Instrumenten zu umweltverträglichen Produktionsmethoden zu zwingen.

Wichtige Aspekte	**Erste Ansätze**
- Eine globale Wettbewerbsordnung muss eindeutige Verhaltensregeln bereitstellen, um Umwelt- und Klimaschutzziele durch Handelsbeschränkungen zu erreichen. - Hierfür müssten die Prinzipien der Meistbegünstigung und Nicht-Diskriminierung unter bestimmten Voraussetzungen ausgesetzt werden können. - Es müssen ökologische Mindeststandards definiert werden für umweltschädliche Produkte und Produktionsmethoden, die bei der Produktion von Gütern und Dienstleistungen global gelten und deren Durchsetzung mit handelspolitischen Regelungen erreicht werden sollten. - Das Problem einer sauberen Trennung zwischen handelspolitischen und handelsethischen Vorstellungen muss gelöst werden, um auch die Interessen der Länder mit niedrigen Umweltschutzniveaus zu berücksichtigen. - Dies gilt insbesondere bei Ökodumping, wenn der Umweltverbrauch bzw. die Belastung der Umwelt durch die Güterproduktion gar nicht oder mit zu geringen Kosten in die Kalkulation der Produktionskosten einfließt.	- Einrichtung eines *Komitees für Handel und Umwelt (CTE)* bei der WTO. Aufgabe: Transparent machen der Auswirkungen von Umweltmaßnahmen auf den internationalen Handel und die Erreichung von Umweltzielen. - Das *Montrealer Protokoll* zum Schutz der Ozonschicht sieht die Möglichkeit von Handelsbeschränkungen bei Verstößen gegen internationale Umweltbestimmungen vor. - Weitere multilaterale Abkommen: *Washingtoner Artenschutzabkommen, Basel-Konvention über Sondermüllexporte.* **Weitere Möglichkeiten** - Ein plurilaterales Umweltgüterabkommen kann zur Abschaffung von Zöllen auf Waren, die zur Erreichung der Umwelt- und Klimaschutzziele beitragen. - Einführung von Standards für Umweltverträglichkeitsprüfungen für die Produktion von Gütern. Produkte, die diesen Standards nicht genügen, könnten dann unter bestimmten Voraussetzungen diskriminiert werden - Einstufung von Ökodumping als unzulässige Subvention des Exportlandes und Schaffung der Möglichkeit von „Ausgleichszöllen".

Abb. 9.2 Zusammenfassung: Umweltstandards und internationale Wettbewerbspolitik

Die Klima-Rahmenkonvention trat 1994 in Kraft und wurde schließlich von insgesamt 195 Staaten ratifiziert. Diese verpflichteten sich damit, eine gefährliche anthropogene Störung des Klimasystems zu verhindern und eine Stabilisierung der Treibhausgaskonzentrationen zu erreichen. Das erste wichtige Folgeabkommen war das 1997 verabschiedete *Kyoto-Protokoll*, das erstmals völkerrechtlich verbindliche Werte für den Ausstoß von $CO2$ der Industriestaaten festlegt. Das Protokoll wurde von 191 Staaten ratifiziert, trat aber erst 2005 in Kraft. 2007 wurde eine Roadmap für eine gemeinsame Politik nach dem Auslaufen der Kyoto-Vereinbarungen 2012 beschlossen. 2010 wurde ein *Green Climate Fund* (Klimafonds) zur Finanzierung von Anpassungsmaßnahmen und „grünen Klimaprojekten" der Entwicklungsländer als neue wichtige Komponente einer globalen Umweltpolitik ins Leben gerufen. 2015 wurde in Paris ein neuer *Welt-Klimavertrag* vereinbart, zudem wurden weitere Mittel für konkrete Anpassungsprojekte in den Entwicklungsländern bereitgestellt. So verpflichteten sich die Industrieländer ab 2020 den ärmsten und zugleich am meisten unter dem Klimawandel leidenden Ländern mindestens 100 Mrd. US$ pro Jahr zur Verfügung zu stellen, vor allem für die Vorbeugung gegen klimabedingte Katastrophen und die Umstellung der Energieversorgung auf *green energy*.

Ein ambitionierter Plan der EU sieht im Rahmen des europäischen Klimaschutzprogramms die Möglichkeit eines *Klimazolls* vor. Die EU plant bis 2050 klimaneutral zu werden. Dies wird vor allem durch eine Verteuerung der von in der EU produzierenden Unternehmen zu erwerbenden *CO2-Zertifikate* (Verschmutzungsrechte) erfolgen, die diese ab 2026 zu steigenden Preisen kaufen müssen. Um hierdurch entstehende Wettbewerbsnachteile für europäische Unternehmen zu vermeiden, plant die EU einen Grenzausgleich für Billigimporte, also einen Klimazoll für im Ausland produzierte Güter, einzuführen. Auch wenn hierbei im Ausland bereits gezahlte CO2-Emissions-Gebühren angerechnet werden sollen, dürfte dieser Plan gegen WTO-Regeln verstoßen und ausländische Produzenten diskriminieren. Entsprechende Klagen ausländischer Exporteure vor der WTO werden damit wahrscheinlich.

9.3.2 Sozialstandards

Jedes Land weist, in Abhängigkeit von seinem Entwicklungsstand und den gesellschaftlichen Wertvorstellungen, ein unterschiedliches soziales Regelungsniveau auf. Ebenso wie die nationalen Umweltregelungen beeinflussen auch diese nationalen *Sozialstandards* die Produktionsbedingungen und die Produktionskosten. Die Forderung nach *globalen sozialen Mindeststandards* ist daher ebenfalls ein wesentliches Element einer globalen Wettbewerbsordnung. Für die Vereinbarung von sozialen Mindeststandards spricht, dass es hierdurch einzelnen Ländern erschwert würde, sich durch *Sozialdumping* auf Kosten der Arbeitnehmer *unfaire Wettbewerbsvorteile* zu verschaffen.

Die einzige internationale Organisation, die sich mit sozialpolitischen Fragen befasst, ist die bereits 1919 gegründete *Internationale Arbeitsorganisation (International Labour Organization, ILO)*. Ihr geht es vor allem um den Schutz des Individuums in der Arbeitswelt und die Einhaltung von grundlegenden allgemein anerkannten Menschenrechten. Inzwischen wurden im Rahmen der ILO etwa 190 Konventionen vereinbart, hinzu kommen rund 200 Empfehlungen für die Gestaltung der Arbeits- und Sozialpolitik in den 187 Mitgliedsstaaten. Besonders wichtig sind die acht *ILO-Kernarbeitsnormen*, die 1998 in der *„Erklärung über die grundlegenden Prinzipien und Rechte bei der Arbeit"* von den Mitgliedsländern ohne Gegenstimme angenommen (vgl. Abb. 9.3) und bisher von 138 Mitgliedsstaaten ratifiziert wurden. Die Mitgliedsstaaten haben eine Berichtspflicht, die von

Konvention Nr.	Grundprinzipien / Kernarbeitsnormen	Inhalt
87	Vereinigungsfreiheit und Schutz des Vereinigungsrechtes (1948)	Legt das Recht von Arbeitnehmern und Arbeitgebern fest, unabhängige Verbände zu bilden und diesen beitreten zu können.
98	Vereinigungsrecht und Recht zu Kollektivverhandlungen (1949)	Gewerkschaftsmitglieder sollen vor Diskriminierung durch den Arbeitgeber geschützt werden, außerdem wird Tarifautonomie zugesichert.
29	Zwangsarbeit (1930) Protokoll zum Übereinkommen zur Zwangsarbeit (2014)	Zwangsarbeit darf nicht zur Disziplinierung oder Diskriminierung von Beschäftigten, zur Bestrafung von Streikenden oder als Mittel zur Erlangung wirtschaftlicher Wettbewerbsvorteile eingesetzt werden.
105	Abschaffung der Zwangsarbeit (1957)	
100	Gleichheit des Entgelts (1951)	Gebot der gleichen Entlohnung für Männer und Frauen für gleichwertige Arbeit und Verbot der beruflichen Diskriminierung nach Rasse, Hautfarbe, Geschlecht, nationaler und sozialer Herkunft, Religion und politischer Überzeugung.
111	Diskriminierung in Beschäftigung und Beruf (1958)	
138	Mindestalter (1973)	Das Mindestalter für erwerbsmäßige Beschäftigung von Kindern in Entwicklungsländern wird auf 15 Jahre bzw. 14 Jahre festgelegt. Kinder dürfen zudem keine gefährlichen Arbeiten, etwa im Bausektor, Bergbau oder Drogenhandel oder zur Prostitution verrichten.
182	Verbot und unverzügliche Maßnahmen zur Beseitigung der schlimmsten Formen der Kinderarbeit (1999)	

Abb. 9.3 Die ILO-Kernarbeitsnormen

der ILO in einem sehr komplexen und umständlichen Prozess überprüft werden. Zudem gibt es ein Beschwerderecht anderer Staaten.

Zusätzlich wurde 2008 Die *„Erklärung über soziale Gerechtigkeit für eine faire Globalisierung"*, verabschiedet, die die wichtigsten arbeits- und sozialpolitischen Forderungen zusammenfasst. Hiermit sollen vor allem vier Ziele erreicht werden: die Schaffung produktiver und ausreichend bezahlter Arbeitsplätze, die Einhaltung der Kernarbeitsnormen, die Verbesserung des sozialen Schutzes der Arbeitnehmer und die Förderung des sozialen Dialogs (vgl. IAO/ILO 2008). Damit gibt es bereits einen verbindlichen und anerkannten Grundkanon von Sozialnormen.

Allerdings ist die Durchsetzung sozialer Mindeststandards noch schwieriger als die Durchsetzung von Umweltstandards. Während bei letzteren noch gegebenenfalls mit *globalen Vorteilen* argumentiert werden kann, wie die Beispiele der Regenwaldvernichtung oder der Giftmüllbeseitigung zeigen, ist dies bei *Sozialstandards* kaum möglich: Im Gegensatz zu Umweltstandards, die sich sowohl auf Produkte wie auch auf Produktionsmethoden auswirken und in beiden Fällen grenzüberschreitende schädliche Wirkungen entfalten können, beeinflussen Sozialstandards „lediglich" die Lebensbedingungen der einheimischen Bevölkerung. Sozialstandards werden daher von vielen Ländern, trotz einer verbindlichen Anerkennung der Kernarbeitsnormen, meist zur *inneren Angelegenheit* deklariert.

Ein weiterer Vorstoß kam von dem früheren UN-Generalsekretär Kofi Annan. Er forderte bereits 1999 die Erstellung eines *ethischen Verhaltenskodexes* von Unternehmen, der zentrale ILO-Konventionen, die Verpflichtung zur Einhaltung von Umweltstandards und die Einhaltung der Menschenrechte umfassen solle. Hierbei geht es um die Übernahme von Verantwortung dafür, dass die Welt nicht in eine kleine Gruppe von wirtschaftsstarken und eine große Mehrheit von wirtschaftsschwachen Ländern zerfalle. Aus diesem Vorstoß entwickelte sich der **UN-Global Compact**, der seine Mitgliedsunternehmen auffordert, sich zu einem Katalog von Grundwerten aus den Bereichen Menschenrechte, Arbeitsnormen, Umweltschutz und Korruptionsbekämpfung zu bekennen, diese zu unterstützen und innerhalb des eigenen Einflussbereichs in die Praxis umzusetzen. Inzwischen haben bereits über 19.000 Unternehmen und Organisationen, davon etwa 800 aus Deutschland, den UN Global Compact unterzeichnet (vgl. UN Global Compact; Abb. 9.4)

Unternehmen sollen ...

Menschenrechte

Prinzip 01:   ... den Schutz der internationalen Menschenrechte unterstützen und achten

Prinzip 02:   ... sicherstellen, dass sie sich nicht an Menschenrechtsverletzungen mitschuldig machen

Arbeitsnormen

Prinzip 03:   ... die Vereinigungsfreiheit und die wirksame Anerkennung des Rechts auf Kollektivverhandlungen wahren

Prinzip 04:   ... sich für die Beseitigung aller Formen der Zwangsarbeit einsetzen

Prinzip 05:   ... sich für die Abschaffung von Kinderarbeit einsetzen

Prinzip 06:   ... sich für die Beseitigung von Diskriminierung bei Anstellung und Erwerbstätigkeit einsetzen

Umweltschutz

Prinzip 07:   ... im Umgang mit Umweltproblemen dem Vorsorgeprinzip folgen

Prinzip 08:   ... Initiativen ergreifen, um größeres Umweltbewusstsein zu fördern

Prinzip 09:   ... die Entwicklung und Verbreitung umweltfreundlicher Technologien beschleunigen

Korruptionsbekämpfung

Prinzip 10:   ... gegen alle Arten der Korruption eintreten, einschließlich Erpressung und Bestechung

Abb. 9.4 Die zehn Prinzipien des UN-Global Compact

Da niedrige Lohn- und Lohnnebenkosten – wie mehrfach erwähnt – häufig zu den wenigen komparativen Wettbewerbsvorteilen von Entwicklungsländern zählen, werden Sozialstandards im globalen Wettbewerb auch strategisch eingesetzt *(strategische Sozialpolitik)*. Die notwendige Anhebung der Exportpreise durch höhere Sozialstandards würde die Wettbewerbsfähigkeit dieser Länder tendenziell verringern, wenn eine entsprechende – durchaus mögliche – Erhöhung der Produktivität nicht zu erwarten ist. Sozialstandards müssen in ihren Kostenwirkungen jedoch differenziert betrachtet werden. Einige Standards, wie etwa das Recht auf Vereinigungsfreiheit oder der Schutz des Rechts der gewerkschaftlichen Organisation, sind nicht oder nur unwesentlich direkt kostenrelevant. Vielmehr stellen sie eine wichtige Entwicklungsvoraussetzung durch die Einführung demokratischer nicht-diskriminierender Umgangs- und Verhandlungsformen dar und tragen dazu bei, die soziale Stabilität und damit auch die gesellschaftlichen Entwicklungsmöglichkeiten zu verbessern. So wird etwa ein Verbot zur Diskriminierung am Arbeitsplatz die Einsatzmöglichkeiten der Ressource Arbeit verbessern und eine Einschränkung von Kinderarbeit kann tendenziell mit einer Verbesserung des Bildungsniveaus einhergehen, so dass sich mit der Leistungsfähigkeit der Arbeitnehmer mittelfristig auch die Produktivität und damit die Entwicklungsmöglichkeiten der Länder erhöhen.

Diese Zusammenhänge werden zwar von vielen Entwicklungsländern erkannt. Trotzdem sind nach wie vor die sozialen Rahmenbedingungen in vielen Ländern unzureichend und die Arbeitsbedingungen für breite Schichten von Arbeitnehmern katastrophal: Kinderarbeit ist an der Tagesordnung, obwohl das Übereinkommen zur Kinderarbeit (Konvention Nr. 182) von allen ILO-Mitgliedstaaten ratifiziert wurde. Gewerkschaften werden unterdrückt. Billigarbeitskräfte – meist Frauen und Kinder – werden ausgebeutet: Kinder arbeiten in Goldminen, atmen bei der Arbeit auf Blumenfeldern Pestizide ein oder pflücken bis zu vierzehn Stunden täglich Tee. Frauen, die sich gewerkschaftlich organisieren, wird gekündigt oder sie werden gezwungen auch bei akuter Brand- oder Einsturzgefahr ihres Fabrikgebäudes weiter arbeiten (vgl. Abb. 9.5).

Beispiel

2018 war die soziale und arbeitsrechtliche Situation von Frauen in der Bekleidungsindustrie in Bangladesch, Äthiopien und Myanmar immer noch prekär hinsichtlich der Einhaltung der ILO-Kernarbeitsnormen, der allgemeinen Arbeitsbedingungen und der weiterhin nicht Existenz sichernden Löhnen. Allerdings hat nach dem Zusammenbruch der Rana-Plaza-Fabrik in Bangladesch 2013 der öffentliche Druck auf die internationalen Bekleidungsmarken zugenommen, so dass diese sich stärker – auch durch eine Zusammenarbeit mit den allerdings häufig zerstrittenen nationalen Gewerkschaften – für bessere Arbeitsbedingungen und höhere Löhne einsetzen (vgl. Salingré 2018; Müller und Bauer 2015). ◄

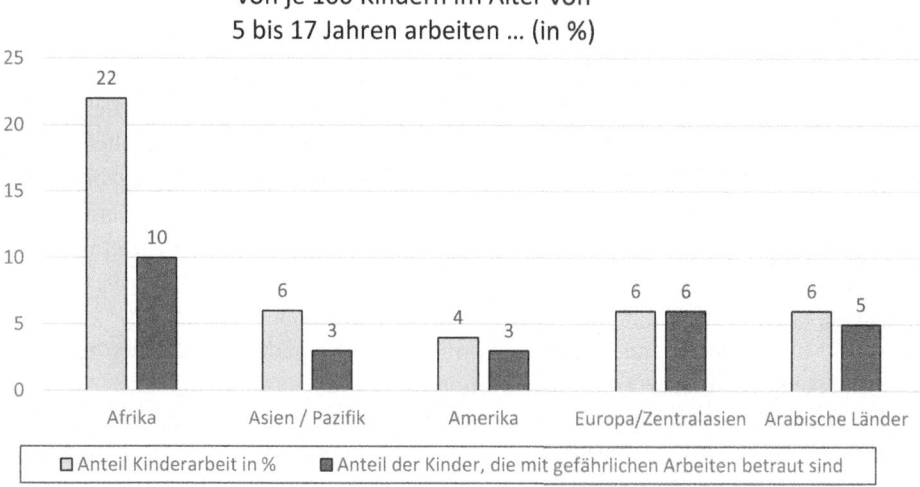

Von je 100 Kindern im Alter von
5 bis 17 Jahren arbeiten ... (in %)

> ➢ Hiervon arbeiten etwa 70% in der Landwirtschaft
> ➢ Über 50% sind erst zwischen 5 und 11 Jahre alt

Abb. 9.5 Kinderarbeit (Quelle: ILO & UNICEF 2021)

Es kann bei der Durchsetzung oder Einforderung höherer Sozialstandards in Niedriglohn-Exportländern also nicht darum gehen, diesen Ländern ihre komparativen Wettbewerbsvorteile zu nehmen, sondern vielmehr darum, diese Differenzen auf Kosten der eigenen Bevölkerung nicht künstlich zu bewahren, um daraus Vorteile für den Außenhandel zu ziehen. Dabei kann davon ausgegangen werden, dass die mit zunehmender Sozialverträglichkeit von Arbeit steigende soziale Stabilität auch Entwicklungsvorteile mit sich bringt, ganz abgesehen von der Verbesserung der Lebensqualität der Betroffenen durch die Einhaltung individueller Schutzrechte.

Allerdings fehlen für wettbewerbsbeeinträchtigende Verstöße gegen vereinbarte Sozialnormen wirkungsvolle Sanktionsmöglichkeiten. Auch wenn die ILO bei Verstößen das Recht hat Zwangsmaßnahmen einzuleiten, gibt es kaum Möglichkeiten diese oder weitergehende internationale Auflagen auch durchzusetzen. Damit ist angesichts der tatsächlichen Praktiken und des meist recht laxen Umgangs der Staaten mit den ILO-Konventionen eine breite Umsetzung nicht gewährleistet und es sind erhebliche Zweifel an der Wirksamkeit dieser Konventionen angebracht.

„Die Beschwerden eines Mitgliedstaates gegenüber einem anderen in Bezug auf ratifizierte, aber nicht umgesetzte oder sogar bewusst verletzte Arbeitsnormen werden ebenfalls der Konferenz zur Anwendung der Normen angetragen ... Die Konferenz ruft einen aus unabhängigen Fachleuten bestehenden Untersuchungsausschuss ein, der den Tatbestand prüft und bei Handlungsbedarf spezifische Empfehlungen ausspricht. Sollten diese nicht von der betreffenden Regierung umgesetzt werden, wird auf Anfrage bei der Konferenz zur Anwendung der Normen Art 33 eine Entscheidung darüber getroffen, wie man mit dem Mitgliedsstaat weiter verfährt." (ILO Normenkontrolle)

Unter handelspolitischen Gesichtspunkten bedeutsam ist also die Frage, wie sich solche Regeln durchsetzen lassen, ob beispielsweise einzelne Staaten das Recht erhalten sollen, Sozialstandards durch Handelssanktionen, etwa durch Anti-Sozialdumpingzölle oder Anti-Ökodumpingzölle, durchzusetzen. Eine Möglichkeit besteht darin, die Kernarbeitsnormen, analog zu der Umweltklausel in Artikel 20 des WTO-Vertrags, in bilateralen oder regionalen Handelsvereinbarungen festzuschreiben und mit den Handelspartnern deren Einhaltung bei der Produktion ihrer Exportgüter zu vereinbaren.

Die EU hat in dieser Beziehung eine Vorreiterrolle. So finden sich die europäischen Nachhaltigkeitsgrundsätze (*Trade and Sustainable Development chapters in EU Free Trade Agreements, TSD*) – u. a. die ILO-Kernarbeitsnormen und die Verpflichtungen im Rahmen des Pariser Klimaabkommens – in bilateralen und regionalen Handelsabkommen. Sozial- und Umweltdumping werden explizit untersagt. Bei Nichteinhaltung können Sanktionen verhängt werden und Streitfälle werden in speziellen Schlichtungsverfahren verhandelt (vgl. TSD 2018). Im September 2022 legte die EU einen weiteren Entwurf für eine Verordnung vor, nach der Waren, die durch *Zwangsarbeit* hergestellt wurden, nicht mehr importiert werden dürfen. Entsprechende Waren können dem Entwurf zur Folge auch vom EU-Markt genommen werden, sie dürfen in der EU weder verkauft noch exportiert werden (vgl. EU 2022). Allerdings handelt es sich hier um einen ersten Entwurf, eine Umsetzung ist demnächst noch nicht zu erwarten. Insgesamt ist der Komplex der *Sozialnormen*, verglichen mit Verstößen bei Umweltbedingungen, vor allem deswegen umstritten, weil die Motivation zur Verhängung von Sanktionen schwer zu durchschauen und zu kontrollieren ist und sich die Wirkungen solcher Sanktionen von protektionistischen Aktionen kaum unterscheiden.

Weitere Möglichkeiten könnten sich zunächst durch das (neue) deutsche *Lieferkettengesetz* ab 2023 ergeben, da dieses mehr Auflagen und neue Verantwortung für Unternehmen und Subunternehmen mit sich bringt (vgl. BMZ 2021). Wenn die von der EU-Kommission im Februar 2022 vorgelegte Richtlinie zum Schutz der Umwelt-, Klima- und Menschenrechte in nationales Recht umgesetzt sein wird, dürften einzelne nationale Vorgaben sogar noch schärfer ausfallen und auch noch mehr Unternehmen betroffen sein. In beiden Fällen werden die Unternehmen dazu verpflichtet, in ihren Lieferketten auf menschenwürdige Arbeitsplätze und die Einhaltung von Umweltstandards zu achten. Dafür müssen sie höhere Sorgfaltspflichten wahrnehmen und ihre Lieferanten besser überprüfen. Unter die EU-Richtlinie fallen nach Schätzungen der Europäischen Kommission rund 13.000 Unternehmen in der EU sowie weitere 4.000 Unternehmen aus Drittstaaten, die auf dem europäischen Binnenmarkt tätig sind (vgl. Abschn. 4.3 und EU 2021). Eine Zusammenfassung des Zusammenhangs zwischen Sozialstandards und globaler Wettbewerbspolitik findet sich in Abb. 9.6.

Ausgangssituation

- Nationale Sozialstandards beeinflussen die Produktionsbedingungen und -kosten und damit die internationalen Wettbewerbsbedingungen.

- Die Forderung nach globalen sozialen Mindeststandards ist daher ein wesentliches Element einer internationalen Wettbewerbsordnung, durch das zudem auch Sozialdumping erschwert würde.

Wichtige Aspekte

- Im Gegensatz zu Umweltstandards beeinflussen Sozialstandards „nur" die Lebensbedingungen der einheimischen Bevölkerung und werden daher häufig als innere Angelegenheit betrachtet.

- Da höhere Sozialstandards zu höheren Produktionskosten führen können, kann sich die Wettbewerbssituation des betreffenden Landes verschlechtern, so dass niedrige Sozialstandards im globalen Wettbewerb auch strategisch als Standortvorteil eingesetzt werden (können).

- Ziel muss es sein, niedrigere Sozialstandards auf Kosten der eigenen Bevölkerung nicht künstlich zu bewahren, um daraus Vorteile für den Außenhandel zu ziehen. Andererseits sollte die Einführung kostenrelevanter sozialer Mindeststandards an die nationalen Entwicklungs- und Produktivitätsfortschritte angepasst werden.

- Nicht alle Sozialstandards sind kostenwirksam, wie etwa das Recht auf Vereinigungsfreiheit oder ein Verbot der Diskriminierung am Arbeitsplatz.

- International zu vereinbarende soziale Mindeststandards sollten einen Kernbereich grundlegender sozialer Rechte mit ethischem Charakter (Menschenrechte) umfassen. Diese können als „Sozialklauseln" in Handelsvereinbarungen festgeschrieben werden und den Handelspartnern bestimmte Sozialbedingungen bei der Produktion von Exportgütern vorschreiben. Ihre Einhaltung könnte durch Handelssanktionen durchgesetzt werden.

- Allerdings ist der gesamte Komplex umstritten, da die Motivation zur Verhängung derartiger Sanktionen schwer zu durchschauen ist und sich deren Wirkungen von protektionistisch motivierten Sanktionen kaum unterscheiden lassen.

Erste Ansätze

- Zur Kennzeichnung von Waren, deren Produzenten sich an die Bestimmungen halten, wurden *Soziallabels* eingeführt.

- Einzelne Handelsunternehmen verlangen von ihren Lieferanten und Produzenten die Einhaltung von *Sozialstandards*.

- Neue Gesetze und Richtlinien (Deutsches *Lieferkettengesetz* und *EU-Richtlinie*) verpflichten Unternehmen in ihren Lieferketten auf die Einhaltung von Sozialnormen zu achten.

Weitere Möglichkeiten

- Es können positive Anreize eingesetzt werden, wie etwa die Verknüpfung eines (Handels-) *Präferenzstatus'* mit der Einhaltung von sozialen Mindeststandards.

- Eine andere Möglichkeit sind *Verbraucheraktionen* gegen Waren, die unter Verletzung bestimmter Sozialstandards gefertigt wurden.

Abb. 9.6 Zusammenfassung: Sozialstandards und internationale Wettbewerbspolitik

Literatur[6]

agrarheute (2011) *Hormonstreit: USA will Strafzölle gegen EU aufheben*, vom 31.05.2011 https://www.agrarheute.com/tier/rind/hormonstreit-usa-will-strafzoelle-gegen-eu-aufheben-473355

---

[6]Letzter Zugriff auf die im Literaturverzeichnis genannten Internetquellen und die Links jeweils 09/2022.

Berthold, N./Hilpert, J. (1996) *Umwelt- und Sozialklauseln: Gefahr für den Freihandel?* in: Wirtschaftsdienst Heft 11/1996, S. 596–604

BMF – Bundesministerium der Finanzen (2021) *Überblick über das BEPS-Projekt von OECD und G20,* 10.07.2021. https://www.bundesfinanzministerium.de/Content/DE/Standardartikel/Themen/Steuern/2017-06-07-beps-15-aktionspunkte.html.

BMWK – Bundesministerium für Wirtschaft und Klimaschutz (2022) Die WTO Abkommen. *https://www.bmwi.de/Redaktion/DE/Artikel/Aussenwirtschaft/wto-abkommen.html*

BMZ (2021) *Fragen und Antworten zum Lieferkettengesetz.* https://www.bmz.de/resource/blob/60000/84f32c49acea03b883e1223c66b3e227/lieferkettengesetz-fragen-und-antworten-data.pdf

EU (2021/2) *Wettbewerbspolitik.* https://www.europarl.europa.eu/factsheets/de/sheet/82/wettbewerbspolitik

EU (2021) Gerechte und nachhaltige Wirtschaft: Kommission legt Unternehmensregeln für Achtung der Menschenrechte und der Umwelt in globalen Wertschöpfungsketten fest. https://ec.europa.eu/commission/presscorner/detail/de/ip_22_1145

EU (2022) *Kommission verbannt in Zwangsarbeit hergestellte Produkte vom EU-Markt.* https://ec.europa.eu/commission/presscorner/detail/de/ip_22_5415

Feld, L. (1996) *Sozialstandards und die Welthandelsordnung*; in: Außenwirtschaft; 1/1996, S. 51–73

Hart, M. (1996) *Der nächste Schritt: Aushandlung von Regeln für eine globale Wirtschaft.* In OECD (Hrsg.), Neue Dimensionen des Marktzugangs im Zeichen der wirtschaftlichen Globalisierung, Paris, S. 269–295

Helm, C. (1997) *Neue Themen für die WTO in der Globalisierung*; in: Fricke, W. (Hrsg.) Jahrbuch Arbeit und Technik 1997: Globalisierung und institutionelle Reform; Bonn

Hoffmann, M. (2021) *Verhandlungen über ein WTO-Umweltgüterabkommen (EGA).* https://www.gtai.de/gtaide/trade/wto/zoll1/verhandlungen-ueber-ein-wto-umweltgueterabkommen-ega—560898.

IAO/ILO (2008) *Erklärung der IAO über soziale Gerechtigkeit für eine faire Globalisierung,* Genf. https://www.ilo.org/wcmsp5/groups/public/%2D%2D-europe/%2D%2D-ro-geneva/%2D%2D-iloberlin/documents/genericdocument/wcms_100192.pdf.

ILO & UNICEF (2021) *Child Labour: Global estimates 2020, trends and the road forward,* New York.

Klodt, H. (2003) *Wege zu einer globalen Wettbewerbsordnung.* Liberales Institut der Friedrich-Naumann-Stiftung (Hrsg.).

Koch, E. (2022) *Globalisierung: Wirtschaft und Politik. Chancen – Risiken – Antworten*; 3. vollständig überarbeitete Aufl., Wiesbaden

Müller, J. & Bauer, L. (2015) *Key Trends and Policy Implications In: Minimum as Maximum? Wage policies in the garment industries of select Asian countries.* Friedrich-Ebert-Stiftung, Regional Programme Asia. https://www.justjobsnetwork.org/wpcontent/pubs/reports/7.pdf

OECD (1998) *Die Welt im Jahr 2020. Aufbruch in ein globales Zeitalter.* Paris

Rat der EU (2019) *Rat billigt Verordnung über fairen Wettbewerb im Luftverkehr*, Pressemitteilung vom 9. April 2019. https://www.consilium.europa.eu/de/press/press-releases/2019/04/09/air-transport-fair-competition-law-signed-off-by-council/

Salingré, A. (2018) *Die soziale und arbeitsrechtliche Situation von Frauen in der Bekleidungsindustrie in Bangladesch, Äthiopien und Myanmar.* In Femnet 2018 https://saubere-kleidung.de/wpcontent/uploads/2018/07/2018-Analysepapier-Bangladesch-Aethiopien-Myanmar.pdf

Stückelberger, C. (1996) *Sozialklauseln im internationalen Handel. Wirtschaftsethische Kriterien;* in: Außenwirtschaft, 1/1996, S. 75–100

Thomson, G.A (1996) *Querverbindungen zwischen Handels- und Wettbewerbspolitik: Wie könnte ein künftiger Bezugsrahmen aussehen?* in: OECD: Neue Dimensionen des Marktzugangs im Zeichen der wirtschaftlichen Globalisierung; Paris, S. 171–181

TSD (Trade and Sustainable Development) (2018) https://trade.ec.europa.eu/doclib/docs/2018/february/tradoc_156618.pdf

Werner, K. (2015) *Der Tod in der Thunfischdose;* in: SZ vom 01.12.2015

Wins, H. (2000) *Eine internationale Wettbewerbsordnung als Ergänzung zum GATT*, Baden-Baden

Links

EUIPO: https://euipo.europa.eu/ohimportal/de/web/observatory/report-on-trade-in-fakes International Competition Network: www.internationalcompetitionnetwork.org/Komitee für Handel und Umwelt

Europäische Wettbewerbspolitik: https://www.europarl.europa.eu/factsheets/de/sheet/82/wettbewerbspolitik; www.internetworld.de/onlinemarketing/google/kartellverfahren-eu-verhaengt-rekordstrafe-google-1232033.html

EU – Google: www.internetworld.de/onlinemarketing/google/kartellverfahren-eu-verhaengt-rekordstrafe-google-1232033.html.

UN Global Compact: https://www.globalcompact.de/ueber-uns/united-nations-global-compact

GATS: www.wto.org/english/tratop_e/serv_e/serv_e.htm https://www.wto.org/english/tratop_e/envir_e/wrk_committee_e.htm

ILO: www.ilo.org

ILO-Kernarbeitsnormen, ILO-Normenkontrolle: https://www.ilo.org/berlin/arbeits-und standards/kernarbeitsnormen/lang%2D%2Dde/index.htm

OECD-Global Forum on Competition (GFC): www.oecd.org/competition/globalforum

Wettbewerb zwischen Luftverkehrsunternehmen: https://www.consilium.europa.eu/de/press/press-releases/2019/04/09/air-transport-fair-competition-law-signed-off-by-council/

WTO Committee for Trade and Environment: https://www.wto.org/english/tratop_e/envir_e/wrk_committee_e.htm

Die Entwicklungsländer im Welthandel

10

Alle Länder werden von den verschiedenen internationalen Organisationen in Entwicklungsländer (*developing countries*) oder in „entwickelte Länder" bzw. Industrieländer (*developed countries*) eingeteilt. Die Klassifizierung der Länder nach ihrem Entwicklungsstand dient der statistischen Vereinfachung und ist keine Bewertung des jeweiligen Entwicklungsstands. Zudem kann sich die Zuordnung auch ändern und wird von den verschiedenen Institutionen auch nicht einheitlich gehandhabt. Konkret heißt dies, dass ein Land, beispielsweise Singapur oder Südkorea, in einigen Länderlisten als Entwicklungsland in anderen als Industrieland geführt wird. Seit 2021 wird die Kategorisierung in den UN Statistiken (*United Nations Statistics Division, UNSD*) auch nicht mehr offiziell verwendet, sie kann aber weiterhin genutzt werden und dient in jedem Fall der vereinfachten Fortführung von Statistiken (vgl. Unctadstat).

Sehr häufig werden die Länder dieser Erde nach der Höhe des Bruttonationaleinkommens (BNP) pro Kopf umgerechnet in US$ (Pro-Kopf-Einkommen) eingeteilt. Diese Einteilung bevorzugt auch die Weltbank, vgl. hierzu Abb. 10.1. Tatsächlich ist das Pro-Kopf-Einkommen kein sehr geeigneter Indikator, u. a. wegen der Nichtberücksichtigung der Einkommensverteilung in den Ländern, wegen der Nichterfassung der informellen, nicht über die Märkte erzielten Einkommen und wegen der für die Umrechnung verwendeten z. T. unrealistischen Wechselkurse. In einigen Statistiken werden statt US$ daher auch sog. Kaufkraftparitäten verwendet, die ein etwas realistischeres Bild ergeben. Andererseits zeigen viele andere Einteilungskriterien, wie beispielsweise Materielle Lebensbedingungen, Human Development Index (HDI), Armut, Hunger, Lebenserwartung, zivilgesellschaftliche Freiheiten, Wirtschaftsstruktur etc. durchaus vergleichbare Ergebnisse. Klassifiziert man die Länder nach diesen Kriterien, weichen die Ergebnisse kaum

E. Koch, *Internationale Wirtschaftsbeziehungen I*,
https://doi.org/10.1007/978-3-658-40069-9_10

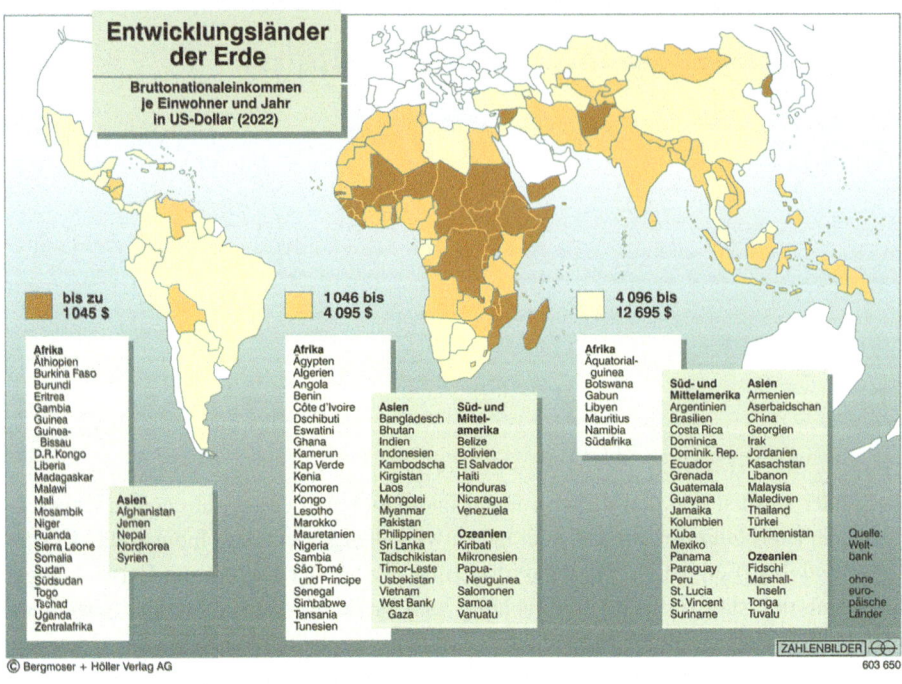

Abb. 10.1   Die Entwicklungsländer (Quelle: Weltbank)

von der Einteilung nach dem Pro-Kopf-Einkommen ab. Damit ist das BNP als Übersichtsgröße letztlich doch eine recht brauchbare Annäherung an die Realität.

Die Weltbank unterscheidet vier Ländergruppen, von denen die ersten drei üblicherweise als Entwicklungsländer bezeichnet werden (vgl. Abb. 10.1). Einige dieser Länder gelten - wiederum nach verschiedenen Kriterien - als Schwellenländer. Die vierte Gruppe, die High Income Countries, sind in Abb. 10.1 nicht speziell gekennzeichnet. Die für die Einteilung verwendeten statistischen Daten werden im Übrigen regelmäßig nach oben angepasst:

- Low Income Countries (LICs): Pro-Kopf-Einkommen bis zu 1.045 US$ pro Jahr (p.a.)
- Lower Middle-Income Countries (L/MICs): 1.046–4.095 US$ p.a.
- Upper Middle-Income Countries (U/MICs): 4.096–12.695 US$ p.a.
- High Income Countries: (HICs): über 12.695 US$ p.a.

Die nach verschiedenen Kriterien am wenigsten entwickelten und gleichzeitig ärmsten Länder werden unter der Bezeichnung *Least Developed Countries* (LDCs) zusammengefasst (vgl. hierzu Abschn. 10.3.1. und Abb. 10.8).

10.1   Strukturen und Entwicklungen

Das Konzept des freien Welthandels basiert auf der Annahme, dass sich hierdurch die weltweite Versorgung mit Gütern und Dienstleistungen verbessert. Es wird stillschweigend davon ausgegangen, dass von diesen Wohlfahrtsgewinnen alle beteiligten Nationen profitieren. Tatsächlich aber ist eine Aussage über die generelle Verteilung der Außenhandelsgewinne nicht möglich, da diese von der Art der gehandelten Güter und der sich u. a. hierauf gründenden wirtschaftlichen Macht beeinflusst wird. Das liberale Konzept des Freihandels setzt in der Praxis (nicht vorhandene) gleichberechtigte und gleichgewichtige Partner voraus, die Güter anbieten, die auf dem Weltmarkt auch eine vergleichbare Bedeutung besitzen. Wirtschaftsschwächere Länder können aber aufgrund ihrer Wirtschaftsstruktur, die in vielen Fällen noch historisch-koloniale Bezüge aufweist, die Bedingungen, unter denen der internationale Handels- und Kapitalverkehr stattfindet, nur im Ausnahmefall, zeitweise etwa im Bereich strategischer Rohstoffe, maßgeblich beeinflussen.

10.1.1 Exportanteile

Betrachtet man die letzten 70 Jahre hat sich der Anteil der Entwicklungsländer, und hierzu zählen nach wie vor u. a. die Tigerstaaten Ost- und Südostasiens und die Öl exportierenden Mitglieder der OPEC, nicht erhöht. Nach UNCTAD-Angaben schwankt er um die 25 %, lässt man die Entwicklung Chinas außer Betracht. Das bedeutet, dass trotz des wachsenden Anteils der Schwellenländer, die Gruppe der sog. entwickelten Länder plus China weiterhin für rund drei Viertel der Weltexporte verantwortlich sind, vgl. Abb. 10.2.

Der Blick auf die Gesamtheit der Entwicklungsländer ist allerdings nicht sehr aussagefähig. Der Begriff der Entwicklungsländer ist, wie oben erläutert, keineswegs unumstritten, ebenfalls die Zuordnung der Länder zu dieser Gruppe der *developing countries*. Trotzdem soll er hier als Kategorie verwendet werden, um bestimmte Entwicklungen und Unterschiede deutlicher hervorzuheben. Schlüsselt man die Daten auf, so zeigt sich, dass beispielsweise 2020 von den auf die Entwicklungsländer (ohne China) entfallenden 28 % allein 15 % (also mehr als die Hälfte) auf die asiatischen Länder entfallen. 10 % insgesamt (also zwei Drittel der asiatischen Entwicklungsländerexporte) entfallen dabei auf nur 5 Schwellenländer: Hongkong, Singapur, Taiwan, Südkorea und Malaysia. Für die übrigen asiatischen Länder (einschließlich Indien) bleiben nur rund 5 %. Damit ist die Bedeutung der meisten Entwicklungsländer für den Welthandel nach wie vor verschwindend gering. Der Welthandelsanteil der derzeit 46 *Least Developed Countries* (LDCs), liegt stabil bei unter 1 %, der Anteil Lateinamerikas (einschließlich Mexikos) lag 2020 bei 5,5 %, während der Anteil Afrikas sich von 1973 bis 2020 auf nur noch 2,2 % halbierte (vgl. WTO 2021). Zum Vergleich: Deutschlands Anteil an den Weltexporten lag mit 8,1 % 2020 höher als die Exporte Lateinamerikas und Afrikas zusammen. Der Anteil Afrikas an den deutschen Ex- und Importen lag im Übrigen auch nur bei ca. 2 %.

Abb. 10.2 Anteil der Entwicklungsländerexporte an den Weltexporten (in %) (Quelle: World Trade Statistical Review 2021, p. 56; Eigene Berechnungen)

10.1.2 Exportstrukturen

Etwa die Hälfte der gesamtwirtschaftlichen Produktion und knapp die Hälfte aller Exporte der meisten Entwicklungsländer entfallen auf den primären Sektor. Für die meisten Entwicklungsländer stellen unverarbeitete Rohstoffe immer noch die Hauptquelle für ihre Exporterlöse dar. Abb. 10.3 zeigt die Exportstrukturen für die Periode 1990 bis 2016 für drei ausgewählte Regionen: Afrika, Lateinamerika, einschließlich der Karibik, und den Nahen Osten (Westasien), wobei der blaue Bereich den jeweiligen prozentualen Anteil unverarbeiteter Rohstoffe darstellt. Die Abbildung zeigt zudem, dass sich in allen drei Regionen diese Relation während der Globalisierung, in diesem Fall seit Beginn der 1990er-Jahre, nicht entscheidend verändert hat: So bestanden beispielsweise Afrikas Exporte 1990 und auch 2016 zu etwa zwei Dritteln aus unverarbeiteten landwirtschaftlichen und mineralischen Rohstoffen.

Damit ist die Abhängigkeit von den sehr preissensiblen Rohstoffen nach wie vor hoch. Hinzu kommt, dass viele Entwicklungsländer von dem Export nur sehr weniger Rohstoffe abhängig sind. Folgt man der Übersicht in Abb. 10.4, so ist der Außenhandel von 33 Ländern von dem Export von nur drei Rohstoffen abhängig (Exportanteil über 50 %) und bei weiteren 41 Ländern hängen die Exporterlöse zu mindestens 20 % von ihren drei wichtigsten Rohstoffen ab.

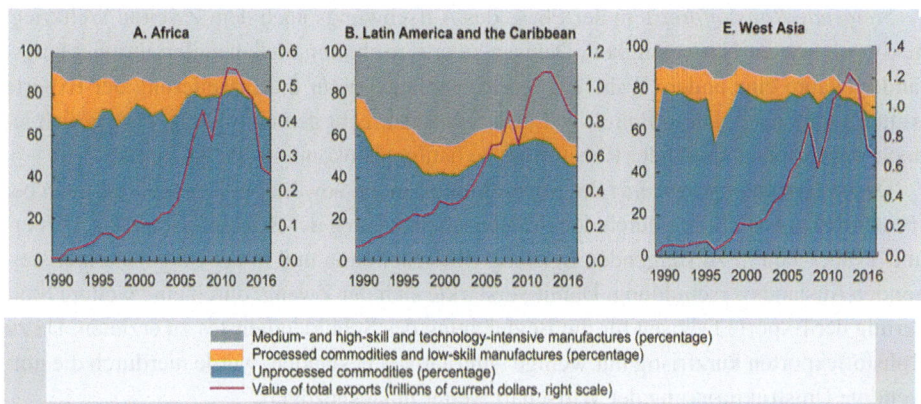

Abb. 10.3 Exportstrukturen von Entwicklungsländern 1990–2016 (%; Bio US$) (Quelle: UN-CTAD, Trade and Development Report 2018, p. 48)

Von diesem Rohstoff . . .		. . . hängen so viel % der gesamten Exporterlöse ab	
		20 bis 49 %	**50 % und mehr**
Roh-stoff-Export **Riskante Einseitig-keit**	Erdöl, Erdgas, Kohle	Bahrain, Bolivien, Ecuador, Ghana, Kamerun, Kolumbien, Myanmar, Nord-korea, Vereinigte Arabische Emirate	Äquatorialguinea, Algerien, Angola, Aserbaidschan, Brunei, Gabun, Irak, Iran, Jemen, Kasachstan, Katar, Kongo, Kuwait, Libyen, Nigeria, Oman, Saudi-Arabien, Sudan, Turkmenistan, Tschad, Venezuela
	Kupfer, Eisen, Aluminium	Armenien, Chile, Eritrea, Guinea, D.R. Kongo, Jamaika, Liberia, Maure-tanien, Mongolei, Mosambik, Peru, Ruanda, Sierra Leone, Tadschikistan	Sambia
	Gold	Burundi, Ghana, Guinea, Guyana, Kir-gistan, Surinam, Tansania, Usbekistan	Burkina Faso, Mali
	Edelsteine	Namibia	Botswana
	Kakao	Côte d'Ivoire	São Tomé
	Fisch	Kapverde, Mauretanien, Tonga, Vanuatu	Kiribati, Malediven, Palau, Seychellen
	Phosphat		Nauru
	Gewürze	Madagaskar	Komoren
	Früchte, Nüsse	Gambia	Guinea-Bissau
	Tabak	Malawi, Simbabwe	

Quelle: UNCTAD   (Exporterlöse in US-$, 2013-17)

ZAHLENBILDER

© Bergmoser + Höller Verlag AG   635110

Abb. 10.4 Rohstoffabhängigkeiten von Entwicklungsländern (Quelle: UNCTAD)

Der „traditionell" hohe Rohstoffanteil hatte zunächst u. a. folgende Ursachen:

Durch die *„koloniale Hypothek"*, die den früheren Kolonien eine Wirtschaftsstruktur oktroyiert hatte, die ausschließlich auf die Versorgung der Mutterländer mit Rohstoffen ausgerichtet war, wurden andere Entwicklungsalternativen zumindest in der Anfangs-phase der Unabhängigkeit zunächst verhindert und später sehr erschwert.

Steigende Rohstoffpreise in der Phase des Aufschwungs nach dem Zweiten Weltkrieg, gekoppelt mit der Notwendigkeit, Devisen zu erwirtschaften, ließen vielen Entwicklungsländern kaum eine andere Wahl, als den Rohstoffsektor für die Erweiterung der Exporte weiter auszubauen. Diese Politik war zwar zunächst recht gewinnträchtig, erwies sich jedoch wegen später sinkender Rohstoffpreise häufig als ökonomische Sackgasse.

Der *steigende Importbedarf* der Entwicklungsländer, sowohl bei Konsum- als auch bei Investitionsgütern, führte durch den dramatischen Anstieg der Rohölpreise in den 1970er- und 1980er-Jahren zu steigenden Leistungsbilanzdefiziten und in der Folge zu einer steigenden Auslandsverschuldung. Damit verstärkte sich der Zwang, durch eine weitere Steigerung der Exporte Devisen für die Begleichung des Schuldendienstes zu erzielen. Da zu Rohstoffexporten kurzfristig nur wenige Alternativen bestanden, wurde hierdurch die notwendige Umstrukturierung der Wirtschaft weiter hinausgezögert.

10.1.3 Preisentwicklung von Rohstoffen

Agrarische und mineralische Rohstoffe *(commodities)* werden im Allgemeinen zentral an *Rohstoffbörsen* gehandelt. Dies ist deshalb möglich, weil es sich hier um weitgehend homogene Produkte handelt, für die gleichzeitig auf Produzenten- und Abnehmerseite ein besonderes Bedürfnis nach Planungs- und Kalkulationssicherheit besteht: Einerseits sind viele Rohstoffe von saisonalen Einflüssen abhängig, so dass Produzenten sich gegen Preissenkungen infolge von Überproduktionen absichern wollen. Andererseits sind Händler und Verarbeiter auf eine regelmäßige Versorgung zu kalkulierbaren Preisen angewiesen, so dass diese sich insbesondere gegen Preiserhöhungen infolge von Knappheiten absichern möchten: Der Käufer erhält damit also das Recht auf die Lieferung einer Ware in der Zukunft zu einem aktuell festgelegten Preis, während der Verkäufer mit dem festgelegten Preis bei Lieferung der Ware rechnen kann. Diese Absicherung gegen Risiken und Preisschwankungen wird als *hediging* bezeichnet

London ist neben Chicago und New York ein wichtiges Zentrum des Rohstoffhandels. Hier befinden sich u. a. die größte Metallbörse der Welt, die *London Metal Exchange* (LME), an der die sechs wichtigsten Nichteisenmetalle (NE-Metalle) Kupfer, Aluminium, Zink, Zinn, Blei und Nickel gehandelt werden, die *Intercontinental Exchange (ICE)* und die ICE *Futures Europe* für fossile Rohstoffe, wie Erdöl oder Erdgas, sowie für „nachwachsende Rohstoffe" *(soft commodities)*, wie Kaffee, Kakao oder Zucker. Alle Warenbörsen sind heute Terminbörsen, an denen Terminkontrakte gehandelt werden.[1]

---

[1] Vgl. zur LME: https://www.lme.com/; zur ICE: https://www.theice.com/index; zur ICE Futures: https://www.theice.com/futures-europe. Die ICE, die früher als *International Petroleum Exchange of London* (IPE) firmierte, und die frühere *London International Financial Futures und Options Exchange* (LIFFE), eine in London ansässige Terminbörse, wurde nach mehreren Übernahmen 2014 Teil von ICE und später in *ICE Futures Europe* umbenannt.

Unternehmen können sich – mithilfe von Banken – über Termingeschäfte, i. d. R. *Forwards* oder *Futures* absichern (unbedingte Termingeschäfte). Dabei verpflichten sich zwei Vertragsparteien, einen bestimmten Basiswert zu einem vordefinierten Preis zu einem festgelegten Termin zu kaufen oder zu liefern. Während Futures an Terminbörsen gehandelt werden, werden Forwards außerbörslich abgewickelt. Futures sind somit standardisierte Termingeschäfte, bei denen Liefermenge und Qualität sowie Lieferdatum, Erfüllungsort und Preis festgelegt sind. Die Lieferung selbst und die Bezahlung erfolgen dann zu dem bestimmten späteren Zeitpunkt. *Warentermingeschäfte*, also Termingeschäfte mit Waren, werden neben den erwähnten Sicherheitsgründen auch aus spekulativen Gründen getätigt.

Warentermingeschäfte

Früher kauften Händler Schiffsladungen von Metallen oder Zucker lange bevor diese den Hafen erreichten. Der Schiffstransport von Kupfer aus Chile nach London dauerte drei Monate, daher wurde auch die Kontraktlaufzeit der 1877 gegründeten die *London Metal Exchange* zunächst auf drei Monate festgelegt. Da eine wichtige Voraussetzung für den reibungslosen Ablauf eines Termingeschäfts die Standardisierung der Ware ist, wurden bereits 1883 an der LME die ersten standardisierten Kontrakte eingeführt.

Ein einfaches Beispiel für ein spekulatives Warentermingeschäft: Käufer A kauft heute 100 Tonnen Kakao zur Auslieferung in drei Monaten zum festgelegten Preis von 2.000 US$ pro Tonne. Sollte der Marktpreis in dieser Zeit über den vereinbarten Preis steigen, ergibt sich für ihn ein Spekulationsgewinn, wenn er die Ware zu dem höheren Preis verkaufen kann. Fällt der Marktpreis dagegen unter 2.000 US$, erleidet er einen Verlust, falls er den Kakao nur zu einem niedrigeren Preis verkaufen kann.

Die **Preisentwicklung** für Rohstoffe wird durch Angebot und Nachfrage auf den Weltrohstoffmärkten bestimmt. Die internationale Nachfrage nach Rohstoffen durch die Hauptabnehmer, die Industrieländer, schwankt in Abhängigkeit von der Konjunktur. Zudem wird sie auch von alternativen Möglichkeiten wie Einsparungen, Substitution und Recyclingmaßnahmen beeinflusst. Substitute etwa haben den Vorteil höherer Versorgungssicherheit und vergleichsweise stabiler Preise. So verlor Naturkautschuk in den 1950er-Jahren durch die Entwicklung von synthetisch hergestelltem Gummi seine strategische Bedeutung, während in den 1990er-Jahren Kupfer als Leitermaterial im Kommunikationsbereich durch Glasfaserkabel verdrängt wurde

Wirtschaftskrisen, die wiederum häufig durch politische Krisen hervorgerufen werden, können extreme Schwankungen auslösen. 2022 erlebten beispielsweise die Märkte für Energierohstoffe, aber auch für seltene Erden, die im Übrigen nicht an Rohstoffbörsen gehandelt werden, erhebliche Preissteigerungen und Preisschwankungen. Hierzu tragen auch die großen Rohstoffhandelsunternehmen bei, die durch Spekulationen die Rohstoffpreise maßgeblich beeinflussen können. So schwankte beispielsweise der Preis für Nickel an der LME in der ersten Jahreshälfte 2022 zwischen 20.000 und 50.000 US$ pro Tonne und stieg kurzfristig sogar auf 100.00 US$ und auch Weizenkontrakte schwankten - wegen des russischen Angriffskriegs auf die Ukraine - im gleichen Zeitraum an der Pariser Terminbörse zwischen 260 und 430 Euro pro Tonne und verteuerten sich zeitweise innerhalb weniger Tage um 50 %.[2]

---

[2] Vgl. Bartz/Hesse 2022 sowie https://de.statista.com.

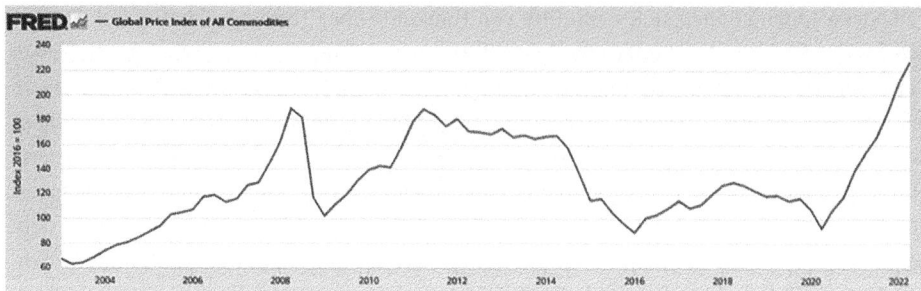

Abb. 10.5 Entwicklung der realen Rohstoffpreise (Quelle: IWF, Global Price Index of All Commodities (International Monetary Fund, Global Price Index of All Commodities [PALLFNFINDEXQ], retrieved from FRED, Federal Reserve Bank of St. Louis; https://fred.stlouisfed.org/series/PALLFNFINDEXQ, September 16, 2022))

Rohstoffpreisentwicklungen werden mit Hilfe von *Rohstoffpreisindizes* gemessen, durch die die Preisschwankungen der einzelnen Rohstoffe aber auch stark geglättet werden. Es werden verschiedene Indizes verwendet, die sich vor allem hinsichtlich der Zusammensetzung, der Gewichtung der einzelnen Rohstoffe und der Währungsbasis unterscheiden, Beispiele sind der *Global Price Index of All Commodities* des IWF, der *HWWI-Rohstoffpreisindex* des Hamburgischen Weltwirtschaftsinstituts (HWWI), der Rohstoffpreisänderungen der 31 wichtigsten international gehandelten Rohstoffe misst und der *CRB-Index* des US-amerikanischen Commodity Research Bureaus, der die Entwicklung von 19 verschiedenen an Warenterminbörsen gehandelten Futures zusammenfasst. Abb. 10.5 zeigt die Rohstoffpreisschwankungen an Hand des *All Commodity Index* in den letzten 20 Jahren. Besonders markant ist hier die durchschnittliche Verdreifachung der Rohstoffpreise innerhalb von zwei Jahren, zwischen 2020, dem Beginn der Corona-Pandemie, und 2022, dem Beginn des Russland - Ukraine Krieges.

Beispiele

- Die Auswirkungen der stark schwankenden Rohstoffpreise lassen sich an Beispielen verdeutlichen: Das Hauptexportgut der Elfenbeinküste ist Kakao. Während im Januar 2020 eine Tonne Rohkakao noch 2.700 US$ kostete fiel der Preis im Juli 2020 auf etwa 2.100 US$, damit sanken die Exporterlöse um fast 25 %.
- Gegenläufig verlief die Preisentwicklung bei Baumwolle. Hier stieg der Kilopreis innerhalb von drei Jahren (Juni 2019 bis Juni 2022) von 1,70 US$ auf 3,40 US$. Damit verdoppelten sich anteilsmäßig – theoretisch – die Exporteinnahmen der Baumwolle exportierenden Ländern, wie Pakistan oder Usbekistan, aber auch der USA. ◄

Im Marktmodell führen Preissenkungen zu höherer Nachfrage, für Rohstoffe gilt dies im Allgemeinen jedoch nicht. Die Nachfrage der Industrieländer nach Rohstoffen weist eine relativ *geringe Preis- und Einkommenselastizität* auf. Dies bedeutet, dass Preissenkungen von

Rohstoffen oder Einkommenserhöhungen in den Industrieländern zu keiner oder nur einer unterproportionalen Nachfrageausweitung nach Rohstoffen führen. Weiten die Rohstoffproduzenten ihr Angebot aus, so entsteht schnell ein Überangebot mit der Gefahr von Preiseinbrüchen. Für Fertigwaren aus Industrieländern ist die Situation wegen der Attraktivität und der Heterogenität des Güterangebots und der Märkte dagegen umgekehrt. Preis- und Mengeneffekte auf dem Weltmarkt wirken sich daher einseitig zu Lasten der Entwicklungsländer aus. Die durch die Preisschwankungen der Hauptexportgüter hervorgerufenen Schwankungen der Exporterlöse erschweren langfristige Planungen in den betroffenen Ländern. Sie beeinflussen ebenfalls die Importfähigkeit und die Höhe der Staatseinnahmen und damit auch die Bereitstellung von staatlichen Leistungen. Notwendige Strukturwandelprozesse und die Beseitigung *struktureller Heterogenität* in den Ländern werden dadurch erschwert. Strukturelle Heterogenität zeigt sich in dem Nebeneinander von wohlhabenden Entwicklungsinseln und extremer Armut, ohne dass wünschenswerte *trickle-down*-Effekte, also Entwicklungseffekte für die benachteiligten Sektoren, in größerem Umfang erkennbar wären.

Zudem verstärkt der besondere Charakter der *Agrarrohstoffe*, wie deren lange Ausreifezeiten, ihre Abhängigkeit von Witterungseinflüssen oder möglicher Schädlingsbefall die Preisschwankungen. So beträgt beispielsweise bei Kaffee die Zeitspanne zwischen Anpflanzung und erster Ernte im Allgemeinen vier bis sieben Jahre, während der maximale Ertrag erst nach zehn bis zwölf Jahren anfällt; auch Tee, Kakao oder Kautschuk können erst nach mehreren Jahren geerntet werden. Die Förderung *mineralischer Rohstoffe* setzt meist hohe Investitionen voraus, so dass die Produktion nicht flexibel den Nachfrageänderungen angepasst werden kann. Durch Produktionssenkungen, mit dem Ziel Preise zu stabilisieren, würden aufgrund der hohen Zinsbelastung der kapitalintensiven Rohstoffförderung schnell Verluste akkumuliert werden. Der hohe Anteil spekulativer Transaktionen verstärkt die Preisschwankungen, deren Auswirkungen negativer zu bewerten sind als ein gleichmäßiger Preisverfall. Während im letzten Fall Strukturreformen für die betreffenden Erzeugerländer zwingend wären, nähren die den Preisschwankungen inhärenten Aufwärtsbewegungen die Hoffnung, Strukturveränderungen vermeiden oder zumindest hinausschieben zu können.

Angesichts dieser unkalkulierbaren Preisentwicklungen versuchten Rohstoffanbieter in der Vergangenheit mehrfach durch die Bildung von *Rohstoffkartellen* Angebotsverknappungen und damit Preiserhöhungen durchzusetzen. Dies gelang allerdings nur in wenigen Fällen. Eine bekannte Ausnahme ist die OPEC (*Organization of Petrol Exporting Countries*), die drastische Anstiege des Ölpreises in den 1970er- und 1980er-Jahren durchsetzen konnte. Die Anzahl der Anbieter, das Rohstoffangebot insgesamt und damit der Wettbewerb auf den Weltrohstoffmärkten nehmen tendenziell zu. Nach wie vor sehen viele Länder in der steigenden Produktion von Rohstoffen die wichtigste Möglichkeit, Devisenerlöse zu erzielen, die für die Bedienung der Auslandschulden und zur Bezahlung der Importe benötigt werden. Hinzu kommt, dass ihnen diese Möglichkeit auch von internationalen Organisationen, wie IWF und Weltbank, lange Zeit empfohlen wurde. Nur wenige Entwicklungsländer waren bislang in der Lage, trotz zum Teil chronischer Kapitalknappheit oder fehlender wirtschaftspolitischer Konzepte, zukunftsfähige Alternativen zu entwickeln oder zumindest die Rohstofferzeugung und -verarbeitung durch verbesserte Fördermaßnahmen und Verkehrsinfrastruktur effizienter zu gestalten.

10.1.4 Die UNCTAD

Mit der Beendigung der Kolonialperiode nahm die weltpolitische Bedeutung der Entwicklungsländer zu, ohne dass sie über eine Institution verfügten, mit deren Unterstützung sie ihre welthandelspolitischen Interessen artikulieren konnten. Die 1961 von den Staatschefs der *Bewegung der Blockfreien* artikulierte Forderung nach der Einberufung einer internationalen Wirtschaftskonferenz über die Wirtschaftsprobleme des Südens wurde von der UN-Generalversammlung 1962 aufgenommen und der Beschluss umgesetzt, unter der Schirmherrschaft der UN eine *Konferenz für Handel und Entwicklung*, die **United Nations Conference on Trade and Development** (*UNCTAD*), einzuberufen. Die UNCTAD wurde als UN-Sonderorganisation 1964 gegründet. Sie untersteht direkt dem UN-Generalsekretariat und hat heute 195 Mitglieder. Sitz des ständigen Sekretariats ist Genf. Die 77 Länder, die 1964 die Forderung nach der Gründung der UNCTAD unterstützten, bilden seit 1967 die *Gruppe der 77* (heute 134 Länder), die als Interessengruppe der Entwicklungsländer ihre wirtschaftlich-politischen Interessen und Forderungen gegenüber den Industrieländern koordiniert.

Hauptanliegen der UNCTAD ist die Förderung des internationalen Handels und die bessere Integration der Entwicklungsländer in den Welthandel. Die UNCTAD fungiert dabei als Forum für multilaterale Verhandlungen auf Regierungsebene, als Forschungseinrichtung mit einem Fokus auf entwicklungsspezifische Fragestellungen sowie als Unterstützer für spezielle Anliegen der Entwicklungsländer. Alle vier Jahre finden *UNCTAD-Welthandelskonferenzen* statt, während die sonstigen Aktivitäten der UNCTAD von einem halbjährlich tagenden *Rat für Handel und Entwicklung* koordiniert werden.

Auf den Konferenzen werden Nord-Süd-Probleme thematisiert und Empfehlungen ausgesprochen. In die erste Periode von 1960 bis 1980 fielen Vorschläge zur Einführung eines Zollpräferenzsystems für Entwicklungsländer (*Generalized System of Preferences, GSP*) sowie verschiedener Abkommen zur Stabilisierung der Rohstoffpreise auf den Weltmärkten (vgl. Abschn. 10.2.1). Die 1980er-Jahre waren durch einen Umbruch in der Weltwirtschaft gekennzeichnet. Ökonomische Schocks, wie die *Ölpreiskrisen* und die *Schuldenkrise der Dritten Welt*, führten zu einem Umdenken: Freier Handel, Privatisierung und die Betonung des Marktes als dem zentralen Steuerungsinstrument für die Wirtschaft sowie die zunehmenden wirtschaftlichen Erfolge der südostasiatischen Schwellenländer, insbesondere die vier *„kleinen Tiger"* (vgl. Abschn. 10.2.2) führten zu einer Verringerung der Nord-Süd-Konfrontation und unterminierten damit auch Legitimation und Rolle der UNCTAD. Seit Ende der 1990er-Jahre konzentriert sich die UNCTAD daher auch stärker auf Fragen der *Globalisierung* und der Liberalisierung des internationalen Handels mit einem besonderen Fokus auf der Bedeutung von Rohstoffen im Welthandel. Hinzu kommen Fragen der internationalen Investitionen (*Direktinvestitionen*, FDI). Allerdings hat die UNCTAD ihre frühere Bedeutung in der internationalen entwicklungspolitischen Diskussion heute weitgehend verloren. Zwar sind ihre Publikationen nach wie vor relevant, kritisiert wird jedoch, dass sie trotz oder gerade wegen ihrer Beschäftigung mit sehr unterschiedlichen Themenbereichen den klaren Fokus auf entwicklungspolitische Probleme und Lösungsansätze verloren hat (vgl. Becker 2022). Abb. 10.6 fasst die wichtigsten Ergebnisse der insgesamt 15 UNCTAD-Konferenzen zusammen.

Welthandels-konferenz	Ergebnisse
UNCTAD I Genf (Schweiz) 1964	Verabschiedung des UNCTAD-Programms; Gründung der Gruppe der 77 (G77); Diskussion über die Entwicklung der Terms of Trade; Impulse für das GATT zur Einführung von Sonderbestimmungen für Entwicklungsländer (EL); Aufforderung an die Industrieländer (IL) 0,7 % ihres Bruttonationalprodukts (BNP) für öffentliche Entwicklungshilfe (ODA) bereitzustellen.
UNCTAD II New Delhi (Indien) 1968	Beschluss über die Einführung eines Systems von Zollpräferenzen (GPS) für Fertigwarenexporte der EL, die OECD wird aufgefordert mit entsprechenden vorbereitenden Arbeiten zu beginnen.
UNCTAD III Santiago de Chile (Chile) 1972	Diskussion über Wechselbeziehungen zwischen handels-, währungs-, entwicklungspolitischen und Finanzierungsfragen; Bildung der Gruppe der 24 (G 24), zur besseren Vertretung der Interessen der EL beim IWF; Diskussion der Elemente einer Neuen Weltwirtschaftsordnung (NWWO), die 1974 auf einer Sondergeneralversammlung der UN proklamiert wurde.
UNCTAD IV Nairobi (Kenia) 1976	Diskussion der weltwirtschaftlichen Folgen der Ölpreissteigerungen (Währungsinstabilität, weltweite Rezession, steigende Zahlungsbilanzprobleme der EL); Verabschiedung eines Integrierten Rohstoffprogramms zur Neuordnung der internationalen Rohstoffmärkte. Auf einen Gemeinsamen Fonds zur Stabilisierung der Exporterlöse der EL konnte man sich erst 1980 einigen.
UNCTAD V Manila (Philippinen) 1979	Diskussion des zunehmenden Protektionismus; Einigung auf den Abbau von NTHs; Vorarbeiten für ein Sofortprogramm für die ärmsten Länder (LDCs), das auf einer UN-Sonderkonferenz 1981 verabschiedet wurde.
UNCTAD VI Belgrad (Jugoslawien) 1983	Die Konferenz fand während einer weltwirtschaftlichen Rezession statt, die IL waren daher nicht zu Zugeständnissen bereit; Diskussion der Auslandsverschuldung der EL.
UNCTAD VII Genf (Schweiz) 1987	Strategieerklärungen zur Auslandsverschuldung der EL und zu einer multilateralen Rohstoff- und Handelspolitik; Verschiebung der Protektionismusdebatte auf die Uruguay-Runde; Hervorhebung der Bedeutung des Privatsektors für die Entwicklung.
UNCTAD VIII Cartagena (Kolumbien) 1992	Auflösen der starren Gruppenstrukturen nach Beendigung des Ost-West-Konflikts; Betonung der Bedeutung einer marktwirtschaftlichen Orientierung und einer guten Regierungsführung (good governance); Verbesserung der Arbeitsweise der UNCTAD.
UNCTAD IX Midrand (Südafrika) 1996	Konzentration auf die Verknüpfung der EL-Interessen mit den Ergebnissen der Uruguay-Runde, insbesondere auf Fragen der Direktinvestitionen (FDI), der Wettbewerbsfähigkeit, der Förderung der Privatwirtschaft, der Umweltorientierung, des Freihandels und der nachhaltigen Entwicklung
UNCTAD X Bangkok (Thailand) 2000	Auswirkungen der Globalisierung und Identifizierung der wichtigsten Herausforderungen für die EL (u.a. Integration aller Länder, Verbesserung des Exportangebots, Schuldenproblematik, soziale Entwicklung, Sichere Finanzmarkttransaktionen, institutionelle Reformen, Armutsreduzierung, Wissensmanagement); Erstellung eines Aktionsplans.
UNCTAD XI Sao Paulo (Brasilien) 2004	Diskussion von nationalen Entwicklungsstrategien in der Globalisierung; Erhöhung von Produktivität und Wettbewerbsfähigkeit; Vorteile des internationalen Handelssystems; Entwicklungspartnerschaften; Identifizierung von speziellen Problemen und Formulierung von nationalen und internationalen Lösungsansätzen und möglicher UNCTAD Beiträge.
UNCTAD XII Accra (Ghana) 2008	UNCTAD wird sich künftig neben der Förderung von Handel und Investitionen für Entwicklung auch mit Fragen des Klimawandels, der Migration sowie wieder verstärkt mit Rohstofffragen befassen.
UNCTAD XIII Doha (Katar) 2012	UNCTAD bleibt die Organisation für die integrierte Bearbeitung von Handel und Entwicklung sowie der damit zusammenhängenden Fragen in den Bereichen Finanzen, Technologie, Investitionen und nachhaltiger Entwicklung mit einem Schwerpunkt auf die LDCs und fördert die Süd-Süd-Zusammenarbeit. Es wird gefordert, dass das internationale Finanzsystem inklusives und gerechtes Wirtschaftswachstum und nachhaltige Entwicklung unterstützen soll.
UNCTAD XIV Nairobi (Kenia) 2016	Es sollen Möglichkeiten zur Stimulierung wirtschaftlicher Diversifizierung, zur Senkung der Handelskosten, zur Förderung der Wertschöpfung für Waren und Dienstleistungen und zu den Auswirkungen auf die Entwicklung gefunden werden, zudem ein besseres Verständnis für entwicklungsfördernde Investitionspolitiken und internationale Investitionsabkommen.
UNCTAD XV Genf/Barbados 2021	Es wurde vereinbart eine inklusive, widerstandsfähige Erholung in den EL, die derzeit mit einem ungleichen Zugang zu Covid-19-Impfstoffen, einer Schuldenkrise, dem Klimanotstand und anderen Herausforderungen zu kämpfen haben, zu fördern

Abb. 10.6   UNCTAD-Konferenzen

10.2   Alternative Entwicklungsstrategien

Entwicklungsländer verschulden sich i. d. R. in Fremdwährungen, etwa in US$, Euro oder Yuan, auf den internationalen kapitalmärkten und verfügen häufig nur über geringe Währungsreserven. Die für die Rückzahlung benötigten Devisen stammen i. d. R. aus Exporteinnahmen.. Die Preise für die exportierten Rohstoffe fluktuieren - wie erwähnt - wiederum in Abhängigkeit von der Angebots-/Nachfragesituation auf den Weltmärkten. Da die eigenen Währungen zudem häufig von Abwertungen bedroht sind oder der Wechselkurs gegenüber den wichtigen Welthandelswährungen schwankt, führte dies häufig zu Rückzahlungsproblemen.

10.2.1 Rohstofforientierung und Verschuldung

Tatsächlich ist die maßgeblich hierdurch verursachte hohe Schuldenquote schon seit den 1980er-Jahren ein Dauerproblem, mit dem viele Entwicklungsländer aus unterschiedlichen Gründen immer wieder konfrontiert werden. 2020 verschärfte sich im Kontext der Corona-Pandemie die Verschuldungssituation weiter, weltweit waren mindestens 148 Entwicklungsländer (einschl. China) im Durchschnitt mit 123 % ihrer jährlichen Exporteinnahmen im Ausland verschuldet. Besonders stark stieg die Verschuldung im Verhältnis zu den Exporteinnahmen im Gegensatz zum Vorjahr in Nordafrika/Nahost (von 116 auf 184 %) und Subsahara-Afrika (von 156 auf 205 %). Setzt man den Schuldendienst, also die vertraglich zu leistenden Zins- und Tilgungszahlungen, dieser Länder ins Verhältnis zu ihren Exporteinnahmen, so lag dieser Wert bei 51 Ländern über 20 % und bei 24 dieser Länder bereits bei über 30 %, einer Schwelle, die als sehr kritisch eingestuft wird. Als Folge dieser Entwicklung wurden 2021 bereits in 83 Ländern staatliche Dienstleistungen reduziert oder eingestellt, meist um den Schuldendienst weiter leisten zu können (vgl. Rehbein 2022). Eine Wiederholung der Schuldenkrise der 1970er- und 1980er-Jahre, als mehrere Schwellenländer ihren Schuldendienst einstellen mussten und ihre Schulden nicht zurückzahlen konnten, kann zumindest nicht ausgeschlossen werden.

Rohstoffabhängige Entwicklungsländer haben durch den Zwang durch Exporte Devisen erwirtschaften zu müssen, daher nur beschränkte Möglichkeiten umfassende Strukturwandelprozesse umzusetzen. Damit verschärft sich der *Know-how gap* gegenüber den Fertigwaren produzierenden Ländern, so dass sich eine Tendenz zur *„Zementierung asymmetrischer Produktionsstrukturen"* zwischen etablierten Fertigwaren- und Dienstleistungsproduzenten auf der einen und Rohstoffproduzenten auf der anderen Seite ergibt. Ohne eine realistische Aussicht auf eine Verringerung dieser außenwirtschaftlichen Zwänge und Abhängigkeiten verstärken sich aber auch die Gefahren innenpolitischer Instabilität und des Ausbruchs von Bürgerkriegen in einzelnen Ländern und damit die Gefährdung von eventuellen Entwicklungserfolgen. Beispiele finden sich überall in Afrika, in West- und Südasien und in einzelnen Ländern Lateinamerikas. Zur Überwindung dieser Nachteile wurden daher lange Zeit Varianten zweier konträrer **Entwicklungsstrategien** diskutiert.

Von den *Dependenztheoretikern* wurde die Auffassung vertreten, strukturelle Abhängigkeiten ließen sich innerhalb des bestehenden Weltwirtschaftssystems nicht beseitigen.

Da mit einer raschen Änderung des Systems nicht zu rechnen sei, bestünde der Ausweg für die betroffenen Länder darin, sich für einen begrenzten Zeitraum von diesem System *abzukoppeln* und sich auf eine Strategie der *Importsubstitution* und damit einen *„autozentrierten" Entwicklungsweg* zu konzentrieren. Abgesehen davon, dass eine vollständige Umsetzung dieser Empfehlung angesichts der weltwirtschaftlichen Verflechtung heute für kein Land mehr möglich ist, ist sie auch angesichts der begrenzten Ressourcen der meisten Länder nicht praktikabel. Andererseits kann eine begrenzte Importsubstitution zur Vermeidung zu großer Abhängigkeiten von ausländischen Exporteuren, zur Einsparung von Devisen und zum strategischen Aufbau von Versorgungs- und Exportkapazitäten im Inland ein strategisch sinnvoller Entwicklungsbeitrag sein.

Beispiel

So steigen angesichts global steigender Nahrungsmittel- und Energiepreise in mehreren Ländern Afrikas derzeit die Investitionen in die Lebensmittelproduktion. Dies bezieht sich beispielsweise auf direkte Investitionen in den Agrarsektor, in die Stärkung regionaler Wertschöpfungsketten für die Nahrungsmittelproduktion, in die Getränkeproduktion oder auf Ansätze Energie aus Zuckerrohr zu gewinnen.[3] ◄

Die Gegenposition nahmen Vertreter jener Auffassung ein, die in einer konsequenten *Nachahmungsstrategie* und Exportorientierung und damit in einer Strategie der Integration in den Weltmarkt den Schlüssel für eine erfolgreiche Überwindung der Außenhandelsnachteile sieht. Grundsätzlich – und dies zeigen auch empirische Untersuchungen zu dieser Thematik – ist dieser Weg für die meisten Länder zumindest langfristig der erfolgversprechendere. Die Öffnung der Grenzen führt zu steigender Transparenz, die zu einer aktiven Auseinandersetzung mit den Herausforderungen der Globalisierung zwingt. Und sie führt zu Strukturwandelprozessen als Folge des steigenden Wettbewerbsdrucks und des Zwangs, sich diesem Wettbewerb stellen zu müssen. Allerdings müssen die Länder offen für den konstruktiven Umgang mit diesen Herausforderungen sein: Die Regierungen müssen entwicklungsorientiert sein oder Entwicklungsprozesse zumindest tolerieren und willens sein, die Rahmenbedingungen für einheimische und fremde Investoren ernsthaft zu verbessern – und sie müssen sich auf den evtl. langen Weg zu *good governance* gemacht haben.[4]

Ein Kompromiss, der aber angesichts der Globalisierung heute kaum noch funktionieren wird, könnte darin bestehen, die Binnenentwicklung durch einen temporären und selektiven Außenschutz einzelner geförderter und Erfolg versprechender Wirtschaftszweige (selektiver Protektionismus) voranzutreiben. Dabei müsste darauf geachtet werden, dass der Schutz degressiv gestaltet und zeitlich begrenzt ist, um die nationalen Märkte nicht auf Dauer den effizienz- und innovationssteigernden Effekten des internationalen Wettbewerbs zu entziehen. Dieses Konzept eines *Erziehungszolls* wurde schon im 18. Jahrhundert entwickelt und ist verknüpft mit dem Namen des deutschen Ökonomen *Friedrich List* (vgl. Abschn. 6.2.1.1). Andererseits setzt gerade dieser Weg eine entwicklungs-

---

[3] Viele aktuelle Beispiele finden sich in GTAI 2022.

[4] Dieser Thematik widmete die Weltbank einen eigenen Weltentwicklungsbericht (WEB) mit dem Titel „Ein besseres Investitionsklima für Jeden" (vgl. Weltbank, WEB 2005).

orientierte, an mittel- bis langfristigen Zielen orientierte, rationale Entwicklungspolitik der betreffenden Länder voraus, für die es bisher nur wenige Beispiele gibt. Gleichzeitig erfordert sie den konsequenten Abbau von in Teilbereichen noch vorhandenen protektionistischen Vorstellungen auf Seiten der Industrieländer. Diese müssten ihre Märkte dann noch konsequenter für die Produkte der Entwicklungsländer öffnen.

Im Kern muss jede Entwicklungsstrategie auf den vorhandenen **Standortfaktoren** aufbauen, diese laufend verbessern und strategisch weiterentwickeln. Die Potenziale bestehen in der Qualität und Quantität der vorhandenen Produktionsfaktoren, wie natürliche Gegebenheiten, möglichst gut ausgebildete Arbeitskräfte und entsprechendes Sachkapital. Das für Investitionen benötigte Kapital kann sowohl durch das Inland, etwa durch eine verbesserte Finanzinfrastruktur sowie durch ein gut ausgebautes System von Sparanreizen, als auch durch das Ausland, bevorzugt durch Direktinvestitionen privater Investoren, bereitgestellt werden.

10.2.2   Fertigwarenorientierte Entwicklungsstrategie: Das Beispiel Ost- und Südostasien

Die Erfahrungen insbesondere der 1990er-Jahre haben gezeigt, dass einige Länder in der Lage waren, eine weitgehend von eigenen natürlichen Ressourcen abgekoppelte **exportorientierte Wirtschaft** aufzubauen. Diese oben skizzierte *Nachahmungsstrategie* war vor allem für die *Tigerstaaten* Ost- und Südostasiens außerordentlich erfolgreich. Hierbei handelt es sich um die bereits mehrfach erwähnten „kleinen Tiger" Südkorea, Taiwan, Singapur und Hongkong, die auch als *first-tier newly industrializing economies (NIEs)* bezeichnet werden, sowie, einige Jahre später, um die zweite Gruppe von Tigerstaaten: Malaysia, Thailand und Indonesien (*second-tier NIEs*). Diese Länder folgten prinzipiell dem Beispiel Japans, das diesen Ansatz schon in den 1970er-Jahren erfolgreich umgesetzt hatte. Prominentestes Nachfolgebeispiel ist China, dessen Exporte seit den 2000er-Jahren enorme Steigerungsraten aufweisen. Eine derartige Entwicklungsstrategie kann auch für weitere Entwicklungs- und Schwellenländer erfolgreich sein. Allerdings sind vergleichbare Ansätze in afrikanischen, lateinamerikanischen oder in west- und südasiatischen Ländern noch kaum zu finden.

Beispiel

Während der Asienkrise 1997/1998[5] zeigte sich jedoch, dass der Exportsektor in einigen Ländern noch zu wenig in die Binnenwirtschaft integriert war. So bestand ein großer Teil der Wertschöpfung für die Exportgüter aus Importen, die mit ausländischem Know-how und ausländischen Maschinen, billiger Arbeit und kaum geschützter Umwelt zu Exportprodukten verarbeitet wurden. Dadurch stieg die Verschuldung der Länder in ausländischen Währungen, vor allem in US\$. Das Vertrauen in die Rückzahlungsfähigkeit der Länder ging zurück, ausländisches Kapital wurde abgezogen, so dass nationale Währun-

---

[5] Vgl. hierzu ausführlich Koch (2006), Abschn. 21.5.

gen dramatisch abgewertet wurden und das Vertrauen in die Rückzahlungsfähigkeit der Auslandsschulden sank. Gleichzeitig verteuerten sich die kreditfinanzierten Investitionen sowie die benötigten Importe so stark, dass viele Produkte dieser Länder zeitweise nicht mehr international wettbewerbsfähig waren. Die betroffenen Länder überwanden die Krise jedoch überraschend schnell, passten ihre Entwicklungsstrategie an und gehören heute weiterhin zu den exportstarken Akteuren auf dem Weltmarkt. Um ein solches Krisenszenario frühzeitig abzuwenden, scheint es aber sinnvoll zu sein, Verknüpfungen des Exportsektors mit den Binnenmarkt orientierten Sektoren zu stärken. ◄

Die wirtschaftlich erfolgreichen Länder Ost- und Südostasiens haben wesentliche Elemente der erfolgreichen Wirtschaftsstrategie Japans übernommen. Viele Faktoren wirkten und wirken hier zusammen. Japans Wirtschaftsordnung war gekennzeichnet durch

- eine enge Kooperation von Unternehmen und Staat,
- enge Verbindungen von Industrie-, Technologie- und Außenwirtschaftspolitik,
- die Konzentration auf technologieintensive, zukunftsorientierte Güter,
- eine z. T. aggressive Strategie bei der Eroberung von Exportmärkten sowie
- vor allem durch eine exportorientierte Marktstrategie, die sich auf Wachstumsmärkte (zunächst vor allem auf qualitativ hochwertige Konsumgüter) konzentrierte und auf den großen aufnahmefähigen und relativ homogenen Exportmarkt USA zielte.

Das Wachstum wurde unterstützt durch eine Verteilungspolitik, die durch Landreform- und Wohnungsbauprogramme eine allzu große Spreizung von Einkommen und Vermögen verhinderte und dadurch zur Sozialverträglichkeit der Entwicklung beitrug.

Bei den Tigerstaaten kamen noch weitere Faktoren hinzu, die sich zum Teil mit diesen Merkmalen überlapp(t)en:

- Ein gemeinsames Merkmal dieser Länder war eine leistungsorientierte sozio-kulturelle Grunddisposition, wie etwa der Konfuzianismus.
- Das politische System kann in drei der vier Tigerstaaten zumindest in der Anfangsphase sehr euphemistisch als „gelenkte oder auch autoritäre Demokratie" bezeichnet werden.
- Die politische Führung verfolgte strategisch und konsequent ihr Entwicklungskonzept, während die politisch-ökonomisch Rahmenbedingungen weitgehend stabil waren.
- Es gab eine genügende Anzahl investitionsbereiter in- und ausländischer Investoren,
- anpassungsfähige, leistungsbereite Arbeitnehmer sowie
- ein allgemein niedriges Kostenniveau.

Konfuzianische Tradition
Die konfuzianische Tradition beeinflusst Verhaltensweisen und Arbeitseinstellungen: Disziplin, Fleiß, Leistungsorientierung, Loyalität, hierarchisches Denken und Respekt vor Autoritäten, Gemeinwohlorientierung und Sparsamkeit werden allgemein als günstige Voraussetzungen für wirtschaftliche Erfolge gesehen. Sich hierauf beziehende Organisations- und Managementsysteme stellen konsensorientierte Arbeitsbeziehungen in den Mittelpunkt und können so das „Humankapital" für den Unternehmenserfolg motivieren und mobilisieren.

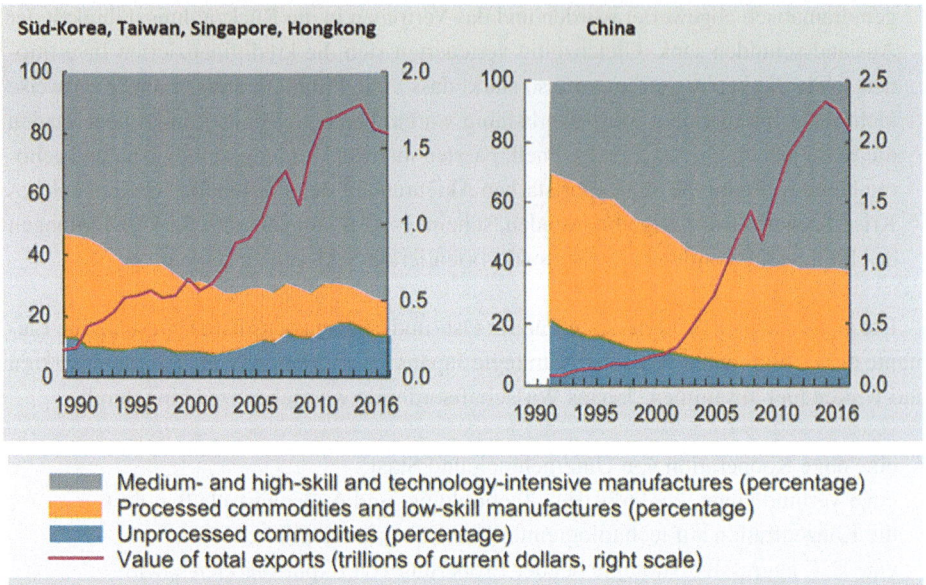

Abb. 10.7 **Exportstrukturen von ost- und südostasiatischen Schwellenländern 1990–2016** (%; Bio US$) (Quelle: UNCTAD, Trade and Development Report 2018, p. 48)

Eine wichtige Voraussetzung war auch, dass sowohl die kleinen Tigerstaaten als auch die erste große erfolgreiche Exportnation Asiens, Japan, über keine oder nur geringe Rohstoffvorkommen verfügen. So liegt der Anteil unverarbeiteter Rohstoffe an den Gesamtexporten in den genannten Schwellenländern mit etwa 10 % nur unwesentlich höher als bei Industrieländern und auch als bei China, in denen die entsprechenden Exportanteile meist unter 5 % liegen (vgl. Abb. 10.7).

Hierdurch waren die Länder gezwungen, ihre Deviseneinnahmen mit Fertigwarenexporten zu erzielen. In den beiden Flächenstaaten Taiwan und Südkorea erforderte dies einen raschen Wandel in der Wirtschaftsstruktur, der durch eine Agrarreform eingeleitet wurde. Die damit einhergehende Intensivierung der Landwirtschaft führte zu Effizienzsteigerungen und einer deutlichen gleichmäßigeren Einkommensverteilung. Gleichzeitig wurde der systematische Aufbau einer arbeitsintensiven Produktion preiswerter Konsumgüter gefördert, um neue Arbeitsplätze und Einkommen zu schaffen. Der permanente Strukturwandel führte in der Folge zur Produktion kapitalintensiverer Produkte mit immer größeren High-Tech-Anteilen und schließlich zum Aufbau eines Dienstleistungssektors, der inzwischen in allen Staaten den mit Abstand größten Teil zum BNP beiträgt.

Ebenfalls in Südkorea und Taiwan wurde nach japanischem Vorbild anfangs auf eine protektionistische Außenhandelspolitik gesetzt. Diese wurde unterstützt durch Zollpräferenzen der Industrieländer (vgl. Abschn. 10.3) und eine Wechselkurspolitik, die durch eine Bindung der eigenen Währung an den US$ Währungsschwankungen gegenüber dem Hauptabnehmerland ausschloss. Auf diese Weise wurde der Aufbau einer industriellen Basis und technologischer Kapazitäten erleichtert und gleichzeitig durch den Binnenmarkt ein Testmarkt für die Auslandsmärkte bereitgestellt. Die protektionistische Politik wurde ab Ende der 1980er-Jahre zugunsten einer zunehmenden wirtschaftlichen Liberalisierung abgebaut.

Noch verstärkt durch die Asienkrise 1997/1998 stieg für alle Länder ab Ende der 1990er-Jahre der vor allem durch China hervorgerufene Wettbewerbsdruck – die hohen Wachstumsraten schwächten sich ab. Zudem erhöhten Arbeitskräftemangel, Bodenknappheit und wachsende Umweltprobleme die Produktionskosten und es verbesserten sich zugleich auch die Wettbewerbsbedingungen anderer asiatischer Schwellenländer, wie Malaysia und Thailand, aber auch Indonesien und Vietnam. Diese *„Konkurrenz von unten"* zwang die Tigerstaaten nicht nur zu einer Auslagerung von Industriezweigen, meist gerade in die genannten Länder, und zu weiteren Strukturanpassungen. Die hohe *Exportlastigkeit* der Wirtschaften machte die Länder allerdings auch außerordentlich abhängig vom Weltmarkt und der Wirtschaftsentwicklung der Industrieländer, vor allem der USA, und damit auch von dem Wechselkurs ihrer Währung zum US$. Erst durch einen Anstieg der Exporte in andere asiatische Länder verringerte sich diese Abhängigkeit vom US-Markt schrittweise.

10.3 Handelspolitische Vereinbarungen mit Entwicklungsländern

Eine wichtige Voraussetzung für die stärkere Einbeziehung von Entwicklungsländern in den internationalen Handel sind Vereinbarungen zwischen Industrieländern und Entwicklungsländern, durch die letztere die Möglichkeit erhalten durch die Gewährung handelspolitischer Vorteile ihre eigenen Wettbewerbsnachteile wenigstens zum Teil auszugleichen.

10.3.1 Allgemeine Zollpräferenzen

Das *Allgemeine Präferenzsystem* (*Generalized System of Preferences*, GSP) ist ein handelspolitisches Instrument der Industrieländer, das auf eine Initiative im Rahmen von UNCTAD II 1968 zurückgeht, um die Wirtschaft der Entwicklungsländer durch die Gewährung von einseitigen günstigeren Marktzugangsbedingungen zu fördern. Schon 1966 war der GATT-Vertrag durch einen Teil IV ergänzt worden, durch den Entwicklungsländern eine Sonderstellung eingeräumt wird. Dieser Teil wurde 1971 durch die *Einführung von Präferenzbedingungen* erweitert, die eine *Ausnahme* vom *Meistbegünstigungsprinzip* darstellen. Entwicklungsländer können seitdem bei Vorliegen bestimmter Voraussetzungen einseitig Zollerhöhungen zum Schutz ihrer Wirtschaft vornehmen; gleichzeitig können sie *Präferenzzölle* in Anspruch nehmen, ohne ihrerseits solche gewähren zu müssen.

Ein solches Präferenzsystem führte 1971 zunächst die Europäische Gemeinschaft (EG) ein. Später folgten die USA und Japan. Für Waren, die in Entwicklungsländern hergestellt und in die EU eingeführt werden, gelten damit Zollpräferenzen. Das *Allgemeine Zollpräferenzsystem* (APS) der EU wird regelmäßig alle 10 Jahre überarbeitet, bleibt aber im Kern unverändert. 2004 und 2014 wurde es jeweils durch eine neue Fassung ersetzt. Dabei wurde die Zahl der Länder, denen Zollpräferenzen eingeräumt werden, inzwischen auf 75 besonders bedürftige Länder reduziert. Die EU bietet drei unterschiedliche APS-Regelungen an:

- *EBA (everything but arms)*: Zoll- und kontingentfreier Zugang zum EU-Binnenmarkt für alle Waren (außer Waffen und Munition) für die LDCs.
- *Standard-APS*: Teilweise oder vollständige Beseitigung der Zölle für zwei Drittel der Zoll-Tarifpositionen für Länder mit niedrigem oder mittlerem Einkommen (LICs und MICs).
- *APS+*: Senkung der APS-Zölle auf 0 % bei nachhaltiger Politik und *good governance* für LICs und MICs, die insgesamt 27 internationale Übereinkommen (zukünftig 32) in den Bereichen Menschenrechte, Arbeitnehmerrechte, Umwelt- und Klimaschutz und verantwortungsvolle Staatsführung umsetzen.

Für die Periode 2024 bis 2034 bereitet die EU wieder ein überarbeitetes APS vor, mit dem verstärkt soziale, arbeitsrechtliche, ökologische und klimatische Elemente gestärkt werden sollen. Primäre Ziele bleiben jedoch nach wie vor die Verringerung von Armut und die Stärkung nachhaltiger Entwicklung durch die Schaffung von Anreizen für nachhaltiges Wirtschaftswachstum, Engagement für Umweltfragen und good governance. Zukünftig soll auch die Möglichkeit bestehen, APS-Präferenzen bei schwerwiegenden und systematischen Menschenrechtsverstößen oder Verstößen gegen die Grundsätze von Klima- und Umweltschutzabkommen zurückzunehmen.[6]

Das APS begünstigt sowohl verarbeitete Produkte, in der Mehrzahl industrielle Erzeugnisse, als auch Landwirtschafts- und Fischereierzeugnisse. Zum Teil werden Zollsätze vollständig ausgesetzt. Für andere Waren werden die geltenden Zollsätze um 3,5 %, für Textilien und Bekleidung um 20 % reduziert (beispielsweise von 10 % auf 8 %), spezifische Zölle (Bemessungsgrundlage ist hier beispielsweise das Gewicht oder der Alkoholgehalt) werden um 30 % gesenkt. Importe aus den derzeit 46 LDCs können entsprechend der EBA-Regelung, mit Ausnahme von Waffen und Munition, grundsätzlich zollfrei in die EU eingeführt werden (vgl. BMWK 2022). Insgesamt bleibt die Bedeutung des APS zumindest für die EU jedoch gering. 2018 beispielsweise fielen nur 3,5 % aller EU-Importe (knapp 70 Mrd Euro) unter die APS-Regelungen (vgl. BMWK 2022).

Least Developed Countries (LDCs)

Die UN unterscheidet seit 1971 zwischen Entwicklungsländern, und der Gruppe der besonders wenig entwickelten Entwicklungsländer, den *Least Developed Countries* (LDC). Die derzeit 46 LDCs erhalten neben den erwähnten Handelserleichterungen besonders günstige *Finanzierungsbedingungen*, wie niedrige Zinsen, lange Laufzeiten und rückzahlungsfreie Perioden oder auch nicht rückzahlbare Zuschüsse sowie gegebenenfalls Schuldenerlass.

Die Festlegung, ob ein Land von der UN als LDC klassifiziert wird, hängt von drei Kriterien ab, die alle drei Jahre angepasst werden:

---

[6]Vgl. zu den EU-Plänen ab 2024EU 2021.

- Das Pro-Kopf-Einkommen liegt im Dreijahresdurchschnitt unter dem Schwellenwert für Low Income Countries (LICs) (2021: 1018 US$).
- Der *Human Assets Index* (HAI) liegt unter 61 %. Der HAI misst das Niveau des Humankapitals, wobei er sich aus sechs Teilindikatoren für Gesundheit und Bildung zusammensetzt. Ein niedriger HAI weist auf erhebliche strukturelle Hindernisse für eine nachhaltige Entwicklung hin.
- Der *Economic and Environmental Vulnerability Index* (EVI) liegt unterhalb von 36. Der EVI ist ein Indikator für die strukturelle Anfälligkeit eines Landes bei wirtschaftlichen und ökologischen Schocks. Er setzt sich aus 8 Einzelindikatoren für Wirtschaft und Umwelt zusammen. Ein niedriger Wert deutet auf hohe ökonomische Anfälligkeit sowie strukturelle Probleme bei der Umsetzung einer wirtschaftlichen und nachhaltigen Entwicklung hin (vgl. Links: LDC).

Um in die LDC-Liste aufgenommen zu werden, darf ein Land die Schwellenwerte nicht überschreiten. Es verliert den LDC-Status, wird also upgegradet, wenn es zwei der über den Schwellenwerten liegenden „Graduierungswerte" in zwei aufeinanderfolgenden Dreijahres-Reviews überschreitet. (Vgl. Abb. 10.8.)

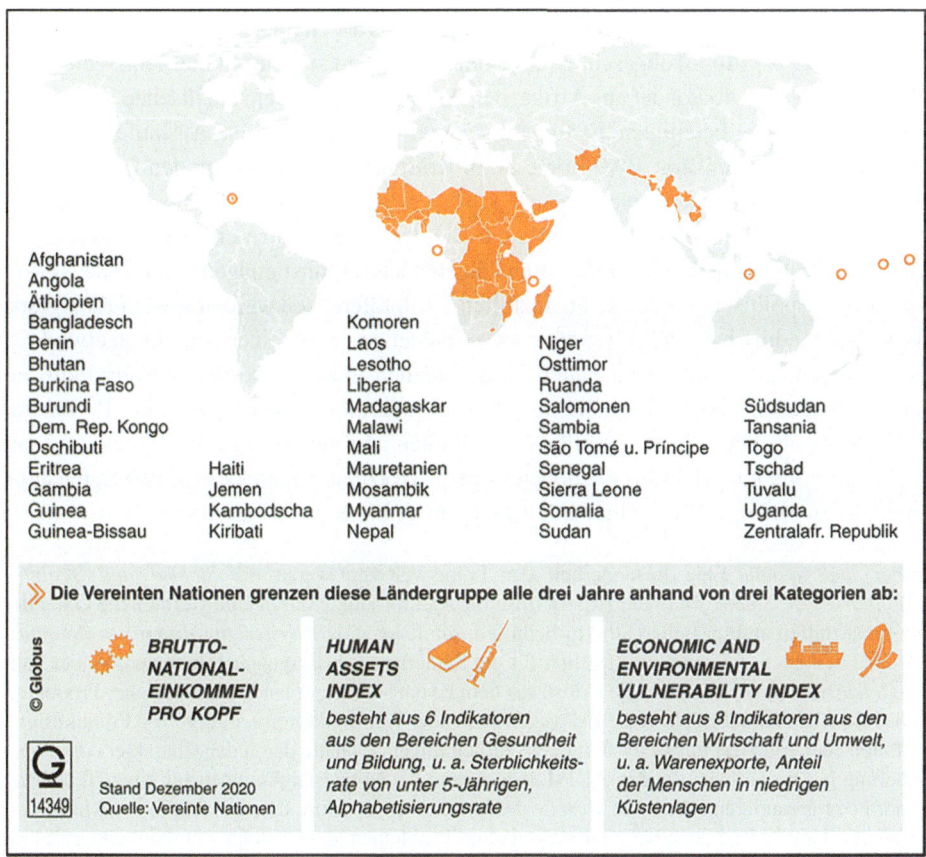

Abb. 10.8 Least Developed Countries (LDCs)

10.3.2 EU-AKP-Abkommen

Die Lomé-Abkommen

Nach der Gründung der EWG 1958 trat neben die nationalen Entwicklungspolitiken eine gemeinschaftliche Zusammenarbeit der EWG mit Entwicklungsländern. Vor allem Frankreich und Belgien, später auch Großbritannien, drängten darauf, die ehemaligen europäischen Kolonien in Afrika, in der Karibik und im Pazifik auch nach deren Unabhängigkeit eng an Europa zu binden. Dies sollte durch Verträge geschehen, die Handelspolitik, Entwicklungspolitik und politische Partnerschaft zusammenbinden sollten. Bei der Handelspolitik stand anfangs der zollfreie Export von Rohstoffen und Mineralien nach Europa im Mittelpunkt. Bei den späteren Verträgen wurden die handelspolitischen Regeln an die multilateralen WTO-Regeln angepasst.

1963 schlossen daher die sechs EWG-Gründungsstaaten in *Jaunde* (Kamerun) ein erstes, auf fünf Jahre befristetes *Präferenzabkommen* mit 18 afrikanischen Ländern, 1969 wurde in Jaunde ein weiteres, ebenfalls fünfjähriges Folgeabkommen vereinbart. 1975, nach dem EG-Beitritt Großbritanniens, wurde ein neues erweitertes Handels- und Kooperationsabkommen in *Lomé* (Togo) abgeschlossen (Lomé I), an dem sich neben den seinerzeit neun EG-Staaten bereits 46 Länder aus Afrika, dem karibischen und dem pazifischen Raum, die sog. **AKP-Staaten**, beteiligten. Es folgten Lomé II und III. Nach dem Auslaufen des dritten Lomé-Abkommens trat 1990 Lomé IV in Kraft, an dem sich neben den EU-Ländern insgesamt 70 AKP-Staaten beteiligten.

Mit den Lomé-Abkommen gewährte die EU den AKP-Staaten einseitig Präferenzen, während sie auf die reziproke Gewährung von Handelsvergünstigungen verzichtete, sowie entwicklungspolitisch orientierte Finanzhilfen. Zollpräferenzen wurden sowohl für Agrar- als auch für Industrieprodukte gewährt, wobei die letzteren nur einen Anteil von etwa 1 % an den gesamten EU-Importen hatten. Grundsätzlich mussten die Waren vollständig in dem betreffenden Land hergestellt worden sein, allerdings konnte bei Lomé IV bis zu 10 % der Wertschöpfung aus Drittländern kommen und auf Antrag konnte dieser Anteil zeitlich befristet bis auf 45 % angehoben werden. Trotzdem waren viele AKP-Staaten aufgrund der zu geringen Verarbeitungstiefe nicht in der Lage, diese Exportvorteile zu nutzen.

Stabex und Sysmin Eine Besonderheit der Lomé-Verträge waren die *Stabex- und Sysmin-Vereinbarungen. Stabex sollte* die *Ex*porterlöse für Agrarprodukte durch eine vertragliche Garantie von Finanzhilfen und speziellen Strukturbeihilfen *stabi*lisieren. Das *System für Mineralien (Sysmin)* war eine besondere Finanzierungsfazilität für die Sanierung von Bergbauunternehmen. Stabex sah *Ausgleichszahlungen* vor, wenn die Erlöse aus dem Export wichtiger landwirtschaftlicher Produkte, Rohstoffe oder Halbfabrikate in die EU wegen sinkender Weltmarktpreise, infolge von Produktionsausfällen oder von Währungsschwankungen, zurückgingen. Es hatte damit den Charakter einer Versicherung gegen Verluste, die den AKP-Ländern eine Art Mindesteinkommen für einen Teil ihrer Exportgüter garantieren sollte. Die *Vorteile* des Systems lagen darin, dass es nicht in den Marktmechanismus eingriff und auch bei mengenbedingten Problemen, etwa infolge von konjunkturell bedingten Nachfrageausfällen oder Naturkatastrophen, wirksam wurde. Die *Kritik* bezog sich im Wesentlichen auf folgende Punkte: Die Strukturanpassung und Diversifizierung der Volkswirtschaft

wurde nicht gefördert und da eine Kontrolle der Verwendung der Stabex-Mittel nur begrenzt möglich war, war es schwierig festzustellen, wofür die beanspruchten Mittel tatsächlich eingesetzt wurden und wem sie tatsächlich zu Gute kamen. Zudem reichten die Stabex-Mittel in besonders kriti-
schen Perioden nicht aus. Zeitweise konnte nur die Hälfte der vertraglich zugesicherten Zahlungen
geleistet werden und die Mittel kamen auch nur wenigen, meist nicht den ärmsten oder den roh-
stoffarmen Ländern zugute. Zudem verbesserten sich Umfang und Struktur des AKP-EU-Handels
durch die Abkommen nicht: Die EU importierte weiterhin vorwiegend Rohstoffe und exportierte
Fertigwaren. Dadurch sank der AKP-Anteil am EU-Handel laufend: von knapp 7 % (1976) auf
knapp 3 % (2003).

Das Abkommen von Cotonou

Das *Abkommen von Cotonou* wurde 2000 in *Cotonou* (Benin) unterzeichnet und trat
2003 in Kraft. Es löste das letzte *Lomé-Abkommen* ab und ermöglichte die Zusammenarbeit
    zwischen den nunmehr 25 EU-Mitgliedstaaten und den 79 AKP-Staaten auf einer
neuen, stärker auf Partnerschaft und Gleichberechtigung ausgerichteten Basis bis 2021,
vgl. Abb. 10.9.

    Das *Cotonou-Abkommen* berücksichtigte, dass weniger eine Stabilisierung der beste-
henden Wirtschaftsstrukturen in den Partnerländern angestrebt werden sollte, sondern
vielmehr eine Re-Strukturierung und Liberalisierung der AKP-Länder als zentrale Entwicklungsvoraussetzung unterstützt werden sollte. So war nun vorgesehen, die Handels-

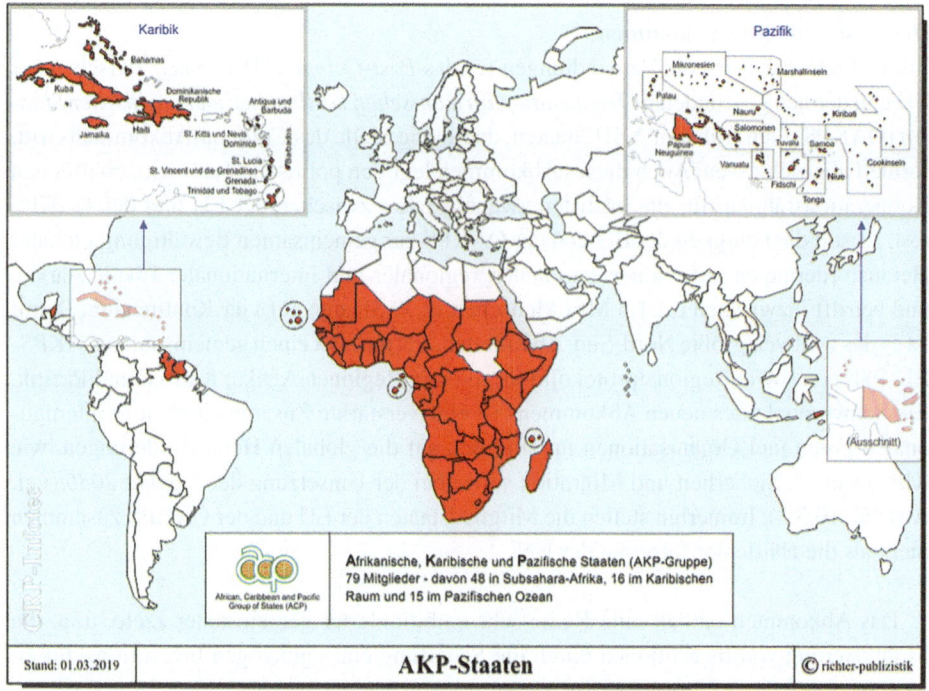

Abb. 10.9   Die AKP-Staaten

beziehungen schrittweise den allgemeinen WTO-Regeln anzugleichen. Ausnahmen, wie eine zollfreie Einfuhr, sollten nur den 39 LDCs unter den AKP-Ländern vorbehalten sein. Allerdings sollten sich auch für die anderen Länder die bestehenden Einfuhrbedingungen nicht wesentlich verschlechtern. Konkret bedeutet dies, dass bis 2008 die einseitigen EU-Präferenzregelungen durch regionale Freihandelsabkommen, sog. Wirtschaftspartnerabkommen, ersetzt und die AKP-Staaten in das bestehende Allgemeine Präferenzsystem (APS) der EU einbezogen werden sollten. Darüber hinaus wurden *good governance* als fundamentaler Bestandteil für eine Zusammenarbeit festgeschrieben und Kriterien zur Steigerung der Effizienz der Zusammenarbeit festgelegt. Ferner sollten regionale Integration und der Handel zwischen den AKP-Staaten (Süd-Süd-Handel) gestärkt werden (s.a. Brüne 2001, 2002).

Bis 2014 wurden regionale *Wirtschaftspartnerschaftsabkommen* (WPAs) mit verschiedenen Regionen Afrikas, der Karibik und der pazifischen Region abgeschlossen, und zwar mit *Zentralafrika*, der Region des *östlichen* und *südlichen Afrika*, *Westafrika* (hier mit der Wirtschaftsgemeinschaft der westafrikanischen Staaten ECOWAS und der Westafrikanischen Wirtschafts- und Währungsunion WAEMU), mit der *Entwicklungsgemeinschaft des Südlichen Afrika (SADC)*, der *Ostafrikanische Gemeinschaft*, dem *Forum der karibischen AKP-Staaten (CARIFORUM)* und dem *pazifischen* Raum. Die Verträge waren bis 2022 allerdings noch nicht von allen Staaten unterzeichnet, werden aber zum Teil schon vorläufig angewandt (vgl. Rat der EU/Europäischer Rat 2022).

Das Post-Cotonou-Abkommen

Im April 2021 wurden die Verhandlungen für das *Post-Cotonou-Abkommen* zwischen der EU und der neu gegründeten *Organisation afrikanischer, karibischer und pazifischer Staaten* (OAKPS), den früheren AKP-Staaten, das an die Stelle des Cotonou-Abkommens tritt, formell abgeschlossen. Auch dieses Abkommen legt den politischen und wirtschaftlichen Kooperationsrahmen für die nächsten zwanzig Jahre zwischen der EU und der OAKPS fest. Es soll die Fähigkeit der EU und der OAKPS zur gemeinsamen Bewältigung globaler Herausforderungen auf lokaler, nationaler, regionaler und internationaler Ebene stärken und betrifft inzwischen ca. 1,5 Mrd Menschen in 79 Staaten auf vier Kontinenten. Damit ist es das weltweit größte Nord-Süd-Abkommen.[7] Es umfasst einen gemeinsamen OAKPS-EU-Rahmen sowie Regionalprotokolle für die drei Regionen Afrika, Karibik und Pazifik. Ein Schwerpunkt des neuen Abkommens ist eine verstärkte Zusammenarbeit in internationalen Foren und Organisationen im Hinblick auf die globalen Herausforderungen, wie Klimawandel, Sicherheit und Migration sowie bei der Umsetzung der *Agenda 2030* (vgl. Abschn. 10.3.3). Immerhin stellen die Mitgliedstaaten der EU und der OAKPS zusammen mehr als die Hälfte der Sitze bei der UN.

Das Abkommen enthält eine Reihe sehr ambitionierter gemeinsamer Ziele, u. a. die Mobilisierung von Investitionen durch die Schaffung eines günstigen Investitionsklimas,

---

[7] Vgl. zu diesem Abschnitt EU 2021/2.

die Erhöhung von Rechtssicherheit, die Förderung afrikanischen Unternehmertums, die Zusammenarbeit in den Bereichen Wissenschaft, Technologie, Innovation, Forschung, Handel und Industrialisierung, die Entwicklung von Infrastrukturverbindungen, die Erreichung von Fortschritten bei der Digitalisierung, die Verbesserung der Wettbewerbsfähigkeit, die Intensivierung der technischen und beruflichen Aus- und Weiterbildung und die Förderung des Dialogs zwischen öffentlichem und privatem Sektor. Ein spezieller Fonds ist in diesem Abkommen nicht vorgesehen, da die Entwicklungsperspektive nicht mehr im Vordergrund stehen soll. Für gemeinsame Aktivitäten sollen finanzielle Mittel aus anderen Quellen mobilisiert werden.

Im Bereich der Handelskooperation sollen weiterhin bestehende tarifäre und nicht-tarifäre Handelshemmnisse beseitigt werden und Normen, Wettbewerbspolitik und das Recht geistigen Eigentums angepasst werden. Zudem verpflichten sich die Partnerstaaten zur Förderung transparenter, wettbewerbsfähiger und berechenbarer öffentlicher Beschaffungssysteme. Darüber hinaus hat das neue Abkommen eine starke soziale, umwelt- und klimaorientierte Dimension. So betont es etwa, dass nachhaltige Entwicklung in die handelspolitische Zusammenarbeit einzubeziehen ist und gleichzeitig die Achtung der Menschenrechte und grundlegende Arbeitsnormen gewährleistet werden müssen. Die während des Cotonou-Vertrags geschlossenen Wirtschaftspartnerschaftsabkommen (WPA) bleiben bestehen.

Speziell für Afrika gibt es neben dem neuen Abkommen noch weitere Initiativen, die sich gegenseitig ergänzen sollen. Dies ist die *„Allianz Afrika-Europa für nachhaltige Investitionen und Arbeitsplätze"*, die das Engagement privater Investoren verstärken soll und so gleichzeitig Handelsbeziehungen fördern und Arbeitsplätze zu schaffen soll und die *Gemeinsame Mitteilung „Auf dem Weg zu einer umfassenden Strategie mit Afrika"*, die die Grundlagen für gemeinsame Prioritäten der EU und der afrikanischen Partnerländer für das nächste Gipfeltreffen zwischen der EU und der Afrikanischen Union (AU) festlegen soll.

10.3.3   Die Agenda 2030

Die internationale Entwicklungszusammenarbeit wurde seit den 2000er-Jahren von einem auf dem Millenniums-Gipfel der Vereinten Nationen verabschiedeten Katalog verpflichtender Zielsetzungen für alle Mitgliedstaaten, den *Millennium Development Goals* (MDGs), bestimmt. Durch die Fokussierung auf die MDGs konnten in vielen Entwicklungsländern in unterschiedlichen Bereichen zwischen 1990 und 2015 z. T. erhebliche Erfolge erzielt werden. Armut und Unterernährung wurden drastisch gesenkt, die allgemeine Schulbildung konnte gesteigert werden, die Kindersterblichkeit wurde gesenkt und die Müttergesundheit verbesserte sich. Trotzdem nimmt die Ungleichheit weiter zu. Millionen von Menschen leiden nach wie vor Hunger, der Klimawandel verschlechtert in vielen Ländern die Zukunftschancen und die Anzahl interner Konflikte hat sich keineswegs verringert (vgl. UN 2015).

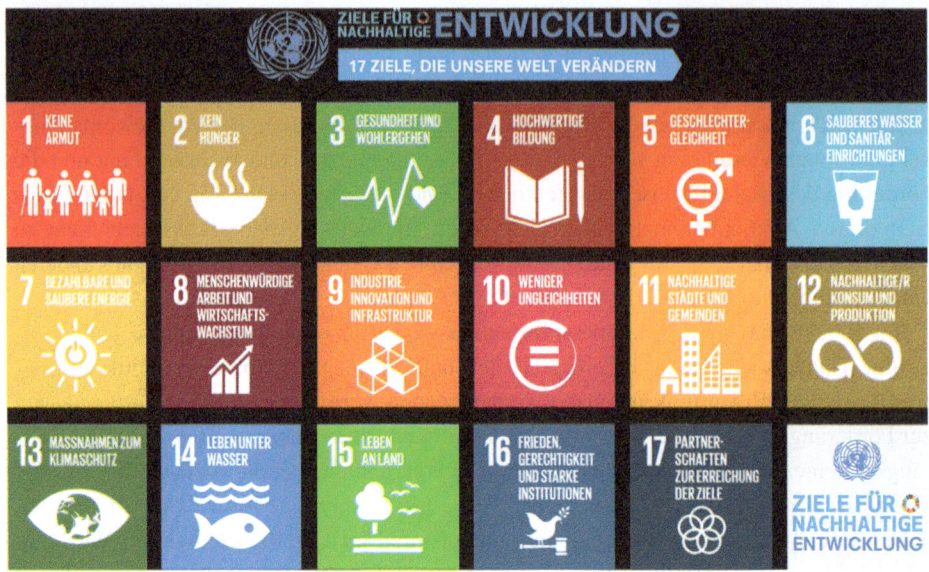

Abb. 10.10   Sustainable Development Goals (SDGs)

Mit der *Agenda 2030* hat sich die Weltgemeinschaft nach den MDGs insgesamt 17 Ziele, die *Sustainable Development Goals* (SDGs), für eine nachhaltige Entwicklung gesetzt. Die SDGs verknüpfen Armutsbekämpfung und Nachhaltigkeit und bilden die Grundlage für die internationale Entwicklungszusammenarbeit von 2015 bis 2030. Sie berücksichtigen die wirtschaftlichen, sozialen und ökologischen Dimensionen von nachhaltiger Entwicklung und richten sich an alle Staaten, die damit aufgefordert sind, sich für die Umsetzung der Agenda und damit für eine Verbesserung der Situation der Menschen und der Umwelt einzusetzen (vgl. SDGs und Abb. 10.10). Die SDGs und ihre Unterziele bilden die wichtigsten Leitlinien für die Entwicklungszusammenarbeit (EZ) im Allgemeinen sowie für die spezielle Konzeption und Durchführung von Entwicklungsprojekten und Entwicklungspartnerschaften. Die Zielerreichung wird u. a. durch vorgeschlagene Indikatoren gemessen. Einen guten Überblick über den jeweiligen Zielerreichungsgrad in verschiedenen Ländern bietet die UN SDG Action Campaign.[8]

Die SDGs sind nicht explizit auf eine Verbesserung der internationalen Handelsbeziehungen ausgerichtet. Dennoch zeigt die Auswertung der zu den SDGs vorgeschlagenen insgesamt 231 Indikatoren, dass eine kleine Anzahl von Indikatoren Verbesserungen im Bereich des internationalen Handels messen soll (vgl. UN SDGs 2020):

- Für SDG 8 (Nachhaltig wirtschaften als Chance für alle) misst ein Indikator die Stärkung der *Aid for Trade*-Initiative, vor allem für LDCs durch das *Enhanced Integrated Framework for Trade-related Technical Assistance* (EIF). Das EIF ist ein Mechanismus

---

[8] https://sdgactioncampaign.org/de/.

im Rahmen der WTO, durch den LDCs ihre *Aid for Trade* Bedarfe strukturieren können. *Aid for Trade* wiederum ist ein Ansatz der internationalen Entwicklungszusammenarbeit (ODA) die Entwicklungsländer, insbesondere LDCs, beim Aufbau und der
Stärkung ihrer Kapazitäten zur verstärkten Teilnahme am internationalen Handel zu
unterstützen (vgl. WTO EIF o. J., WTO 2022)

- Für SDG 9 (Industrie, Innovation, Infrastruktur) misst ein Indikator die Verbesserung
  des Zugangs von KMUs aus Entwicklungsländern zu anderen Märkten.
- Bei SDG 17 (Partnerschaften zur Erreichung der SDGs) können Handelsaspekte durch
  drei verschiedene Indikatoren gemessen werden:

  (1) Generell soll das regelbasierte, offene, nichtdiskriminierende multilaterale Han-
      delssystem im Rahmen der WTO gestärkt werden, vor allem durch einen Abschluss
      der Doha-Verhandlungen.

  (2) Die Exporte der Entwicklungsländer sollen gesteigert werden. Das sehr ambitio-
      nierte Ziel, dass schon bis 2020 der Anteil der LDCs an den Weltexporten verdop-
      pelt werden solle, konnte jedoch nicht erreicht werden, es ist auch zweifelhaft, ob
      dies bis 2030 gelingen wird.

  (3) Schließlich soll der zoll- und kontingentfreie Marktzugang für LDCs auf Dauer
      sichergestellt werden, vor allem durch die Schaffung einfacher transparenter Re-
      geln für den Nachweis des Warenursprungs. Hier werden derzeit von den Import-
      ländern unterschiedliche, wechselnde und zum Teil komplizierte Regeln angewandt.

10.4 Fairer Handel

Wie gezeigt wurde, wurde in der Vergangenheit versucht, mit unterschiedlichen Konzepten Entwicklungsländer gezielt in ihren Bemühungen zu unterstützen, stärker von den
Vorteilen des internationalen Handels zu profitieren. Grob zusammengefasst, handelt es
sich hierbei einerseits

- um die einseitige Bevorzugung im internationalen Handel durch die Gewährung von Präferenzbedingungen, wie gezielten Zollsenkungen oder sogar Zollbefreiungen, i. d.R. für
  LDCs, bzw. um den Abbau sonstiger Handelsbeschränkungen sowie andererseits
- um die Verbesserung der internen politisch-ökonomischen Voraussetzungen, u. a. durch
  die Förderung von Direktinvestitionen, um hierdurch Exportmöglichkeiten zu vergrößern, ein Ansatz, der von vielen Entwicklungsländern durch den Ausweis von Sonderwirtschaftszonen gefördert wird.

Die strukturellen Nachteile, insbesondere die Rohstoffabhängigkeit, wurden hierdurch in
den meisten Entwicklungsländern nicht beseitigt. Wie gezeigt wurde, sind die Außenwirtschaftsbeziehungen vieler Entwicklungsländer nach wie vor von dem großen Preisschwankungen unterworfenen Export weniger, meist nicht oder kaum weiterverarbeiteter,
Rohstoffe und dem Import von preisstabilen teuren Fertigwaren gekennzeichnet. Im

Textilbereich oder bei der Herstellung elektronischer Geräte haben einige Entwicklungsländer zwar inzwischen eine stärkere Position im Welthandel erreicht, der internationale
Wettbewerb verhindert jedoch eine Verbesserung der Marktstellung, so dass die Exporterlöse niedrig und die Arbeitsbedingungen in der Exportindustrie schlecht sind.

Den strukturellen Erfolgen weniger Schwellenländer, die sich schnell zu Fertigware-
nexporteuren entwickelten, steht damit die große Mehrheit der Entwicklungsländer gegenüber, die diese Möglichkeiten aus sehr unterschiedlichen Gründen nicht wahrnehmen
wollten oder konnten. Zwar versucht auch die internationale Entwicklungszusammenarbeit unter dem Label *Nachhaltige Wirtschaftsentwicklung* (NaWi) entsprechende Initiativen zu unterstützen, vor allem durch die Zusammenarbeit mit den einschlägigen politischen Instanzen, etwa den Planungs-, Wirtschafts- und Finanzministerien, den Kammern
und Verbänden sowie auch direkt mit der Privatwirtschaft in den jeweiligen Ländern, aber
Erfolge sind allenfalls punktuell wahrnehmbar.

Abschließend soll daher noch ein weiterer Ansatz kurz angesprochen werden: *Fairer
Handel (Fair Trade)* ist Anfang der 1970er-Jahre als Protestbewegung entstanden und hat
sich in den letzten Jahrzehnten als eine Möglichkeit etabliert durch Handelsbeziehungen
vor allem kleinen Produzenten und Produzentengemeinschaften (*small-scale producers
organizations*, SPOs) in Entwicklungsländern höhere Einkommen zu verschaffen, die Arbeitsbedingungen zu verbessern und gleichzeitig nachhaltiges Wirtschaften zu fördern.[9]

2001 einigten sich die vier internationalen Fair Trade Dachverbände auf folgende Definition Fairen Handels: „Der Faire Handel ist eine Handelspartnerschaft, die auf Dialog,
Transparenz und Respekt beruht und nach mehr Gerechtigkeit im internationalen Handel
strebt. Durch bessere Handelsbedingungen und die Sicherung sozialer Rechte für benach-
teiligte Produzent*innen und Arbeiter*innen – insbesondere in den Ländern des Südens –
leistet der Faire Handel einen Beitrag zu nachhaltiger Entwicklung. Fair-Handels-
Organisationen engagieren sich (gemeinsam mit Verbraucher*innen) für die Unterstützung
der Produzent*innen, die Bewusstseinsbildung sowie die Kampagnenarbeit zur Veränderung der Regeln und der Praxis des konventionellen Welthandels." Von diesem Ansatz
profitieren derzeit weltweit 2,5 Millionen Kleinbauernfamilien und Beschäftigte in
Kooperativen und Plantagen in über 70 Ländern Afrikas, Asiens und Lateinamerikas (vgl.
Forum Fairer Handel 2022).

Produkte aus Fairem Handel sind mit diversen Produktsigeln gekennzeichnet, das bekannteste Siegel in Deutschland und weltweit ist das *Siegel* der Vereinigung *Fairtrade
International* (FLO): *"fairtrade".*[10] Auf dem deutschen Markt werden inzwischen mehr als
7000 fair gehandelte Produkte verkauft, davon entfallen interessanterweise nur rund 4 %
auf die 900 Weltläden. Das traditionell wichtigste Produkt im Fairen Handel ist Kaffee,
weitere Beispiele sind Tee, Orangensaft und Schokolade. 2018 betrug der weltweite Um-

---

[9] Auch durch die Agenda 2030 sollen Nachhaltigkeitsziele erreicht werden, allerdings wird nachhaltige Landwirtschaft beispielsweise bei den Indikatoren nur einmal in SDG 2 erwähnt.

[10] Fairtrade (in einem Wort) ist – im Gegensatz zu Fair Trade – ein Zertifizierungssystem für Fairen
Handel, vgl. https://www.fairtrade-deutschland.de/.

satz von *fairtrade*, also nicht die Gesamtsumme aller fair gehandelten Waren, knapp 10 Mrd US$.[11] 2021 wurden in Deutschland fair gehandelte Waren im Wert von knapp 2 Mrd Euro verkauft, das bedeutet etwa eine Verdreifachung innerhalb von 10 Jahren. Mehr als 75 % entfielen davon auf Lebensmittel.

Setzt man die Zahlen allerdings ins Verhältnis zu dem gesamten Welthandel, so betrug der Anteil des fairen Handels nach zwanzig Jahren vorsichtig geschätzt und hochgerechnet 2021 erheblich weniger als 0,1 % aller international gehandelten Güter und bleibt damit sehr gering. Bezogen auf alle Entwicklungsländerexporte (ohne China), liegt der Anteil immer noch unter 0,3 %. Fairer Handel muss daher eher als entwicklungspolitischer Ansatz gewertet und gewürdigt werden. Die individuellen Vorteile für den betreffenden Personenkreis und die erzielten entwicklungspolitischen Ergebnisse sind sicherlich sehr positiv zu bewerten (vgl. Hauff und Claus 2018). Ein wirkungsvoller Beitrag zur Änderung der handelspolitischen Strukturen oder der handelspolitischen Position der Entwicklungsländer ist durch fairen Handel jedoch in absehbarer Zeit kaum zu erwarten.

Literatur[12]

Bartz, T. / Hesse, M. (2022) *Die Profiteure vom Genfer See*. Der Spiegel vom 02.04.2022

BMZ (2005) Bundesministerium für wirtschaftliche Zusammenarbeit und Entwicklung (BMZ) *Medienhandbuch Entwicklungspolitik 2004/2005*

BMZ (2022) *Das Prinzip des fairen Handels*. https://www.bmz.de/de/themen/fairer-handel

Becker, P. (2022) *Welthandelskonferenz*. 08.06.2022. https://www.staatslexikon-online.de/Lexikon/Welthandelskonferenz_(United_Nations_Conference_on_Trade_and_Development,_UNCTAD)

Brüne, S. (2001) *Die Konvention von Cotonou*; in: Nord-Süd aktuell, 2. Quartal 2001, S. 338–343

Brüne, S. (2002) *Europas Außenbeziehungen und die AKP-Staaten: Das Abkommen von Cotonou; Eine erste Zwischenbilanz*; in: Nord-Süd aktuell, 2. Quartal 2002, S. 301–314

Collier, P. (2008) *Die unterste Milliarde. Warum die ärmsten Länder scheitern und was man dagegen tun kann*. Bundeszentrale für politische Bildung, Bonn

BMWK (2022) *Allgemeines Zollpräferenzsystem (APS)* https://www.bmwk.de/Redaktion/DE/Artikel/Aussenwirtschaft/zollabwicklung-allgemeines-zollpraeferenzsystem-aps.html

EU (2004) Entwicklungsländer, internationaler Handel und nachhaltige Entwicklung: Die Rolle des Allgemeinen Präferenzsystems (APS) der Gemeinschaft im Jahrzehnt 2006/2015. Mitteilung der Kommission an den Rat, das Europäische Parlament und den Europäischen Wirtschafts- und Sozialausschuss. Brüssel

EU (2021/1) *Handel und Nachhaltigkeit: Kommission schlägt neues Allgemeines Präferenzsystem der EU vor, um die nachhaltige Entwicklung in Ländern mit niedrigem Einkommen zu fördern*, vom 22.09. 2021.

EU (2021/2) *Fragen und Antworten zum Partnerschaftsabkommen zwischen den afrikanischen, karibischen und pazifischen Staaten und der EU*. Brüssel 15.04.2021. https://ec.europa.eu/commission/presscorner/detail/de/qanda_21_1553

---

[11] https://www.statista.com/statistics/806183/fair-trade-international-global-sales/.

[12] Letzter Zugriff auf die im Literaturverzeichnis genannten Internetquellen und die Links jeweils 09/2022.

Forum Fairer Handel (2022) https://www.forum-fairer-handel.de/

Global Preparedness Monitoring Board (GPMB) (2021) *From Worlds Apart to a World Prepared.* GPMB Report 2021. https://www.gpmb.org/docs/librariesprovider17/default-document-library/gpmb-annual-report-2021.pdf. https://ec.europa.eu/commission/presscorner/detail/de/ip_21_4801

GTAI (2022) Länder. Märkte. Chancen. *Schwerpunkt: Nahrungsmittelindustrie in Afrika.* Nr. 19 vom 26.9.2022

Hauff, v. M./Claus K. (2018) Fair Trade, 3. Aufl., Konstanz/München

Klingebiel, S. (2013) *Entwicklungszusammenarbeit – eine Einführung.* Bonn. https://www.die-gdi.de/uploads/media/Studies_73.pdf

Koch, E. (2006) *Internationale Wirtschaftsbeziehungen*, 3. Aufl., München

Martens, J. / Obenland, W. (2016) *Die 2030-Agenda – Globale Zukunftsziele für nachhaltige Entwicklung. Global Policy Forum / terre des hommes.* Bonn. https://www.globalpolicy.org/images/pdfs/GPFEurope/Agenda_2030_online_2016.pdf

Rat der EU/Europäischer Rat (2022) *Abkommen von Cotonou.* https://www.consilium.europa.eu/de/policies/cotonou-agreement/

Rehbein, K. (2022) *Verschuldete Staaten weltweit*; in: Misereor 2022, Schuldenreport 2022, https://erlassjahr.de/wordpress/wp-content/uploads/2022/02/SR22-online.pdf, S. 8–17

Stockmann / Menzel / Nuscheler (2015) *Entwicklungspolitik. Theorien – Probleme -Strategien.* 2. Aufl. München

UN (2015) *Millenium Entwicklungsziele Bericht 2015.* https://www.un.org/depts/german/millennium/MDG%20Report%202015%20German.pdf

UNCTAD (2018) *Trade and Development Report 2018*

UN SDGs (2020) *Global indicator framework for the Sustainable Development Goals and targets of the 2030 Agenda for Sustainable Development.* https://unstats.un.org/sdgs/indicators/Global%20Indicator%20Framework%20after%202020%20review_Eng.pdf

Weltbank: *Weltentwicklungsberichte* (WEB) u.a. 1995, 2005 sowie verschiedene Jahrgänge, Washington. https://www.worldbank.org/en/search?q=world+development+

Weltbank: *World Development Indicators* (WDI). https://www.worldbank.org/en/search?q=world+-development+

WTO (2021) *World Trade Statistics Review 2021* https://www.wto.org/english/res_e/statis_e/wts2021_e/wts21_toc e.htm

WTO (2022) *Aid for Trade at a Glance 2022.* https://www.wto.org/english/tratop_e/devel_e/a4t_e/a4tatglance2022_e.htm

WTO EIF (o. J.) *The Enhanced integrated Framework.* https://www.wto.org/english/tratop_e/devel_e/a4t_e/enhance_if_e.htm

Links

LDCs: UN Department of Economic and Social Affairs Economic Analysis. https://www.un.org/development/desa/dpad/least-developed-country-category/ldc-criteria.html

Fairtrade: https://www.fairtrade-deutschland.de/

Rohstoffpreise: https://de.statista.com

Sustainable Development Goals (SDGs): www.sdgs.un.org; https://unstats.un.org/sdgs/indicators/Global%20Indicator%20Framework%20after%202020%20review_Eng.pdf.; https://sdgactioncampaign.org/de/

https://www.bundesregierung.de/breg-de/themen/nachhaltigkeitspolitik/armut-in-jeder-form-und-ueberall-beenden-1537492

Unctadstat: https://unctadstat.unctad.org/EN/Classifications.html

The manufacturer's authorised representative in the EU is Springer
Nature Customer Service Centre GmbH, Europaplatz 3, 69115 Heidelberg,
Germany. If you have any concerns regarding our products, please
contact ProductSafety@springernature.com

Printed and bound by CPI Group (UK) Ltd, Croydon, CR0 4YY
28/04/2026
02098501-0004